京师学术随笔

静水深流

哲学遐思与文化断想

（第二版）

杨　耕／著

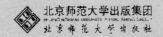
北京师范大学出版集团
BEI JING NORMAL UNIVERSITY PUBLISHING GROUP
北京师范大学出版社

图书在版编目(CIP)数据

静水深流：哲学遐思与文化断想（第二版）/杨耕著.
—北京：北京师范大学出版社，2015.1
（京师学术随笔）
ISBN 978-7-303-18371-5

I.①静… II.①杨… III.①哲学–文集②文化–文集
IV.①B-53②G-53

中国版本图书馆CIP数据核字（2014）第 309584号

营 销 中 心 电 话　010-58802181 58805532
北师大出版社高等教育分社网　http://gaojiao.bnup.com
电 子 信 箱　gaojiao@bnupg.com

JINGSHUI SHENLIU

出版发行：北京师范大学出版社 www.bnup.com
　　　　　北京新街口外大街19号
　　　　　邮政编码：100875
印　　刷：北京京师印务有限公司
经　　销：全国新华书店
开　　本：155 mm × 235 mm
印　　张：28
字　　数：360千字
版　　次：2015年1月第2版
印　　次：2015年1月第2次印刷
定　　价：58.00 元

策划编辑：曾忆梦　　　责任编辑：马晓薇
美术编辑：王齐云　　　装帧设计：耿中虎
责任校对：李 菡　　　责任印制：陈 涛

从往事门前走过

——我的学术自述

（代序）

　　每个人都有自己的往事。有的人的往事灿烂辉煌、波澜壮阔，有的人的往事黯淡无光、平淡无奇；有的人往事彰显着伟大，然而，在伟大中又透显出令人扼腕叹息的瑕疵；有的人的往事凸现着平凡，可是，在平凡中又透显出令人叹为观止的伟大……不管往事如何，往事并不如烟，我们每一个人都应当反思往事。"深深地沉思往事的意义，我们才能发现未来的意义"（赫尔岑语）。于是，我从往事门前走过，"深深地沉思往事"，并向我的"上帝"——读者呈上我的"学术自述"。

　　1956 年，我出生在一个普通教师家庭。我和我的同龄人一样，经历了共和国的风风雨雨、"天灾人祸"……我并不认为我"生不逢时"，相反，我非常庆幸我有这样一段特殊的经历。正是这段特殊的经历使我对社会与人生有了深刻的体认，并对我的哲学研究和学术生涯产生了极大的影响。实际上，"经历"本身就是一笔财富。当然，我们这一代不同于老一代。老一代在战争年代，在血与火的考验中度过，我们这一代在和平年代，在不断的精神苦炼中生存；老一代敢"问苍茫大地，谁主沉浮"，我们这一代"敢问路在何方"。我们这一代有我们这一代人的苦苦追求。

感谢邓小平，正是他老人家的"拨乱反正"、改革开放，使"九死一生"的中国现代化运动奇迹般地走出了历史的沼泽地，并为我们这一代人的发展开辟了新的天和地。1977年，在那个"解冻"的年代，我走进了安徽大学哲学系，成为高校招生改革后的第一届大学生，并从此与哲学结下了"不解之缘"。1986年，汪永祥教授把我领进了我向往已久的中国人民大学哲学系攻读硕士学位，从此，我进入哲学研究的"快车道"；1988年，陈先达教授把我留在中国人民大学哲学系任教，同时，哲学系推荐我破格免试直接攻读博士学位，从此，我走向哲学的深处；陈志良教授宽广的视野和无私的帮助，使我在一个新的平台上展开了哲学研究，从此，我在哲学研究中一发而不可收。我忘不了我的两位导师和这位挚友。从他们那里，我不仅看到了哲学家的文采，而且看到了哲学家的风采；不仅学到了文品，而且学到了人品。由此，我想起了《天真汉》中的天真汉对博学老人高尔同的礼赞："要是没有你，我在这里就陷入一片虚无。"

实际上，我最初选择哲学实属"误入歧途"。中学时期，我主要的兴趣是在数理化方面，并且成绩优异；高考之前，我担任过中学数学老师，所以，我最初志向是报考理科。然而，在高考前夕，一位哲学先行者——陈宗明老师告诉我：哲学是一个诱人的智慧王国，中国需要哲学，而你的天赋更适合学哲学。就是这一次谈话，竟使我"鬼使神差"般地在高考前夕改变了最初的志向，选择了哲学。从此，我踏上一块神奇的土地，至今仍无怨无悔。今天，我已与哲学连成一体，或者说哲学已融入我的生命活动之中。哲学适合我，我也适合哲学，离开哲学我不知如何生存。当然，我也深知，哲学思维极其艰辛，谁要选择哲学并想站在这一领域的制高点上，谁就必然在精神上乃至物质上选择一条苦行僧的道路。"光荣的路是狭窄的。"（莎士比亚语）

我之所以从"误入"哲学到"钟情"哲学，并不是因为哲学"博学"，无所不知，实际上，"博学并不能使人智慧"（赫拉克利特语），而无所不知的只能是神学，历史已经证明，凡是以无所不知自诩的思想体系，如同希图万世一系的封建王朝一样，无一不走向没落；并不是因为哲学是关于自然、社会和思维运动一般规律的科学，或者说，是关于世界普遍联系的科学，实际上，哲学并不等于科学，现代科学的发展已经使"关于总联系的任何特殊科学"成为"多余"的了（恩格斯语），用海德格尔的话来说就是，"对哲学能力的本质做这样的期望和要求未免过于奢求"；并不是因为哲学"爱"智慧，实际上，哲学本身就是一种智慧，它给人以生存和发展的智慧与勇气，这是一种"大智大勇"。如果说爱情是文学的主题，那么，"人生之谜"就是哲学的主题。

从"误入"哲学到"钟情"哲学，我的这一心路历程的牵引线就是，哲学与人和"人生之谜"密切相关。无论哲学是把目光投向人与自然的关系，还是转向人与社会的关系，归根到底，关注的仍是人在世界中的位置、人的价值和意义，显示的仍是人的自我形象。哲学之所以使哲学家们不停思索、寝食难安，就是因为它在总体上始终关注着人，而"在某一意义上说，我们之所以不能认识人类，正是由于研究人类的缘故"（卢梭语）。一幕没有主角的戏是无法上演的。如果哲学甘愿把自己的主角——人，让渡给其他学科，那么，它就会像浮士德一样，把自己抵押给魔鬼靡菲斯特了。

"哲学关注人"并不是说它要研究人的方方面面。对哲学来说，重要的是要解答"人生之谜"。在我看来，人生观是个哲学问题，而不是科学问题。数学、物理学、化学、医学、生物学、考古学等都不可能解答"人生之谜"，倍数再高的显微镜看不透这个问题，再好的望远镜看不到这个问题，再先进的计算机算不出这个问题……人生观也不仅仅是一个伦理学问题，不仅仅是一个对待人生的态度问题，更重要的，它是一个如何看待和处理人与自然、人与社会关系，即人与世界的关系问题。这就是说，人生观也就是世界观，世界观也就是人生观。

在人与自我的关系中，必然渗透着人与自然、人与社会的关系，对人生的不同看法必然包含着对人与自然、人与社会关系的不同理解。"人生自古谁无死，留取丹心照汗青"，这一千古绝句表明，人的生与死本身属于自然规律，而生与死的意义却属于历史规律。英雄与小丑、流芳百世与遗臭万年的分界线，就是如何处理人与历史规律的关系。凡是顺历史规律而动、推动社会发展者，是英雄，流芳百世；凡是逆历史规律而动、阻碍社会发展者，是小丑，遗臭万年；凡是主观愿望好，但行为不符合甚至违背历史规律、壮志未酬者，是历史中的悲剧性人物。谭嗣同绝命北京菜市口，"有心杀贼，无力回天"（谭嗣同语），就属于历史中的悲剧性人物。历史已经证明，任何伟大人物一旦违背历史规律并同群众相对立，其结果只有一个——"霸王别姬"。这就是说，"人生之谜"是哲学问题。反过来说，哲学只有关注人并解答"人生之谜"，才能既可信又可爱。哲学既是世界观，又是人生观。

我的研究方向是马克思主义哲学。如果用一句话来概括我的哲学研究和学术生涯，那就是：重读马克思。

重读马克思并不是"无事生非"，而是当代实践、科学和哲学本身发展的需要。实际上，"重读"是思想史上常见的现象。黑格尔重读柏拉图，皮尔士重读康德，歌德重读拉斐尔……都是为了从永垂不朽的大师那里汲取巨大的灵感和超卓的智慧，"风流犹拍古人肩"。伟人是这样，凡人更应如此了。历史常常出现这样一种奇特的现象，即一个伟大思想家的某个理论以至整个学说往往在其身后，在经历了较长时间的历史运动之后，才充分显示出它的内在价值，重新引起人们的关注。马克思哲学的历史命运也是如此。20 世纪的历史运动以及当代哲学的发展困境，使马克思哲学的内在价值和当代意义凸现出来了，哲学家们不由自主地把目光一次又一次地转向马克思。从一定意义上说，在伦敦海洛特公墓中安息的马克思，比生前在伦敦大英博物馆埋头著述的马克思更加吸引人们的目光。

存在主义大师海德格尔认为，"马克思在体会到异化的时候深入到历史的本质性维度中去了，所以，马克思主义关于历史的观点比其他的历史学优越"。只有在这一"本质性维度"中，才可能"有资格和马克思主义对话"。另一位存在主义大师萨特坦言："历史唯物主义是我们这个时代唯一不可超越的哲学"。后现代主义思想家福柯认为，在现时，历史研究要想超越由马克思所定义和描写的思想地平线是不可能的。另一位后现代主义思想家杰姆逊指出，马克思哲学"是我们当今用以恢复自身与存在之间关系的认知方式"，它提供了一种"不可超越的意义视界"，即"整体社会的视界"，从而"让那些互不相容，似乎缺乏通约性的批评方式各就其位，确认它们局部的正当性，它既消化又保留了它们"。还有一位后现代主义思想家德里达断言："不能没有马克思，没有马克思，没有对马克思的记忆，没有马克思的遗产，也就没有将来"。"不去阅读且反复阅读和讨论马克思……而且是超越学者式的'阅读'和'讨论'，将永远都是一个错误，而且越来越成为一个错误，一个理论的、哲学的和政治的责任方面的错误。"海德格尔、萨特、福柯、杰姆逊、德里达对马克思哲学的评价是真诚而公正的。在当代，无论是用实证主义、结构主义、新托马斯主义，还是用存在主义、弗洛伊德主义、后现代主义乃至新儒学主义来对抗马克思主义，都注定是苍白无力的。在我看来，这种对抗犹如当年的庞贝城与维苏威火山岩浆的对抗。

在重读马克思的过程中，我经历了从马克思哲学到马克思主义哲学史、西方哲学史，再到现代西方哲学、当代社会发展理论，然后再返回到马克思哲学这样一个不断深化的求索过程，其意在于，把马克思的哲学置放到一个广阔的理论空间中去研究。我以为，对马克思哲学的研究离不开对马克思主义哲学史的研究，只有把握马克思的心路历程，把握马克思以后的马克思主义哲学的演变过程，才能真正把握马克思哲学的真谛，真正理解马克思哲学在何处以及何种程度上被误读了；只有把马克思哲学放到西方哲学史的流程中去研究，才能真正把握马克思哲学对传统哲学变革的实质，真正理解马克思哲学划时代的贡献；只有把马克思哲学与现代西方哲学、当代社会发展理论进行比较研究，才可知晓马克思哲学的局限性，同时进一步理解马克思哲学的伟大所在，真正理解马克思哲学为什么是我们这个时代"不可超越的哲学"。在这样一个重读马克思的过程中，我的面前便矗立起一座巨大的英雄雕像群，我深深地体验到思想家们追求真理的悲壮之美。

在重读马克思的过程中，我涉猎了社会主义思想史，同时进行政治经济学和伦理学的"补课"。精神生产不同于肉体的物质生产，以基因为遗传物质的生物延续是同种相生，而哲学思维则可以通过对不同学科成果的吸收、消化和再创造，形成新的哲学形态。正像亲缘繁殖不利于种的发育一样，一种创造性的哲学一定会突破从哲学到哲学的局限。马克思的哲学就是如此。马克思在创立新唯物主义的过程中，对经济学、历史学、政治学都进行过批判性研究和哲学的反思。不仅德国古典哲学，而且英国古典经济学、法国复辟时代历史学、英法"批判的空想的社会主义"都构成了马克思哲学的理论来源。

更重要的是，在马克思的哲学中，哲学批判不仅与意识形态批判密切相关、融为一体，而且与政治经济学批判，即资本批判密切相关、融为一体。马克思以商品为起点范畴，以资本为核心范畴展开的对资本主义社会的批判，本质上是一种存在论或本体论意义上的批判。这就是说，马克思的哲学批判、意识形态批判是通过资本批判，通过商品拜物教、货币拜物教和资本拜物教批判实现的。反过来说，马克思的资本批判又是在马克思的哲学批判、意识形态批判这一理论背景中展开的。在我看来，哲学批判、意识形态批判和资本批判的高度关联、融为一体，是马克思独特的思维方式，是马克思哲学独特的存在方式。由此，我们也就不难理解，马克思为什么把自己的哲学称为"批判的哲学"、"批判的世界观"了。

重读马克思，使我得出了一个新的关于马克思哲学的总体认识，这就是，马克思的哲学是实践唯物主义。

与传统哲学关注整个世界不同，马克思哲学关注的是现存世界即人类世界，关注的是消除人的异化，实现无产阶级和人类解放，实现人的自由而全面发展。对于马克思的哲学来说，"全部问题都在于使现存世界革命化"，即以现实的人及其发展为坐标来重新"安排周围世界"。这样，马克思哲学的创立就使哲学的主题发生了根本的转换，即从"世界何以可能"转向"人类解放何以可能"。

当马克思把目光转向人类世界、人类解放时，他就同时在寻找理解、解释和把握人类世界、人类解放的依据和本体。这个依据终于被发现，这就是人类实践活动。按照马克思的观点，人是在实践活动中得以生存，是在实践过程中自我塑造、自我改变、自我发展的，实践因此构成了人的存在方式，即人的生存本体；人又是通过实践使自然成为"社会的自然"，从而为自己创造了一个自然与社会"二位一体"的人类世界，在人类世界的运动中，实践具有导向作用，即人通过自己的实践活动"为天地立心"，"重整河山"，在物质实践的基础上重建世界，实践因此又构成了人类世界的本体。这是一个动态的、不断发展、不断生成的本体。由此，我们也就不难理解马克思哲学的本体论为什么是实践本体论了。

从哲学史上看，马克思之所以能够发动一次震撼人类思想史的哲学革命，关键就在于，它以科学的实践观为基础正确地解决了人与自然、人与社会的关系问题。

按照马克思的观点，在物质实践中，人是以物的方式去活动并同自然发生关系的，得到的却是自然或物以人的方式而存在，即成为"人化自然"、"为我之物"。换言之，实践使人与自然的关系成为一种"为我而存在"的关系（马克思语）。这种"为我而存在"的关系是一种否定性的矛盾关系：人类要维持自身的存在，即肯定自身，就要对自然界进行否定性的活动，即改变自然界的原生态，使之成为"人化自然"、"为我之物"。在这个过程中，人是以自身的活动引起、调整和控制人与自然之间物质变换的，同时，人与人之间也进行着活动互换，从而以群体的形式、"类"的资格去从事改造自然的活动；人与自然之间不仅要结成一定的关系，而且人与人之间也要结成一定的社会关系，实践是社会关系的发源地，并构成了全部社会生活的本质；人与自然的关系制约着人与人的关系，人与人的关系又制约着人与自然的关系，人们总是在一定的社会关系中去从事改造自然的活动的。通过实践，人在不断改造、创造自然的同时，又不断改造、创造着人本身——他的肉体组织、思维结构和社会关系。这是同一个过程的两个方面。

"黑人就是黑人。只有在一定的关系下，他才成为奴隶。纺纱机就是纺棉花的机器，只有在一定的关系下，它才成为资本。"（马克思语）在现实性上，人的本质是社会关系的总和。人是社会存在物，"只有在社会中，自然界才是人自己的人的存在的基础"（马克思语）。所以，人们总是在一定的社会关系中，在不断制造与自然的对立关系中获得与自然的统一关系的。这样一种矛盾关系使人与自然的关系转变为社会与自然的关系，成为主体与客体的关系。应该说，在各种矛盾关系中，这是一种具有特殊而复杂内涵的"为我而存在"的关系，这种"为我而存在"的关系是最深刻、最复杂的矛盾关系。正是这种矛盾关系"引无数英雄竞折腰"，致使唯物主义对人的主体性"望洋兴叹"，唯物主义与辩证法遥遥相对，唯物主义自然观与唯物主义历史观"咫尺天涯"。马克思哲学高出一筹的地方就在于：通过对实践深入而全面的剖析，科学地解答了人与自然、人与社会之间的真实关系，从而使唯物主义和人的主体性"吻合"起来了，唯物主义和辩证法、唯物主义自然观和历史观因此也结合起来了。

我注意到，在"传统"的马克思主义哲学体系中，"实践"有其一席之地。但问题在于，在"传统"的马克思主义哲学体系中，实践仅仅是作为认识论的范畴而被阐述的；在认识论之外，即使提到实践，也只是一种应酬式的热情。实际上，在马克思哲学的"文本"中，实践的权威是全方位的，它不仅体现在认识论之中，而且搏动于自然观、历史观以及辩证法之中。在自然观中，实践是自在自然与人化自然分化和统一的基础，实践扬弃了人与自然之间的二元对立；在历史观中，实践是人的存在方式和社会的本质，是"历史的自然"和"自然的历史""二位一体"的基础，实践消除了"物质的自然"与"精神的历史"对立的神话；在辩证法中，实践是主观辩证法与客观辩证法、自然辩证法与历史辩证法分化和统一的基础，而且实践活动本身就是一种否定性的辩证法，实践使主观辩证法与客观辩证法、自然辩证法与历史辩证法之间达到了真正的和解；在认识论中，实践是认识的基础，"实践反思法"构成了马克思的认识论的根本特征，并填平了一般认识论与历史认识论之间的鸿沟。

正因为实践具有本体论或世界观的意义，所以，马克思把"对象、现象、感性""当作实践去理解"，并以此为基础建构新唯物主义。实践是马克思哲学之魂。只有把实践作为主旋律导入马克思主义哲学这一宏伟的交响乐中，它才能表现为美妙的和谐。对于马克思哲学来说，实践唯物主义是一种全局性、根本性的定义，它所要表明的不仅仅是一种要把理论付诸行动的哲学态度，更重要的是指，实践的观点是马克思哲学首要的和基本的观点，实践是马克思主义哲学的建构原则。在我看来，实践唯物主义构成了马克思哲学的本质特征，辩证唯物主义、历史唯物主义这两个重要特征都是从实践唯物主义这一本质特征引申出来的，是这一本质特征必然展开的内在逻辑和理论表现。

在重读马克思的过程中，我感到需要重新审视、理解和解释马克思的唯物主义。

我不能同意"传统"的马克思主义哲学解释系统对"马克思主义唯物主义的基本特征"的三点概括，即世界按其本质说来是物质的；物质第一性，意识第二性，意识是物质的反映；世界及其规律是完全可以认识的。"传统"的马克思主义哲学解释系统在说明"马克思主义唯物主义的基本特征"时，引用了《神圣家族》中的一句话，即"物质是一切变化的主体"。实际上，这是一个误引，因为它把马克思对霍布斯思想的复述当成马克思本人的见解，把马克思批判的观点当成马克思赞赏的观点。马克思之所以要复述、批判霍布斯的这一观点，是因为这一观点集中体现了旧唯物主义的缺点："忽视人"甚至"敌视人"，认为"人和自然都服从于同样的规律"（马克思语）。在我看来，这一误引并不是偶然的疏忽，它实际上表明，"传统"的马克思主义哲学解释系统已经混淆了新唯物主义与旧唯物主义，或者说，没有清楚地意识到马克思的唯物主义与"从前的一切唯物主义"的本质区别。在"传统"的马克思主义哲学解释系统中，我看到的是一个被误读的马克思。

实际上，"传统"的马克思主义哲学解释系统在概括"马克思主义唯物主义的基本特征"时，只是说明了马克思新唯物主义与旧唯物主义的共性，而没有说明新唯物主义本身的"个性"，即没有说明新唯物主义的"唯物"之所在，或新唯物主义的"新"之所在。这是因为，承认自然界的"优先性"或物质第一性，这只是新唯物主义与旧唯物主义的共性，它并未构成新唯物主义本身的"个性"。确认实践所引起的人与自然之间的物质变换构成了人类世界的基础，这才是新唯物主义的"唯物"之所在，或者说，是新唯物主义的"新"之所在。

更重要的是，"实物是为人的存在，是人的实物存在，同时也就是人为他人的定在，是他对他人的关系，是人对人的社会关系"（马克思语）。在人类世界中，物不仅体现着人与自然的关系，而且体现着人与人的社会关系，物与物的关系背后是人与人的关系。对于马克思的哲学来说，那种脱离社会历史，脱离人的活动，与人无关的物或自然是"无"，是"不存在的存在"。与"那种排除历史过程的、抽象的自然科学的唯物主义"（马克思语）不同，马克思的新唯物主义关注的不是"抽象的物质"，更不是以经院哲学的方式抽象地谈论世界的物质统一性，而是从人的存在方式——物质实践出发去解释人与自然、人与社会的关系，即人与世界的关系，通过资本批判以及"拜物教"的批判，揭示出被物与物的关系掩蔽着的人与人的关系，揭示出被物的自然属性遮蔽着的人的社会属性，从而"把人的世界和人的关系还给人自己"（马克思语）。

这样，我们就回到了马克思的巨像之前，真正体验到马克思哲学为什么是新唯物主义，为什么是现代唯物主义。

当马克思哲学实现了哲学主题的转换，即从"世界何以可能"转向"人类解放何以可能"，并从人的实践活动出发去理解、把握人与世界的关系时，就标志着哲学的转轨，即从传统哲学转向现代哲学。从总体上看，现代西方哲学的发展日趋"现实的生活世界"，关注人与世界的关系。用雅斯贝尔的话来说就是，"哲学所力求的目标在于领悟人的现实境况中的那个实在"。从关注焦点而不是从阶级属性看，就理论整体而不就个别派别而言，整个现代西方哲学的运行都是以马克思哲学所实现的主题转换为方向的。不管现代西方哲学的其他派别是否意识到或是否承认，马克思的确是西方传统哲学的终结者和现代哲学的开创者，马克思哲学是现代唯物主义，并具有内在的当代意义。

以上，就是我重读马克思的心路历程，以及在这个过程中所获得的对马克思哲学的总体认识。

显然，我的这种认识不同于人们所"熟知"的马克思，不同于"常识"。问题在于，熟知并非真知，而常识既"是一个时代的思想方式"，同时又"包含着这个时代的一切偏见"。由此造成这样一种奇特的现象，即人们最熟悉的往往又是他们最不了解的。马克思的名字在中国可谓家喻户晓，而自"工农兵学哲学"以来，马克思主义哲学似乎人所共知，已成为一种"常识"。然而，我却认为，马克思的形象在这种"常识"

中被扭曲了，当代中国哲学研究的最大误区就是马克思主义哲学。常识往往窒息思想的发展，我不能"跟着感觉走"。于是，我重读马克思，并得出了上述不同于"常识"的认识。

我并不认为我的这种认识完全恢复了马克思的"本来面目"，这种解释完全符合马克思哲学的"文本"，因为我深知"一切历史都是当代史"的合理性，深知我的这种认识受到我本人的知识结构、哲学修养以及价值观念的制约，而且马克思离我们的时代越远，对他认识的分歧也就越大，就像行人远去，越远越难辨认一样。但是，我又不能不指出，我的这种认识的确是我15年来上下求索的结果，是我重读马克思的心灵写照和诚实记录。这里，我力图"放言无惮，为前人所不敢言。"（鲁迅语）

马克思的哲学不是"学院派"，它志在改变世界，其"笔落惊风雨，诗成泣鬼神"。重读马克思不能仅仅从文本到文本，从哲学到哲学史，更重要的，是从理论到现实，再从现实到理论。换言之，我是在理论与现实的结合中重读马克思的。

哲学当然需要思辨，但哲学不应是脱离现实的思辨王国，始终停留在"阿门塞斯的阴影"之中。无论哲学家多么清高、多么超凡入圣，他都不能不食人间烟火，不能不在现实的条件下进行认识活动、提出问题并拟定解决问题的方案。无论哲学在形式上多么抽象，都可以在其中捕捉到现实问题。所谓哲学的超前性或超越性，实际上是对现实中可能性的充分揭示。哲学思维当然可以也应该放飞抽象的翅膀，但这种抽象必须立足现实的社会。哲学不能仅仅成为哲学家之间的对话，更不能成为哲学家个人的"自言自语"，哲学应该也必须同现实"对话"，这是哲学得以生存和发展的根基。离开了现实，哲学只能是无根的浮萍、无病的呻吟、无魂的躯壳。我们不能"只用心观察天上的情况，却看不见地上的东西"（《伊索寓言》）。

理论联系现实是一个双向运动过程：为了理解和把握现实，必须突破原有的理论模式；而为了突破原有的理论模式，又必须接触并深入现实。同时，在联系现实的过程中，哲学不应失去自己的独立性、反思性和批判性，不能把自己降低为现实的附庸或仅仅成为现实的解释者。"透过玻璃看东西，太近了就会碰上自己的脑袋。"（马克思语）哲学趋向现实太近，反而看不清现实。更重要的是，"凡是现实的都是合理的"，不是马克思哲学的思维方式，而是黑格尔哲学的思维方式。一种仅仅适应现实的哲学是不可能高瞻远瞩的。哲学既要入世，又要出世；既要深入现实，又要超越现实；既要反思历史，又要预示未来。哲学不仅仅是猫头鹰的黄昏晚飞，更应是高卢雄鸡的清晨晓唱。

作为一个中国学者，重读马克思不能忘记同当代中国的现实进行"对话"。当代中国最基本的现实，就是改革开放和现代化建设，这一现实最突出的特征和最重要的意义就在于，它把现代化、市场化和社会主义改革这三重重大的社会变革浓缩在同一个时空进行了，构成了一场前无古人、特殊复杂而又波澜壮阔的伟大的革命性变革，它必然引发一系列重大而深刻的哲学问题，必然为人们的哲学思维提供一个广阔的社会空间。透过当代中国的改革开放和现代化建设，尤其是社会主义市场经济实践的不断拓展和深化，我深深地体悟到，马克思不是离我们越来越远了，而是越来越近了。所以，我深切地关注着当代中国的改革开放和现代化建设，期望在重读马克思的过程中走上理论的制高点，走进现实的深处。我的全部研究工作的根本目的，就是为了中华民族的复兴。

在理论联系现实的过程中，我充分体悟到马克思哲学的当代意义，深刻感受到马克思哲学在当代的不可超越性。在我看来，马克思的哲学之所以在当代不可超越，是因为马克思哲学抓住了人的存在方式——实践，并从这一根本出发向人类世界的各个方面、各个层次、各种关系发散出去，形成一个思维整体，提供了"整体社会的视界"；是因为马克思哲学关注的问题，以及一些以萌芽或胚胎形式存在的观点契合当代世界的重大问题，从根本上说，当代哲学提出的问题并没有超越马克思哲学的问题域。发展马克思主义哲学，就是要使这些观点，包括以萌芽或胚胎形式包含在马克思哲学中的观点凸现出来，并以当代实践和科学为基础予以系统而深入的研究，使之上升为成熟的观点，并同马克思哲学中原有的成熟观点融为一体。

可以看出，我重读马克思的工作是沿着三个方向进行的，即理论与文本的结合、理论与历史的结合、理论与现实的结合。在这个过程中，我所追求的理论目标，就是求新与求真的统一；我所追求的理论形式，就是诗一般的语言，铁一般的逻辑；我所追求的理论境界，就是建构哲学空间，雕塑思维个性。我真诚希望，我的哲学研究能为中华民族理论思维水平的提高作出贡献；我的确希望，我的哲学研究能为世纪之交的马克思主义哲学研究提供一块希望的田野。但我也深知，我"心有余而力不足"，深知我的知识结构和专业素养的不足。我衷心欢迎一切善意的批评与指责，但不想宽容出自恶意的攻击与嘲讽。对于后者，我的答复只能是：

"我要忠实地停留在我自己的世界上，
    我就是我的地狱和天堂。"（席勒语）

杨　耕

目　录

文化断想

思想对话

哲学退思

哲学的显著特点

人类思想史表明,任何一门科学、任何一种学说在其发展过程中,除了要研究新问题外,往往还要回过头去重新探讨诸如自己的对象、性质、内容和职能这样一些对学科的发展具有方向性、根本性的问题。哲学不仅如此,而且更为突出,用石里克的话来说,这是"哲学事业的特征"。对于哲学家来说,最折磨耐心的问题就是,哲学是什么?哲学的位置在哪里?

就本义而言,哲学是"爱智慧"。但是,这里很容易产生一个误解。什么误解?这就是,认为哲学是"爱"智慧,它本身不是智慧。实际上,哲学本身就是一种智慧。这种智慧并不是体现为博学,用古希腊哲学家赫拉克利特的话来说就是,博学并不能使人智慧;这种智慧也不是体现为无所不知,无所不知的只能是神学,而不可能是科学或哲学。历史已经证明,凡是以无所不知自诩的思想体系,就像希图万世一系的封建王朝一样，无一不走向没落。

就教科书而言，哲学被定义为关于整个世界普遍联系的科学，是自然科学和社会科学的概括和总结。实际上，哲学并不是关于自然科学和社会科学的概括和总结，并不是关于自然、社会和思维运动一般规律的科学。用恩格斯本人的话来说就是，现代科学的发展已经使"关于总联系的任何特殊科学"成为"多余"的了。用海德尔的话来说就是，"对哲学能力的本质做这样的期望和要求未免过于奢求。"

在我看来，哲学是一种特殊的智慧，它给人的生存和发展以智慧和勇气，通俗地说，是一种大智大勇。现在宗教盛行，宗教是什么？宗教是关于人的死的观念，是讲生如何痛苦，死后如何升天堂的。哲学是什么？哲学是关于人的生的智慧，是教人如何生活，如何生活得有价值和有意义的。也就是说，哲学关注的是人，注重解答"人生之谜"。我们经常说人生观，人生观其实就是世界观；反过来说，世界观就是人生观。人生观并非仅仅是一个对待人生的态度问题，更重要的，它是一个如何看待和处理人与自然、人与社会的关系，即人与世界关系的问题，而人与世界的关系问题恰恰是世界观的问题。从根本上说，人生观就是世界观。在哲学中，不存在一个独立的、作为理论基础的世界观，也不存在一个独立的、具有应用性质的人生观。在哲学中，世界观与人生观已经融为一体。也就是说，哲学既是世界观，又是人生观。所以，有什么样的世界观，就有什么样的人生观；反过来说，有什么样的人生观，就有什么样的世界观。我赞同并欣赏费希特的这一见解，即"你是什么样的人，你就会选择什么样的哲学。"

人生观的核心问题，就是人为什么活着？这是涉及人生价值、人生意义、人生理想、人生信仰等等的重大问题。这一重大问题不是仅仅靠伦理学能够解决的问题，更不是一个科学问题。在我看来，人生观是世界观问题，而不仅仅是伦理学问题；人生观是哲学问题，而不是科学问题。数学、物理学、化学、医学、生物学、考古学等等都不可能解答

"人生之谜"。倍数再高的显微镜看不透"人生之谜",再好的望远镜看不到"人生之谜",再先进的计算机包括云计算也算不出"人生之谜"……人生活在自然之中,必然有一个人与自然的关系;人生活在社会之中,必然有一个人与社会的关系。人不仅是自然存在物,而且是社会存在物,而人在本质上是社会关系的总和。在《雇佣劳动与资本》中,马克思形象而精辟地指出:"黑人就是黑人。只有在一定的关系下,他才成为奴隶。纺纱机是纺棉花的机器。只有在一定的关系下,它才成为资本。"

因此,对人生的不同理解必然包含着对人与自然关系以及自然规律的不同理解,对人与社会关系以及历史规律的不同理解。文天祥的千古绝句"人生自古谁无死,留取丹心照汗青"具有深刻的哲理,它说明,人的生与死本身属于自然规律,而生与死的意义属于历史规律。有的人生得伟大,死得光荣,有的人死得窝囊甚至死不足惜。英雄与小丑,流芳百世与遗臭万年的分界线就在于,你是如何处理人与历史规律关系的。凡顺历史规律而动、推动社会发展者,是英雄,流芳百世;凡逆历史规律而动、阻碍社会发展者,是小丑,遗臭万年;凡主观愿望好,但行为不符合甚至违背历史规律、壮志未酬者,是历史中的悲剧性人物。

在我看来,"悲剧"不仅是戏剧艺术的一种形式,不仅是美学的一个范畴,而且是一种价值观,一种历史观。在《鸦片贸易史》中,马克思用"悲剧"这一概念揭示了东方中国与西方国家、封建主义与资本主义进行"殊死的决斗"中难以避免的失败及其客观原因。在马克思看来,"这的确是一种悲剧,甚至诗人的幻想也永远不敢创造出这种离奇的悲剧题材"。悲剧性的事件必然造就悲剧性的人物。我们都知道林则徐。林则徐"苟利国家生死以,岂因祸福避趋之"的胸怀、爱国主义的情怀,在道义上具有优势,可从历史潮流看,从社会发展的趋势看,林则徐的失败难以避免,只能是壮志未酬,因而成为历史中的悲剧性人物。谭嗣同绝命北京菜市口,"有心杀贼,无力回天",同样属于历史中的悲剧性人物。

学哲学与学其他专业不同。我国著名哲学家冯友兰说过一句话——"哲学的崇高任务就是使人成为圣人"。冯友兰作为哲学家可能对哲学作了过高的评价，哲学不可能使人成为圣人。但是，哲学能使人智慧和崇高。我们不能只"为学"而不"为道"。什么是"为学"？"为学"，就是学习专业知识。学习专业知识可以使人成为某一方面的专业人才，学物理的能够成为物理学家，学化学的能够成为化学家，学历史的能够成为历史学家等等。可是，单纯的"为学"有局限性，因为它虽然能把人培养成专业人才，但又往往把人局限在某个专业之内。所以，我们还要"为道"。什么是"为道"？"为道"就是学哲学。

哲学问题不同于科学问题。飞机为什么会飞，这是科学问题，可飞机"飞"的道理是在飞机之外，还是在制造飞机的过程中，这是哲学问题。人为什么有生有死，这是生命科学的问题，可人如何对待生与死，这是哲学问题。水到零度会变成冰，到了100度就会变成汽，这是生活常识，可从中发现量变能够引起质变，懂得防微杜渐，引出量变质变规律，这是哲学智慧。知道数学有正数与负数、力学有作用与反作用、化学有化合与分解、生物学有遗传与变异，这是科学常识，可从中引出一分为二和合二为一，引出对立统一规律，这是哲学智慧。诗人们说，诗，需要激情；哲学家们说，哲学，需要理性。在我看来，哲学是理性的激情和激情的理性，需要生活的磨洗，需要经历。经历本身就是一笔财富。随着我们日常生活的不断变化，随着我们实际工作的不断变化，随着我们人生经验的不断积累，我们会越来越感到哲学思维的重要。哲学的作用就在于，在"润物细无声"的过程中引导人走向智慧和崇高。所以，我们既要"为学"，也要"为道"。

在学哲学的过程中有一个如何处理理论与现实的关系问题。我始终认为，哲学不能仅仅成为哲学家之间的"对话"，更不能成为哲学家个人的自言自语，说一些谁都听不懂的话。在我看来，这样的哲学家是

"多余的人"，这样的哲学话语是"多余的话"。哲学家不应像沙漠里的高僧那样，腹藏机锋，口吐偈语，空谈智慧，说着一些对人的认识活动、实践活动毫无用处的话；哲学家不应像魔术师那样，若有其事地念着一些咒语，说着一些谁也听不懂的话；哲学家不应像吐丝织网的蜘蛛那样，看着自己精心编织的思辨之网，自我欣赏、自我陶醉，处在"自恋"之中。水中的月亮是天上的月亮，眼中的人是眼前的人。哲学应该也必须同现实"对话"，马克思一再强调，哲学不能脱离现实。

哲学家常说超前性，在我看来，所谓超前性，实际上是对现实中的可能性的一种充分揭示。无论哲学家个人多么清高，多么超凡入圣，他都不能不食人间烟火，不能不生活在现实的社会中，不能不在现实的条件下进行认识活动、提出问题并拟定解决问题的方案。不管哲学在形式上多么抽象，实际上都可以从中捕捉到现实问题。存在主义哲学极其抽象，但它本质上是对当代资本主义现实的一种文化反映，在资本主义社会中，人已经无所适从，所以总是"烦"。与现实"对话"是哲学存在和发展的根基，离开了现实，哲学只能成为无根的浮萍、无病的呻吟、无魂的躯壳。

哲学思维当然可以放飞抽象的翅膀，但必须立足现实的社会。学哲学，当然要把握抽象的概念，但必须了解这些抽象概念背后的现实问题。比如，作为一个哲学原理，"否定性的辩证法"本身是很抽象的，但马克思之所以如此重视否定性的辩证法，是因为"辩证法在对现存事物的肯定的理解中同时包含着对现存事物的否定的理解，即对现存事物的必然灭亡的理解"（马克思语）。这就是说，马克思之所以如此重视辩证法，背后有其现实问题，有其政治内涵，这就是批判、否定资本主义，实现无产阶级和人类解放。如果我们只是看到辩证法的学理，而没有看到它背后的现实问题和政治内涵，就没有真正理解马克思的辩证法，就没有真正理解马克思为什么强调辩证法在本质上是批判的和革命的。

由此引出一个无法回避的问题，这就是哲学与政治的关系。哲学不等于政治，哲学家也不是政治家，有的哲学家甚至想方设法远离政治、脱离政治，但政治需要哲学。毛泽东之所以如此重视哲学，提出实事求是，是为了批判教条主义，是为了给中国革命找到正确的道路。离开了这一政治背景，仅仅从学理的角度去理解实事求是，就会索然无味。实际上，毛泽东提出实事求是，其政治意义要远远大于哲学意义。邓小平重申实事求是，其政治意义同样远远大于哲学意义。如果说毛泽东提出实事求是是为了解决中国社会主义革命的道路问题，那么，邓小平重申实事求是是为了解决中国社会主义建设的道路问题。

实践是检验真理的唯一标准，并不是什么深奥的哲学问题，而是马克思主义哲学的一个常识。可是，1978年的真理标准讨论在当代中国的政治生活中之所以能够发挥巨大的作用，是因为它契合着当时的政治问题，那就是，批判"两个凡是"，为中国社会主义建设寻找正确的道路。再往前讲，1789年的法国大革命爆发之前，法国启蒙哲学登上历史舞台，为法国资产阶级革命摇旗呐喊。德国资产阶级革命产生之前，德国古典哲学登上历史舞台，为德国的资产阶级革命鸣锣开道。当前很流行解构主义哲学，有的学者认为它是"纯粹哲学"，与政治无关。其实不然。用解构主义大师德里达的话来说就是，解构主义是通过解构既定的话语结构来挑战既定的历史传统和现实的政治结构。

从历史上看，任何政治变革、社会变革之前，都是哲学变革、思想变革。所以，恩格斯指出，哲学变革是政治变革的先导。这就是说，政治需要哲学。在我看来，没有经过哲学论证其合理性的政治缺乏理性和逻辑力量，没有经过哲学论证的政治缺乏理念和精神支柱，没有经过哲学论证的政治很难获得人民大众的拥护。当然，哲学不可能脱离政治，哲学总是具有自己独特的政治背景，总是以自己独特的方式蕴含着政治，总是具有这样或那样的政治效应。实际上，哲学和时代的统一性首先是通过其政治效应来实现的，马克思主义哲学更是如此。学哲学，就是要培养自己具有自觉的哲学意识，同时具有敏锐的政治眼光，从而把握时代精神，走向历史的深处。

我们应当注意，哲学不是科学，或者说，哲学不同于科学。不同在什么地方？教科书提出，不同的地方在于，哲学研究整个世界的一般规律，科学研究世界某一领域的特殊规律。这是一种无原则的糊涂观念，实际上混淆了哲学与科学的区别。在我看来，哲学与科学的不同地方就在于，科学仅仅是一种知识体系，而哲学既是知识体系，又是意识形态；追求的既是真理，又是某种价值。哲学对对象的认识不是止于对其规律的认识，而是必须进入到对对象的意义和价值的认识；不仅要知道对象是什么，而且要知道对象对人类生存和发展的意义和价值是什么。哲学的最大特点就在于，它是以抽象的概念体系来反映特定的社会关系和现实的社会运动，体现特定的阶级或社会集团的利益、愿望和要求。所有的哲学都是这样。明快泼辣的法国启蒙哲学是这样，艰涩隐晦的德国古典哲学是这样，高深莫测的解构主义哲学也是这样，马克思主义哲学更是如此。哲学家主观上可以超越某个阶级，实际上总是某个阶级、某个社会集团的代言人。只不过哲学家是用抽象的概念体系来反映特定的社会关系、特定的阶级利益，而不像政治家那么直接，是某个特定阶级的直接代言人，是某种特定的社会关系的直接管理者。

实际上，哲学是一个历史范畴。研读哲学史可以看出，不同时代、不同民族、不同流派的哲学，对哲学有不同的看法。按照西方传统哲学的观点，哲学"寻求最高原因的基本原理"，提供"全部知识的基础"和"一切科学的逻辑"，是"最高智慧"。可是，在西方现代人本哲学看来，哲学关注并要解决的问题，是人的"精神的焦虑"、"信仰的缺失"、"形上的迷失"、"意义的失落"和"人生的危机"；在西方现代分析哲学看来，哲学是确定或发现命题意义的活动，科学使命题得到证实，哲学使命题得到澄清，用石里克的话来说就是，"科学研究的是命题的真理性，哲学研究的是命题的真正意义。"

这一特殊而复杂的现象印证了黑格尔的这样一个见解：哲学有一个

显著特点，也可以说是一个缺点，这就是，我们对它的本质，对于它应完成和能够完成的任务，有许多大不相同的看法。的确如此。作为同原始幻想相对立的最早的理论思维形式，哲学是同科学一起诞生的。然而，对于什么是哲学，又从未形成一致的看法，不存在为所有哲学家公认的哲学定义。不同时代、不同民族、不同派别的不同哲学家对哲学有不同的看法，不仅哲学观点不同，而且哲学理念也不同。哲学是什么、哲学的位置在哪里因此成为最折磨哲学家耐心的问题，由此导致哲学"总是被迫在起点上重新开始……从头做起"（石里克语）。

对于哲学而言，不存在什么"先验"的规定，也不可能形成超历史的、囊括了所有哲学的统一的哲学定义。从根本上说，哲学的位置是由现实的实践活动的需要决定的；从直接性上看，哲学的位置是由当下的知识结构和认识水平决定的，不同时代的知识结构和认识水平决定了哲学具有不同的位置。现代的实践需要、知识结构和认识水平，决定了现代哲学分化为科学主义哲学、人本主义哲学和马克思主义哲学三大流派。其中，分析哲学着重对科学命题的意义分析；存在主义哲学注重对人类存在形式的探索；马克思主义哲学关注的则是现实的人及其全面发展。马克思主义哲学的创立，使哲学的理论主题从"世界何以可能"转向"人类解放何以可能"，使哲学的聚焦点从宇宙本体转向人的生存本体，从解释世界转向改变世界，从而使哲学发生了革命性变革。

哲学的位置在哪里

哲学史是一个"死人的王国","这个王国不仅充满着肉体死亡了的个人,而且充满着已经推翻了的和精神上死亡了的系统"(黑格尔语)。同时,哲学史又是"思想英雄较量"的场所,正是在这种"思想英雄较量"的过程中,哲学显示出"整体的生命",成为一个"真理的王国"。问题在于,哲学不仅是一个"真理的王国",而且是一个问题的王国,在这个问题的王国中,最折磨哲学家耐心的问题就是,哲学是什么,哲学的位置究竟在哪里?用一位日本哲学家的话来说,那就是,对哲学家来说,最恶毒的问题莫过于问他,哲学是什么?

按照西方传统哲学的观点,哲学"寻求最高原因的基本原理",提供"全部知识的基础"和"一切科学的逻辑",是知识的"最高智慧"和人生的"最高支撑点";按照中国传统哲学的观点,哲学是"究天人之际,通古今之变",

"判天地之美，折万物之理"，"为天地立心，为生民立命"。

可是，在现代西方人本哲学看来，哲学关注并要解决的问题是，人的"精神的焦虑"、"信仰的缺失"、"形上的迷失"、"意义的失落"和"人生的危机"；在现代西方分析哲学看来，"哲学就是那种确定或发现命题意义的活动"，科学使命题得到证实，哲学使命题得到澄清；"科学研究的是命题的真理性，哲学研究的是命题的真正意义。"（石里克语）而在中国现代新儒学看来，人做各种事有各种意义，各种意义合成一个整体，就构成了人生境界，哲学就是要使人具有人的精神境界和理想生活，即"使人作为人能够成为人"。"学哲学的目的，是使人作为人能够成为人，而不是成为某种人。其他的学习（不是学哲学）是使人能够成为某种人，即有一定职业的人。"（冯友兰语）

苏联马克思主义认定，哲学是自然科学和社会科学的概括与总结，是关于自然界、人类社会和思维运动普遍规律的科学，科学的研究对象是世界的某一领域，得到的是某种特殊的规律，哲学的研究对象是整个世界或世界的普遍联系，得到的是普遍规律；西方马克思主义则认为，"哲学的真正社会功能就在于，它对流行的东西进行批判"，其"主要目的在于防止人类在现存社会组织慢慢灌输给它的成员的观点和行为中迷失方向"（霍克海默语）。"理智地消除以至推翻既定事实，是哲学的历史任务和哲学的向度"（马尔库克语）。

不仅如此，古代哲学家具有一种高度的自信，这就是，努力把哲学与其他学科区分开来；当代一些哲学家却表现出一种相反的信念，这就是，竭力淡化哲学与其他学科的界限，或者从文学、艺术的观点界定哲学，或者使哲学成为一种具有"应用"性质、"实用"目的的科学。

这一特殊而复杂的现象印证了黑格尔的见解，这就是，"哲学有一个显著的特点，与别的科学比较起来，也可以说是一个缺点，就是我们对它的本质，对于它应完成和能够完成的任务，有许多大不相同的看法。"的确如此。作为同原始幻想相对立的最早的理论思维形式，哲学是同科学一起诞生的。然而，对于什么是哲学，又从未形成一致的看法，不存在为所有哲学家公认的哲学定义。不同时代、不同民族、不同派别的不同哲学家对哲学有不同的看法，不仅哲学观点不同，而且哲学理念也不同。哲学是什么，哲学的位置在哪里因此成为最折磨哲学家耐心的问题，由此导致哲学"总是被迫在起点上重新开始……从头做起"（石里克语）。

在我看来，这是科学史、思想史的正常现象。科学史、思想史表明，任何一门科学在其发展过程中，除了要研究新问题外，往往还要回过头去重新探讨像自己的对象、性质、内容和职能这样一些对学科的发展具有方向性、根本性的问题。哲学不仅如此，而且更为突出，用石里克的话来说，这是"哲学事业的特征"。实际上，哲学是一个历史范畴，哲学的研究对象、学科性质、理论内容和社会职能都是随着时代的变迁而不断变化的，不存在什么"先验"的规定，也不可能形成超历史的、囊括了所有哲学的统一的哲学定义。不同的哲学之所以能被称为"哲学"，就在于它们都具有寻根究底、追本溯源，并进行前提批判的性质。这就是不同哲学的共同性质，是哲学的"本性"。可是，如果进一步追问，何谓根与底、本与源，如何进行前提批判，认识就立刻进入分歧了。

从根本上说，哲学的位置是由实践活动的需要决定的，"理论在一个国家实现的程度，总是决定于理论满足这个国家的需要的程度"（马克思语）；从直接性上看，哲学的位置是由知识结构和认识水平决定的。不同时代的实践需要、认识水平和知识结构决定了哲学具有不同的位置。古代的实践需要、认识水平和知识结构，决定了古代哲学的"知识总汇"这一位置；近代的实践需要、认识水平和知识结构决定了近代哲学的"科学的科学"这一位置；现代的实践需要、认识水平和知识结构，决定了哲学分化为科学主义哲学、人本主义哲学和马克思主义哲学三大流派，其中，分析哲学着重对科学命题的意义分析；存在主义哲学注重对人类的"存在主义"探索；马克思主义哲学关注的则是现实的人及其历史发展，其志在改变世界，"使现存世界革命化"，从而实现无产阶级和人类解放。

在马克思看来，"哲学是时代精神的精华"。

哲学要成为时代精神的精华，一要关注自然科学。马克思认为，随着自然科学"给自己划定了单独的活动范围"，随着人们把"全部注意力集中到自己身上"，"形而上学"这种哲学形态就"变得枯燥乏味了"，此时就应改变哲学的这种存在形态。恩格斯指出：随着实证科学的发展，"在以往的全部哲学中还仍然存在的，就只有关于思维及其规律的学说——形式逻辑和辩证法。其他一切都归到关于自然和历史的实证科学中去了"。因此，"随着自然科学领域中每一个划时代的发现，唯物主义也必然要改变自己的形式"。

二要关注政治。马克思在评论费尔巴哈哲学时指出："费尔巴哈的警句只有一点不能使我满意，这就是：他过多地强调自然而过少地强调政治。而这一联盟是现代哲学能够借以成为真理的唯一联盟"。因此，哲学的批判要"和政治的批判结合起来"。更重要的是，"对现代国家制度的真正哲学的批判，不仅要揭露这种制度中实际存在的矛盾，而且要解释这些矛盾；真正哲学的批判要理解这些矛盾的根源和必然性，从它们的特殊意义上来把握它们。"（马克思语）哲学与时代的统一性首先就是通过哲学的政治效应实现的。

三要关注"时代的迫切问题"。"问题"是"支配一切个人的时代之声。问题是时代的格言，是表现时代自己内心状态的最实际的呼声"（马克思语）。任何一个有成就的哲学体系都或直接或间接、或多或少地解决了它那个时代的迫切问题。"时代的迫切问题"反映的实际上是人类在特定时代的生存困境，并与人心向背密切相关，反过来说，人心向背体现的就是"时代的迫切问题"。因此，哲学又必须关注人心向背，"把人民的最美好、最珍贵、最隐蔽的精髓都汇集在哲学思想里"，从而成为"自己的时代，自己的人民的产物"（马克思语），成为"真正的哲学"。"最不可取的是仅仅根据威望和真诚的信仰来断定哪一种哲学是真正的哲学"（马克思语）。

在马克思看来，哲学是"为历史服务"的社会批判理论。

哲学具有历史性，同样，哲学要"为历史服务"。然而，"哲学，尤其是德国的哲学，爱好宁静孤寂，追求体系的完满，喜欢冷静的自我审视"。"哲学，从其体系的发展来看，不是通俗易懂的；它在自身内部进行的隐秘活动在普通人看来是一种超常规的、不切实际的行为；就像一个巫师，煞有介事地念着咒语，谁也不懂得他在念叨什么。"（马克思语）因此，必须"否定迄今为止的哲学"（马克思语）。"真理的彼岸世界消逝以后，历史的任务就是确立此岸世界的真理。人的自我异化的神圣形象被揭穿以后，揭露具有非神圣形象的自我异化，就成为为历史服务的哲学的迫切任务。于是，对天国的批判变成对尘世的批判，对宗教的批判变成对法的批判，对神学的批判变成对政治的批判"（马克思语）。

这就是说，哲学必须具有批判性。联系到马克思后来进行的政治经济学批判，可以说，哲学这种社会批判理论包括经济（资本）批判、政治批判以及意识形态批判。这种批判就是要"对现存的一切进行无情的批判"，"在批判旧世界中发现新世界"，"从现存的现实本身的形式中引出作为它的应有的和最终目的真正现实"，从而"对当代的斗争和愿望作出当代的自我阐明（批判的哲学）"（马克思语）。换言之，哲学是通过社会批判"为历史服务"的。

在马克思看来，哲学是关于现实的人及其历史发展的学说。

哲学的立脚点"是人类社会或社会的人类"，出发点是"现实的人"，即从事实践活动的人。"在思辨终止的地方，在现实生活面前，正是描述人的实践活动和实际发展过程的真正的实证科学开始的地方……对现实的描述会使独立的哲学失去生存的环境，能够取而代之的充其量不过是从对人类历史发展的考察中抽象出来的最一般的结果的概括"

（马克思语）。因此，哲学是从"现实的个人"出发，宗旨是"确立有个性的个人"，实现以"每个人自由发展"为条件的"一切人的自由发展"。哲学因此是关于现实的人及其历史发展的学说。

在现代，现实的人的发展的问题首先就是消除人的异化，实现无产阶级和人类解放的问题，这是一个"彻底的革命、全人类的解放"。在这个革命和解放的过程中，"批判并不是理性的激情，而是激情的理性。它不是解剖刀，而是武器"（马克思语）；而哲学的作用就在于，它是无产阶级的"精神武器"，是人类解放的"头脑"。哲学不是黄昏中起飞的"密涅瓦的猫头鹰"，仅仅进行事后的"反思"；哲学是黎明时分"高卢雄鸡的高鸣"，预示着新时代的到来。换言之，哲学是反思、批判和预见的统一。

在马克思看来，哲学是改变世界的学说。

哲学不能仅仅"为了认识而注视外部世界"，相反，"哲学不仅从内部即就其内容来说，而且从外部即就其表现形式来说，都要和自己时代的现实世界接触并相互作用"（马克思语）。这就使"那本来是内在之光的东西，就变成为转向外部的吞噬性的火焰"，使哲学这个"本身自由的理论精神变成实践的力量，并且作为一种意志走出阿门塞斯的阴影王国，转而面向那存在于理论精神之外的世俗的现实"。就"像普罗米修斯从天上盗来天火之后开始在地上盖屋安家那样，哲学把握了整个世界之后就起来反对现象世界"（马克思语）。这就是说，哲学既要"入世"，又要"出世"；既要把握世界，又要改变世界。哲学必须关注"自己时代的现实世界"，反思"人的实践活动和实际发展过程"；哲学批判必须"和实际斗争结合起来"，即和实践批判结合起来。

从哲学史上看，破解存在的秘密，是不同哲学派别的聚焦点；如何破解存在的秘密，则是不同哲学派别的分水岭。在马克思看来，哲学不应关注所谓的世界的终极存在，而应关注人的现实存在，关注"对象、现实、感性"何以成为这样的存在。马克思与他所批评的"哲学家们"

的根本分歧就在于："哲学家们"把存在看作是某种超历史的或非历史的存在，以追问"世界何以可能"为宗旨而解释世界；马克思则把存在看作是历史的存在或实践中的存在，以求索"人类解放何以可能"为宗旨而改变世界。"对象、现实、感性"都是在人的实践活动中生成的，人本身也是在实践活动中自我塑造、自我改变、自我发展的，环境的改变和人的自我改变的一致，只能被看作是并合理地理解为革命的实践。因此，要实现人类解放，就必须改变世界。一句话，"哲学家们只是用不同的方式解释世界，问题在于改变世界。"（马克思语）

马克思在批判青年黑格尔派时指出："这些哲学家没有一个想到要提出关于德国哲学和德国现实之间的联系问题，关于他们所作的批判和他们自身的物质环境之间的联系问题。"因此，尽管青年黑格尔派满口讲的都是"震撼世界"的词句，实际上是"仅仅反对这个世界的词句"，而"绝对不是反对现实的现存世界"；实际上是"用另一种方式来解释存在的东西，也就是说，借助于另外的解释来承认它"。马克思的这一批判具有普遍意义，实际上是对整个传统哲学的批判。"人的思维是否具有客观的真理性，这不是一个理论的问题，而是一个实践的问题。人应该在实践中证明自己思维的真理性，即自己思维的现实性和力量，自己思维的此岸性。关于思维——离开实践的思维——的现实性或非现实性的争论，是一个纯粹经院哲学的问题。"（马克思语）

这，就是马克思视野中的哲学的位置。

哲学的作用是什么

一般说来，人们对哲学有两种看法：一是认为哲学是一种纯概念的运动，与现实无关，是一种玄学甚至是诡辩，没有任何用处；二是认为生活中处处有哲学，哲学大有用处，上至指导科学、引导人生，下至实际工作、做工种田。这两种看法都有其合理因素，但又把这种合理因素溶解于不合理的理解之中。

哲学的确是一种概念运动，是符号、逻辑、概念群的深层运转。我并不否认这种至深至"玄"的思辨，在一定意义上说，没有思辨也就没有哲学。学哲学有难度，难就难在这种思辨、这种概念群的深层运转上。但是，作为一种概念运动，哲学决不是与现实无关的玄学。在我看来，哲学之所以给人们一种艰涩隐晦、枯燥乏味、与现实无关的印象，是由于哲学的论证方式造成的。与艺术给人一种具体的形象不同，哲学在形式上表现为一种抽象的概念运动，这种抽象的概念运动很容易给人们造成一种"云山雾罩"的感觉。

但是，只要我们透过现象看本质，就会发现这种抽象概念运动背后的现实问题。德国古典哲学可谓艰涩隐晦，黑格尔的《逻辑学》在形式上是一种典型的抽象概念运动。可是，就在这玄而又玄的概念运动中，"相当频繁地爆发出革命的怒火"（恩格斯语），由此，我们可以透视出德国资产阶级的"杀机"。"凡是合理的都是现实的"，这一抽象的哲学命题蕴含着资本主义必然代替封建主义这一现实问题。正因为如此，德国古典哲学同法国启蒙哲学一样，都是政治变革的先导。差别只是在于，法国启蒙哲学是法国资产阶级哲学，是18世纪法国政治变革的先导，德国古典哲学是德国资产阶级哲学，是19世纪德国政治变革的先导。

由此可以看出，哲学的论证方式是抽象的，哲学的问题却是现实的。无论哲学家多么"清高"，如何"超凡入圣"，他们都不能不食人间烟火，都不能不生活在特定的社会中并属于特定的阶级或阶层，都是在特定的现实中提出特定的问题、特定的解决问题的方法。哲学家不是沙漠里的"高僧"，哲学话语也不是哲学家个人的"自言自语"。从根本上说，哲学总是以抽象的概念运动反映现实的人的活动和人的现实活动，总是以抽象的概念运动并透过一定的知识内容来反映一定阶级或集团的利益、愿望和要求。所以，哲学既是知识体系，又是意识形态；追求的既是真理，又是一种信念。

哲学既要从"人间"升入"天国"，进入抽象的概念的领域，又要由"天国"降到"人间"，走出纯概念的"阴影王国"；哲学既要适应现实，又要超越现实。一句话，哲学既要引导人们"入世"，又要引导人们"出世"。这就注定哲学思维极其艰辛，谁选择了哲学并想站在这一领域的制高点上，谁就必须在精神乃至物质生活上选择一条苦行僧的道路。借用莎士比亚的话，那就是，"光荣的路是狭窄的"。

哲学离不开人们的生活，离开了生活和科学的哲学话语只能是"假（话）"、"大（话）"、"空（话）"。不过，我们应当注意，生活中处处有哲学问题，但哲学并不研究生活中的"处处"问题，否则，科学岂不是"多余的话"；生活中处处有哲学问题，但并不是人人都有哲学思想，个个都是哲学家，否则，哲学家岂不成了"多余的人"。这就像生活中处处有数量问题、物理运动、化合分解，但并不是人人都懂数学、物理学和化学，个个都是科学家一样。知道水到一百度变成气体，到零度变成固体，这是生活常识，从中引出质量互变规律以及防微杜渐，这才是哲学思想。知道物理学中有正电与负电、力学中有作用与反作用、化学中有化合与分解、数学中有微分与积分……这是科学知识，从中引出对立统一规律以及"凡物莫不有对"，这才是哲学思想，如此等等。

同任何科学一样，哲学不可能无所不包、无所不能，相反，它必然是有所能、有所不能。我们只能要求哲学做它能做的事，而不能要求哲学做它做不到的事。两极相通。哲学"万能"论往往导致哲学"无用"论。在我看来，哲学的"用处"就在于，从总体上探讨人与世界的关系，把握人在世界中的位置，引导人生。无论哲学是把目光投向人与自然的关系，还是转向人与社会的关系，归根到底，关注的仍是人在世界中的位置，显示的仍是人的自我形象。古希腊哲学家苏格拉底提出的"认识你自己"，实际上构成了哲学的主旋律：哲学应该竭尽全力去探索人本身的奥秘。如果哲学不重视人，人也就不会重视哲学。

可问题在于，在人与自我的关系中必然渗透着人与自然的关系和人与社会的关系，对人生的不同看法必然包含着对人与自然、人与社会关系的不同理解。饮食男女本身是一种自然现象，可"朱门酒肉臭，路有冻死骨"以及梁山伯与祝英台式的爱情悲剧却是一种社会现象。爱情之所以成为文学的主题，之所以如此激动人心，决不是因为它是两个生物人之间的私情，而是因为它的社会内涵。"闺中少妇不知愁"所表达的感情与"爱你没商量"所蕴含的内容是不一样的。托尔斯泰的《复活》之所以能引起读者强烈的共鸣，就是因为它着力刻画了男主人公聂赫留朵夫身上本能与理性、自然属性与社会属性之间的冲突，而这种人性内部的矛盾冲突在每个人身上都或多或少地存在着。

文学艺术的雕刀如果不深入到这种人性内部矛盾冲突中，就不可能塑造出栩栩如生的人物形象。托尔斯泰这样写道："人人身上都有各种人类本性的根苗；不过有时这种品性流露出来，有时那种品性流露出来罢了；人往往变得不像他自己了，其实他仍旧是原来那个人。"托尔斯泰的话使我想起狄德罗关于人的一段寓意深刻的话："说人是一种力量与软弱、光明与盲目、渺小与伟大的复合物，这并不是责难人，而是为人下定义。"

实际上，人也没那么神秘。"人来源于动物界这一事实已经决定人永远不能完全摆脱兽性"（恩格斯语），而现实的人本质上是社会关系的总和。地主之所以成为地主，资本家之所以成为资本家，就在于他们身处的社会关系，而不在于他们的肉体组织；机器之所以能够成为资本，并不在于机器本身的物质材料，而是特定的社会关系使然。封建社会不可能造就社会主义新人，殖民地半殖民地必然产生崇洋媚外思想，都是一个道理。文天祥有一千古绝句："人生自古谁无死，留取丹心照汗青。"这一千古绝句表明，人的死本身属于自然规律，死的意义属于历史规律。从哲学的视角看，英雄与小丑、流芳百世与遗臭万年的分界线，就在于是否把握和如何处理人与历史规律的关系。凡顺历史规律而动者，是英雄，流芳百世；凡逆历史规律而动者，是小丑，遗臭万年。

从根本上说，人生观是一个如何看待人与自然、人与社会的关系问题，是哲学问题。反过来，哲学本身就是人生观，与解答"人生之谜"融为一体。马克思主义哲学是从人与自然、人与社会的双重关系中关注人本身的，是从人的活动及其规律中去把握人以及人与世界的关系的，是对人的终极存在和现实存在的双重关怀。因此，马克思主义哲学既可信又可爱。

哲学思维的特点

哲学史"不过只是分歧的思想、多样的哲学的发生过程，这些思想和哲学彼此互相反对、互相矛盾、互相推翻"。"全部哲学史，这样就成了一个战场，堆满着死人的骨骼。它是一个死人的王国，这王国不仅充满着肉体死亡了的个人，而且充满着已经推翻了的和精神上死亡了的系统，在这里面，每一个杀死了另一个，并且埋葬了另一个。"（黑格尔语）但是，这仅仅是表面现象。实际上，哲学史是一个后人不断批判继承前人的有序的发展过程。历史上最早出现的哲学是"最贫乏、最抽象的哲学"，而"那在时间最晚出现的哲学体系，乃是前此一切体系的成果，因而必定包含前此各体系的原则在内"，因而是"最渊博、最丰富和最具体的哲学体系"（黑格尔语）。

哲学本身的形式和内容的矛盾表明，哲学思维是一种特殊的反思思维，它总是随实践和科学的发展来反思自己，否定自己的某种形式或某种体系。换言之，哲学内容的发展是通过反思理论前提，从而更替哲学形式实现的，所以，哲学史在表面上总是表现为"一个杀死了另一个"。反思总是具有"杀死"的含义，即否定原有的理论前提，建立新的理论前提。正是在这一意义上，恩格斯指出："随着自然科学领域中每一个划时代的发现，唯物主义也必然要改变自己的形式。"这种对形式的改变实际上是用时代的发展来反思自己的内容。哲学思维的优点，正是在于它能随着时代的发展不断变革自己。

哲学的反思不是一般的反思，如对直接性的反思，对某一条件的反思，而是立足于变化中的实际，从人与世界关系以及人在世界中的地位这一角度作出的理论反思，只有哲学反思着人与世界的关系以及人在世界中的地位，这是其他科学思维无法取代的。哲学的反思是反思性思维中最深层的反思，它总要对自己原有的原则和前提进行批判。实际上，哲学是对整个思维史的反思，是"时代精神的精华"，因而在不同的时代具有不同的内容和形式。同时，哲学又具有最一般的综合性，考察的是人与世界最一般的关系，起到对时代的整体综合的作用。

可以从总体上把哲学分为两个部分：一是从静态考察，它是关于人与世界关系的学问，是哲学思维在实践基础上作出的概括和凝结；二是从动态考察，它是不断批判旧的原则和前提，形成新的原则和前提的思维过程，并不断反思、建构着新的思维方式。前者是哲学知识体系，后者是哲学思维能力，二者密切相关。没有哲学知识体系，就谈不上哲学思维能力，但有了哲学知识体系，并不等于就具有哲学思维能力。无论是在功能上，还是在特点上，哲学思维能力都不同于哲学知识体系，不能把二者混同起来。

在当代，哲学思维的作用变得更为直接、更为迫切、更为重要，实践、科学和哲学本身的发展更加纯化和强化了哲学思维的作用，并通过三条道路表现出来。

第一条道路是哲学自身的分化。在古代，哲学表现为"包罗万象的综合"，它取代了一切，被称为"知识总论"；在近代，哲学表现为"科学的科学"，实际上转化为"幻想的综合"，即"用观念的、幻想的联系来代替尚未知道的现实的联系，用想象来补充缺少的事实，用纯粹的臆想来填补现实的空白"（恩格斯语）；在现代，哲学表现为"最一般的结果的综合"。马克思指出："关于意识的空话将销声匿迹，它们一定为真正的知识所代替。对现实的描述会使独立的哲学失去生存环境，能够取而代之的充其量不过是从对人类历史发展的观察中抽象出来的最一般的结果的综合。"恩格斯认为，对于已经从自然界和历史中被驱逐出去的哲学来说，如果还留下什么的话，那就只留下一个纯粹思想的领域，即关于思维过程本身的规律的学说——逻辑和辩证法。

随着哲学由"包罗万象的综合"→"幻想的综合"→"对最一般的结果的综合"的发展，哲学思维变得越来越重要了，反过来说，对哲学思维本身的研究也就显得越来越重要了。

第二条道路是思维科学的分化。当哲学自以为对思维过程还有发言权时，思维科学的分化开始了。20世纪以来，思维科学发展大体沿着四个方向发展：一是对思维的生理、心理机制的研究；二是对认识的发生、个体和整体思维发展的研究；三是对思维的外在形式——语言以及与其紧密相关的语义的研究；四是对思维过程形式化、定量化、信息加工程序的研究。

沿着第一个方向，产生各种神经心理学、思维心理学、神经行为学；沿着第二个方向，取得了众所周知的成就，如列维—布留尔对原始思维，皮亚杰对儿童思维，以及科学哲学对科学思维的研究等；沿着第三个方向，产生了语义分析、语言逻辑；沿着第四个方向，形成了认知心理学，产生了以思维模拟为内容的"人工智能"，开拓了人类智力放大的新时代。

第三条道路是整体科学的分化。现代科学已经形成一个由两千多门学科构成的多层次、多结构、多序列的庞大网络，科学越分化越需要哲学思维的综合，以认识自己在整个系列中的地位以及发展的方向。正如爱因斯坦所说："哲学一经建立并广泛地被人们接受之后，它们又常常促使科学思想的进一步发展，指示科学如何从许多可能道路中选择一条路。"

在爱因斯坦看来，科学的真理具有外在的证实性和内在的完美性，但这种内在的完美性必须在世界的整体化过程中才能完成。的确如此。各门科学的研究处于不同的层次上，只有超出科学系统本身的系统，在更大的系统中才能评价本系统某些论断的真实性。所以，在现存的科学系统内并不能认清科学规律的完整性。只有哲学的综合才能使科学在更广泛、更深层的背景中认识自己的发展规律。

在当代，这三条道路汇集到一个交叉点上，要求我们从哲学思维的运动过程考察哲学。换言之，哲学不是一堆知识的集合，而是具有自己独特的思维功能的运动过程。哲学思维的功能首先就是辩证综合功能。所谓辩证的综合，是包含着反思的综合性思维，这是哲学思维的最大特点。这一思维的具体发挥过程，也就是马克思所说的，"对人类历史发展的观察中抽象出来的最一般的结果的综合"。哲学通过自身的反思和综合产生的是更高层次的知识和原则。

哲学思维的辩证综合"能对整理历史资料提供某些方便，指出历史资料的各个层次间的连贯性"（马克思语），即用更高层次的有序性原则把科学和实践及其不同层次连贯起来，从而对科学、实践发展的方向、联系点、突破口作出总体上的预见。科学的分化，一方面，缩小了哲学对象的地盘；另一方面，又扩大了哲学思维的空间，并更加突出了哲学思维的作用。哲学不是"李尔王"，不会"一无所有"。

历史哲学：在哲学和历史学的交叉点上

在西方思想史上，历史哲学以维科的《新科学》为其"独立宣言"，至今已走过了200多年的历史行程。然而，自伏尔泰明确提出"历史哲学"这一概念以来，不同的哲学家、历史学家对此理解不很一致，甚至很不一致。当代西方著名历史哲学家沃尔什在其名著《历史哲学导论》中首次把西方历史哲学划分为两大派别，即"思辨的历史哲学"和"批判的（分析的）历史哲学"。这种划分得到了西方学术界的认同，也为我们综述西方哲学历史提供了可以依据的线索。

黑格尔的历史哲学是思辨历史哲学的典型形式。按照黑格尔的观点，历史哲学是对历史过程的哲学反思，它所"研究的对象——世界历史"，是"世界历史的本身"，其任务就在于发现历史过程的内在规律。黑格尔确立了历史规律的权威性，并表现出力图使历史哲学科学化的企图。对于这一点，应给予积极的评价。但是，由于黑格尔把历史看作是"绝对理性"的实现和展开，因而又把历史规律变成了超历史的"绝对计划"，从而又延滞了历史哲学科学化的进程。

18 世纪末到 19 世纪初自然科学的辉煌成就，对于历史学家、哲学家既有诱力，又有压力，总之具有威力，正是科学的威力促使一大批历史学家、哲学家企图把历史学变成像自然科学一样的科学，企图把自然规律的观念直接引入历史领域，或者按照自然规律的特征去理解历史规律。黑格尔肯定了历史规律的存在，但他没有把自然规律的观念原封不动地移入历史领域。在黑格尔看来，与自然规律所具有的重复性不同，历史规律只具有合于逻辑进展的特征。因此，历史哲学的方法只能是逻辑的方法，自然科学方法在这里是不适用的。

思辨历史哲学研究的重心是历史本身的演变规律，批判历史哲学对此则持否定的态度，认为奢望概括整个历史过程或表达历史意义的历史哲学"不可能得出任何有效的真理，整个儿是一片形而上学的迷雾"（科恩语）。在批判的历史哲学看来，要理解历史事实，首先就要分析和理解历史知识的性质，因为人们是通过历史知识去认识"客观"历史的。问题在于，历史知识并不是客观的，而是历史学家一定价值观念的产物，这些观念又来源于历史学家所面临的需要和环境，"历史是由活着的人和为了活着的人而重建的死者的生活"（克罗齐语）。因此，不存在客观历史，至少不能认识客观历史。既然不存在客观历史，那么，探寻客观的历史规律岂不是无意义的"废话"。实际上，历史哲学是对"历史思维的前提和含义的一种批判性的探讨"（柯林伍德语），其任务就是确定历史科学努力的界限和特有价值。历史哲学是有关历史认识论的研究。

在批判的历史哲学看来，历史学提供给我们的是一系列的主观行动，因此，逻辑的抽象方法和自然科学的精确方法都无法把握人的历史。柯林伍德甚至认为，把自然科学的概念和方法引入历史哲学中是一种"瘟疫性的错误"。正是在这个意义上，批判的历史哲学认为，历史不是科学，历史不需要解释而需要理解，这个理解的过程就是使自己融入历史的精神之流，以"体验"的方法对以往的历史学家的意识进行"再一次经历"，从而"捕捉个别"，并"在自己的心灵中重演过去"。历史哲学的方法只能是"体验"。批判历史哲学重视历史认识活动的特殊性，本身无可非议，但它却片面地夸大了这种特殊性，制造了自然科学与历史科学的对立。

思辨历史哲学与分析历史哲学的见解，虽然各执一端，但又表达了一种共同的见解，这就是，历史哲学是哲学与历史学的交融，是哲学与历史学这两门学科共同研究同一个对象，同时解决一些共同的问题。从当代知识结构来看，历史哲学实际上是在哲学与历史学之间的接合部产生的一门交叉学科。

一般来说，交叉学科有三种形态：一是线性交叉学科，即把某个学科的原理成功地运用于另一个学科；二是结构性交叉学科，即两个或两个以上的学科以新的形式相结合所形成的学科；三是约束性交叉学科，即围绕着某个具体问题，多种学科相互配合进行研究。我以为，历史哲学属于结构性的交叉学科，是哲学与历史学这两门学科以一种新的形式相结合而形成的相对独立的学科，它集哲学与历史学这两门学科的知识与功能（不是全部）于一身，同时又在这两门学科的交叉点和共振带上作出新的努力，实现新的职能。

在我看来，历史哲学的基本内容包括两个方面：即对历史本身演变规律的探讨和对历史认识活动的特点的探讨。不同的历史哲学或者以前者为重心，提供历史本体论，或者以后者为己任，提供历史认识论。如果说从 18 世纪末到 19 世纪初是历史本体论的世纪，那么，从 19 世纪末到 20 世纪 70 年代则是历史认识论的时代。当今，这两种系统在某种程度上出现了"合流"的趋势——人们在历史本体论"复活"的基础上深化历史认识论的研究。

之所以出现这种合流的趋势，是因为历史本体论与历史认识论之间具有内在的联系，只是由于不同时代人们认识水平的差别和不同的需要，才把研究重心或者放在历史本体论上，或者放在历史认识论上。本体论必然要对认识论起一种导向作用，如果历史认识论不同时具有历史本体论的性质，其理论必然失去现实的前提和依据；同时，本体论的确立又有赖于认识论的支撑，如果历史本体论不同时具有历史认识论的性质，其结论必然是独断的、不可靠的。因此，历史哲学的当代形态应当是历史本体论与历史认识论的统一，同时实现历史本体论与历史认识论的职能，既探讨历史本身的运动规律，又对历史知识或历史认识活动进行批判。

批判历史哲学的基本特征及其启示

1907 年，德国历史学家、哲学家齐美尔提出一个康德式的问题，即历史科学是怎样成为可能的？对这个问题的探讨构成了批判历史哲学的真正主题。按照批判历史哲学的观点，人们是通过历史知识去认识历史的，因此，要理解历史，首先就要分析和理解历史知识的性质。明确地意识到这一点，是批判历史哲学的基本前提，而一旦有了这种明确的意识，就会唤起一种自觉的批判精神，认识历史的努力在这里就会合乎逻辑地变成历史认识的自我批判。

批判历史哲学之所以与思辨历史哲学不同，并不在于二者使用的方法不同，而是因为二者探讨的问题不同。按照思辨历史哲学的观点，历史哲学"研究的对象——世界历史"，是"世界历史的本身"。在批判历史哲学看来，历史哲学是"对历史思维的前提和含义的一种批判性的探讨"，其任务就在于"反思历史思维"，对历史知识进行哲学的批判，从而确定历史学科的界限和特有价值。这表明，批判历史哲学注意的中心不再是历史本身是什么，而是历史认识是什么。

这样，批判历史哲学就在历史哲学史上实现了一次研究重心的转移，即从历史本体论转移到历史认识论。具体地说，从对历史本身性质的探讨转移到对历史知识性质的分析，转移到对理性认识能力的批判。研究重心的这一转移完全符合人类认识规律：认识外部世界的任何一种努力一旦持续下去，就会在某一时刻不多不少地变成了对这种认识活动本身的一种反思和批判。因此，批判历史哲学的产生标志着西方历史哲学的成熟，而绝不意味着它的没落。

对历史认识论的探讨是一项具有科学价值的工作。如果对历史本体的探讨不同对历史认识的分析相结合，那么，其结论必然是独断的，不可靠的。批判历史哲学重视历史认识论的研究不无道理，它促使人们自觉意识到人的认识能力的相对性，并在这种自我批判的基础上更审慎、更清醒地去认识客观历史。对此，我们应给予积极的评价。

但是，我们又必须看到，批判历史哲学是脱离了历史本体来考察历史认识的，历史虚无主义在这里打下了深刻的烙印。按照批判历史哲学的观点，历史研究是由现时的兴趣引起的，人们是按照现时的兴趣来思考和理解历史的。"历史是由活着的人和为了活着的人而重建的死者的生活。所以，它是由能思考的、痛苦的、有活动能力的人找到探索过去的现实利益而产生出来的"（克罗齐语）。因此，一切历史都是当代史。批判历史哲学认定，一切过去历史同当代生活的对流只是以历史学家的主观精神为媒介，不存在客观历史及其规律，历史本质上是史学意识。在历史认识中，人的主观意向是决定性的东西，它决定着历史认识的内容和结果，历史学家认识历史的行为就是建立历史客体的行为。由此，我们看到了历史虚无主义的幽灵：所谓的历史哲学在考察历史认识时，竟把其前提——客观历史一笔勾销了，结果是犯了演丹麦王子而没有哈姆雷特的错误。

历史认识论的中心问题在于，客观地认识过去只能靠学者的主观经验才能获得。批判历史哲学的失败就在于它无力解决这个基本矛盾。它企图从纯形式的立场，即脱离历史认识的客观内容来"反思历史思维"，其结果使自己成为对思辨历史哲学的片面反动，并在这条道路上走到了逻辑终点。

批判历史哲学的长处与短处、成功与失败，共同证明了这样一个道理，即从历史本体论和历史认识论相统一的高度重建历史哲学是现时代的"绝对命令"。如果历史认识论不同时具有历史本体论的性质，它就不能成为指导人们正确认识历史的科学理论；如果历史本体论不同时具有历史认识论的性质，从当代知识结构看，它就不属于哲学学科，而且其结论也是独断的、不可靠的。

历史唯物主义，即马克思主义的历史哲学是"一种关于历史过程的观点"（恩格斯语），它着重探讨的的确是历史的本质及其一般规律，因此，历史唯物主义带有凝重的历史本体论色彩。这是问题的一方面。另一方面，历史唯物主义又为科学地解决历史认识论问题奠定了可靠的基础，并以萌芽的形式包含了历史认识论问题。只是由于历史的原因，马克思没有对这个问题详加探讨和展开。

我注意到，当代实践、科学和哲学的发展，越来越突显了历史认识论问题，同时又使探讨历史认识论问题具有普遍的必要性和现实的可能性。因此，我们应结合历史的变化、时代的特点，根据认识的发展水平和当代知识结构，调整自己的理论视角，使以萌芽形式包含在历史唯物主义中的历史认识论问题凸显出来，并从成熟、发达的形式上予以研究，从而揭示历史认识的独特结构及其内在规律。历史认识活动与历史本身运动之间内在交织、相互作用，虽不严格同时，但大体同步地走着一条"自己构成自己"的道路。因此，历史唯物主义应扬弃历史本体论与历史认识论之分，同时实现历史本体论与历史认识论的职能。

后现代历史哲学对历史客观性的质疑

　　客观性问题是历史哲学中的重要问题。历史有没有一个本来的真实面目？人们能否透过历史研究认识历史的真实面目？由于后现代思潮的影响，相对主义和怀疑主义日益活跃，在文学和文化理论中盛行之后，也浸透到了历史学中。和人文社会科学中的其他学科一样，后现代历史哲学的兴起意味着知识的不确定性，表征的则是社会的不确定性。以往建立在神学或科学基础上的确定性认识，在 20 世纪中后期以来受到强烈的质疑。一股失望的潮流席卷全球，许多人失去了确定性的信念，觉得现在转瞬即逝，过去难以琢磨，未来更是无法预料。后现代历史哲学对客观性问题的质疑，是通过三种相互关联的途径展开的。

　　一是把语言符号和事实等同起来，认为不存在独立于语言符号的纯粹事实，语言本身就是自足的领域，它的意义存在于语言游戏之中，亦即语言的网络之中。在德里达看来，历史事实永远被语言覆盖着，语言的功能又被文化规范的影响掩盖着。人类不可避免地陷于语言的牢笼之中，没有任何理由把历史研究与语言研究视作完全不同的东西，历史写作必须运用语言。

二是重新引入修辞学。随着结构语义学、逻辑学和诗学的发展，西方学术界开始了重建修辞学的努力，修辞学零度、形象化表达的空间、转义度、隐喻度、义位转换法等概念得以提出，"隐喻的真理"几乎成为唯一的真理。隐喻不仅仅是名称的转用，也不仅仅是反常的命名，究其实质，隐喻是对语义的不断更新，换言之，一切语义都只有以隐喻的方式才能得以描述。研究历史著作最有效的方法，就是特别注重其文学性的一面。只要历史研究依然以通常的教育言辞和写作作为表述往昔的优先方式，就会继续保持修辞性和文学性，历史学家的工作就依然保留"文学性"，而不可能是严格意义上的科学的话语方式。

三是认为历史叙述可以采取各种各样的方式，如喜剧、悲剧或讽刺剧。历史仅仅是一种叙述或"情节化"，各种叙述方式具有同等的价值。由此，一些历史学家对"种族大屠杀"的处理，就是把它当作一般的文本，抽掉了它独特的悲惨性质，削弱了它的真实性。

一言以蔽之，历史研究中重要的是文学性而非科学性，隐喻、比喻和情节取代了如实性、概念性和解释性规则。没有事实，也就没有了真理，世界被看作是真实的还是虚构的，这无关紧要。理解它的方式同样如此。以往历史学家对真理的追求成为"高贵的梦想"，追求真理的行为演变为逻辑上无限可能的解释。这样，怀特等后现代历史哲学家就废除了"真实的"与"虚构的"叙事、"科学的"与"诗学的"历史编撰学的区分，把历史学完全归结为情节编码和文学修辞，历史只能作为话语或文本而存在。巴特指出："历史的话语，不按内容只按结构来看，本质上是意识形态的产物，或更准确些说，是想像的产物。"基于这样的认识，也就不难理解，他把历史符号的意义指认为理解而非真实，彻底摒弃了历史的客观性乃至真实性。

在后现代历史哲学的观照下，重新梳理历史哲学的基本线索，我惊讶地发现，历史上诸多的历史哲学家，像狄尔泰、克罗齐、文德尔班、齐美尔、汤因比、罗素等，都认为优秀的历史学家必定同时也是富有想象力的艺术家，甚至希腊历史女神和史诗女神克里奥的魅力，也再度熠熠生辉。事实上，后现代历史哲学的思考业已追溯到神话时代。从希罗多德在《历史》中宣称，为了保存希腊民族及其他民族的伟大业绩，他将以这些民族自身的传说故事叙述历史。从此以后，大多数历史学家站在修昔底德一边，把神话视作非科学乃至反科学的，极力予以排斥。

在后现代思想氛围中，历史哲学家们再度讨论这一古老的话题，开始调和史学传统中的神话派和历史派，承认神话在构建个人认同、公共认同方面的关键作用，提出历史学的任务不在于消除这些虚构，而是要利用它们，说明它们是如何进入历史并形成历史事实的。这方面工作做的最为深入的当属马里。马里追溯了神话派自古代世界的起源到现代世界的演变，叙述了李维和马基雅维利是如何从变幻无常的神话中重新发现真正历史的，分析了维柯、米什莱是如何颠覆这种分析模式，又是如何从变幻无常的历史中分析出真正神话的，并借用尼采、维特根斯坦、乔伊斯、艾略特等人的作品，重新定义了现代史学，阐明了后现代史学与古老神话的历史观念之间的历史性关联。

在对历史客观性质疑的背后，隐含了文化的转向这一时代潮流。在后工业社会中，现实世界不再以自身的本来面貌存在，而仅仅以文化的形式登台、表演、展现、想象。在后现代主义的种种范式中，各类文化不断地指向和表征其他文化实践，而非传统的各类经验。使后现代文化实践与众不同的，是文化想象的世界可以被不加区分地攫取，意义常常被颠覆、嘲弄，变得含混不清，以至于成为没有任何深层含义的场景展示，道德的、美学的意义都不复存在。正如费瑟斯通所说："如果我们来检讨一下后现代主义的定义，我们就会发现，它强调了艺术与日常生活之间界限的消解、高雅文化与大众通俗文化之间明显分野的消失、总体性的风格混杂及虐式的符码混合。"在"新文化史"和"微观史学"的作品中,历史与文化的界限已经相当模糊,后现代史学进而把历史和文学等同起来,认为历史研究只不过一种写作,和文学写作没有什么特别的不同。

后现代历史哲学否认历史的客观性,却依然保持了批判性,不过这种批判的指向和模式有了巨大的游移。作为现代性的一个侧面,特别是自19世纪职业化以来,历史学一直是与真理的客观性和理性的视野相联系,这种视野不可避免地带有政治的维度,并服从于自由的价值评判。质言之,历史是以批判为旨趣的。后现代历史哲学的出现,也是针对大一统的现代知识秩序,追寻更多的自由。如果可以说后现代历史哲学是批判的,那么,它的特色在于怀疑,怀疑史料,怀疑语言,怀疑史学家的真诚,怀疑叙述,一言以蔽之,历史思考和写作的整个过程都是值得怀疑的。譬如,福柯就全面揭示了历史知识与权力的勾连。

从这些怀疑出发,后现代历史哲学更多地把历史学定位于建立认同感,而非展示普遍真理,因而,极大地强化了普遍性与认同性之间的张力。坚持普遍性观点的人相信并致力于历史事实,强调认同性的学者呼吁忠于本民族的感情和利益,我看到,出于民族主义或其他意识形态的需要,借古喻今、文过饰非、甚至编造谎言的现象已经比比皆是,后现代主义似乎对此起了推波助澜的作用,它对于事实与虚构、客观实在与概念之间区别的抹杀为谎言提供了佐证,从而使得具体历史问题的解决变得更为艰难。

后现代历史哲学家否认语言形式和内容的区别,把历史写作和文学写作完全等同起来,显然是走向极端和误区了。文舒特不无愤慨地批判说,这无异于历史的谋杀。不过,后现代历史哲学否认历史的客观性,却并没有否认历史的意义,甚至可以说,它在相当程度上复活了思辨的历史哲学对历史意义的追寻,当然,这种意义不再是线性的、一以贯之的简单线索。利科指出："历史真理的问题——不是在对已经过去的历史的真正认识的意义上，而是在历史创造者的任务的真正完成的意义上——在文明的历史运动的基本统一性问题中，找到了它的重心。"从书名就可以看出，怀特的《元史学》目标在于展示历史思想模式的一般性结构理论，所回答的问题是"历史地思考指什么"。安克斯密特关于历史表现本质的理论旨在，"让我们看清楚，在历史话语与伦理和政治话语的最精细分支的交汇之处，以及它们彼此缠绕之处，到底发生了什么"。

无论是"文明的基本统一性"，还是历史思想模式的一般性结构，抑或是伦理和政治话语的"交汇"，都表现出这样的努力，即经由史学方法论的深化，培育出一般的历史性认识理论。由此，完全有理由说，后现代历史哲学是对现代历史哲学两大流派、两种理路的综合与发挥，也是对历史哲学的最初梦想以及思辨的历史哲学的高层次复归。

后现代主义对现代思想的挑战，从根本上说，是冲击了启蒙以来的历史理论，包括线性思维、目的论、乐观主义、宏大叙事等，并提供了新的历史思维方式。一切现代思想包括历史唯物主义，都不能不接受后现代思想的挑战，并做出积极有效的回应。围绕在后现代视域中如何理解历史的本质，如何书写历史，历史叙述、历史表征、话语的修辞、想象、形式和内容等，我们应当也必须提供深刻的思考，提供新的方法，从而拓展历史思维的视域，建构历史思维的新方式；我们应当也必须对后现代历史哲学做出深入研究，探求其理论渊源和现实背景，把握其基本的概念、思想和特征，体认它为形成一种更富有批判性和更具有分析能力的方法所做出的贡献，以及在历史认识方法、目标和知识基础的讨论方面的推进；我们应当也必须直面后现代主义对现代性宏大叙事的批评，坚持和维护历史唯物主义对科学、进步和客观性的信仰，澄清历史唯物主义对本质、基础和中心的寻求。

哲学的理论主题：从"世界何以可能"转向"人类解放何以可能"

马克思主义哲学的创立，无疑是哲学史上的革命性变革。用文学的语言来说，那就是，马克思主义哲学的创立犹如人类思想史上的壮丽日出，它使哲学这片思想的园地沐浴在"新唯物主义"的阳光之中，哲学的理论主题发生了根本转换，这就是从"世界何以可能"转向"人类解放何以可能"。马克思主义哲学不是西方传统哲学，我们不能从传统哲学的视角去理解马克思主义哲学；马克思主义哲学不是"学院哲学"，我们不能以"学院哲学"的构架去评价马克思主义哲学。要真正理解马克思主义哲学，真正理解哲学的主题从"世界何以可能"转向"人类解放何以可能"，首先就要把握马克思生活其中的那个时代的特点。我们应当明白，由哲学家们所创造的哲学体系，不管其形式如何抽象，不管它们具有什么样的特征或"个性"，都和哲学家所处的时代密切相关，从根本上说，都是一定时代的产物。

如果用一句话来概括马克思时代的特征，那就是，资本主义制度在西欧已经得到确立和巩固，人类历史从封建主义时代转向资本主义时代。在资本主义时代，资本具有支配一切的权力，而资本的存在及其支配一切的权利，导致人的劳动、人的关系和人的世界都异化了，人的生存状态成为一种异化的状态；这种异化集中体现在无产阶级身上，用马克思的话来说就是，在无产阶级身上，"表明人心的完全丧失"。马克思由此认为，这是一个"颠倒的世界"。在这个世界中，资本具有个性，个人却没有个性，个人成为一种"偶然的个人"，国家也不过是"虚幻的共同体"。一言以蔽之，人本身的活动及其产物对人来说成为一种异己的、同他相对立的力量。这就是说，19世纪中叶的西方社会，是一个由资本关系所造成的人的生存状态全面异化的社会。

在这样一个时代，哲学应该做什么？马克思认为，在这样一个时代，哲学的"迫切任务"是揭露并消除这种异化，从而"为历史服务"。但是，西方传统哲学包括德国古典哲学在内，无法完成这一"迫切任务"。这是因为，从总体上看，西方传统哲学就是"形而上学"，即关于超验存在之本性的理论，这种哲学形态在"寻求最高原因"的过程中把本体同人的活动分离开来，同人类面临的种种紧迫的生存问题分离开来，从而使存在成为一种抽象的存在，物质成为一种"抽象的物质"，本体成为一种同现实的人及其活动无关的抽象的本体。从这样一种抽象的本体出发无法认识现实的人和人的现实。以"形而上学"为存在形态的西方传统哲学，向人们展示的是抽象的真与善，它似乎在给人们提供某种希望，实际上是在掩饰现实的苦难，抚慰被压迫的生灵，因而无法消除人的生存的异化状态，将现实的人带出现实的生存困境。正因为如此，马克思在《神圣家族》中明确提出："反对一切形而上学"。这就是说，反对或拒斥"形而上学"也是马克思主义哲学的基本原则。

在以往的马克思主义哲学研究中，我们都忽略了这样一个史实。什么史实？那就是，在哲学史上，马克思和孔德是同时举起反对或拒斥"形而上学"大旗的。在时代性上，马克思的反对"形而上学"与孔德的拒斥"形而上学"具有一致性，二者都属于现代哲学对传统哲学的批判，实际上，孔德与马克思同属于西方现代哲学的开创者和奠基人。但是，在指向性上，马克思的反对"形而上学"与孔德的拒斥"形而上学"具有本质的不同。孔德认为，拒斥"形而上学"之后，应当用实证科学的精神来改造和超越传统哲学，应当把哲学局限在经验、知识和"可证实"的范围内；马克思则认为，"拒斥形而上学"之后，哲学应当关注"人类世界"，关注现实的人及其发展，对人的生存的异化状态给予深刻的批判，对无产阶级和人类解放、人的全面发展给予深切的关注。

在《神圣家族》中，马克思不仅批判了近代唯心主义哲学，而且批判了近代唯物主义哲学，认为近代唯物主义一开始具有反对"形而上学"的倾向，"包含着全面发展的萌芽"，物质带着诗意的感性光辉对人的全身心发出微笑。然而，"唯物主义在以后的发展中变得片面了"，"变得敌视人了"。那种"抽象的物质"、"抽象的实体"成了一切变化的主体，成了"万物的本性和存在的致动因"，而近代唯物主义哲学追求的就是把握这个"第一原因和真正原理"，由此演绎出一切事物的本性和原因。这就是说，近代唯物主义从批判"形而上学"开始，最终又回归"形而上学"。

问题在于，到了马克思的那个时代，随着自然科学的独立化并"给自己划定了单独的活动范围"，随着社会实践的发展并凸显了人的异化状态，人们开始把"全部注意力集中到自己身上"。于是，那种脱离实证科学又凌驾于实证科学之上，那种脱离人的活动又凌驾于人的活动之上的"形而上学"，便失去了自身的神圣光环，"变得枯燥乏味了"，不仅"在理论上威信扫地"，而且"在实践上已经威信扫地"。反对或拒斥"形而上学"因此成为一种社会思潮、哲学精神。马克思以其敏锐的观察力注意到这一趋势，不仅明确提出"反对一切形而上学"，而且断言：

"形而上学将永远屈服于现在为思辨活动所完善化并和人道主义相吻合的唯物主义。"完成这一历史任务的正是马克思本人，换句话说，马克思创建了这种"和人道主义相吻合的唯物主义"。

在创建这种"和人道主义相吻合的唯物主义"过程中，马克思明确吸收了爱尔维修的人道主义哲学、费尔巴哈人本主义哲学的因素。但是，我们一定要注意，马克思接受爱尔维修、费尔巴哈有一个前提，那就是，不是全盘接受，不是从孤立的层面上吸取爱尔维修、费尔巴哈的理论遗产，而是在其中加进了相反的关键性因素和基础性因素。什么因素？这就是，无产阶级、物质的生产活动、革命的实践活动。以往的哲学家是人在"地上"，心在"天上"，关注的是宇宙的"终极存在"或"初始物质"，即使把目光转向人间，关注的也只是抽象的、一般的人的命运。与此不同，马克思是人在"地上"，心在人间。马克思不是虚无主义者，不是唯我主义者，他人在"地上"，当然能看到"天上"，但他关注的是"地上"，用中国古诗词来说，就是"举头望明月，低头思故乡"。"思什么"？思考着无产阶级和人类解放的问题。

这就是说，马克思关注的是人类世界，关注的是现实的人尤其是无产阶级的利益，关注的是消除人的生存的异化状态，实现无产阶级和人类解放的问题。那么，在无产阶级和人类解放的过程中，哲学应当做什么？或者说，哲学的职能是什么？对此，马克思在《<黑格尔法哲学批判>导言》中说了两句非常形象的话：一是哲学把无产阶级当作自己的"物质武器"，无产阶级把哲学当作自己的"精神武器"；二是无产阶级是人类解放的"心脏"，哲学是人类解放的"头脑"。既然哲学是"头脑"，那么，"头脑"必须清醒；"头脑"不清，就不可能确立人类解放的真实目标。无产阶级需要自己的哲学，这就是马克思主义哲学。马克思主义哲学熔铸着对人类生存方式的关注，对人类发展境遇的焦虑，对人类现实命运的关切，凝聚着对无产阶级和人类解放的深刻理解和把握。

由此可见，马克思主义哲学所关注的不是所谓的世界的终极存在，而是人的现实存在，是"对象、现实、感性"何以成为这样的存在。马克思与他所批评的"哲学家们"的根本分歧就在于："哲学家们"把存在看作是某种超历史的存在或非历史的存在，以追问"世界何以可能"为宗旨而解释世界；马克思则把存在看作是历史的存在或实践的存在，以求索"人类解放何以可能"为宗旨而改变世界。这样，马克思就使哲学的理论主题从"世界何以可能"转变为"人类解放何以可能"。

马克思主义哲学：实践、辩证、历史的唯物主义

在中国，马克思的名字可谓家喻户晓，马克思主义哲学似乎无人不知。然而，对于马克思主义哲学的研究者来说，最容易引起争议、最折磨耐心的问题就是，马克思主义哲学是什么？马克思主义哲学的位置在哪里？我注意到这样一个现象，这就是，对马克思主义哲学的争论持久而激烈，深入而广泛，遍及世界主要国家。从历史上来看，一个伟大的思想家、哲学家逝世后，对他的学说进行新的探讨并引起争论，不乏先例。无论是亚里士多德，还是黑格尔，无论是孔子，还是张载……都引起了很多争论。但是，像马克思这样，在世界范围内引起如此持久、深入、广泛而激烈的争论，却是罕见的。在这种种争论中，马克思的形象处在不断的变化之中，而且马克思离我们的时代越远，对他认识的分歧也就越大，就像行人远去，越远越难以辨认一样。"熟知并非真知。"

准确理解和把握马克思主义哲学的本质特征，仍然是一个需要认真研究、切实解决的重大问题。

马克思主义哲学的理论主题是无产阶级和人类解放。为了解答人类解放何以可能，马克思主义哲学必须探讨人的生存方式或生存本体，必须探讨现存世界的本体，并使哲学的聚焦点从宇宙本体转向人的生存本体，从解释世界转向改变世界。

按照马克思的观点，作为自然存在物和社会存在物的统一，人是在实践活动中自我塑造、自我改造、自我发展的，实践因此构成了人的存在方式或生存本体。正因为实践构成了人的存在方式或生存本体，所以，人的生存状态不是凝固不变的，而是处在不断的变化之中，即使人的生存的异化状态也是在实践活动中发生的。具体地说，在资本主义的生产方式中，劳动，这种人的生命活动异化了，人与人的关系物化了，不是人支配物，而是物统治人，人本身的活动及其产物对人来说反而成为一种异己的、同他对立的力量。正是通过对资本主义生产方式的批判，马克思揭示出被物的自然属性所掩蔽着的人的社会属性，揭示出被物与物的关系所掩蔽着的人与人的关系，从而发现了人的自我异化的秘密所在，并力图付诸"革命的实践"，消除劳动的异化、人的异化，从而"确立有个性的个人"。

"有个性的个人"，是马克思在《德意志意识形态》中所说的，它和马克思后来在《共产党宣言》中所说的"每个人的自由发展"、"一切人的自由发展"，在《资本论》中所说的"自由个性"、"个人的全面发展"是一致的，其内涵就是实现人的全面而自由发展。如果说无产阶级和人类解放是马克思主义哲学的理论主题，那么，"确立有个性的个人"，实现人的全面而自由发展就是马克思主义哲学的最高命题。

按照马克思的观点，现实世界，也就是现存世界，是人化自然与人类社会相统一的世界，这个世界就生成于人的实践活动中。实践活动是现存世界得以存在的根据和基础，在现存世界的运动中具有导向作用。

换句话说，人们是通过自己的实践活动"为天地立心"，在物质实践的基础上重建世界的，实践因此构成了现存世界的本体。问题在于，现存世界一经形成又反过来制约、决定现实的人及其活动，现实世界的状况如何，现实的人的状态就如何。要改变资本主义社会中的人，首先就要改变资本主义社会。所以，马克思主义哲学强调的是"改变世界"。在《德意志意识形态》中，马克思指出了他与黑格尔的根本分歧：对于黑格尔来说，"问题完全不在于现实的利益，甚至不在于政治的利益，而在于纯粹的思想"；对于马克思来说，"全部问题都在于使现存世界革命化，实际地反对并改变现存的事物"。

实际上，马克思主义哲学就是为改变世界的实践活动而创立的，它本身就是对人类实践活动中矛盾关系的理论反思。以此为前提，我们才能真正理解和把握马克思主义哲学的本质特征。

马克思主义哲学是实践唯物主义。在我看来，承认自然物质的"优先性"，这只是马克思的新唯物主义与旧唯物主义的共性，它并未构成新唯物主义本身的特征。确认人以自身的实践活动所引起的人与自然之间的物质变换构成了现存世界的根据、基础和本体，这才是马克思新唯物主义的"新"之所在，或者说是新唯物主义"唯物"之所在。从马克思主义哲学的逻辑看，实践不仅是人的生存的本体，而且是现存世界的本体，因而成为马克思主义哲学的基石，成为马克思主义哲学的建构原则；从马克思主义哲学的历史看，马克思主义哲学所实现的哲学变革，就是在实践本体论的层面上的发动并展开的，唯心主义哲学和旧唯物主义哲学共同的主要缺点，就是不理解现实的实践活动及其本体论意义。由此可以判定，马克思主义哲学首先是实践唯物主义，或者说，实践唯物主义是马克思主义哲学的本质特征。在我看来，辩证唯物主义、历史唯物主义这两个特征，都是实践唯物主义这一本质特征展开的理论表现。

马克思主义哲学是辩证唯物主义。按照马克思的观点，人类要维持自身的存在，肯定自身，就要对自然界进行否定性的活动，改变自然界的原生态，使之成为"人化自然"、"为我之物"，使人与自然的关系成为"为我而存在的关系"。"为我而存在的关系"，是马克思在《德意志意识形态》中所说的，具有深刻的辩证法内涵。实际上，人的实践活动本身就是辩证法的集中体现。作为人的存在方式，实践包含着人与自然、人与社会、人与自我、目的与手段、思维与存在、主体与客体、限定与超越、必然与自由等等矛盾关系，包含着对现存世界的批判与人的自我批判、对现存世界的否定与人的自我肯定、现存世界的发展与人的自我发展等等矛盾关系。人与自然之间这种"为我而存在"的否定性关系是最深刻、最复杂的矛盾关系。这种矛盾关系构成了马克思之前众多哲学大师的"滑铁卢"，致使唯物主义对人的主体性"望洋兴叹"，唯物主义与辩证法遥遥相对。马克思高出一筹的地方就在于，通过对现实的实践活动及其意义深入而全面的剖析，使唯物主义和人的主体性统一起来了，唯物主义和辩证法因此也结合起来了。这就是说，辩证唯物主义构成了马克思主义哲学的一个基本理论特征。

马克思主义哲学是历史唯物主义。按照马克思的观点，实践是社会关系的发源地和社会生活的本质，从根本上说，社会就是在人与自然之间的物质变换中形成和发展起来的。所以，以往的哲学家，包括旧唯物主义者把人对自然的实践关系从历史中排除出去后，只能走向唯心主义历史观；而马克思从人对自然的实践关系出发去解释历史过程，则创立了唯物主义历史观，从而消除了"物质的自然"和"精神的历史"对立的神话，实现了唯物主义的自然观和历史观的统一。

社会活动不同于自然运动，具有自己的特殊性。这种特殊性就在于，社会的主体是人，社会中的一切活动、一切事件都是人做的，而人是在利益驱使下、在思想指导下进行社会活动的。一次地震可以毁灭一座城市，毁灭众多人口，一场战争也可以毁灭一座城市，毁灭众多人口，可地震就是地震，地震的背后没有思想、没有利益，而战争是政治的继续，战争的背后是思想，是利益，阶级的利益、民族的利益、国家的利益。

社会生活的特殊性犹如横跨在自然与社会之间的"活动翻板"。在马克思之前，即使是坚定的唯物主义者，当他们的视线由自然转向社会，开始探讨社会历史时，几乎都被这块"活动翻板"翻向了唯心主义的深渊。从认识论的角度看，造成这种状况的根本原因，仍在于以往的哲学家不理解现实的实践活动及其意义，不理解社会生活在本质上是实践的。马克思的高明之处就在于，他从现实的实践出发去理解社会以及社会与自然的关系，从而创立了历史唯物主义。历史唯物主义因此构成了马克思主义哲学的又一个基本理论特征。

概而言之，马克思主义哲学是实践、辩证、历史的唯物主义。在哲学史上，马克思第一次把实践提升为哲学的根本原则，转化为哲学思维方式，从而创立一种实践、辩证、历史的唯物主义。实践唯物主义、辩证唯物主义、历史唯物主义不是三个主义，而是同一个主义，也就是马克思新唯物主义的三个基本理论特征。其中，实践唯物主义是本质特征或根本特征，辩证唯物主义、历史唯物主义这两个基本特征都是从实践唯物主义这一本质特征引申出来的，是这一本质特征必然展开的内在逻辑和理论表现。应当注意的是，在马克思主义哲学中，不存在一个独立的、作为理论基础的实践唯物主义，也不存在两个独立的、作为分支的辩证唯物主义、历史唯物主义；不存在一个独立的、作为理论基础的辩证唯物主义，也不存在一个独立的、仅仅具有应用性质的历史唯物主义。辩证唯物主义和历史唯物主义不是马克思主义哲学的两个部分，而是马克思主义哲学在对同一个领域，也就是人与世界总体关系的研究中呈现出来的两个基本的理论特征。

实践唯物主义、辩证唯物主义、历史唯物主义又是对马克思新唯物主义的三种不同表述，是对马克思主义哲学的三个不同称谓。用"实践唯物主义"称谓马克思主义哲学，是为了透显马克思主义哲学所内含的实践维度及其首要性和基本性，因为对马克思主义哲学来说，全部问题"在于改变世界"，"在于使现存世界革命化，实际地反对并改变现存的事物"（马克思语）；用"辩证唯物主义"称谓马克思主义哲学，是为了透显马克思主义哲学所内含的辩证法维度及其批判性和革命性，因为"辩证法在对现存事物的肯定的理解中同时包含对现存事物的否定的理解"，按其本质来说，辩证法"是批判的和革命的"（马克思语）；用"历史唯物主义"称谓马克思主义哲学，是为了透显马克思主义哲学所内含的历史维度及其彻底性和完备性，因为唯物主义的彻底性、完备性集中体现在历史唯物主义中，"而自从历史也得到唯物主义的解释以后，一条新的发展道路也在这里开辟出来了"（恩格斯语）。

我们不能因为马克思一生只使用过一次"实践唯物主义"而认为这一概念不成熟，我们不能因为西方马克思主义、东欧新马克思主义倡导"实践唯物主义"而忌讳这一概念，我们也不能因为苏联的"辩证唯物主义和历史唯物主义"教科书有许多局限性而"废名"。

马克思主义哲学的批判性及其特征

马克思极为关注哲学的批判性。1843 年，在致卢格的信中，马克思就明确提出：要"对现存的一切进行无情的批判"，"在批判旧世界中发现新世界"，从而"对当代的斗争和愿望作出当代的自我阐明"，并把自己的哲学称为"批判的哲学"。在 1846 年的《德意志意识形态》中，马克思又把自己的哲学称为"批判的世界观"。列宁甚至把马克思的唯物主义称为"批判的唯物主义"。因此，正确理解、准确把握马克思主义哲学的批判性及其特征，同样是一个涉及到如何理解和把握马克思主义哲学本质特征的重大问题。

在 1843 年致卢格的信中，马克思指出："费尔巴哈的警句只有一点不能使我满意，这就是：他过多地强调自然而过少地强调政治，而这一联盟是现代哲学能够借以成为真理的唯一联盟"。因此，哲学的批判要"和政治的批判结合起来"，从而"对当代的斗争和愿望作出当代的自我阐明（批判的哲学）"。马克思所写的第一部哲学著作就是《黑格尔法哲学批判》，其内容就是哲学批判与政治批判的统一。

在1843年的《〈黑格尔法哲学批判〉导言》中，马克思指出："真理的彼岸世界消逝以后，历史的任务就是确立此岸世界的真理。人的自我异化的神圣形象被揭穿以后，揭露具有非神圣形象的自我异化，就成了为历史服务的哲学的迫切任务。于是，对天国的批判变成对尘世的批判，对宗教的批判变成对法的批判，对神学的批判变成对政治的批判"。这就是说，哲学必须具有批判性，而且这种批判要同对现实的批判、政治的批判结合起来。

在《资本论》中，马克思指出："辩证法，在其合理形态上，引起资产阶级及其夸夸其谈的代言人的恼怒和恐怖，因为辩证法在对现存事物的肯定的理解中同时包含对现存事物的否定的理解，即对现存事物的必然灭亡的理解；辩证法对每一种既成的形式都是从不断的运动中，因而也是从它的暂时性方面去理解；辩证法不崇拜任何东西，按其本质来说，它是批判的和革命的。"这就是说，辩证法的批判性和革命性具有内在的一致性，这就是，否定现存事物，否定资本主义制度。由此，我们也就不难理解唯物辩证法与实践唯物主义内在的同一性了，因为"对实践的唯物主义者即共产主义者来说，全部问题都在于使现存世界革命化，实际地反对并改变现存的事物"（马克思语）。

联系到马克思的政治经济学批判，可以说，马克思的批判理论包括政治批判、哲学批判、意识形态批判和政治经济学批判即资本批判。这种批判的锋芒所指，就是现存世界，就是资本主义制度，其目标就是改变世界，实现无产阶级和人类解放。正如马克思在《资本论》中所说，"就这种批判代表一个阶级而论，它能代表的只是这样一个阶级，这个阶级的历史使命是推翻资本主义生产方式和最后消灭阶级。这个阶级就是无产阶级。"

由此，我们也就不难理解，马克思为什么把自己的哲学称为"批判的哲学"，称为"批判的世界观"，也就不难理解，马克思为什么把辩证法的批判性和革命性联系在一起了，同时，也就不难理解，西方马克思主义为什么把马克思的辩证法称为"实践的辩证法"、"革命的辩证法"了。

马克思对时代课题的解答始终贯穿着哲学批判。1843 年的"黑格尔法哲学批判"，1844 年的"对黑格尔的辩证法和整个哲学的批判"，1845年的"对批判的批判所作的批判"以及"对法国唯物主义的批判"，1846 年的"对黑格尔以后的哲学形式的批判"。这一系列的哲学批判集中体现为形而上学批判。马克思明确提出："反对形而上学"。但是，我们应当注意的是，马克思对形而上学的批判并没有停留在"纯粹哲学"的层面上，而是将形而上学批判同意识形态批判结合起来了。在资本主义社会，形而上学就是资产阶级的意识形态，或者说，是以意识形态的方式发挥其政治功能，从而为资产阶级政治统治辩护和服务的。形而上学之所以成为资产阶级意识形态，用马克思的话来说，就是因为形而上学中的抽象存在与资本主义社会中的"抽象统治"具有同一性。用阿多诺的话来说，就是因为形而上学的同一性原则与资本主义社会中的同一性原则不仅对应，而且同源，正是在商品交换中，同一性原则获得了它的社会形式，离开了同一性原则，这种社会形式便不能存在，所以，形而上学就是资产阶级意识形态。

阿尔都塞在《哲学的改造》中提出这样一种见解，这就是，哲学只有通过作用于现存的意识形态，并通过意识形态作用于全部社会实践，作用于阶级斗争的背景之上，才能获得自我满足。阿尔都塞的这一见解是正确的。哲学既是知识体系，又是意识形态。马克思自觉地意识到这一点。所以，在马克思那里，形而上学批判进行到一定程度必然展开意识形态批判。在这种双重批判中建立起来的马克思主义哲学，不仅是客观认知某种规律的知识体系，而且是批判资本主义的意识形态。我们不能从西方传统哲学、"学院哲学"的视角去理解马克思主义哲学，而应当从形而上学批判与意识形态批判双重批判的视野，从无产阶级和人类解放这一新的实践出发去理解马克思主义哲学。

马克思的哲学批判不仅与意识形态批判密切相关、融为一体，而且同资本批判密切相关、融为一体。在马克思看来，无论是形而上学批判，还是意识形态批判，都应延伸到对现实生活过程的批判。这是因为，"意识在任何时候都只能是被意识到了的存在，而人们的存在就是他们的现实生活过程。如果在全部意识形态中，人们和他们的关系就像在照相机中一样是倒立呈像的，那么这种现象也是从人们生活的历史过程中产生的，正如物体在视网膜上的倒影是直接从人们生活的生理过程中产生一样。"

在马克思的时代，对现实生活过程的批判首先就是对资本主义生产方式的批判，也就是资本批判。我们应当高度重视马克思在《资本论》中提出的这样一个观点，这就是，"资本不是物，而是一定的、社会的、属于一定社会形态的生产关系，它体现在一个物上，并赋予这个物以特有的社会性质"；更重要的是，资本使人与人的关系采取了一种物的形式，以致人与人的关系表现为物与物的关系，表现为物对人的支配关系。

按照马克思的观点，资本不仅改变了人与自然的关系，而且改变了人与人的关系。这是其一。其二，资本不仅改变了与人相关的自然界的存在属性，而且改变了人类社会的存在形态。其三，资本本身就是一种有机体制，这种有机体制向总体发展的过程就在于，使社会的一切要素从属于自己，或者把自己还缺乏的"器官"从社会中创造出来。这就是说，正是资本使资本主义社会总体化了。在《共产党宣言》中，马克思明确指出："资产阶级生存和统治的根本条件是财富在私人手里的积累，是资本的形成和增殖"。在《1857－1858年经济学哲学手稿》中，马克思明确指出："资本是资产阶级社会的支配一切的经济权力"。这就是说，资本是资本主义社会得以存在的根基，在资本主义社会，资本具有支配一切的权力，是资本主义社会的根本规定、存在形式和建构原则，并构成了资本主义社会的基本建制。一言以蔽之，资本本身就是一种独特的社会存在，是资本主义社会最基本和最高的社会存在物，是推动资本主义世界体系得以建立的真正的主体和灵魂。

在我看来，马克思以商品为起点范畴，以资本为核心范畴展开的对资本主义社会的批判，本质上是一种存在论或本体论意义上的批判。换言之，马克思的哲学批判、意识形态批判是通过资本批判实现的，是通过商品拜物教批判、货币拜物教批判和资本拜物教批判实现的。正是在这种批判过程中，马克思扬弃了抽象的存在，发现了现实的社会存在，发现了人与人的关系以物化方式而存在的秘密，并透视出人的自我异化的秘密所在，从而把本体论和人间的苦难与幸福结合起来了，使无产阶级和人类解放得到了本体论证明。卢卡奇对此作出高度评价，认为马克思开辟了"从本体论认识现实的道路"。

在我看来，马克思的资本批判不仅造成了经济学的革命，而且巩固了哲学革命。我们应当从一个新视角深刻理解《资本论》的副标题——"政治经济学批判"的内涵和意义。什么内涵和意义？那就是，马克思的资本批判不仅具有重大的经济学内涵和意义，而且具有重大的哲学内涵和意义，是经济学和哲学的高度统一。我们既不能从西方传统哲学、"学院哲学"的视角去认识马克思的资本批判，也不能从西方传统经济学、"学院经济学"的视角去认识马克思的资本批判。实际上，马克思的资本批判已经超出了经济学的边界，越过了政治学的领土，而到达了哲学的"首府"——存在论或本体论。

阿尔都塞在《读〈资本论〉》中表述过这样一种见解，这就是，马克思的资本批判不仅存在着哲学的维度，而且意味着政治经济学理论的严格表述所不可缺少的哲学概念的产生。阿尔都塞的这一见解是正确而深刻的。马克思的资本批判理论只有在马克思主义哲学这一更大的概念背景下才能得到真正理解；反之，马克思主义哲学的意义只有在同马克思资本批判的关联中才能显示出来；而无论是哲学批判，还是资本批判，都只有在无产阶级和人类解放这一更大的意识形态背景下才能得到真正理解。我以为，哲学批判、意识形态批判和资本批判高度关联、融为一体，这是马克思独特的思维方式，是马克思主义哲学独特的存在方式，也是马克思主义哲学具有内在的当代价值和意义的秘密所在。

由此，我不由自主地想到这样一种观点。这种观点认为，马克思主义哲学产生于"维多利亚时代"，距今已经有一个半世纪的历史，因而过时了。这是一种傲慢与偏见。我们不能依据某种学说创立的时间来判断它是不是过时，是不是真理。新的未必就是真的，老的未必就是假的，时髦的未必就是真实的，走马灯一样更换本身就说明有问题。我们都知道阿基米德定理创立的时间很久远了，但今天的造船业无论多么发达，都不能违背这条定理。如果违背了阿基米德定理，造出的船无论技术多么先进，无论形式多么豪华，无论多么"人性化"，都不可能航行，如航行必沉无疑。实际上，理论与现实是双向关系：一方面，现实催生理论，理论要适应现实；另一方面，理论能够超越现实，并引导现实运动。而一种理论要超越现实，并正确引导现实运动，就必须把握研究对象的本质和规律。

正是由于马克思主义哲学深刻地把握了资本主义社会的运动规律，深刻地把握了人类社会发展的一般规律，正是由于马克思主义哲学所提出的消除人的异化、实现人类解放的问题契合着当代世界的重大问题，所以，产生于19世纪中叶的马克思主义哲学又超越了19世纪这个特定的时代，并以强劲的姿态介入20世纪的历史运动，深刻地影响、引导着现实运动。20世纪的历史运动，资本主义的变化与社会主义的改革，苏联东欧社会主义的解体与中国特色社会主义的崛起，使不同国度的学者们不由自主地把目光再次转向马克思。从一定意义上说，在伦敦海洛特公墓中安息的马克思，比生前在伦敦大英博物馆埋头著述的马克思更加吸引人们的目光。我们都熟悉诗人臧克家的著名诗句："有的人活着，他已经死了；有的人死了，他还活着。"马克思仍然活着，并与我们同行，马克思主义哲学仍然是我们这个时代的真理和良心。

唯物史观的创立：
"双桨船"不断前进的历史

　　唯物主义历史观的创立，是以马克思和恩格斯为双翼的双桨船不断前进的历史。就马克思、恩格斯创立唯物史观的各自的思想线索作一比较，将会深化我们对马克思主义哲学史的理解。

　　马克思和恩格斯曾经都把理性看作是历史发展的决定力量。那么，推动马克思、恩格斯从唯心主义历史观转向唯物主义历史观的直接动力是什么？考察应该从这里开始。

　　众所周知，《莱茵报》期间的政治活动使马克思产生了"苦恼的疑问"。这个苦恼疑问的实质就是，是经济利益还是历史理性决定历史发展？马克思由此开始怀疑黑格尔哲学，并于1843年写下了《黑格尔法哲学批判》。从《莱茵报》时期的政治活动到黑格尔法哲学批判，推动这一过程前进的动力，用马克思自己的话来说就是，"为了解决使我苦恼的疑问"。这简洁地表达了马克思寻求新的历史观的真正原因。

差不多与马克思同时，恩格斯在英国通过考察围绕"谷物法"而展开的斗争，看到物质利益是阶级冲突、政党斗争的基础。然而，与《莱茵报》时期马克思把私人利益对国家的支配作用看作是违反"常规"一样，恩格斯此时也认为，物质利益在社会生活中的决定作用违反"原则"，是一种特殊情况。实际上，恩格斯在这里也遇到了物质利益与思想原则的矛盾问题。

这就是说，在1842—1843年间，马克思和恩格斯碰到了同一问题，即物质利益与思想原则的关系问题。对这个问题的解决，构成了马克思和恩格斯相同的出发点；在解决这个问题时，马克思和恩格斯又处于相同的理论水平上，即已看到物质利益对国家或阶级关系的决定作用，但在整体上仍停留在唯心主义的精神世界。

"巨大的历史感"是黑格尔思维方式的显著特点。黑格尔在研究法哲学时，既能搜集大量的丰富的历史材料，又能从"理性"出发去整理这些材料，二者融为一体。黑格尔法哲学这一特点，必然促使马克思进行历史研究，考察国家和法的历史变迁，同时，进行哲学批判，即把费尔巴哈的人本唯物主义原则贯彻到历史观中，运用"颠倒法"分析社会结构，认识到市民社会是国家的前提、基础和动力，明确指出不是国家决定市民社会，而是市民社会决定国家；运用"颠倒法"批判黑格尔法哲学，认识到现实的主体不是理性而是人，明确指出人是"一切社会组织的本质"。

在马克思进行历史研究和哲学批判之际，恩格斯从事着经济学研究和哲学批判，认识到历史不是"神"的启示，而"是人的启示"，人类的生活、斗争和创造构成历史的真实内容。问题在于，无论是经济学研究，还是哲学批判，恩格斯此时的理论出发点都是费尔巴哈的人本唯物主义。按照恩格斯的观点，私有制社会是一种人为的、无理性的社会，为了克服这种现象，过渡到自然的、合乎理性的社会，关键就在于唤起人们的自觉，并以人为尺度，"真正依照人的方式，根据自己本性的需要，来安排世界"（恩格斯语）。

马克思对黑格尔法哲学的批判和恩格斯对资产阶级政治经济学的批判，可谓联璧之作，思想不谋而合。马克思的历史研究和哲学批判，恩格斯的经济学研究和哲学批判具有相同的理论水平，马克思发现市民社会决定国家，恩格斯发现私有制决定阶级关系；马克思和恩格斯都放弃了黑格尔思辨唯心主义的理论结构，接受了费尔巴哈人本唯物主义的思想框架，在马克思看来，人是一切社会组织的本质，按照恩格斯的观点，人是一切社会关系的尺度。

在《1844年经济学哲学手稿》中，马克思以异化劳动概念为核心和杠杆探究"历史之谜"，深入到了市民社会的深层结构，并把私有财产的起源问题变成了异化劳动同人类发展的关系问题。问题的这种提法，就意味着把研究"物"的问题归结到人类活动本身的问题。正是在对这个问题的探讨中，马克思得出了一个重要结论，即人类历史是人通过人的劳动而诞生的过程，是自然界对人的生成过程。

运用异化劳动理论研究历史，使马克思沿着一条独特的思想路线前进着。这条思想路线既不是布尔所说的那样，是"仍然按照黑格尔的方式构想出来的"，也不是阿尔都塞所认为的那样，"是彻头彻尾费尔巴哈式的"。当然，马克思此时在理论上是从费尔巴哈出发的，是用"真正的人的类本质"来同现实的人的存在相对立，用"自由自觉"的劳动来同现实的劳动相对立。这样，在马克思的历史理论星空呈现出一种奇怪的现象：太阳的单独运行轨道已经被指明，但关于整个天体运行的解释依旧通行着托勒密的理论。

1844年，当马克思通过经济学研究和哲学批判探讨新的历史观的时候，恩格斯则通过对英国状况的实际观察和研究，对新的历史观进行了独立的探索，并得出重要结论：英国工业革命是现代英国各种关系的基础，是整个社会发展的动力。更重要的是，恩格斯此时自觉地意识到，英国的发展展示了法国和德国的未来，法国人和德国人将逐渐走向社会史的道路。通过这个具有重大意义的对比，恩格斯便把工业发展决定历史发展，经济利益决定社会生活的观点普遍化了，看作是一切达到相应发展水平的国家所共有的现象，从而在探索历史规律的道路上迈出了重要的一步。

1844年，马克思主要通过批判资产阶级政治经济学和黑格尔唯心辩证法，来探索新的历史观，恩格斯则主要通过考察英国社会的实际状况，来探索新的历史观；马克思主要从理论上分析并在宏观上展示了资本主义社会的异化劳动，恩格斯则主要在实际上展示了英国工人阶级的悲惨状况，具体地揭露了资本主义条件下的异化劳动现象。二者可谓相映生辉。

之后，在1845年首次合著的《神圣家族》中，马克思和恩格斯深入到市民社会的深层结构，发现物质生产是历史的发源地。在1845—1846年再度合著的《德意志意识形态》中，马克思和恩格斯发现一切历史冲突都根源于生产力与生产关系的矛盾运动，从而走进了历史的深处，科学地解答了"历史之谜"。

就这样，马克思和恩格斯跨出了唯心主义历史观的国界，越过了人本唯物主义的领土，到达了唯物主义历史观的首府。

可见马克思、恩格斯都通过独特的、同时在原则上相似的道路，即经过对德国古典哲学、英国古典经济学的批判，各自独立地掌握了唯物主义历史观。这是一个相互影响、相互促进的过程。在经济学领域，恩格斯先行了一步，恩格斯是给予者，而马克思是承受者；在哲学方面，马克思则有着更高的天赋，在唯物史观的关键问题上，对恩格斯起了决定性的影响；马克思对唯物史观的探讨，系统而完整，在整体上高出恩格斯一筹，恩格斯对唯物史观的探讨，具体而生动，在具体观点上比马克思要精确。

我不同意宾克莱的观点，即恩格斯只是提供了具体的资料，为马克思的"历史唯物主义哲学论文作佐证"。但是，我又注意到马克思和恩格斯的差异。与马克思相比，恩格斯的思想具有较多的实证色彩，而马克思每前进一步都通过哲学批判。这个过程也使马克思得到了更严格的理论锻炼，使他对德国古典哲学和英国古典经济学有着更深刻的理解，对现实生活有着更透彻的剖析。马克思吸取了恩格斯的成果又超出了恩格斯，在唯物主义历史观的整体理论和根本观点上比恩格斯高出一筹。这不是"神话"，而是事实。

马克思主义中国化：问题与实质

　　马克思主义的故乡是德国，但我们无需
"乡愁"或"乡恋"，因为马克思主义是在民族
历史转变为世界历史的基础上产生的世界性的
精神产品，并非仅仅属于德国和西欧。所以，
"马克思的世界观远在德国和欧洲境界以外，在
世界的一切文明语言中都找到了拥护者。"（恩
格斯语）可是，我们又要看到，马克思主义产
生时主要是反映了西欧的传统文化，马克思主
义哲学主要反映了德国古典哲学的传统，马克
思主义经济学主要反映了英国古典经济学的传
统，而科学社会主义则更多地吸收了法国社会
主义的传统。因此，马克思主义要在"世界的
一切文明语言"中生根发芽、开花结果，就必
然产生一个民族化的问题。

　　恩格斯清醒地看到这一点，明确指出："美
国工人阶级的最终纲领，应该而且一定基本上
同整个战斗的欧洲工人阶级现在所采用的纲领

一样，同德美社会主义工人党的纲领一样。在这方面，这个党必须在运动中起着非常重要的作用。但是要做到这一点，它必须完全脱下它的外国服装，必须成为彻底美国化的党。它不能期待美国人向自己靠拢。它是少数，又是移自外域，因此，应当向绝大多数本地的美国人靠拢"。这就是说，马克思主义民族化是马克思主义的内在要求。马克思主义只有同各个国家的具体实际、各个民族的具体特点相结合，并通过一定的民族形式，转化为其民族文化的一部分，才能真正发挥改造世界的功能。

就中国而言，马克思主义必须同中国革命和建设的具体实践相结合，而要做到这一点，必须使马克思主义这一"移自外域"的理论"取得民族形式"，"使之在其每一表现中带着必须有的中国的特性"（毛泽东语），从而向中国人"靠拢"，成为中国人民认识历史、改造现实的思想武器。因此，马克思主义同中国革命和建设相结合必然包含着同中国传统文化相结合的内涵。马克思主义同中国革命和建设具体实践相结合的过程，同时就是马克思主义哲学同中国传统文化相结合的过程。马克思主义必须结合中国传统文化，否则，就难以中国化。所以，毛泽东提出："从孔夫子到孙中山，我们应当给予总结，承继这一份珍贵的遗产"。

长期以来，我们习惯认为，马克思主义与中国传统文化相结合，就是从中国传统文化中挖掘积极的思想资源，对之加以马克思主义的诠释。在当前的讨论中，这种观点被一些学者归纳为用马克思主义"化"中国传统文化，与之相对，他们又提出，用中国传统文化"化"马克思主义。在我看来，这是一种无原则的糊涂观念。马克思主义中国化绝不是使马克思主义去迎合中国传统文化，用中国传统文化"化"马克思主义的结果只能使马克思主义"空心化"，成为所谓的"儒学马克思主义"；马克思主义中国化也绝不是范畴的简单转换，把物质变为气、矛盾变为阴阳、规律变为理、共产主义社会变成大同社会……只能是语言游戏。

从根本上说，马克思主义中国化就是使马克思主义与中国面临的实际问题相结合，使现实的问题上升为理论的问题，给予马克思主义的解答，并在这个过程中用中国式的问题及其科学解答丰富和发展马克思主义；同时，在这个过程中用马克思主义来分析、批判中国传统、传统文化，吸取其精粹，并对之进行创造性转换，使之融入到马克思主义理论体系之中，使马克思主义"取得民族形式"，"带着必须有的中国的特性"。马克思主义中国化要落到实处，就离不开人民大众，需要大众化。为此，就要使马克思主义具有为"中国老百姓所喜闻乐见的中国作风与中国气派"。（毛泽东语）

在我看来，这是一个涉及中国革命和建设的性质与特点的重大问题。中国革命和建设不是少数文化贵族和社会精英的事情，而是人民大众追求民族解放、寻求自由个性的伟大社会变迁。"没有几万万人民的个性的解放和个性的发展……要想在殖民地半殖民地的废墟上建立起社会主义社会来，那只是完全的空想。"（毛泽东语）这就要求马克思主义具有为"中国老百姓所喜闻乐见的中国作风与中国气派"。在马克思主义中国化过程中，"中国特性"与"中国作风与中国气派"，或者说中国化与大众化是密切相关、融为一体的。

马克思主义不通过结合中国传统文化，就难以中国化，而固守传统哲学、传统文化，以之去"化"马克思主义不可能使中国文化现代化。马克思主义中国化的同时就是中国文化的现代化，这是同一个过程的两个方面。马克思主义是现代工业文明的产物，中国传统文化则是古代农业文明的产物，这是两种截然不同的文化形态。鸦片战争以来，中国社会的根本任务是救亡图存、振兴发展，寻求向现代社会的转型。实现现代化，重构中华民族的生存方式和活动方式，构成了鸦片战争以来中国历史进程的悲壮主题，凝聚着几代中国人的思索与奋斗、光荣与梦想。马克思主义传入中国，在中国社会救亡图存、振兴发展的过程中之所以发挥了巨大的时代作用，正是由于它隶属于现代文明。只要清醒地看到马克思主义中国化的过程，同时就是中国文化现代化的过程，那种认为马克思主义中国化是用中国传统文化"化"马克思主义，构建"儒学马克思主义"的观点，就显得荒谬之至了。

中国传统文化的核心，是以儒家学说为主要内容的道德原则和伦理秩序，重在调整人们之间的关系。以儒家学说为核心的中国传统文化无疑有其合理性。由于人伦关系是人类社会中的普遍关系，因而儒家学说的某些规则具有普遍有效性的一面，并契合着某些现代问题，具有某些现代价值，而且儒家学说与它极力维护的封建社会的经济形态、政治形态的距离越远，它的意识形态性质就越弱，它所蕴含的具有普遍意义的观念也就越凸现。观念系统具有可解析性、可重构性，观念要素之间具有可分离性、可相容性。一种文化形态所包含的观念要素，有些是不能脱离原系统而存的，有些则可以经过改造而容纳到别的哲学形态或文化形态中的。因此，马克思主义中国化应当也必然包含着对中国传统文化及其核心儒家学说的继承。

但是，儒家学说毕竟是封建社会的官方哲学，在从先秦经两汉再到宋明的演变过程中，它始终是代表封建统治者的主流意识形态，其否定个人利益、否定个人独立性、否定人的个性的观念，是与社会主义市场经济格格不入的。即使是传统文化中的"天人合一"观念也与中国古代宗法人伦密切相关，并赋予了宗法人伦的"人道"以"天道"的神圣光环。

我们必须明白，不是儒家学说、传统文化挽救了中国，而是中国革命的胜利使儒家学说、传统文化免于同近代中国社会和民族的衰败一道走向没落；不是儒家学说、传统文化把一个满目疮痍、贫穷落后的中国推向世界，而是当代中国的改革开放和中华民族的伟大复兴把中国传统文化推向世界，使孔夫子名扬四海，并使中国传统文化重振雄风成为可能。马克思主义中国化不是用中国传统文化去"化"马克思主义，构建所谓的"儒学马克思主义"，更不是尊孔读经复古。马克思主义中国化的实质，是用马克思主义分析和解决中国面临的实际问题，并在这个过程中清理、改造、吸收中国传统文化中具有现代价值的因素，从而使马克思主义具有"中国特性"、"中国作风与中国气派"。

每个民族、国家在不同的时代都有自己所要面对的实际，都有自己特殊的社会问题。我们不能期望在以高科技为基础的工业文明之上，嫁接一个田园风味、宁静安详、人际关系淳朴的社会；我们也不能依靠中国传统文化来解决当代中国改革开放和现代化建设所面临的人口、资源和环境，以及义与利、个人与集体的关系问题。真正解决这些问题，不能期望依靠"返本开新"，重新诠释传统文化来解决。我们不可能在经济、政治现代化的进程中，仍然恪守以儒家学说为核心的传统文化，以中国传统文化为"体"、以马克思主义为"用"。马克思主义中国化既是马克思主义的内在要求，又是中国革命和建设的实际需要，而不是一个简单的"体"与"用"的问题。以中国传统文化为"体"、马克思主义为"用"，或以马克思主义为"体"、中国传统文化为"用"，都是形而上学。把"体"与"用"看成是没有内在联系的、可以任意选择的关系，只能转变为"体"、"用"任意搭配的游戏。

面对传统文化，每一代人都会遇到继承什么或拒绝什么的问题。继承什么或拒绝什么并不取决于传统文化本身，而是取决于实际，取决于现实实践的需要。马克思主义中国化必须立足当代中国的实际，而不是立足中国传统文化。当代中国的最大实际就是改革开放和现代化建设。这一实践活动的最突出特征和最重要意义就在于，它把现代化、市场化和社会改革这三项重大社会变革浓缩在同一个时空中进行，构成了一场极其特殊、复杂而又波澜壮阔的伟大的社会变迁，必然会引起一系列重大而深刻的理论问题，必然为哲学思考提供一个广阔的社会空间和思维空间。只有立足这一实际，才能真正理解马克思主义的现代性，真正知道中国传统文化的现代价值所在，找到马克思主义的现代性与中国传统文化的现代价值在某种程度上的契合性，从而用马克思主义分析、批判中国传统文化，对之进行创造性转换，同时，用经过分析、批判的中国传统文化创造性地理解、阐释马克思主义，使其具有"民族形式"。这是同一个过程的两个方面。这个过程就是马克思主义中国化的过程。

中国"马克思学"：文献学还是文本学

20世纪90年代以来，中国的马克思主义哲学研究发生了一系列的变化。其中，"学术凸现"和"思想淡出"相伴而生。基于这样的背景，一些学者致力于提高马克思主义哲学研究的学术品位，呼吁回到学术层面，把马克思主义哲学作为一种单纯的学术对象来对待。所以，在新世纪伊始，中国马克思学的建构提上了议事日程。

从总体上看，国外"马克思学"属于文献学和文本学的结合，立足文献考证，从事文本解读。中国"马克思学"无论具有怎样的特殊性，恐怕都离不开文献学和文本学两个方面的工作。

就文献学而言，中国没有严格意义上的马克思数据库，没有严格意义上的马克思主义哲学经典文献的专业研究队伍，也没有严格意义上的马克思主义哲学经典文献的原文辨识专家。

相对于中国庞大的马克思主义哲学研究队伍而言，这实在是不相称的。因此，迅速推动马克思文献学的工作，是极其必要的。只是在这条道路上究竟能走多远，有待时间的检验。

就文本学而言，也就是通常所说的马克思文本的解读，至少在改革开放以来，已经稳健地展开并不断向前推进，而且这种解读一直是以马克思主义哲学经典文本为基础的，对于国外马克思文献学的进展情况也是比较了解的。20世纪80年代以来，中共中央编译局主持的《马列著作编译资料》、《马克思主义研究资料》、《马克思恩格斯研究》、《马克思恩格斯列宁斯大林研究》等刊物发表了大量国外马克思文献学的译文。这些译文对推进中国马克思主义哲学的研究，对马克思主义哲学史学科的建设，都发挥了重要作用。尽管西方马克思学一度被视作歪曲攻击马克思主义的异端邪说，但它还是开阔了中国学者的眼界，或多或少地影响了我们对马克思主义哲学文本的解读，尤其是近年来对 MEGA2（《马克思恩格斯全集》历史考证版第2版）和国外马克思学新进展的介绍，将会进一步推动我们对马克思主义哲学文本的解读。

对马克思主义哲学文本的解读不能缺少文献学的基础，对第一手文本原始信息的考证研究是至关重要的，对此，任何一个严肃的学者都不会否认。问题在于，版本考证与文本解读、思想阐发之间并不存在线性的因果关系。版本考证的工作是必要的，但它的严谨并不能保障解读的客观性，并不一定能推进思想研究的深入。版本考证属于实证科学，文本解读就很难说是实证科学了，思想阐发则完全有待于解释学方面的努力。随着国外马克思文献学研究的不断深入，马克思主义哲学文本的信息可能具备"可证伪性"，从而愈来愈"逼近"马克思本人原初的文本结构，但这并非等同于马克思文本解读的客观性。

对此，国外马克思学内部一直存在着激烈的学术争论。20世纪60年代以来，马克思与恩格斯"对立论"在西方学者中比较盛行，但自80年代以来"一致论"则异军突起。从"对立论"到"一致论"，观点的变化主要不是由于新文献的发现和既有文献的重新编排引起的，而是在思想阐发上发生了分歧。对中国马克思主义哲学研究者来说，动辄就是"依据陶伯特的描述"、"陶伯特指出"，是不足取的。陶伯特就一贯正确、真理在胸、没有失误吗？陶伯特之前的种种版本，不也是西方马克思学家编排的吗？当然，相对于陶伯特，他们算是过时了的马克思学家了。

从国外马克思学的历史看，20世纪20年代，梁赞诺夫主持苏联马克思恩格斯研究院工作时期，率先提出了"马克思学"这个概念，强调要用严格的科学态度对待马克思，研究马克思的文献与思想，从而建立一门特殊的严密的科学。这种努力得到了苏联党和国家的重视。联共（布）中央在1929年6月14日的决议中指出，苏联马克思恩格斯研究院已经成为"世界上唯一的马克思学的科学研究所"，这是"苏联工人阶级的巨大成就"。

尽管梁赞诺夫1931年被撤销了苏联马克思恩格斯研究院院长职务，但苏联马克思学的研究工作还是延续了下来。在苏联，马克思哲学文献资料的丰富性无可比拟，许多马克思主义哲学的文献资料都是由苏联率先发表的，如《黑格尔法哲学批判》、《德意志意识形态》等。不仅如此，苏联学者在版本与史实考证方面取得了大量的成果，有一批优秀的文献研究专家。然而，在苏联，科学的文献学并没有带来客观的文本解读，而是出现了意识形态化的文本解读和思想分析模式，出现了影响深远的、僵化的苏联马克思主义哲学教科书体系。问题的出现可能有这样那样的原因，但无论如何，文献学和文本学之间有着相当的距离，当是不争的事实。

文本是需要不断重读的。从思想史上看，"重读"是一种常见的现象。黑格尔重读柏拉图，皮尔士重读康德，康德重读拉斐尔……从一定意义上说，一部哲学史就是后人不断"重读"前人的历史。所以，哲学史、思想史以至人类历史总是被不断地"重写"或改写。马克思的历史命运也是如此。问题在于，20 世纪 90 年代后期以来，国内一些马克思主义哲学研究者对马克思文本的解读过多地参照了现代西方哲学、西方马克思主义，追踪可谓亦步亦趋，题为马克思主义哲学研究的论文实际上让马克思迷失在现代西方哲学、西方马克思主义的方阵中去了。

毫无疑问，引入国外马克思学及其成果，具有积极的意义，但矫枉不可过正。把国外马克思学和国内马克思主义哲学研究对立起来，褒扬前者，贬抑后者，认为前者属于纯粹的学术研究，后者难免望文生义、断章取义，这样的观点未免过于极端，例如，卢卡奇作为西方马克思主义的鼻祖，他的贡献当然是一种主义的发见，但却是建立在文本解读的基础之上的；与卢卡奇截然相反的阿尔都塞，他的基本判断也是从文本解读出发的。那么，卢卡奇和阿尔都塞谁是谁非呢？进而言之，对西方马克思主义趋之若鹜不足为取，唯西方马克思学马首是瞻也过于殷勤了。

中国马克思学的定位不在于它是哲学还是科学，而在于它是文献学还是文本学。如果中国马克思学的定位是文献学，那么，它将面临的重重困难，在今后一段时期内，中国学者尚不具备从事原创性的文献学研究的基本条件；如果定位是文本学，那么，它和既有的研究方式并无太大的差别，只不过是，它特别强调了立足文本进行学术研究的重要性，着眼资料的收集和出版情况的考证，关注经典文本写作过程的梳理以及文本结构的探析。

在我看来，重视国外马克思文献学的工作进展，对西方马克思学的研究成果进行系统的梳理和介绍，是必要的；对国外马克思文献学亦步亦趋，过于迷信和盲从，则是大可不必的。我们应当明白，马克思主义哲学在世界产生巨大的影响，首先不在于它是纯粹的学院派哲学，不在于它具有纯粹的学术价值，而在于它是一种具有政治性的改造世界的哲学，在于它把哲学的理论主题从"世界何以可能"转向"人类解放何以可能"。因而，把马克思主义哲学作为单纯的学术对象来研究，无法揭示它所发挥的巨大的时代作用。

我也不赞赏"以马解马"的方法。无论是从马克思哲学的文本中找出一句或一些话，然后按照自己的观点进行"重建"、"重构"，还是事先预设马克思主义哲学的基本逻辑，然后用它来引导对马克思文本的解读，在我看来都无济于事，不能从根本上解决坚持和发展马克思主义哲学的问题。从思想史上看，任何一种"重读"、"重建"、"重构"，在根本上都是由现实的实践活动所激发的。坚持和发展马克思主义哲学，不能仅仅面对马克思哲学的文本，更重要的是，应面对当代中国实践的"文本"。只有立足这一"文本"，我们才能真正读懂马克思和马克思主义哲学。

西方"马克思学"视野中的
马克思主义哲学

对马克思主义的研究，西方"马克思学"从一开始关注的就是历史唯物主义。在西方"马克思学"看来，马克思所要解决的理论问题，首先是作为他的政治经济学和革命学说基础的历史唯物主义。更重要的是，历史唯物主义与社会现实的关系最紧密，最容易受到现实发展状况的检验。西方"马克思学"学者，如法国的吕贝尔、比果，德国的费切尔、朗兹胡特、迈尔，英国的麦克伦南、阿克顿，美国的胡克、海尔布隆纳，奥地利的费舍尔等人，都是围绕与现实相关的重大问题而展开对历史唯物主义研究的，包括历史唯物主义的理论性质、经济发展的决定作用、阶级斗争与异化理论、人道主义与历史规律等问题。

对于西方"马克思学"来说，马克思主义哲学不是辩证唯物主义，而是历史唯物主义，只有历史唯物主义才是真正的马克思主义哲学，只有历史唯物主义能够为马克思的革命学说提供理论基础。把唯物主义和现代自然科学结合在一起，利用黑格尔的辩证法来发展马克思主义的本体论，制定辩证唯物主义的，不是马克思，而是恩格斯。"不是马克思，而是恩格斯是辩证唯物主义之父。"（兰格语）

瑞士学者鲍亨斯基在《苏俄的辩证唯物主义》中明确提出，马克思的创造性首先表现在他是历史唯物主义的奠基者，在哲学上论证了社会发展的规律性，强调了阶级斗争和实践对于实现共产主义的重要性；恩格斯则给与马克思主义一种思辨的、形而上学的方向，远远超出历史唯物主义的范围。马克思形式下的历史唯物主义和恩格斯形式下的辩证唯物主义，是不能等量齐观的。前者具有积极因素，后者则代表着"退化和破坏"。费切尔认为，真正的马克思主义哲学只存在于马克思的早期著作中，只存在于作为革命理论的历史唯物主义中，所谓辩证唯物主义的世界观是对马克思哲学思想的"背离"。

那么，如何理解历史唯物主义的理论性质呢？

对于胡克来说，马克思是在黑格尔哲学的影响下得出他的历史唯物主义观点的，而历史唯物主义本身是对文化的系统结构和发展的关键问题的解答。"马克思懂得了一个时代的文化是同其他的文化彼此相联系的……马克思力图找出了解文化的结构和发展的关键，从而说明为什么——比方说——中世纪的文化不同于十九世纪的文化，它们是怎样产生、兴盛和消失的。历史唯物主义，正是马克思对这个问题的解答。"（胡克语）

同时，胡克又把历史唯物主义看作是一种充满道义愤的批判学说，认为历史唯物主义是被一种道德热情鼓舞着的，如果没有这种热情，马克思对资本主义的愤怒和抗议只能是一时的激动。"马克思主要是作为一个资本主义的批评家，作为一个燃烧着要消除他那时代的社会不平、贫困和不公正现象的热烈理想的人而写作的"。"尽管马克思拒绝诉诸伦理原则，但他所写的一切东西中都炽烈地燃烧着一种对于社会不公的切肤

之感。"（胡克语）

阿克顿把历史唯物主义当作一种经验的社会学或实证的社会学，认为"从马克思主义的历史唯物主义见解最一般的方面来看，这种见解是一种这样的观点：对于人类社会的发展，可以（而且确已）达到一种科学的理解。"在阿克顿看来，历史唯物主义具有反形而上学的实证主义倾向，强调观察、实证的方法是理解世界的唯一方法，并可以有效地运用于社会领域。马克思拒斥思辨的形而上学，要求对人类社会进行实证科学的考察。

比果站在新托马斯主义的立场上，将历史唯物主义解释成一种救世主义的"神话"或"宗教"，认为马克思并没有完全放弃神学观点，无产者处在历史的中心地位上，正如基督处在时间的开始和终结之间一样。"在马克思那里，有一部《创世纪》：作为创造活动的劳动是同人在劳动中的异化过程紧紧地联结在一起的，人类的起源就犯了罪。还有一部《启示录》：人应当通过一场灾难而重新找到失去的乐园。"（比果语）在比果看来，当马克思"在无产阶级身上看到'人的全部复没'时，又当他从无产阶级的赎罪里期待着'人的全部恢复'时，他岂不是下意识地把无产阶级当作了'人——上帝'，即同时既是牺牲者又是赎世主？"其他持类似观点的还有法国的马利坦、卡尔维茨和美国的塔克尔等。

在西方"马克思"的视野中，异化理论不仅是马克思青年时期的哲学思考，而且是马克思创立历史唯物主义的出发点，甚至可以概括整个马克思主义。异化是马克思毕生探索的中心课题。

伊波利特认为，马克思主义的根本思想以及来源，是黑格尔和费尔巴哈的异化思想，"从这一思想出发，并且把人的解放确定为人在历史过程中为反对任何个性异化而进行的积极斗争，就可以最充分地揭示全部马克思主义哲学的内容"。海尔布隆纳提出，除了阶级斗争这一主题外，异化是历史唯物主义的又一主题。异化与阶级斗争都是历史发展的动力，而且都会在共产主义社会中消失。这是历史唯物主义为人类指明的双重远景，即结束阶级统治和消除异化。

德曼断言：《1844年经济学哲学手稿》，"比马克思的其他任何著作都更清楚得多地揭示了隐藏在他的社会主义信念背后，隐藏在他一生的全部科学创作的价值判断背后的伦理的、人道主义的动机"。由异化思想和人道主义动机所形成的价值感觉和价值判断构成了马克思整个理论创造的基础，并使马克思后期的历史唯物主义具有了真正的意义。"不管人们怎样考虑这种价值判断和价值感觉表述的思想结构，以及它们在历史唯物主义中的体系性的地位，二者都说明了产生马克思的马克思主义的动机，从而也说明了这种马克思主义的目的和意义。"（德曼语）

朗兹胡特和迈尔指出，历史唯物主义的核心就在于，揭示了人的自我异化是正在发生的、现实的、物质过程的结果。马克思总是以自我异化来把握人与世界的关系，把握"到目前为止的历史上人的生活的基本特征"。"《共产党宣言》的第一句话稍加改动可以这样表达：到目前为止的一切历史都是人的自我异化的历史"。

正是由于把异化思想和人道主义视为历史唯物主义的核心或主题，所以，西方"马克思学"或者把青年马克思当作真正的马克思主义者，把晚年马克思当作经济决定论者，从而制造出"两个马克思对立"的神话；或者把异化思想和人道主义视为马克思哲学的核心和主题，从而制造出马克思与恩格斯对立的神话。在西方"马克思学"的视野中，历史唯物主义变成了一种关于人的自我异化和自我实现的思辨哲学，变成了一种抽象的人的学说。这显然是对马克思主义哲学的误读。

西方马克思主义对历史唯物主义的重建

　　与西方"马克思学"不同，西方马克思主义不是为了否定马克思主义，不是抱着纯学术兴趣来研究马克思主义，而是抱着"实践的旨趣"和"解放的旨趣"来完善和发展马克思主义的。从卢卡奇和柯尔施开始，西方马克思主义重新解释马克思主义的理论观点和恢复马克思主义的革命功能，是同"重建历史唯物主义"紧密地联系在一起的。在卢卡奇、柯尔施那里，"重建历史唯物主义"，意味着重新回到马克思本人的"主体性原则"和"总体性辩证法"，恢复马克思主义的人道主义原则；对于萨特、哈贝马斯来说，"重建历史唯物主义"，是因为历史唯物主义本身有一些"空白"和错误，有待"补充"和"修正"。

　　西方马克思主义从一开始就把高扬主体性原则，作为"重建历史唯物主义"的一面旗帜，强调马克思主义哲学的人道主义性质，强调自我意识在历史发展中的能动性和创造性。卢卡奇深信，"任何社会力量实质上就是精神力量"，并把主体性原则塑造成马克思主义哲学的最高原则，并断言："马克思主义和资产阶级科学的决定性差别，不是经济动机在解释历史中占首位的原则，而是总体的观点。"

同卢卡奇一样，柯尔施依据黑格尔的辩证法重新解释马克思主义，并力图用历史辩证法来发展历史唯物主义。在柯尔施看来，按内容来说，历史唯物主义是新观点的产物；按形式来说，历史唯物主义是从唯心主义哲学中得出来的，即从黑格尔的辩证法那里接受过来的。马克思主义和黑格尔主义是同一个东西，二者的区别不是理论自身的性质，而是它们代表了不同的革命运动，即马克思主义代表了无产阶级革命运动，黑格尔主义代表了资产阶级革命运动。历史唯物主义从一开始就不是对现有事物的纯粹认识，而是始终关注人的主观的和批判的实践活动。马克思主义是"包括作为整体的社会生活一切领域的社会革命理论"，并用总体性观点克服了物质与精神、存在与意识、自然界与人的二元论，建立了以主体为统率的主体与客体相互作用的历史辩证法。诉诸主观因素的历史辩证法才是历史唯物主义的核心所在。

哈贝马斯认为，在马克思那里，历史的意义和目标不是一个形而上学的问题，而是实践设计的对象。传统历史哲学的弱点就在于，不理解历史发展本质上是实践的，现在和未来都不是沉思或科学预见的产物，而是主体介入的实践理性的结果。正是实践理性构成了历史发展的基础。"重建历史唯物主义"的目的，就是把这种理论拆开，"再以新的形式把它构成，为了更好地达到它所规定的目的"。历史唯物主义就是"在实践方面提出的理论观念"（哈贝马斯语）。

萨特明确否定辩证唯物主义，认为马克思主义就是历史唯物主义。"我所说的马克思主义，是指设定一种历史的内在辩证法的历史唯物主义，并不是指辩证唯物主义，如果把辩证唯物主义理解为那种自以为发现了一种自然辩证法的形而上学妄想的话"。在萨特看来，"任何一种辩证法都应该建立在个人的实践的基础上"。历史唯物主义把辩证法看作是人的实践，既那种人人可以从自己的实践和异化中取得的经验，又是那种使人们理解人类历史是不断发展的方法。

"历史唯物主义是我们时代唯一不可超越的哲学"（萨特语），对历史给予了"最可接受的解释"，但历史唯物主义没有解决在客观的历史范围内人的自由如何可能的问题。因此，应当用存在主义来"填补"马克思主义的"人学空场"，用"人学辩证法"来完善马克思主义辩证法。对萨特来说，历史的主体问题是历史唯物主义的头等重要问题。不是经济状况本身创造历史，而是人们根据已有的条件创造历史。实践是人们创造对象的活动。在实践中，人们依据一定的社会条件实现个人计划，创造性地参与劳动过程，使自己存在，并创造自己的生活，创造历史，实践决定了历史必然性的特点。与自然必然性不同，历史必然性是通过人们的自觉活动实现的。因此，实践的观点是历史唯物主义的基本观点。

但是，萨特所理解的实践与马克思所理解的实践又有重要区别。在萨特看来，实践首先是惰性因素最少的"个人实践"，个人实践指向"匮乏"的消除，它是历史过程的具体基础；其次是最受惰性因素左右的"惰性实践"，惰性实践是物质的并在对象中客观化，受制于全部物质领域的客观性和必然性；再次是具有不同程度"惰性因素"的社会实践，这是从共同目的出发而结合在一起的个人的活动。萨特认为，之所以把实践分为三个不同的层次，是因为在现实社会中，人们不仅进行自由的和创造性的实践活动，而且还进行惰性的、机械执行的、不能称为自由的活动。萨特的"历史人学"就是以这种实践观为前提建构的。正是这一实践范畴构成了萨特的存在主义马克思主义的核心。

阿尔都塞的结构主义与马克思主义也注意到实践观点对历史唯物主义的重要性，自觉意识到"实践的首要性"。按照阿尔都塞的观点，历史唯物主义用生产力、生产关系等新概念代替个体、人的本质等旧概念，提出了新的历史理论，即"实践的"历史科学。历史唯物主义的基础就是，"人类社会既是统一的，但在其各联结点上又是特殊的。用一句话来说，马克思提出了一种关于特殊差异的具体观点，这种观点能够确定每个独特的实践在社会结构的特殊差异中所占的地位；马克思正是用这个观点去代替费尔巴哈关于'实践'的意识形态概念和普遍概念"（阿尔都塞语）。

法兰克福学派则把历史唯物主义改造成一种"社会批判理论"，把批判精神和否定意识视为历史变革的决定因素，把发达工业社会的症结和出路都归结到人的主观心理和自我意识上，并认为历史唯物主义对历史的理解是建立在"人们自己创造自己的历史"这一事实基础上的。在法兰克福学派看来，历史唯物主义并不是一种以物质本体论为基础的形而上学，而是一种"对人的快乐的彻底关心"的批判哲学，关注的是"人类生存的基本条件"，在主体与客体的相互作用过程中看到的是"精神在本体论上的首要性"。

西方马克思主义突出主体性和总体性，把历史唯物主义看作是认识和行动的方法，即凸显了"历史主动性"的方法，并以实践为核心范畴"重建历史唯物主义"，无疑具有合理性。突出主体性原则本身并不为错，但西方马克思主义的确曲解了马克思的主体性原则，使之离开了唯物主义的基础；突出人的实践对现实的决定作用本身并不为错，但西方马克思主义者的确夸大了"自由实践"的批判精神的作用，忽视了生产实践的决定作用，在一定程度上使实践范畴脱离了唯物主义基础，并具有唯心主义的倾向。就其实质而言，西方马克思主义"重建"的不是历史唯物主义，而是人本唯物主义；不是唯物主义历史观，而是"人类学的历史观"。

异化、人道主义与马克思主义

异化和人道主义问题是西方马克思主义极为关注的问题。正是在这个问题上，西方马克思主义从内部爆裂了，形成了"人道主义的马克思主义"和"科学主义的马克思主义"的对立。人道主义的马克思主义认为，马克思主义的实质是异化理论，马克思主义不是由阶级斗争的需要产生的，也不是社会发展规律的产物，而是人们"强烈渴望自由、幸福和繁荣"的结果；科学主义的马克思主义则认为，马克思主义是一门历史科学，而不是一种异化理论，历史唯物主义的创立，使马克思彻底抛弃了人道主义的"总问题"，拒绝了哲学人道主义。

人道主义马克思主义的始作俑者卢卡奇把"物化"等同于"异化"，以此对资本主义的现实进行说明和批判。我注意到，卢卡奇是在没有接触到《1844年经济学哲学手稿》、《1857—1858年经济学手稿》，即缺乏对马克思异化理论充分了解的背景下提出他的物化、异化理论的。从理论背景看，卢卡奇是以《资本论》中的商品拜物教理论为依据提出自己的异化理论的。

按照卢卡奇的观点，物化现象正如马克思所描述的，"商品形态所以是神秘的，不过因为这个形态在人们眼中，把他们自己的劳动的社会性质，当作劳动产品自身的物质性质，当作这各种物品的社会的自然属性来反映，从而，也把生产者对社会总劳动的社会关系，当作一种不是存在于生产者之间而是存在于客观界各种物品之间的社会关系来反映。就是由于这种转换，所以劳动产品成了商品，成了可以感觉而又超于感觉的东西或社会的东西"。物化把人与人的关系转化为物与物的关系，社会关系获得一种"魔幻的客观性"。

这样，人在生产劳动和社会关系上都不是表现为历史过程的主人，而是作为一个结合在机械系统中的机械部件表现出来的。在物化的世界中，人不再作为主体发挥作用，"他的活动越来越失去主动性，越来越失去其意志力"（卢卡奇语）。所以，克服物化的途径就在于恢复人的主动性和意志力，实现主体和客体的同一。历史唯物主义的核心，就在于发挥人的主体能动性，认识异化和消灭异化，实现真正的人道主义社会。

1932 年，《1844 年经济学哲学手稿》第一次以德文原文全文发表，这无疑给西方马克思主义注入一支强心剂和兴奋剂。在西方马克思主义看来，这是重新解释历史唯物主义的新材料，是回到人道主义马克思主义的理论依据。"这部手稿可能把关于历史唯物主义甚至整个'科学社会主义'理论的起源和最初含义的讨论置于新的基础之上"（马尔库塞语）。除了阿尔都塞，大多数西方马克思主义者都用《1844 年经济学哲学手稿》中的异化理论将"青年马克思"与"老年马克思"统一起来，并把人道主义视为马克思主义的主旋律。

按照马尔库塞的观点，马克思的政治经济学及科学社会主义，都是以人本主义哲学为基础的。在马克思那里，异化劳动，私有财产，人的本质等概念，从一开始就不仅是作为经济学的概念，而且是作为人类历史过程的重要概念被接受过来并加以批判的。"正因为这一点，对从德国哲学最有生命力的阶段成长起来的马克思说来，全部人类历史实践中的问题始终是人自己的问题，这一事实是不证自明的，以致于无须再加以讨论了（马克思主义的继承者恰好把与此对立的观点看成是不证自明的）。"（马尔库塞语）

马尔库塞由此认为，对异化及其扬弃的洞察，构成了马克思革命理论的核心内容。作为"真正的人本主义"，马克思主义强调现实社会中有问题的不仅仅是经济事实，更重要的，是整个"人的现实"，异化的存在就是无产阶级革命的根本理由。马克思主义绝不是所谓的"经济决定论"或机械决定论，而是以异化理论为核心，并诉诸人的主体能动性的人本主义的总体革命理论。

按照弗罗姆的观点，马克思的哲学"来源于西方人道主义的哲学传统，这个传统从斯宾诺莎开始，通过18世纪法国和德国的启蒙运动哲学家，一直延续至歌德和黑格尔，这个传统的本质就是对人的关怀，对人的潜在才能得到实现的关怀"。"马克思的哲学在《1844年经济学哲学手稿》中获得最清楚的表述，它的核心问题就是现实的个人的存在问题，人就是他实际上呈现出的那个样子，人的'本性'展现在历史之中"。如同存在主义哲学一样，"马克思的哲学也代表一种抗议，抗议人的异化，抗议人失去他自身，抗议人变成物"。马克思对资本主义批判的重心，并不在资本主义所造成的财富的分配不公，而是在于资本主义使劳动变成"被迫的，异化的、无意义的劳动"，从而使人异化为物。

弗罗姆由此认为，要正确把握马克思哲学，就要使马克思哲学回到"人本主义和自然主义综合"的基础之上。"对于马克思来说，劳动和资本决不仅仅是经济学的范畴；它们是人类学的范畴，在这些范畴中包含着植根于马克思的人道主义立场的价值判断。"弗罗姆断言：只有恢复马克思的人本主义，才能接近马克思的历史唯物主义。"马克思的目的不是仅限于工人阶级的解放，而是通过恢复一切人的未异化的、从而是自由的能动性，使人获得解放，并达到那样一个社会，在那里，目的是人而不是产品，人不再是'畸形的'，变成了充分发展的人。"社会主义就是人通过克服自己的异化而实现自己的本质的社会。经过弗罗姆这样的解释，历史唯物主义成了一种以异化概念为核心的人本主义历史观，即"人类学的历史观"。

在20世纪50年代，用异化理论和人道主义来解释马克思主义哲学的倾向占据西方思想界的主导地位，几乎成为一种"流行病"。正是在这样的背景下，阿尔都塞以反潮流的姿态独树一帜，提出一种"科学主义的马克思主义"。

按照阿尔都塞的观点，异化理论及人本主义思想属于马克思不成熟时期，即意识形态时期的理论观点，青年马克思奉行的就是理性加自由的人道主义。然而，从1845年起，马克思同一切把历史和政治归结为人的本质的理论彻底决裂，彻底批判了哲学人道主义，并制定了建立在崭新概念基础上的新的历史理论，即历史唯物主义。马克思之所以要抛弃哲学人道主义，是因为马克思此时确立了"一个新的总问题，一系列向世界提问的新方式，一些新原则和一个新方法"，即作为新的哲学、新的历史科学的历史唯物主义。在这门崭新的哲学和历史科学中，"社会主义是个科学概念，而人道主义则仅仅是个意识形态概念。马克思摆脱了本质的唯心主义和主体的经验主义，而不再把人的本质当作理论基础"（阿尔都塞语）。从此，异化概念和人道主义不再是马克思的理论出发点，而只是历史唯物主义思考的一个问题。

与卢卡奇把黑格尔哲学和马克思哲学紧密联系在一起，用黑格尔的辩证法重新确立人道主义的马克思主义不同，阿尔都塞则把黑格尔哲学和马克思哲学完全对立起来，并用这种对立去说明马克思主义不是一种思辨的历史哲学，而是一门历史科学，从而建构了一种科学主义的马克思主义。对马克思主义的这种解释，意大利的德拉·沃尔佩和科莱蒂也持大体相同的立场。但是，在西方马克思主义思潮中，这种科学主义的马克思主义虽然也有一些追随者和赞同者，但始终未形成一种理论气候。

南斯拉夫的"实践派"和"辩证唯物主义派"

20 世纪 50—60 年代，南斯拉夫马克思主义哲学界开始急剧分化，形成了两个基本派别，即"实践派"和"辩证唯物主义派"。"实践派"又称"人本主义的人道主义学派"、"真正的马克思主义者"、"新马克思主义者"；"辩证唯物主义派"又称"辩证法派"、"正统派"、"批判的辩证唯物主义者"。这两个派别的对立和斗争，涉及南斯拉夫哲学研究的各个方面，并产生较大的国际影响。在马克思主义的历史上，南斯拉夫的"实践派"和"辩证唯物主义派"独树一帜、引人瞩目，二者的论争可谓一个"事件"。

"实践派"之所以被称为实践派，从理论特征看，是因为他们把"实践"看作是马克思主义哲学的基本范畴和核心概念；从表现形式看，是因为他们创办的杂志名称就称"实践"，"实践派"指的就是集中在《实践》杂志周围的一批哲学家。

在"实践派"看来，哲学"必须面向世界和人类的困难"，其主要任务就是对现存的一切进行无情的批判。这种"批判"是至高无上的，为了弄清事物的根本，要采取"无论得到什么结果也无所畏惧的批判姿态"。同时，这种"批判"既要探讨当今世界的一般性问题，又要批判自己国家的特殊问题；不仅要指向资本主义，而且要指向社会主义。只有这样，哲学才能成为"鼓舞革命行动的力量"，成为"对真正的人的世界的人道主义展望"。

在"实践派"看来，马克思主义哲学本质上是人道主义。"在马克思主义的哲学中，同其他人道主义哲学一样，中心问题就是：人在宇宙中的地位。一方面是他同自然界的关系是怎样的并且是应该是怎样的，另一方面是他同其他人的和作为一个整体的社会关系是怎样的并且应该是怎样的。"（马尔科维奇语）人是马克思主义哲学的中心问题，应以"实践的存在物"——人为出发点来建构马克思主义的哲学体系。马克思主义哲学的主旨就是关于人、历史、自由和解放的独创性的观念。只有马克思早期的人道主义思想才是"真正的"、"创造性的"马克思主义哲学。"回到马克思"，"回到青年马克思的人道主义"，才是"恢复了真正的马克思主义哲学"。

在"实践派"看来，马克思逝世之后是"实证的辩证唯物主义统治的时代"。辩证唯物主义是对马克思主义哲学"教条主义、官僚主义和国家主义的歪曲"，是"斯大林主义的实证主义"，或者说是"马克思主义哲学的斯大林主义版本"。辩证唯物主义的中心概念是"物质"，"明确地拒绝关于人的哲学讨论"，而马克思哲学的中心概念却是"人"和人的实践，本质上是人道主义，因而二者根本对立，不能同构。马克思的高明之处就在于，对历史和人的领域作出了崭新而独特的解释，即以"实践"为基础把"人的利益的基本领域"和"人本身的历史领域"统一起来了。对辩证法要作"历史"的解释，即从人的实践活动出发来理解辩证法；历史唯物主义本质上是社会实践论，人本因素是历史唯物主义的根本特征。

"辩证唯物主义派"之所以被称为辩证唯物主义派，从理论特征看，是因为他们把马克思主义哲学看作是同科学、逻辑学、认识论、方法论密切联系的关于世界普遍规律的科学，并力图确立完整的关于世界以及对世界认识和改造的辩证法；从表现形式看，他们创办的杂志名称就是《辩证法》，"辩证唯物主义派"指的就是集中在《辩证法》杂志周围的一批哲学家和自然科学家。

按照"辩证唯物主义派"的观点，南斯拉夫的"辩证唯物主义"，"既不是苏联式的马克思主义，也不是任何其他类型的马克思主义的摹本"，而是"科学决定论"和"人道主义路线"积极成果的有机结合。哲学的主要任务是解决当代的迫切问题，包括研究作为一个整体的世界的普遍规律性；认识的结构和规律性；人类世界与生活的价值和规范的来源、本质和意义；数学、自然科学和技术科学中观念与方法演变的问题。

按照"辩证唯物主义派"的观点，马克思主义哲学本质上是辩证唯物主义，是关于自然、社会和思维运动的普遍规律的科学，同时又具有人道主义的特性，是一种现实的、具体的和革命的人道主义。当然，马克思主义的人道主义具有自己独特的特征：一是认为人是作为社会的人而占有世界和实现自己的；二是产生于工人阶级的人道的历史使命——全面地解放人，并指出了实现人道主义的具体途径。因此，马克思主义哲学的创立意味着人道主义从抽象的人道主义转变到具体的人道主义。

按照"辩证唯物主义派"的观点，马克思主义哲学主张辩证的决定论，同时又特别重视人的能动性。客观辩证法包括自然辩证法，以及对客观辩证法反映的辩证逻辑，这是马克思主义哲学的基础；反映论和实践论是不可分割的，二者都是马克思主义认识论的基础，马克思主义认识论是从能动的、辩证的和发展的角度看待问题的；历史规律不是自发地实现，而是通过人的实践实现的。因此，马克思主义哲学是辩证决定论和强调人的能动性的统一。

"实践派"与"辩证唯物主义派"的论争涉及一系列重大的理论问题，一开始就引起了国际哲学界、学术界、思想界的注意。然而，对二者的评价不很一致甚至很不一致。苏联东欧哲学界、学术界、思想界对"辩证唯物主义派"持肯定态度，认为它是真正的马克思主义，大加赞许；对"实践派"则全盘否定，认为它是"异端"和修正主义，大加讨伐。与此相反，西方哲学界、学术界、思想界则毫不掩饰他们对"实践派"的同情和赞许，认为"实践派"是发生在马克思主义内部的"革新运动"，并誉之为马克思主义哲学发展中的"文艺复兴时代的到来"。在西方哲学界、学术界、思想界看来，"实践派"比其他学派或学者"更早地发展了马克思主义的人道主义"，是真正的马克思主义，而"辩证唯物主义派"则是"正统派"、"保守派"。

"实践派"与"辩证唯物主义派"都认为自己是真正的马克思主义，并把他们之间的争论看作是马克思主义内部不同派别之间的争论。我赞成这一见解。"实践派"与"辩证唯物主义派"都对马克思主义哲学进行了独立的探讨，并在此基础上重新研究了许多重大而迫切的理论问题，并对如何阐述马克思主义哲学作出了新的尝试，取得了新的成果，二者各有得失。"实践派"注重研究实际问题，强调实践是马克思主义哲学首要的和基本的观点，具有合理性，但它否定自然辩证法和反映论却是难以接受的，从本质上看，"实践派"的理论是一种社会批判理论。"辩证唯物主义派"确认自然辩证法的存在，并力图使辩证法和人的能动性有机结合起来，主张加强哲学和自然科学的联盟，这是正确的，但它对实践观点在马克思主义哲学中的地位和作用重视不够，研究不力。

马克思的世界概念

　　马克思的哲学并不是单纯的认识论或方法论，它首先是一种世界观。但是，马克思哲学中的"世界"概念与传统哲学的"世界"概念，具有本质的不同。

　　无疑，马克思的哲学是唯物主义哲学。但是，无论是从内容上看，还是从形式上看，无论是从理论主题看，还是从理论特征看，唯物主义哲学都是随着历史的发展而变化的。从本质上看，马克思的哲学是实践唯物主义。对于实践唯物主义来说，"全部问题都在于使现存世界革命化"（马克思语）。马克思哲学所要解答的不是"宇宙之谜"，而是"历史之谜"；所关注的不是"整个世界"，而是"现存世界"。在马克思哲学中，"现存世界"不是作为自然界、人类社会和思维总和的宇宙，即"整个世界"，而是人们"周围的感性世界"、"人类世界"。这样，马克思便把哲学的聚焦点从整个世界转到现存世界，即人类世界。"人类世界"才是马克思哲学为之旋转的真正的太阳。

从本质上看，马克思的哲学又是现代唯物主义。现代科学一开始就表明：作为自然界、人类社会和思维总和的"整个世界"不是任何一种科学所能把握的；同时，任何一种科学都是这样或那样地研究整个世界。对整个世界"总联系"的图景作出完整的描述不是现代哲学的任务，而是现代科学全部总和的任务。马克思在任何时候、任何地方都没有赋予自己哲学以这样的特权，即依靠自然科学和社会科学的研究成果来建构关于整个世界的综合图景。在我看来，企图在实证科学之上建构一种关于整个世界"普遍联系"的世界观是"多余的"，其实质只能是"形而上学"在现代条件下的"复活"。

马克思所说的现存世界，即人类世界，在内容上包含自然与社会这两个方面。但是，现存世界不是自然界与社会的"相加"，而是自然与社会"二位一体"的世界。按照马克思的观点，在现存世界中，自然与社会相互制约、相互渗透，摆在人们面前的是"历史的自然"和"自然的历史"，或者说，是社会的自然和自然的社会。

同费尔巴哈一样，马克思确认自然界的"优先地位"，但马克思并没有把费尔巴哈的自然概念原封不动地移入到实践唯物主义中，而是用实践唯物主义扬弃了费尔巴哈的自然概念；马克思不是把自然唯物主义推广或运用到社会（历史）领域，相反，是用历史唯物主义来理解现存世界中的自然界，把自然以及关于自然的意识同社会生活过程联系起来考察。在马克思看来，现存世界中的自然界不是脱离人的自然，而是被人们"加工"过的自然；人类不仅改造自然存在，而且自身也进入到自然存在之中，并赋予自然存在以新的尺度——社会性或历史性。

一切对自然的加工、改造都是在"一定的社会形式中并借助这种社会形式"进行的（马克思语）。作为人化自然，现存世界中的自然是被打上社会烙印的、被社会中介过的自然。在现存世界中，自然界意味着什么，自然对人的关系如何，人对自然实行什么样的作用形式和范围等，都受到社会形态的制约。这是一种在人类历史中形成的"人的现实的自然界"，是"人类学的自然界"（马克思语）。要把现存世界中的自然从社会中分离出去是不可能的。在现存世界中，自然不仅保持着天然的物质本性，而且被打上了人的烙印；不仅具有客观实在性，而且具有社会历史性。这里，自然是一个社会（历史）范畴。把马克思的自然概念同费尔巴哈自然概念区别开来的东西，首先是马克思自然概念的社会（历史）性。

在现存世界中，如同自然被社会所中介一样，反过来，社会也被自然所中介。从根本上说，人类社会就是在人与自然的物质变换中形成并发展起来的；人类历史也无非是"自然界对人的生成过程"（马克思语）。在现存世界中，作为客体的自然，其本身规律不可能完全被消溶到对它占有的社会过程中；自然不是外在于社会，而是作为一种恒定的因素出现在历史过程中。社会的目的、需要在根本上要通过自然过程的中介才能实现。人与自然之间的物质变换构成了社会存在和发展得以实现的"永恒的自然必然性"。社会发展既不是纯自然的过程，也不是脱离自然的超自然的过程，而是与自然运动"相似"的过程。把自然以及人对自然的理论和实践关系从社会中排除出来，就等于把社会建立在虚无上。

社会的自然与自然的社会都是人们"对象性的活动"的产物。实践是自然的社会中介和社会的自然中介，也是二者互为中介的现实基础。一句话，实践是现存世界得以存在的根据和基础，在人类世界的运动中具有导向作用。现存世界当然不能归结为人的意识，但同样不能还原为自然。人类意识、人类社会以至整个人类世界对自然具有不可还原性。社会的自然与自然的社会是在人的实践活动中生成的，现存世界只能是实践中的存在，实践才是现存世界的真正本体。实践是一个动态的、不断发展、不断生成的本体，现存世界因此成为一个动态的、不断形成更大规模、更多层次的开放体系。马克思的世界概念因此成为一个动态的、开放性的概念。

现存世界的"现存性"包含着客观性，而现存世界的实践性又进一步确证现存世界的客观性，并使现存世界呈现出历史性。现存性、客观性、历史性、实践性构成了马克思世界概念的总体特征，从而使马克思的世界概念与传统哲学的世界概念区别开来。在马克思世界概念的总体特征中，实践性是根本的特征。在人的实践活动之外的存在，对人而言是"不存在的存在"，是"无"，即没有意义。离开实践来谈论"世界"，只能是一个"纯粹经院哲学的问题"。

实践内在地包含着人与自然、人与社会、人与自我的关系，可以说，它是现存世界的缩影，而实践的内容就是人与自然之间的物质变换、人与人之间的活动互换，以及物质与观念转换的过程。马克思正是通过人的实践活动来反观现存世界，重审主客体的关系，建构了一种新唯物主义的世界观，一种"真正批判的世界观"（马克思语），从而消除了精神的历史与物质的自然对立的神话。这是哲学世界观的深刻变革。

一般和个别不等于共性和个性

　　一般和个别的关系就是共性和个性的关系，这两对范畴是相同的范畴，这一观点已成为"常识"。然而，犹如雷达有自己的盲区一样，人的思维也有自己的盲区，这个盲区就是常识。我们必须跳出一般和个别的关系就是共性和个性的关系这一常识的罗陀斯岛。

　　尽管一般和共性含义的区别不大，但是个别和个性是不能等同的。所谓个别，是指单个的、特殊的、有别于其他事物的个体，即具体事物；个性则是指一事物之所以区别于他事物的特殊性质，是一事物所独有而他事物不具有的特殊属性。

　　从范畴的分类看，个别属于实体范畴，个性属于属性范畴。实体是指实际存在的独立客体；属性则是指事物本身所固有的各种性质。

　　亚里士多德把"个体"，即客观存在的个别事物，如"某一个个别的人或某匹马"称为

"第一实体"，而把事物的数量、性质、关系等归为属性范畴，并认为"第一实体"是数量、性质、关系等属性的基础，"如果没有第一性实体存在，就不可能有其他的东西存在。"斯宾诺莎指出：实体是"在自身内并通过自身而被认识的东西"，属性则"是构成实体的本质的东西"。可见，实体是独立的客观存在，是属性的基础或承担者，而属性则依附于实体，是实体的不同侧面、特征或本质的表现。因此，个别不能等同于个性，个别是个性的基础或承担者，个性则是从属于个别的。

个别是相对于一般来说的，它和一般构成了一对矛盾，个性则是相对于共性而言的，它和共性构成一对矛盾。当然，个别和个性存在交叉情况和共同点。个别内在地包含了个性，同时，作为概念，个别和个性相对于现实中的形形色色的具体事物和千差万别的个性来说，二者都具有一般的特性，都是舍弃了具体事物和各种个性的差异，抽象出他们的共同的、本质的东西之后形成的概念。

但是，个别和个性存在差异则是无疑的。个别是指独立存在的具体事物，是共性与个性的矛盾统一体，个性则是一事物所独自具有的特性。个别相对于一定的范围、过程是个别，相对于另一范围、过程则是一般，在普遍联系中则是特殊。同样，个性相对于一定的范围、过程是个性，相对于另一范围、过程则是共性，在普遍联系中，则是特殊性。个别既是对具体事物的抽象，又是对事物特性的抽象，个性则仅仅是对事物的性质、特性的抽象，这两个范畴逻辑层次是不同的。

马克思认为，一般是具体事物的"共同的东西"，个性则是具体事物的"不同特点"，而个别则是指现实中的具体事物，如一个个苹果、梨、桃等。列宁指出，个别是具体的事物、现象、过程，"从任何一个命题开始，如树叶是绿的，伊万是人，哈巴狗是狗，等等。在这里就已经有了辩证法：个别就是一般。"这里，即"树叶"、"伊万"、"哈巴狗"都是具体事物，是个别，"绿"、"人"、"狗"是一般。列宁还特别注明："个别（事物、现象、过程），"而不是指事物的特殊属性即个性。

可见，个别包含个性，个性从属于个别，但个别不等于个性。明确了这一点后，一般和个别关系是否等同于共性和个性关系便好理解了。

事物都有它的质的规定性。事物的质，是通过事物的属性表现出来的。个性是指区别于其他事物，而为这个事物所特有的那一部分属性；共性则是指与其他事物所共有的那一部分属性。个性不等于共性，共性不等于个性，但二者又是互相依存的：不存在不具有共性而独立存在的事物，同样，也不存在不具有个性的事物，个性是事物相互区别的关键。共性和个性既有区别，又有联系，共存于具体事物，即个别之中。

一般和个别与共性和个性是两对不同的范畴。一般和个别是反映一类事物和单一事物相互关系的一对范畴，共性和个性则是反映单一的、特殊的事物内部各属性之间相互关系的一对范畴。在一般和个别的关系中，一般只能在个别中存在，只能通过个别而存在，个别是一般的基础或承担者，一般和个别是不同层次的范畴；共性和个性谁也不是对方的基础或承担者，二者的基础或承担者都是具体事物即个别，共性与个性是同一层次的范畴。

在一般和个别的关系中，个别是认识的起点，然后上升到一般，共性和个性的关系则是从个别到一般的过渡环节。人们只有在具体事物的联系、比较中，才能区别共性和个性，从而发现一般。认识共性，必须将具体事物的属性加以比较、区别，找出相同属性，这就认识了共性，同时这也就认识了具体事物的个性。

个性不等于个别，一般和个别的关系与共性和个性的关系不能等同，不能依据一般和个别的关系简单地推出共性和个性的关系。

"悖论"与思维本身的矛盾性

现代思维的发展表明，任何思维和论断中都存在着矛盾。现代思维本身就是从思维矛盾的辩证本性中生长出来的，它自觉地承认辩证矛盾，并把这一矛盾作为自身活动的原则。譬如，现代科学思维中的不完全定理、测不准原理、相对性原理、人择性原理等从各个方面体现出辩证矛盾。不完全定理体现着整体与非整体的矛盾，测不准原理体现着绝对与相对的矛盾，人择性原理体现着主体与客体的矛盾。而现代科学发展中的一系列"悖论"的出现，一方面说明，人类思维发展中的"受阻"及其行程的曲折性；另一方面表明，实证性思维与辩证性思维的存在正是思维内在矛盾发展的必然产物。

我不能同意这样一种观点，即矛盾概念导源于对"力"的理解，只是对作用力与反作用力的逻辑抽象，而现代系统论已经扬弃了"矛盾"观念。这种观点把近代对矛盾的理解绝对化了，其片面性体现在三个方面：一是矛盾概念的产生并不是对"力"的抽象，在牛顿力学产生之前，矛盾概念已经在直观的、经验的形态上形成了；二是从"力"的两极化抽象出的矛盾概念，仅仅是近代机械性思维的反映，只是对矛盾的一种特定的历史的理解；三是系统论不可能扬弃矛盾论，它扬弃的只是机械论的矛盾观，相反，现代系统论本身就体现着认识的深层矛盾，没有矛盾，也就没有系统。系统本身就是整体与部分、方面与要素、结构与功能矛盾的产物，而"系统悖论"的提出，本身就表明系统论本身也逃避不了矛盾。系统论并没有否定矛盾，而是深化了矛盾的内涵，展开了矛盾的新层次，体现出现代科学对矛盾的深层理解。

"辩证法本来是人类全部认识所固有的"（列宁语），矛盾是人的认识中内在的、固有的因素。只要人在思维着，运用着语言、符号、逻辑，就必然产生矛盾。矛盾是思维的本质，这是由主体与客体、主观与客观、连续与间断、全面与方面的诸多关系决定的。

从主观与客观关系的角度看，思维是主体的活动过程，它必然具有主体的坐标、角度、方位，具有人的内在尺度，因而主观与客观、主体与客体永远不可能达到完全的同一，二者总是历史的、具体的、有矛盾的统一。每一代人的思维所能达到的广度和深度总是有限的，但无限性总是要通过有限性表现出来，绝对存在于无穷的相对中，这本身就是矛盾；无限性与有限性、绝对与相对这些矛盾又转化为思维与存在、主观与客观、主体与客体既同一又不同一的矛盾。这表明，认识不可能是纯客观的。

从连续与间断关系的角度看，思维要表述事物，就要把连续的东西间断化，把运动的东西静止化，把思维对象从整体中抽象出来，暂时割断它与其他事物的联系。而把连续的东西间断化，这本身就内涵着全部形式化、符号化思维的内在矛盾。就最简单的 $1+1=2$ 而言，这在逻辑上是不言自明的，但实际上，$1+1$ 永远不等于 2。这不仅在于世界上永远不可能存在两个完全相等的具体的 1，而且在于，1 本身只是思维的合理的抽象，实际生活中的具体的 1 永远处于运动变化之中。因此，即使在 1＋1＝2 这一运算中，已经把运动的东西静止化，连续的东西间断化了，它本身已经是矛盾的过程。以最简单的语词"这"为例。"这"就是此事此刻，它既可以代表着具体的"这件事"、"这个人"、"这本书"，即表示着"个别"，又可代表"这件事"、"这个人"、"这本书"中的共同的"这"。所以，"这"本身就是矛盾，个别与一般的矛盾贯穿于"这"的使用中。

最简单的关系和语词中已经包含着辩证法的萌芽，高级的推理和创造性思维必然依靠辩证矛盾的运用。正是辩证矛盾才是思维运转的机制，对于辩证矛盾的运用程度，标志着人类思维的水平。实际上，系统论只是把握了某些方面，如结构方面、功能方面、相关性方面、输入—输出方面等。全方位思维的"全方位"只是相对的。"方位"永远不可能绝对"全"，要使"方位"绝对"全"，就必须使运动停止下来。然而，这是不可能的。只要世界在运动，就永远有新的方位、新的方面产生出来。因此，思维的全面性本身只存在于思维的全面与方面的矛盾中，是在全面与方面的矛盾运动中不断向全面本身逼近的历史过程。"全方位"思维也只是"方位"不断增多的思维运动而已。

现代思维本身就是一种辩证的思维，它摆脱了纯客观主义、绝对主义的思维方式，也扬弃了主观主义、相对主义的思维方式，从而在主体与客体、绝对与相对、可能与选择、整体与部分、完全与不完全、确定与不确定的诸多矛盾中运动。不懂得矛盾，也就不理解现代思维的本质。

现代思维的特点之一，就是从千方百计地排除"悖论"到承认"悖论"的合理存在。"悖论"是一个古老的问题，它的直接含义是指：从一个本来被认为是正确的理论出发却得出两个互相矛盾的结论。从古代到现代，已经产生了无数"悖论"，其中，比较典型的有："毕达哥拉斯悖论"、"芝诺悖论"、"贝克莱悖论"、"罗素悖论"、"语义学悖论"等。

其中"毕达哥拉斯悖论"、"贝克莱悖论"、"罗素悖论"引起了西方数学发展史上的三次危机，其结果是数学理论的三次大发展。

从总体上看，"悖论"应该分为两类：一类是由前提错误导致的"悖论"；另一类则是前提无错误的"悖论"。

"毕达哥拉斯悖论"属于前提错误的悖论。毕达哥拉斯学派坚持这样一个信念，即一切事物都可以归结为整数与整数之比，但他们发现正方形的对角线与边长的比是$\sqrt{2}$，它们之间不能表现为整数之比。$\sqrt{2}$的正确性否定了他们关于一切事物都可以归之于整数与整数之比的信念，因而引起数学史上的第一次危机。实际上，这场"危机"只是一场虚惊，危机的实质是人对世界认识界限的超越，对假前提的否定。

"贝克莱悖论"、"罗素悖论"属于前提无错误的"悖论"。"贝克莱悖论"集中于微积分的无穷小分析这一问题，贝克莱证明了无穷小量在实际应用中，既是0，又不是0。这本来是正确的思想，由于它与形式逻辑发生矛盾，导致了数学史上的第二次危机。"罗素悖论"是著名的"集合悖论"，即任何一个集合都可以通过谓词"不属于自身"构成一个新的集合，这一集合本身由所有不属于自身的集合构成，但任何集合又可看作是属于自身的集合。因此，由某集合"属于自身"，可以得到某集合"不属于自身"，由某集合"不属于自身"又可推出某集合"属于自身"。这样，对"某集合是否属于自身"的问题可以得到两个等价的互相对立的结论。

显然，"贝克莱悖论"、"罗素悖论"已经不同于"毕达哥拉斯悖论"。对于"毕达哥拉斯悖论"，只须说明前提是假的就解决了问题。但我们不能从前提、逻辑推理等角度去揭露"罗素悖论"，因为其前提、逻辑推理不存在错误，所以，这一"悖论"在逻辑上是合理的。换言之，"悖论"的前提、推论、逻辑过程全然没有问题，但结论却是互相对立的、矛盾的，并且等价为真。

"合理的背理"、"符合逻辑的悖论"也就等于"正确的错误"。所以，"罗素悖论"如同山崩海啸一样，引起了各方面的连续反应，引出了"福蒂悖论"、"康托尔悖论"、"理查德悖论"、"培里悖论"、"格里林悖论"，出现了"悖论群"、"悖论网"、"悖论系列"，从而猛烈地冲击着知性思维的原有框架，引起了数学家们的惶惶不安。大数学家希尔伯特由此认为："必须承认，在这些悖论面前，我们目前所处的情况是不可能长期忍受下去的。人们试想：在数学这个号称可靠性和真理性的模范里，每一个人所学的、教的和应用的那些概念结构和推理方法竟会导致不合理的结果。如果甚至连数学思考也失灵的话，那么应该在哪里去寻找可靠性和真理性呢？"

其实，问题并不复杂。复杂的是希尔伯特这些伟大的数学家所固守的无矛盾性、纯客观"可靠性"、"真理性"的观念，而只要坚守无矛盾思维就必然引起更深刻的矛盾，引起思维的苦恼和震惊。实际上，只要放弃"无矛盾性"，承认"矛盾"、"悖论"也就成为认识中的一种正常现象了。"悖论"是对无矛盾思维的"背理"，因为"无矛盾"本身是一个"背理"，只要沿着"无矛盾"前进，无论从哪一条线、哪一个角度，都毫无例外地会出现"悖论"。黑格尔早就提出，有多少概念发生，就可以提出多少"二律背反"。

在我看来，应该震惊的不是"悖论"和"悖论的合理性"，应该震惊的是对"悖论的合理性"的"震惊"。我们应该接受这样一个事实，即"悖论"是合理的，"矛盾"是无法排除的。在"悖论"面前，科学家们申诉着自己学科的"可靠性"和"真理性"，其实，对这种"可靠性"和"真理性"的理解也只是相应于他们所处的历史条件。每一历史时代总是有局限性的，绝对的"可靠性"和"真理性"，永恒不变的"确定性"，本身是不存在的。

从根本上说，"悖论"的实质是世界的无限性与认识的有限性、事物的多样性与思维方法的直线性矛盾的体现。列宁指出："如果不把不间断的东西割断，不使活生生的东西简单化、粗陋化，不加以划分，不使之僵化，那么我们就不能想象、表达、测量、描述运动。思想对运动的描述，总是粗陋化、僵化。不仅思想是这样，而且感觉也是这样；不仅对运动是这样，而且对任何概念也都是这样。""悖论"的产生正是导源于思维如何想象、表达、测量、描述"实在"，思维总是包含着僵化、简单化、直线化的因素。

实际上，"悖论"产生的原因并不在于思维的不严格性，相反，正是由于思维本身要求太严格、太规范化了。"悖论"是人类思维中不可避免的东西。现代科学思维的发展扭转了人类对无矛盾性思维的偏好，扭转了把"悖论"等同于"错误"的历史观念，从而承认了"悖论"存在的合理性。如果说历史上的思维是以排除"悖论"、追求无矛盾性为自己的特点，那么，随着对"悖论"合理性的承认，现代知性思维则自觉地承认矛盾，承认"悖论"的合理性，并把辩证矛盾作为自己思维的起点。

科学把握矛盾分析方法

　　中国已经进入社会矛盾凸显期，如何看待矛盾，如何处理矛盾，由此成为一个至关重要问题。从根本上说，人们的认识活动和实践活动就是认识矛盾和解决矛盾的活动。黑格尔断言："认识矛盾并且认识对象的这种矛盾特性就是哲学思考的本质"。列宁认为，"统一物之分为两个部分以及对它的矛盾着的部分的认识……是辩证法的实质"。毛泽东指出，辩证法"主要地就是教导人们要善于去观察和分析各种事物的矛盾的运动，并根据这种分析，指出解决矛盾的方法"（毛泽东语）。因此，学习辩证法就是要科学地把握矛盾分析方法，并把它运用到日常生活和实际工作中。

　　要科学地把握矛盾分析法，就要把握矛盾的同一性与斗争性的关系。所谓矛盾，就是事物内部或事物之间对立与统一的关系。"一阴一阳之谓道"、"一阖一辟谓之变"，说的就是对立面的统一。矛盾的同一性即统一性是指对立面之间相互依存、相互转化。矛盾的斗争性是指对立面之间相互排斥、相互否定。同一是包含着差别和对立的具体的同一，矛盾的同一性不可能脱离斗争性而存在；斗争是统一体内部的斗争，矛盾的斗争性不可能脱离同一性而存在；同一是对立中的同一，对立是同一中的对立。同一性与斗争性是矛盾的两个基本属性。

在矛盾问题上，我们应当注意常识与辩证法智慧的区别。知道树叶有正面有反面，物理学中有阴电有阳电，化学中有化合有分解，生活中有成功有失败，这是常识；可由此知道"凡物莫不有对"，从中引出对立统一规律，提出矛盾概念，创立矛盾学说，并善于运用矛盾分析法，则是辩证法的智慧。辩证思维方法之所以比形而上学思维方法高出一筹，从根本上说，就在于辩证法在对立的东西中发现同一关系，在同一的东西中发现对立关系，善于从矛盾双方的对立中把握它们的同一，同时从矛盾双方的同一中把握它们的对立。

矛盾的同一性与斗争性相互作用推动着一切事物的运动变化发展。其中，矛盾双方的相互依存是事物得以存在的前提，矛盾双方的相互贯通规定着事物发展的趋势；矛盾双方的相互排斥造成双方力量发展的不平衡性，矛盾双方的相互否定直接推动着事物的转变。当事物内部的矛盾双方沿着各自的方向发展到极限时，只有通过斗争才能突破这个极限，从而使旧的矛盾统一体分解，新的矛盾统一体产生，一事物变成他事物。一切发展都是矛盾运动的"杰作"，都是矛盾的同一性与斗争性相互作用的结果。事物运动变化发展的秘密，就在矛盾同一性与斗争性的相互作用中。

要科学地把握矛盾分析法，就要把握内部矛盾与外部矛盾的关系。矛盾推动事物的发展，但内部矛盾与外部矛盾在事物发展中的作用是不同的。事物发展的根本动力不是外部矛盾，而是内部矛盾；事物发展的根本原因不是外因，而是内因。内部矛盾是事物发展的源泉，规定着事物的本质，决定着事物的发展方向，事物的运动、变化、发展本质上是自我运动、自我变化、自我发展。但是，我们不能由此忽视、否定外部矛盾的作用。如果说内部矛盾即内因是事物运动变化发展的根据，那么，外部矛盾即外因就是事物运动变化发展的条件。外部矛盾影响事物的存在状况，制约事物的发展进程，外因通过加强或削弱内因的某些方面、某些因素、某些关系，改变事物的存在状况，加快或延缓事物的发展进程。利用外部有利条件、吸收外部有利因素能够使内部发展获得一种"爆发力"，从而实现"跨越式"发展。

理解了内部矛盾与外部矛盾的辩证关系，就要善于"抓住时机，发展自己"（邓小平语）。内因的发展离不开外因，但外因又有时效性，这就是说，外因总是在一定条件下产生，在一定条件下存在，并在一定条件下消逝，具有不可逆性，离开了特定的时间、地点和条件就没有特定的外因。"机不可失，时不再来。"内因要发展自己，就必须主动、及时地抓住外因，即"抓住时机，发展自己"。同时，要"抓住时机，发展自己"，内因必须进行自我改革，形成新的合理的社会结构，能够吸收、消化外部因素，并使外部因素与内部因素有机结合、融为一体，从而增强内部发展力。一位哲人说过：机会永远钟情于有着特殊准备的民族。的确如此，中国要"抓住时机，发展自己"，就必须有特殊的内部准备，即形成能够适应外部开放的内部结构。对外开放能否真正推动或者说在多大程度上推动中国发展进程，还要取决于对内改革以及由此形成的内部结构，取决于这种内部结构能否吸收、消化、融合，或者在多大程度上吸收、消化、融合对外开放所获得的先进的科学技术、经营方式、管理方式和文明成果。由此，我们就更加理解邓小平的名言了："中国要得到发展，必须坚持对外开放、对内改革。"

实际上，民族、国家是这样，单位、个人也是如此。我们每个人要发展自己，必须处理好内因与外因的关系，完善自身内部，抓住外部时机，改变自己的命运。我们不应相信"命"，但要相信"运"。运决定于一个人遇人、遇时带来的机遇，人们常常称之为"走运"。从根本上说，运取决于时，取决于时代提供的条件，运是时运。时代变化、条件变化，人的命运就会变化。但是，处在同一个时代、同一种条件下，每个人并非都能"交好运"，因为运要靠每个人自己把握。一个人的运气实际上是对时机的主体把握。被抓住的时机就是机遇，好的机遇就是好的运气。人的一生会碰到许多时机，可时机不等于机遇，不等于好运，因为时机可以被轻轻放过，也可以被紧紧抓住，被抓住的时机就是机遇。我们要科学地把握内部矛盾与外部矛盾，也就是内因与外因的关系，不断地改善自己的知识结构，转变自己的价值观念，提高自己的判断能力，从而"抓住时机，发展自己"。

要科学地把握矛盾分析法，还要把握矛盾的普遍性与特殊性、共性与个性的关系。矛盾存在于一切事物的发展过程中，处处有矛盾；每一事物的发展过程中存在着自始至终的矛盾运动，时时有矛盾。矛盾是普遍存在的。差异、对立、冲突不过是矛盾在其发展过程中所表现出来的不同形式。建设社会主义和谐社会并不是否认或消除社会矛盾，而是要正确认识和处理社会矛盾。建设社会主义和谐社会是一个不断化解矛盾，实现人与自然和谐共生、人与人和谐相处的过程。我们应当明白，和谐是矛盾运动中的和谐，其实质是"和而不同"。相反，"同则不继"，单一的、完全同质化的事物是难以延续和发展的。

问题在于，每一事物及其不同发展阶段的矛盾又各不相同，具有自己的特殊性。"百里不同风，千里不同俗。"每一事物的矛盾特殊性构成一事物区别于他事物的特殊本质。认识矛盾的特殊性是认识事物的基础。不研究事物矛盾的特殊性，就无从确定事物的特殊本质，无从发现事物变化的特殊原因，无从把握事物发展的特殊规律，也就无法正确地认识事物、合理地改造事物。认识事物，最主要的是认识事物的特殊性；研究问题，最主要的是研究问题的特殊性；结合实际，最主要的是结合实际的特殊性。不同的矛盾只有用不同的方法才能解决，矛盾的特殊性决定了矛盾解决方法的特殊性。有的矛盾可采取一方"克服"另一方的形式来解决，有的矛盾可通过对立面的"融合"的形式来解决，有的矛盾可通过双方"同归于尽"的形式来解决，有的矛盾则需要创造某种新的形式，使矛盾能在其中良性运行得以解决。"用不同的方法去解决不同的矛盾，这是马克思列宁主义者必须严格地遵守的一个原则"（毛泽东语）。

问题还在于，每一事物中的矛盾及其不同方面的地位也具有特殊性。事物往往是由多种矛盾构成的矛盾总体。其中，有一种矛盾规定着其他矛盾的存在和发展，这就是主要矛盾，处于被规定的矛盾就是次要矛盾。不仅如此，在每一对矛盾中，有一方处于支配地位、起着主导作用，这是矛盾的主要方面，处于被支配的一方则是矛盾的次要方面。事物的性质是由主要矛盾的主要方面所规定的。主要矛盾对次要矛盾、矛盾的主要方面对次要方面起着支配作用，次要矛盾、矛盾的次要方面又会影响和制约主要矛盾、矛盾的主要方面。主要矛盾与次要矛盾、矛盾主要方面与次要方面处在相互作用之中，这种相互作用在一定条件下会引起双方地位的相互转化。

把主要矛盾与次要矛盾、主要矛盾方面与次要矛盾方面的辩证法运用到日常生活和实际工作中，就是要坚持"两点论"和"重点论"的统一。"两点论"是指在分析事物的矛盾时，不仅要看到矛盾双方的对立，而且要看到矛盾双方的统一；不仅要看到矛盾体系中存在着主要矛盾、矛盾的主要方面，而且要看到次要矛盾、矛盾的次要方面。"重点论"是指要着重把握主要矛盾、矛盾的主要方面，并以此作为解决问题的出发点。"捉住了这个主要矛盾，一切问题就迎刃而解了（毛泽东语）"。"两点论"是有重点的，"重点论"是以承认非重点为前提的。"抓好典型，照顾一般"、"统筹兼顾，适当安排"等等，体现的就是"两点论"和"重点论"的结合。

矛盾的普遍性与矛盾的特殊性的关系，就是矛盾的共性与个性的关系。矛盾的共性与个性关系的道理是矛盾问题的精髓，是建设中国特色社会主义的哲学基础。中国特色社会主义是社会主义而不是其他什么主义，因而必须具有社会主义的共性；同时，中国特色社会主义又是立足中国实际、适应中国发展的社会主义，因而又具有鲜明的个性，具有鲜明的实践特色、理论特色、民族特色和时代特色。

科学地把握矛盾分析方法，根本的一点是要具体问题具体分析。具体问题具体分析是把矛盾的同一性与斗争性、内部性与外部性、共性与个性的辩证法运用于实际活动中的生动体现，是马克思主义的"活的灵魂"（列宁语）。"具体之所以具体，因为它是许多规定的综合，因而是多样性的统一。"（马克思语）因此，具体分析就是要看到具体事物是"许多规定的综合"和"多样性的统一"，分析具体事物的许多规定和多样性，并从中认识共性、统一性，把握个性、特殊性。具体分析既要分析具体事物的共性的一面，更重要的，是要分析具体事物的个性的一面。分析事物的共性，有助于把一事物与他事物相联系，把握同类事物的本质；分析事物的个性，有助于把一事物与他事物相区别，把握每一事物的特质。只分析共性，不分析个性，势必导致教条主义；只分析个性，不分析共性，容易滑向经验主义。把握"许多规定的综合"与"多样性的统一"，分析共性与分析个性的有机结合，使我们能够实现对具体事物的规律性和全局性把握。"不谋万世者，不足以谋一时；不谋全局者，不足以谋一域。"

坚持具体问题具体分析，就要一切以时间、地点、条件为转移。时间、地点、条件构成具体问题的诸方面，具体分析就是要从具体的时间、地点和条件出发去认识事物。世界上不存在完全相同、绝对不变的事物，随着条件的变化，事物总会呈现出新的特点。看似相同的矛盾，出现在不同的条件下，解决的方法也不相同；看似有效的方法，置于不同的环境中，不一定能发挥同等的效用；看似已经解决了的矛盾，在变换了的时空中，有可能"复活"再现。社会领域的矛盾和问题，既可能是新的矛盾和问题，也可能是重复出现的老的矛盾和问题。但是，这种重复往往是形式上的重复，内容上则是新的，因而解决问题的方法是不可重复的。比如，"公平与效率"的矛盾，总是不断地解决又不断地以新的形式"复活"，不断地"复活"就必须不断地采取新的办法来解决。"时间不同了，条件不同了，对象不同了，因此解决问题的方法也不同"（邓小平语）。

"橘生于淮南则为橘，生于淮北则为枳。"在日常生活和实际工作中，我们想问题、做决策、办事情，必须一切以时间、地点、条件为转移，坚持"入山问樵、入水问渔"，坚持具体问题具体分析。用抽象的原则代替对事物的具体分析，是日常生活和实际工作中"一个最主要最危险的错误"（列宁语）。

历史必然性的重复性与历史事件的不可重复性

人们一般都承认自然必然性，因为人们在自然界中往往看到的是事物的重复性：日月运行、春去秋来、花开花落、生生死死……然而，对历史必然性的探讨，却引起了旷日持久的争论，成为各派历史哲学斗争的焦点。这是因为，人们在历史中往往看到的是事物的单一性：历史事件是独一无二的，历史人物也是独一无二的，法国大革命、美国独立战争、中国辛亥革命……罗伯斯比尔、林肯、孙中山……然而，就在这种不可重复的单一性后面存在着可重复的历史必然性或规律性。戊戌变法是"一"，但改良、改革作为社会现象在古今中外并不罕见；法国大革命是"一"，但资产阶级革命作为社会现象在近、现代历史上却重复出现；作为历史人物，罗伯斯比尔、林肯、孙中山是"一"，但作为历史现象，时势造英雄却不断重演……

这表明，要把历史事件、历史现象、历史

必然性三个概念加以区分。历史事件是"一"，历史现象可以是"多"，在这"多"的背后隐藏着的，是只要具备一定条件就会重复起作用的历史必然性。

真正开始探讨历史必然性的，是意大利思想家、"历史哲学之父"维科。在历史哲学的开山之作——《关于民族共同性的新科学原理》中，维科把人类历史的中心从神移向人本身，并确认了历史必然性的存在，即各民族的发展都必然经历神权、英雄和人权三个阶段。然而，维科在提出"人类创造历史"的同时，又提出"上帝创造自然"。这就以一种新的形式制造了自然与历史对立的神话，并开启了人文主义与科学主义对立的先河。

黑格尔把维科之后的历史必然性观念系统化了，但同时也神秘化了。在黑格尔看来，历史必然性是"绝对理性"在时间中的展开，体现为"自由意识的进展"，这是一个从东方到西方，从古希腊到日耳曼的不可逆的过程；历史必然性有"自己的绝对的最后目的"，因而是在历时性的单线过程中表现其决定作用的，它君临一个民族的机会只有一次，在它的轨迹之外或在已经经历过它的一定阶段的民族那里就没有历史了，因此，历史必然性只有历时性、单线性的特征，而不具备重复性、常规性的特征；绝对理性和人的活动"交织成为世界历史的经纬线"，但历史必然性是先于历史而预成的"绝对计划"，人只是实现这种计划的"活的工具"。黑格尔只是在形式上肯定了人的能动性，由于他把人仅仅看作是实现历史必然性的工具，因而在实际上彻底剥夺了历史的属人性质。

马克思首先把历史必然性归结于物质实践过程，认为历史必然性不仅实现于人的活动之中，而且形成于人的活动之中。按照马克思的观点，实践内在地包含着三种转换，即人与自然之间的物质变换、人与人之间的活动互换，以及物质与观念的转换。前一种转换是人的活动和自然运动共同具有的，后两种转换则仅仅为人的实践活动所具有，而且作为规律决定着人的活动的方式和方法。实践活动包括物质变换，表明人的活动也必须遵循物质运动的共同规律；其特殊的人与人活动的互换以及物质与观念的转换又体现出新的、为其他自然物体所不具有的特殊运动规律，这就体现主体活动的特点，包括物质运动在内的人的实践活动规律。

社会生活在本质上是实践的，历史是人的实践活动在时间中的展开，人的实践活动的规律实际上就是历史规律，即历史必然性。所以，恩格斯认为，历史规律就是"人们自己的社会行动的规律"。这表明，人既是历史的"剧中人"，又是历史的"剧作者"（马克思语）。

历史规律形成并实现于人的活动之中，但我们又不能把人的活动和历史规律等同起来。人的活动可以符合规律，也可能违背规律。历史规律是人们实践活动和社会要素间的本质关系，一旦形成便具有相对独立性，不仅不以任何人的意志为转移，反而反过来制约着人的活动，并决定着历史运行的大概趋势。这里，关键要把历史规律形成和实现机制同规律的载体和内容区分开来。譬如，商品是价值规律的载体，只要存在商品生产就会产生价值规律；商品又是人生产出来的，是人的劳动的对象化，但我们不能说价值规律是人创造出来的，因为同价值规律直接联系的不是人本身，而是客体——商品。

历史必然性同样具有重复性、常规性，即只要具备一定的条件，某种历史必然性会反复发生作用，成为一种常规现象。但是，我们应当明白，历史必然性或规律的重复性不等于历史事件的重复性。历史事件的产生是必然性和偶然性共同作用的结果。正是其中的偶然性使历史事件各具特色，不可重复；规律或必然性重复的只是同类历史现象中的共同的本质的东西，不是也不可能是重复其中的偶然因素；偶然性又是必然性的实现方式，历史必然性的重复性因此在一个个不可重复的历史事件中体现出来。1640 年的英国革命、1789 年法国大革命、1911 年的中国辛亥革命……这一个个不可重复的历史事件的出现，体现的不正是资产阶级革命的历史必然性吗？孙中山、毛泽东、邓小平……这一个个不可重复的历史人物的出现，体现的不正是时势造英雄的历史必然性吗？现代西方历史哲学用历史事件的不可重复性来否定历史必然性，恰恰说明它们不理解可重复的历史必然性和不可重复的历史事件之间的内在联系。

实际上，任何事件，包括自然事件都是必然性与偶然性共同作用的结果，因而在严格的意义上说，自然事件也是不可重复的。然而，自然必然性不也是在一个个不可重复的自然事件中体现出来的吗？历史必然性隐藏在历史事件单一性的后面；自然现象的差异性则深藏在相似性的后面，当年莱布尼茨在德国皇家花园给宫女们讲哲学课，首先讲的就是，没有两片绝对一样的树叶，这讲的不正是自然现象的差异性吗？在观察自然时，应该从相似中看到相异；在研究历史中，应从相异中看到相同，从单一性中透视出重复性、常规性，从而把握历史的必然性。这样，我们才能走向历史的深处。

社会发展中的自然形态与派生形态

在社会形态更替过程中，存在着自然形态和派生形态两种基本情况。当各个民族或国家处于封闭状态时，每一个民族的发展都要重复"同一的历史必然性"，社会发展的模式以自然形态为主；当民族之间的交往步入区域性、世界性之后，社会发展中的派生形态开始出现，并逐渐成为社会发展中的普遍现象或常规现象。

所谓自然形态，是指外部因素、外部关系对该民族或国家的发展影响极小，可以忽略不计，发展主要是由本民族或国家的内部因素、内部关系决定的。按照现代社会发展理论，自然形态属于内源发展。古代文明圈，即中国、印度、希腊、埃及等文明的发展几乎都是内源发展。中国封建社会和西欧资本主义社会的发展也属于内源发展。这些发展基本上是在各个民族或国家彼此隔离、互不干扰的情况下完成的。从总体上看，在资产阶级开创世界历史之前，自然形态是社会发展中的主导类型。

自然形态占主导地位的前提是，环境是孤立封闭的。按照马克思的观点，自然形态是该社会的各种要素和关系"自然发生"的过程，这一发展过程的各个阶段则是该社会"自然的发展阶段"。马克思十分重视对社会要素、社会关系"自然发生"的分析，并认为，"人的依赖关系（起初完全是自然发生的），是最初的社会形态"，而远古时期的人则是"原始的、通过自然发生的途径产生的人们"。

即使是自然形态，也有其典型形态，如亚细亚或东方社会的典型，西欧资本主义制度的典型，等等。中国封建社会是东方社会的典型，用马克思的话来说就是，中国是东方社会的"活的化石"，体现着"一切东方运动的共同特征"。资本主义的发生有三条道路，即从原始公有制的"崩溃"中产生，从奴隶制的"解体"中产生，从封建制度的"衰亡"中产生（马克思语），其中，从封建制度的衰亡中产生是资本主义制度自然发生的典型。不仅如此，资本主义的不同方面也有各自的典型。马克思就认为，英国是资本主义经济发展的典型，法国则是资本主义政治发展的典型。

当交往超出了毗邻地区而成为各民族日常生活、行为中不可或缺的因素时，社会发展便产生了"派生形态"。在考察社会发展时，马克思提出一个极其重要的思想，这就是"第二级的和第三级的东西，总之，派生的、转移来的、非原生的生产关系。国际关系在这里的影响。"

按照马克思的观点，那些自然发生的社会关系是原生的关系，即第一级的关系，而派生的、转移来的关系、非原生的生产关系则是第二级、第三级的关系，由"原生的生产关系"向"非原生的生产关系"的运动，是由民族、国家之间的交往所造成的。在民族之间交往的过程中，由于国际关系的影响，"原生的生产关系"发生向"第二级、第三级的关系"转化。在这个过程中，由于原生形态的不同而使派生形态产生较大的差异。

在我看来，这种转化有三种基本形式：一是处于较高社会发展阶段的征服者带给处于较低发展阶段的被征服者的，如英国征服印度后"带去"了资本主义因素；二是处于较低社会阶段的征服者征服处于较高社会发展阶段的被征服者之后重新建构的，如日耳曼人征服罗马帝国后建立起封建制度；三是征服者与被征服者处于同一社会形态的不同发展阶段，如诺曼人征服英格兰后将封建关系"导入"英国。

这三种情况对社会发展都有不同的影响。譬如，"导入英国的封建主义，按其形式来说，要比在法兰西自然形成的封建主义较为完备"（马克思语）。这是因为，"这种交往形式在自己的祖国还受到以前时代遗留下来的利益和关系的牵累，而它在这些地方就能够而且应当充分地和不受阻碍地确立起来，尽管这是为了保证征服者有持久的政权（英格兰和那不勒斯在被诺曼人征服之后，获得了最完善的封建组织形式）。"（马克思语）再如，也有大量的"古老文明被蛮族破坏，以及与此相联系重新开始形成一种新的社会结构（罗马和蛮人，封建制度和高卢人，东罗马帝国和土耳其人）"（马克思语）。这些都构成了社会发展中的派生形态，即"导入的和带去的派生形式"（马克思语）。

资本主义生产方式的兴起开辟了世界交往的新时代。在世界交往的时代，各个民族、国家都自觉或不自觉地加入到交往序列之中，形成了交往主体的全面性，形成了"全面的生产"、"全面的依存关系"和"世界历史性的共同活动形式"。

随着交往成为世界交往，历史转变为"世界历史"，社会发展的特点发生了根本性变化，即社会发展中的派生形态成为一种普遍现象或常规现象。

在世界历史形成之前，社会发展也出现过派生形态，如日耳曼民族通过"战争交往"征服罗马帝国之后，越过奴隶社会，从原始社会直接走向封建社会。然而，这在世界历史形成之前毕竟是一种特殊现象。世界历史形成之后，奴隶社会、封建社会以及后来的资本主义社会在不同的时期、不同的地区都被不同的民族超越过，因而派生形态成为普遍存在的历史现象，具有重复性，是社会发展的常规现象。

人是生命冲动与精神活动的统一体

　　人是同维持生命相关联的自然存在物，在人之中必然存在着"生命欲望或冲动"。这种生命冲动具有二重性：一方面，它是一种向外的原始运动，是人的"内部状态的外部表现"；另一方面，它又是一种具有自我限制的有限的冲动。总之，生命欲望"自我运动、自我形成、自我区别"，是一种"自在和自为的存在"（舍勒语）。现代哲学人类学的开创者舍勒自觉地意识到这一点，他首先从自然领域，然后从精神领域考察了人，从而确立了人的生命和精神双重本质结构，或者说确立了以生命冲动和精神活动为特征的完整的人。

　　按照舍勒的观点，生命冲动本身具有强大的自我活动的能力，当人在生命冲动驱使下活动时，他是一种自我推动、自我实现的活生生的力量。然而，生命冲动处在实在领域，是人与动物共同具有的现象，当人在生命冲动驱使下活动时，他仅仅是"自然的人"，而"作为自然的人是一个动物"（舍勒语）。

人不仅是一种自然存在物，而且是一种精神存在物。舍勒认为，精神本身既不是无机界的事物，也不是有机界的事物，而是一种"纯粹的活动性"。然而，人通过精神活动能使现实"非现实化"，即使环境对象化，从而为自己创造出一个特殊的世界；同时，人通过精神活动"使自己本身的生理和心理状态以及任何单独的感受也成为自己的对象"，即对象化自身的生理和心理状态。这种双重的对象化活动使人超越自身的自然存在，意识到自己不是作为人"类"，而是作为个人而存在，从而形成"个人的本质"。正是在这个意义上，舍勒认为，精神才是人的基本的、决定性的属性，"人能与其他存在物相区分的只能是精神"。但是精神仅是一种意向性活动和动态性倾向，它"接受对象"，本身却"不构成对象"。纯粹的精神软弱无力，而且一个存在物越是精神化越是无力。

因此，无论是把人归结为生命冲动，还是归结为精神活动，都是一种"未完成的描述"，都不能揭示人的完整本质或完整的人。完整的人必然兼生命冲动和精神活动于一身，人既是生命冲动的体现，又是精神活动的场所，是二者之间的张力和中介。舍勒因此认为，必须从生命和精神之间的相互补充、相互转化的过程中去描述人的完整本质。

按照舍勒的观点，生命作为盲目的冲动内在地需要精神的引导，而精神恰恰具有自己的"有序的活动结构"，能够协调人的各种欲望和需要，引导生命摆脱有限的困境，使其丰富的样式成为现实；同时，精神作为一种"纯粹的活动"，需要实在的内容去充实，作为一种动态的趋向性内在地需要从生命冲动中吸取原始的动力，从而实现自身最终的完美和永恒的价值。这是一个"生命精神化"和"精神生命化"的双向运动过程，正是这个双重过程形成人的生命冲动与精神活动双重结构的本质。这种双重结构使人打破了动物与环境之间的封闭性的关系，成为"一个能够向世界无限开放的 X"（舍勒语）。

舍勒关于人的本质的学说具有突出的双重品格。

　　从"生命精神化"和"精神生命化"的双向运动中考察人的本质，具有合理性。现实的人必然同时兼生命冲动和精神活动于一身，是二者的统一体。马克思认为，"全部人类历史的第一个前提无疑是有生命的个人的存在"，这个有生命的存在同时又是有意识的存在。从这个意义上说，人的本质的确是生命和精神的双重结构。舍勒从人的自我创造的动态过程中考察人的本质，认为人是"自在和自为的存在"，人的本质是一个动态发展的开放体系，说明舍勒坚决反对将人的本质凝固化。在我看来，这种自觉地、有意识地从"人的存在本身"，以人的自我创造和自我发展的眼光看待人的本质的观点，正是舍勒高明之处。

　　但是，我注意到，舍勒把精神归入"高级的东西"，把生命归入"低级的东西"，认为精神是耸立在生命之上，同时又不依赖于生命的自我意识领域，表现出一种二元论倾向，存在着双重的缺陷：

　　一是不理解"高级的东西"与"低级的东西"的辩证关系。在高度组织的系统中，高级的东西担当协调和控制的功能，然而，高级的东西只能在低级的东西的基础上产生，并以低级东西作为自己的支柱和执行功能。

　　二是不理解精神与社会的辩证关系。在舍勒看来，精神的内容因有语言而变成了个人的财富，而"语言来源于上帝，是第一性的现象，这是思维的前提，同时也是整个认识，即潜在历史的主要手段"。语言在精神活动中的确具有重要作用，因为精神是与语言交织在一起的，二者具有同样长久的历史。但是，语言不是第一性的现象，更不是上帝的产物。语言和意识一样，只是由于人与人交往的迫切需要才产生的。"语言是一种实践的、既为别人存在因而也为我自己存在的、现实的意识。"（马克思语）因此，人的意识或精神是一种"社会的产物"，"而且只要人们还存在着，它就仍然是这种产物"（马克思语）。正因为精神是社会的产物，所以，它才能作为社会的要素起作用。

从根本上说，舍勒的理论失误并不在于他从生命冲动与精神活动的双向运动中寻求人的本质，而是在于他没有找到生命冲动与精神活动相互对流的真正中介，忽视了社会实践对人的本质的决定性作用。因此，舍勒所描绘的人的完整本质缺乏现实的基础。尽管他从完整的人出发，达到的却是片面的人。现代著名哲学家鲍勒诺夫正确指出："带有全部丰富性的历史世界一点也没有进入这些哲学人类学所建立的人的形象中。……这里只是在人的本质特征和属性的森林中砍出一条小道。虽然建立了一些特定人的形象，但他们都是片面的，只是一些被扭曲的画面，因而也就没有确定地达到的整体的定义。"

人的本质与人的本性

人的本质不是单个人天生就具有的东西，也不是从所有个人身上抽象出来的共同性。现实的人总是处在特定的社会关系中。社会关系使"有生命的个人"成为"现实的个人"，并具有独特的社会品质。"人的本质……在其现实性上，是一切社会关系的总和"（马克思语）。

现实的人及其特征，都是在后天与他人交往中形成的，是由他生活其中的社会关系决定的。马克思指出："黑人就是黑人。只有在一定的关系下，他才成为奴隶。纺纱机是纺棉花的机器，只有在一定的关系下，它才成为资本。脱离了这种关系，它也就不是资本了，就像黄金本身并不是货币，砂糖并不是砂糖的价格一样。"这就是说，使黑人成为奴隶的不是所谓的黑人的"本性"，而是黑人生活其中的特定的社会关系。真正决定现实的人及其特征的，是他所依存的社会关系的状况。一个人"成为奴隶或成为公民，这是社会的规定，是人和人或 A 和 B 的关系。A 作为人并不是奴隶。他在社会里并通过社会才成为奴隶"（马克思语）。要真正认识人的本质，就必须深入到社会关系之中。

社会关系是多方面的，有经济关系、政治关系、思想关系、血缘关系、地缘关系、业缘关系，等等。这些关系不是简单地堆积、拼凑在一起，而是相互联系、相互影响形成一个整体，以"总和"的形式存在着并发挥作用。其中，经济关系即生产关系是决定其他一切社会关系的基本关系，在社会关系的总和中起着支配作用。因此，人们在生产关系中所获得的规定性构成人的根本规定性。在分析资本家和工人的关系时，马克思指出："资本家和雇佣工人，本身不过是资本和雇佣劳动的体现者、人格化，是由社会生产过程加在个人身上的一定的社会性质，是这些一定的社会生产关系的产物。""不管个人在主观上怎样超脱各种关系，他在社会意义上总是这些关系的产物。"

人的本质是随着社会关系的变化而变化的。由于人们在不同的历史条件下所依存的社会关系不同，因而便具有不同的本质，具有特殊的性质。从奴隶主到封建主再到资本家，从奴隶到农民再到工人阶级，人的"本性"在不断变化，而造成这种变化的根本原因，就是社会关系处在不断变化中。由"社会关系的总和"所决定的人的本质不是凝固不变的抽象物，而是随着社会关系的变化而变化，具有历史性。

人的本质与人的本性是两个既有联系又有区别的概念。人的本质是使人成为人的根据，人的本性是指人生而俱有的属性。马之所以是马，是因为它具有马的本性；某一具体的马之所以是良马，是因为马的本性在它身上表现得最集中、最充分。这种使马成为马的特性，是马这个种所具有的类本性。类本性是一种自然性，它不是在个体之外存在的东西，而是个体本身所固有的自然本性。所以，生物中种的关系是个体与类的关系。

人也具有这种类似的个体与类的关系。如果一个人不具有人所共有的类特性，当然不是人。人要成为人，从种的角度看，首先要具有人所共有的东西。但是，构成人的本质的东西不是生物学上的类，而是社会关系。人的本质是在社会生活中形成的社会本质，即使类本性，也会受到社会关系的再铸造而发生变化。人的自然本性取决于人的肉体组织，但它的实现方式受到社会关系的制约。饮食男女是人的自然本性，可"朱门酒肉臭，路有冻死骨"却是一种社会现象，而"梁山伯与祝英台"、"罗密欧与朱莉叶"式的爱情悲剧体现的就是一种特定的社会关系。

我们说某人或某社会共同体没有人性时，实际上不是指其丧失了人的自然本性，而是指其违反了特定的社会所公认的做人的准则。我们可以说动物的本性在动物自身，但我们不能说人的本质在人自身。我们不能用人的类来说明人的本质，我们只有把人放在社会关系中才能理解人的本质。正因为如此，马克思提出了人的"两种特质"，即人的肉体特质（私人特质）和社会特质的问题，并认为人的本质不是人的"抽象的肉体的本性，而是人的社会特质"，"应该按照他们的社会特质，而不应该按照他们的私人特质来考察他们"。

现实的人都表现为个体，离开了个体，人必然是一个不可捉摸的抽象存在。但是，任何现实的个人都处在一定的社会关系中，是属于一定社会形态的个人。在阶级社会中，个人——集团（阶级）——社会是统一的，个人属于一定的集团（阶级），而各个集团（阶级）构成特定的社会。所以，人类社会的关系是个人——集团——社会，而不是个体——亚种——类。

我们应当明白，社会和类是两个不同的概念。"类"强调的是个体的自然同一性，"类的保持是由于自然的理由，类无非就是借交配而繁殖蕃衍的个体的总和"（费尔巴哈语）；"社会"关注的则是个人之间的全部关系，全部社会关系的总和就是社会。"生产关系总和起来就构成为所谓社会关系，构成为所谓社会，并且是构成为一个处于一定历史发展阶段上的社会，具有独特的特征的社会。"（马克思语）从类的观点来考察人，看到的只是抽象的同一性，差异只是性别、肤色、年龄等；从社会的角度来考察人，看到的是人的社会属性、阶级差别，如奴隶主与奴隶、地主与农民、资本家与工人。

马克思关于人的本质有两个基本命题，即人的本质是劳动和人的本质是社会关系。在我看来，这两个命题并非相互否定，相反，二者是相互补充的。

"人的本质是劳动"有待于深化为"人的本质是社会关系"。不同的历史阶段有不同的劳动方式，而劳动方式之所以不同，一个重要原因，就是受社会关系尤其是生产关系的制约。劳动是在社会关系中进行的，要具体说明人的本质是劳动，就必须从劳动上升到社会关系。

"人的本质是社会关系"是以"人的本质是劳动"为前提的。人只有通过劳动才能成为现实的人，而在劳动中的人必然结成一定的社会关系。"以一定的方式进行生产活动的一定的个人，发生一定的社会关系和政治关系"（马克思语）。这种社会关系反过来决定着人的社会特质。所以，马克思强调，人的本质，"在其现实性上"，是一切社会关系的总和。

劳动不是存在于社会关系之外，社会关系也不是形成于劳动之外。劳动和社会关系从不同角度、不同层次展示了人的本质。"人的本质是劳动"，强调的是人与动物的区别，"一当人开始生产自己的生活资料的时候……人本身就开始把自己和动物区别开来"；"人的本质是社会关系的总和"，强调的是人与人的区别，"社会人的一定性质，即他所生活的那个社会的一定性质"。

人的个性化与社会化

心理学通常把个性理解为个人独有的心理特征，包括个人的意识倾向、稳定而独立的心理特征。哲学的个性概念与心理学的个性概念具有相同之处，都是指相对于共性而言的个人的独特性。但是，二者又有差异。哲学视野中的个性，是指个人在内在本质及外部存在方面的特异性，包括个人的唯一性、独特性等内容。

个人的独特性表现为个人是特殊的存在物。无论是就存在而言，还是从活动来说，每个人都会显示出独特的个性特征，显示其是特殊的有个性的存在物。作为一定的社会关系的承担者，个人总要受到社会关系的制约，每个人总是要通过社会交往获得各种规定性，获得个人特殊的心理特征、行为特征及社会特征。但是，每个人的社会关系又是独特的、不可重复的，由此形成了具有不同个性的个人。作为反映不同个人之间的差别性，个性折射出个人与社会的关系，更重要的是，显示了个人独特的社会规定性。

从总体上看，人的个性的内容体现在三个方面：一是个人倾向特征，包括个人的需要、兴趣、信仰、价值观等，它们规定着个人的活动方向和生活目的，规定着个人行为的社会定向；二是个人心理特征，包括气质、性格和能力等，它们直接影响着个人活动的效率；三是个人的人格特征，包括个人的道德风貌、社会角色等，它们反映了个体的社会认可程度，是个人之间相互区别的重要标志。

人的个性包括自然性与社会性，是二者的统一。

人是自然存在物，受外在自然和内在自然的双重制约。由生物遗传所决定的人的生理结构及其性能在很大程度上决定着个人的特异性。皮亚杰通过对儿童早期心理活动的研究表明，气质较多地受个体生物组织的制约。现代心理学揭示了人的高级神经系统深刻影响着个人性格的形成。

人是社会存在物，人的个性是在社会教化过程中逐步生成和发展的。正是由于社会化，使文化内化、积淀在个体的心理结构中，使个人的心理结构及其性能呈现较大的可变性。无论是个人生活状况的变化，还是社会环境的变化，以及人生经历的重大变化，都会造成个性的变化。

现实的个人是个性化的存在。所谓人的个性化，是指个人形成个性的过程，是个人逐步形成自己独特品质的心理和行为的过程。但是，人的个性化不可能脱离社会化而单独进行，它总是与社会化联系在一起的。所谓人的社会化，是指个体通过参与社会活动，学习社会知识、行为规范、价值观念，把握社会物质生活、精神生活和政治生活的经验，获得和发展自己社会属性的过程。

个人必须社会化。只有经过社会化，他才能作为现实的个人而存在和发展。同时，每个社会都会按照一定的标准培养、塑造自己的社会成员，使其理解社会的文化遗产，认同社会的主导价值，遵循社会的行为规范，以有助于社会生活正常运转的方式进行活动。按照马克思的观点，一个人的出生只是赋予他生命，使其成为自然的个人；人要由自然的个人转变为社会的个人，就必须社会化，即与其他社会成员进行交往。"一个人的发展取决于和他直接或间接进行交往的其他一切人的发展。"（马克思语）社会化伴随人的一生，或者说，人的一生是一个不断社会化的过程。

人的社会化是现实的个人在社会活动中形成社会特质的过程。在社会活动中，人的个性化与社会化是相互联系、相伴而行的发展过程。

个性化依赖于社会化，个性化只有在社会生活、社会关系中才能进行，即使"爱"这种所谓的人的本性，实际上是在人的社会交往和社会关系中所凝结的感情。社会化是个性化的现实基础。只有在社会中经过后天的塑造和训练，并经过社会活动的直接陶冶，个人才能获得各种社会规定性。否则，个人只能是一个自然的个人，其行为方式也必然是动物式的。作为真实存在的个体，个人不是纯生物学意义上的个体，而是作为社会成员的个体。个人只有在社会中才能获得人的资格，离开了社会的个人就不再是人，而是"两脚动物"。

社会化本身又是个人在对象化活动中获得个性、发展个性的过程。按照马克思的观点，劳动产品既是人的本质力量的物化、对象化，同时又是个人的个性的物化、对象化。"我在劳动中肯定了自己的个人生命，从而也就肯定了我的个性特点"；"我在我的生产中物化了我的个性和我的个性的特点，因此……在对产品的直观中由于认识到我的个性是物质的、可以直观地感知的因而是毫无疑问的权力而感受到个人的乐趣。"（马克思语）个人只有在推动社会发展的过程中才能求得个人自身的发展。反过来说，社会的发展就是现实的个人不断追求和获得其独特的主体性，实现自我价值的过程。这是同一个过程的两个方面。

人的社会化与个性化处于相互促进的发展过程中。实践是人的存在方式和社会生活的本质。实践一方面使社会力量得以实现和对象化，使个人不断社会化；另一方面又使个人力量在其创造物中得以实现和对象化，创造着日益丰富的个性。共产主义就是要"确立有个性的个人"，实现人的自由个性。

时间是人的发展的空间

与近代科学、近代哲学不同，马克思从现实的人及其活动出发去理解时间，强调时间对人的存在的意义，明确提出时间是人的生命尺度和发展空间："时间实际上是人的积极存在，它不仅是人的生命的尺度，而且是人的发展的空间"。

时间是人的生命尺度表现为人类生命价值的生成。在生物学中，人与动物往往被作为"同类"的生命现象进行考察，但实际上，人的生命现象与动物的生命现象有着本质的不同。"动物和它的生命活动是直接同一的。动物不把自己同自己的生命活动区别开来。它就是这种生命活动"（马克思语）。具体地说，动物的本质与它的生命活动是直接同一的，它们在获得了生命的同时就具备了它们的本质。动物的种的特性是自然赋予的先天规定性，同动物个体的后天活动没有直接关系。"人则使自己的生命活动本身变成自己的意志和意识的对象。他的生命活动是有意识的。"
"有意识的生命活动把人同动物的生命活动直接区别开来"（马克思语）。
更重要的是，"通过实践创造对象世界，即改造无机界，证明了人自己是
有意识的类存在物"（马克思语）。这表明了人的本质的后天生成性。

"有意识的生命活动"、"有意识的类存在物"，使人能够把自己的生
命活动"变成自己意志和意识的对象"，能够按照"物种尺度"和"人
的尺度"的统一去改造、创造世界。正如马克思所说，"动物只是按照
它所属的那个种的尺度和需要来建造，而人却懂得按照任何一个种的尺
度来进行生产，并且懂得怎样处处都把内在的尺度运用于对象上去"。因
此，人是自己生命活动的支配者，并在时间中超越了自然生命的尺度，
成为一种"积极存在"。人的生命活动不是动物式的"生存"活动，而
是人所独有的"生活"活动，是人"把自己的生命活动本身变成自己的
意志和意识的对象"的活动。正是在这种活动中，产生了生命尺度的问
题，即人的生命活动是有价值还是无价值的问题。

在我看来，马克思之所以强调，"动物只是按照它所属的那个种的尺
度和需要来进行建造"，而人"则懂得按照任何一个种的尺度来进行生
产"，并且随时随地用自身的内在尺度来衡量对象，"按照美的规律来构
造"，就是为了说明，人只有获得"价值生命"，超越自然生命，才能称
其为"人"。时间是人的生命"尺度"，并不等于时间是人的生命"长
度"。把时间理解为人的生命"长度"，这一观点的根本缺陷就在于，没
有意识到人的生命与一般生命的本质区别，只是从物的本性去理解人，
从前定的、给予的、绝对不变的方面去理解人，实际上是把人理解为
动物。

时间之所以能够成为人的生命尺度和积极存在，根源就在于人的实
践活动，首先是劳动。正是劳动构成了人的生命价值的本体，使时间成
为人的积极存在。作为人的生命尺度和积极存在，时间是在人的实践活
动中成为人的活动形式的。随着人的活动形式的发展和分化，必然是人

的活动空间的扩大。具体地说，随着生产力的发展，人的活动逐渐产生分化，从生产活动中分化出交往活动，从物质交往中分化出精神交往……每一种活动不断分化出新的活动领域；这种活动的不断分化和活动的领域不断扩大又必然造成人的发展空间的不断扩展，意味着人与自然之间新的关系的形成，人与人之间新的社会关系的建立，一句话，标志着人的新的发展空间的建立。

对人而言，时间又有劳动时间和自由时间之分。按照马克思的观点，自由时间的多少直接决定着人的发展空间的大小，而自由时间在量上又直接取决于剩余劳动时间，"剩余劳动一方面是社会的自由时间的基础，从而另一方面是整个社会发展和全部文化的物质基础"。发展生产力，提高劳动生产率，实际上就是缩短必要劳动时间，增加自由时间，扩大人的发展空间。对个人来说，自由时间的扩大实际上是提供了一个新的活动舞台，舞台越大，发展的可能性也就越大；就人类而言，整个人类的发展无非是对自由时间的运用，有了更多的自由时间，才有整个社会的更大进步，才有人类能力的更大发展。

当然，我注意到，在阶级社会中，自由时间的创造与占有并不是统一的，相反，二者却是背离的。"社会的自由时间的产生是靠非自由时间的产生，是靠工人超出维持他们本身的生存所需要的劳动时间的产生。同一方的自由时间相应的是另一方的被奴役的时间"（马克思语）。私有制和旧式分工使劳动者被迫承担整个社会的劳动重负，他们创造了自由时间，却不能占有和支配自由时间，没有获得相应的发展空间；而不从事劳动的社会成员却凭借占有生产资料的地位，通过侵占剩余劳动而占有和支配着自由时间，由此获得了相应的发展空间。

这就是说，在阶级社会中，少数人的发展是以剥夺众多劳动者的剩余劳动时间、自由时间为基础的，少数人的发展是以多数人的不发展或片面发展为代价的。这种自由时间创造与占有上的分离，在资本主义社会达到了极端程度。具体地说，劳动是价值的唯一源泉，工人的剩余劳动生产出剩余劳动时间、自由时间。然而，在资本主义社会，这种自由时间却为不劳动阶级所占有和支配。"在资本方面表现为剩余价值的东西，正好在工人方面表现为超过他作为工人的需要，即超过他维持生命力的直接需要而形成的剩余劳动。""剩余产品把时间游离出来，给不劳动阶级提供了发展其他能力的自由支配的时间。因此，在一方产生剩余劳动时间，同时在另一方产生自由时间。"（马克思语）

"整个人类的发展，就其超出对人的自然存在直接需要的发展来说，无非是对这种自由时间的运用，并且整个人类发展的前提就是把这种自由时间的运用作为必要的基础。"（马克思语）人类解放的实质和目标就是实现人的全面而自由发展，而要实现人类解放和人的全面而自由发展，就必须使联合起来的个人占有和支配自由时间。"所有自由时间都是供自由发展的时间"，而人的自由发展就是"超出对人的自然存在直接需要的发展"。这种支撑自由发展、提供自由时间的活动，不再是维持"单纯生存"、体现人的生存"自然的必然性"的自发的活动，而是人为了发展自身的能力、占有自己全面本质的自觉的活动。

要使这种自发活动转向自觉的活动，"工作日的缩短是根本条件。"（马克思语）"工作日的缩短"所提供的充裕的自由时间，联合起来的个人对这种自由时间的占有和支配，最终使劳动由人的谋生的手段转变为生活的目的，从而实现劳动意义的革命性变化。这一革命性变化将消除异化劳动，实现工人阶级和人类解放，实现以每个人自由发展为条件的一切人的自由发展。

在马克思的哲学中，时间不是一个与现实的人及其活动无关的抽象的范畴，而是一个直接关涉工人阶级和人类解放，以及实现人的全面而自由发展的理论。换言之，在马克思的哲学中，"时间"是同工人阶级和人类解放、人的全面而自由发展密切相关、融为一体的。因此，我们应当也必须重释马克思的时间理论。

文化断想

文化的本质和作用

20 世纪上半叶，人们谈论最多的是"革命"；20 世纪下半叶，人们谈论最多的是"经济"；进入 21 世纪后，人们谈论最多的则是"文化"。无论是官方，还是民间；无论是精英，还是百姓；无论是商界，还是学界，似乎不谈文化就没有文化。茶文化、酒文化、饮食文化、服装文化、住宅文化……各种"文化"现象频频出现，几乎成为一种"流行病"；文化产业学、文化交际学、文化符号学、文化社会学……各种"文化学"论著不断推出，然而，各种观点不很一致甚至很不一致，学者们似乎陷入"定义困境"中，究竟什么是文化，甚至成为文化学家们的一个"心病"。

在这种种不同的观点中，我注意到这样一种观点。这种观点认为，文化具有广义和狭义之分：广义文化是指人所创造的一切，包括物质文化、制度文化和观念文化这三种基本形态。

物质文化涵盖了文化的所有物化形式，包括物质生产资料和物质生活资料；制度文化是指规范个体行为，调整个体与个体、个体与群体、个体与社会之间交往的方式；观念文化是指人们的精神活动及其成果。广义的文化实际上是指"人化"。狭义文化是指观念文化，包括风俗、习惯、艺术、道德、宗教、哲学等等。狭义的文化实际上是指以意识形态为主要内容的"观念形态的文化"。

我不能同意这种观点。坦率地说，这是一种无原则的糊涂观念。文化当然是人创造的，但不能说人所创造的一切都是文化。如果把人所创造的一切都称为文化，实际上抹平了社会存在与社会意识的区别，取消了经济、政治和文化的界限，从而把社会与文化看作是同一体了。实际上，文化是相对于经济、政治而言的，"一定的文化是一定社会的政治和经济在观念形态上的反映。"（毛泽东语）就其实质而言，文化属于观念形态，包括文学艺术、伦理道德、宗教信仰、哲学思潮、风俗习惯。文化是人类精神生产的产物，是理论世界、价值世界、意义世界。

文化与社会具有同一性，但不是同一体。社会不是各种文化形态的复合体，而是经济、政治和文化的统一体。不是文化包含社会，而是社会包含文化；不是文化决定社会，而是社会的经济以及政治决定着文化。离开了古希腊的经济以及政治状况，我们无法理解古希腊的史诗、悲剧和哲学；离开了近代欧洲的经济以及政治状况，我们无法理解意大利的文艺复兴、德国的宗教改革和法国的启蒙运动；离开了古代中国的经济以及政治状况，我们无法理解儒家学说、唐诗宋词和宋明理学；离开了近代中国的经济以及政治状况，我们无法理解鸦片战争之后的文化争论、新文化运动和马克思主义在中国的传播。鸦片战争之后的文化争论，与其说是文化之争，不如说是政治之争，即要不要变革被中国传统文化所维护的封建制度，走倡导科学和民主的西方资本主义道路。"五四"时期的文化变革不是单纯的文化变革，而是政治变革的辐射，是社会变革要求的文化折光，其实质是关于民族命运、国家前途和社会走向的问题。

文化不可能单纯地从文化自身得到解释。文化争论的背后是生产方式、经济形态以及政治制度的竞争。

"物质生活的生产方式制约着整个社会生活、政治生活和精神生活的过程。"（马克思语）从根本上说，从整体上看，是生产方式决定社会的发展，决定文化的演变。马克思指出："成为希腊人的幻想的基础、从而成为希腊［艺术］的基础的那种对自然的观点和对社会关系的观点，能够同走锭精纺机、铁道、机车和电报并存吗？""阿基里斯能够同火药和铅弹并存吗？或者，《伊利亚特》能够同活字盘甚至印刷机并存吗？随着印刷机的出现，歌谣、传说和诗神缪斯岂不是必然要绝迹，因而史诗的必要条件岂不是要消失吗？"古希腊的自然观、社会观与走锭精纺机、机车等之所以不能"并存"，歌谣、传说、史诗等与活字盘、印刷机之所以不能"并存"，是因为古希腊的自然观、社会观的基础是古代生产方式，而走锭精纺机、蒸汽机车属于近代生产方式；歌谣、传说是用口语传播，这种信息传播方式受到传播者声音所及范围的限制，而活字盘、印刷机形成的信息传播方式超越了这种时空的限制，显现为一个更大的时空结构。一言以蔽之，歌谣、传说这种信息传播方式所体现的与活字盘、印刷机所代表的，不是同一性质的生产方式，因而不能"并存"。就中国文化而言，中国传统文化源远流长、博大精深、灿烂辉煌，可中国传统文化并没有也不可能阻止中国沦为半封建半殖民地社会的悲惨处境。究其根本原因，是自然经济"玩"不过商品经济，农业生产方式"斗"不过工业生产方式，封建主义生产方式挡不住资本主义生产方式。

"一定的文化（当作观念形态的文化）是一定社会的政治和经济的反映，又给予伟大影响和作用于一定社会的政治和经济；而经济是基础，政治则是经济的集中的表现。""一定形态的政治和经济首先决定那一定形态的文化的；然后，那一定形态的文化又才给予影响和作用于一定形态的政治和经济"（毛泽东语）。正是通过这种"影响和作用"，在经济形态的基础上、在政治形态的中介作用下产生的观念形态，即文化，又

y

文化的本质和作用 ▎133

反过来渗透于、熔铸在经济活动、政治制度之中，发挥着其独特的社会职能。文化就是文化，它既不是经济本身，也不是政治本身，但经济活动、政治制度中又具有文化的内涵，体现着文化的作用。社会是以经济为基础、以政治为中介、以文化为导向的有机体。

当然，我注意到，文化不是物质，但文化可以有其物质载体，如语言、书籍、艺术品、文物；物质不是文化，但物质可以作为文化的载体而具有文化的内涵，如石头本身不是文化，但石雕是文化，龙门石窟也好，敦煌石窟也罢，都是文化，体现了特定的审美观念、艺术构思和意境。从根本上说，文化是在人类改造自然的活动中产生的精神性产品，自然一旦被纳入人的活动范围，并经人的审美把握、艺术塑造、观念升华，就会成为文化。袁枚在《随园诗话》中说过，"夕阳芳草无情物，能解都是绝妙词"，很有哲理。夕阳与芳草本身不是文化，而是自然物、"无情物"，可"夕阳无限好，只是近黄昏"、"枝上柳棉吹又少，天涯何处无芳草"，却是以自然物为对象而形成的审美境界，是"有情物"，是文化。这就是说，自然物被人们赋予一定的意义，转变为文化后，就会从"无情物"转变为"有情物"，并具有了象征性的特征。无论是以莲花代表高洁、牡丹代表富贵，还是用菊花代表气节、杨柳代表离愁别绪，都是以自然物为象征的文化符号，既表达了人们的情感，又符合这些植物的特性。这就是说，文化是有物质载体的人化的观念世界。

文化可以是理论形态的，可以是精英文化，如宗教观念、价值体系、哲学思潮，也可以是世俗形态的，可以是平民文化，如民间文学、民间工艺、民风民俗；理论形态的文化可以转化为、渗透到世俗形态的文化中，并影响世俗文化，如儒家的伦理学说深深地影响了中国人的世俗文化、日常生活，世俗形态的文化可以升华为理论形态的文化，一个民族的特性更多地是表现在它的世俗文化中，一个民族的理论文化如果脱离了这个民族的世俗文化、日常生活，是无法理解的。无论是理论形态的文化，还是世俗形态的文化，都会渗透到、体现在人们的日常生活中。

走马观花般地看看日常生活中的"文化"现象吧！人们常说"茶文化"、"酒文化"、"食文化"、"住宅文化"……实际上，茶本身并不是文化，茶叶就是一种树叶，但饮茶方式有其特定的文化内涵，《红楼梦》中的"妙玉雅饮"与"刘姥姥牛饮"，就体现了不同阶层的不同文化观念。酒本身不是文化，酒是通过生物化学酿造出来的一种特殊的饮料，但饮酒方式有着特定的文化内涵，梁山泊的英雄们大块吃肉的豪饮与《红楼梦》的小姐们吟诗行令的雅饮，体现了不同群体的不同文化观念。吃本身不是文化，吃是人的自然本能，但吃什么、如何吃却是文化。"饥饿总是饥饿，但是用刀叉吃熟肉来解除饥饿不同于用手、指甲和牙齿啃生肉来解除的饥饿"（马克思语）。从茹毛饮血到熟食，从熟食到美食，体现了不同时代的文化观念，不同民族饮食中的礼节、规则、习惯体现了不同民族的不同文化观念。服装本身不是文化，但服装上的花纹、刺绣、饰物则反映了服装设计者的审美观念，体现了特定的文化观念，俄国的"布拉吉"与中国的旗袍反映了两种不同的文化风格。2014 年北京 APEC 会议的"新中装"采用了"海水江崖纹"的设计，被赋予 APEC 21 个经济体山水相依、守望相护的寓意。这个"新中装"的设计既反映出中国的传统文化观念，又体现了现代的审美观念、文化观念。住宅本身不是文化，但房屋的设计、建筑的风格则体现了特定的文化观念，西方的哥特式建筑与中国的园林式建筑、西方的教堂与中国的寺庙、法国的凡尔赛宫与中国的故宫、北京的四合院与福建的土楼，体现了不同民族、不同地区的不同文化观念。去过牛津大学、剑桥大学的人都会看到许多教堂，以至于你无法分辨是教堂坐落在大学中，还是大学坐落在教堂中。这样一种建筑风格既体现了一种大学理念，又体现了一种宗教文化，因为西方有悠久历史的大学都与宗教有着千丝万缕的联系。这就是说，文化是观念形态，是价值和意义，属于内涵性的存在，不能目视，但文化可以通过物质载体对象化、客观化，从而为人们所感知、体悟、理解、接受。

文化的本质是观念形态，属于精神领域，但文化的作用并不限于观念形态、精神领域，文化的本质和文化的作用即社会功能既有联系又有区别。人们的经济活动、制度设计、行为方式、日常生活都具有特定的文化内涵，体现着文化的作用。文化如同空气一样无所不在，凡是有人的地方，凡属人的活动范围，文化都起着特定的作用。从根本上说，文化是人类活动的产物，人类在实践活动中改造了自然界，创造了社会，形成了文化。问题在于，人创造文化，文化又塑造人。文化对人的塑造主要是通过对人的教化而实现的。每个人一出生就无可选择地生活于特定的文化环境之中，自觉不自觉地都要接受这种文化的培育和熏陶。一个人即使没有受过正规的学校教育，从小到大的耳濡目染，也会使他被这种文化所同化。"橘生淮南则为橘，生于淮北则为枳，叶徒相似，其实味不同。所以然者何？水土异也"，讲的就是这个道理。"观乎天文，以察时变；观乎人文，以化天下。""文化"突出的就是"人为"、"教化"的性质。

从总体上看，文化对人的教化作用是通过三种方式实现的：

一是对人的行为的规范。每一种文化都提供具有约束性、普遍起制约作用的行为规范。每个社会都会通过家庭启蒙、学校教育、社会示范、榜样引导、公众舆论等文化手段，将行为规范加之于个人，实现文化的规范和约束作用。文化具有社会性、群体性。文化所代表的就是历史积淀下来的、被特定社会、一定群体所共同认可、遵循的行为规范和价值体系，它对个体的存在具有先在的给定性和约束性。个人如果明显背离生活于其中的文化环境，其生存就会陷于困境。

二是对人的能力的培养。文化不同于器物。器物都是用于当时而毁于以后，文化的可贵之处就在于，它能够延续而泽及后人。无论《阿房宫赋》如何铺陈，留下来的只是著名的"赋"，而阿房宫早已化为废墟，无迹可寻。薪尽火灭者，宫殿楼宇、器物；薪尽火传者，观念形态、文化。文化具有承载和传递文明的功能，并通过教育启蒙和知识传递，为人们认识和处理人与自然、人与社会的关系提供可资借鉴的思想资源，从而不断提升人的能力。文化的传递可以是历时性的，即时间上的从古到今，也可以是共时性的，即空间上的文化交流。正是这种传递，使人们可以在几年、十几年、几十年之内掌握人类几千年积累的经验和知识。如果一切都要"从头开始"、"重新开始"，那么，我们现在仍然是原始人。

三是对人的境界的提升。恩格斯说过，"人，一半是天使，一半是野兽。"这实际上是说明，人既有社会属性，又是自然属性；既有理性的方面，又有非理性的因素。文化的作用是"化"人，以发挥理性对人的行为的主导作用，减少、制约非理性因素对人的行为的盲目的支配作用。作为价值体系和行为规范，文化提供着关于是与非、善与恶、美与丑、好与坏等判断标准，并可以通过社会教育而内化为人的是非感、正义感、羞耻感、审美感、责任感等等，从而提高人们的道德情操、审美水平和认识水平，提升人生境界。而人生的境界又直接决定着对人与自然的关系、人与社会的关系、人与他人关系的认识水平和处理方式。

文化正是通过对人的教化作用而反作用于经济、政治的。但是，我们应当注意，文化对经济、政治的作用并不是像地质构造中的板块碰撞那样，是一种外力作用，而是一种"内力"作用。文化以其对全部社会生活的渗透力、凝聚力在经济生活、政治过程、社会活动中内在地发挥着它的独特作用。一个国家、民族的发展离不开社会力量的凝聚，社会力量的凝聚有赖于民族认同，而民族认同主要来自于文化认同。文化具有培育民族精神的作用。一个民族的文化体现了该民族在价值观念、信仰追求、思维方式、风俗习惯等方面的共性，因而能够凝聚民族的共同利益和理想追求，能够形成强烈的感召力和向心力，从而使整个民族凝聚起来，把整个民族动员起来，自觉维护民族利益，积极推动民族振兴。文化是民族的血脉和精神家园。文化的力量，深深地熔铸在民族的生命力、创造力和凝聚力之中。

弘扬民族精神：优秀传统和
时代精神相结合

任何一个走在时代前列的民族，都有自己的独特的民族精神，这种民族精神都是优秀传统与时代精神的结合。民族精神的民族性并不排斥时代性，走在时代前列的民族，其民族精神都是民族性和时代性的统一。一个与时俱进的民族，必然随着时代的发展而不断弘扬和培育民族精神。

弘扬和培育民族精神首先要正确对待传统文化，继承中华民族的优秀传统。在任何时代，弘扬和培育民族精神都不可能脱离传统。传统是在历史中形成，在人们的生活中世世代代起作用的那些生活方式、思维方式、价值观念和风俗习惯，它古老可又在一定程度上为当代的人所认同。传统不等于文化典籍，继承优秀传统绝不仅仅是对文化典籍的注释。写在书上的并不就是实有的，文化典籍中的精华并不就等于传统。从根本上说，继承优秀传统，就是把民族传统中的优秀的并与当代所契合的东西在实际生活中加以弘扬，使其不是只停留在书本上，而是成为现实的思维方式、价值观念、行为规范的组成部分。

弘扬和培育民族精神不是"返本"，不是简单地"恢复"传统，更不是奉行文化保守主义。我们的确有悠久而丰富的传统文化，但这不等于我们一定能强国富民。负载着同样的传统文化，我们造就过雄汉盛唐，创造过令世界叹为观止的伟大文明，可是，我们也有过国弱民穷，出现过"历史的倒转"的现象。我们应当明白，不是传统文化把一个曾经贫穷落后的中国推向世界，而是当代中国改革开放和现代化建设的巨大成就把中国传统文化推向世界，使古老的孔夫子名扬四海。

问题的关键在于，我们如何对待传统文化，如何利用这些传统。传统文化是一把"双刃剑"，其中，保守的方面是社会进步的重负，所以，社会进步必然表现为对传统中保守方面的突破与革新；传统中优秀的东西凝聚了一个民族世世代代的创造和智慧，成为一个民族得以生存和延续的精神力量，所以，一个民族的发展或复兴，必然包含着对优秀传统的继承。弘扬和培育民族精神，不是全盘继承传统文化，不是"尊孔读经"，而是立足当代实践，继承历史文化的优秀传统。只有立足于时代和民族的需要，并同推进改革开放和现代化建设的需要结合在一起的继承，才是对优秀传统的真正继承。

传统是在继承和变迁中演进的。早期的传统的影响力在历史发展进程中不断减弱，而新的东西在历史发展进程中又不断地变成"旧的"，凝聚为"传统"。历史不断地把每一代人的创造变为传统，整个历史发展是一个不断突破传统，又不断形成传统的过程。正如黑格尔所说，传统不是一尊不动的雕像，而是一道洪流，离开源头越远，膨胀得越大。这就是说，传统不是静态的文化"化石"，而是动态的观念之流。弘扬和培育民族精神，需要继承优秀传统。这个优秀传统当然包括从"五四"运动以来形成的革命文化传统，包括中国共产党领导人民在长期革命、建设和改革中形成的优良传统。长征精神、延安精神、红岩精神、"两弹一星"精神，等等，都已经转化为中华民族共同的精神财富，丰富了我们的民族精神，而解放思想、实事求是的精神，与时俱进、勇于创新的精神，知难而进、一往无前的精神，等等，则是我们的民族精神在新的历史时期的生动体现和发扬光大，体现着民族精神的与时俱进。

弘扬和培育民族精神，必须把握时代的脉搏，与时代精神相结合，从而引导民族与时代同行。这是判断一种民族精神的价值以及它能否生存和发展的关键。一个民族不能轻视自己的传统，但也不能囿于传统、沉湎于传统。弘扬和培育民族精神，本质上是一种建设，一种创新。文化、精神的"继承"不是从钱罐中取钱，"发展"也不是往钱罐里塞钱。弘扬和培育民族精神，是面向时代的一种创造，是在创造中继承，在推陈中出新，使民族精神与时代精神融为一体。

所谓时代精神，是时代的主题、本质特征和发展趋势在观念上的反映。和时代精神相结合，就是要把握时代的本质特征和发展趋势，一方面为优秀传统注入新的内容，古为今用；另一方面着眼于世界文化发展的前沿进行文化创新，培育新的民族精神，推陈出新。这是同一过程的两个方面。历史已经证明，背对时代和时代精神的民族精神无一不走向衰落，最多成为思想博物馆的标本陈列于世，而不可能兴盛于世。

中国特色社会主义理论既体现了马克思主义的基本原则和时代特征，又包含着中华民族的优秀传统和中国共产党人的实践经验，充分体现了时代精神。正是在中国特色社会主义理论中，我们把握到了一种面向21世纪的民族精神，领悟到了一个古老的民族何以复兴当代的秘密。

传统与现代性的冲突：
两种异质文明的冲突

从发展类型看，现代化可分为"内发"和"外发"两种类型。内发型现代化是指，某一民族或国家的现代化是由其内部因素促成、内部创新所引起的社会变迁；外发型现代化则是指，某一民族或国家的现代化是由外部刺激引发或外部力量直接促成的传导性的社会变迁。从现代化的历史看，外发型现代化获得成功并后来居上的关键就在于，善于把这种外部传导性转化为内部创新性。

无疑，西欧、北美的现代化属于内发型，而中国的现代化属于外发型。具体地说，中国的现代化运动并不是由内部因素促成的自然发生的过程，而是起于对外国资本主义"坚船利炮"刺激和挑战的回应，而且中国的现代工业一开始就是由外国资本主义在华造就的。换言之，中国现代化运动的起始是集外部刺激引发和外部力量直接促成于一身。"师夷之长技以制夷。"中国的现代化运动一开始就具有被动抉择的特征,它是伴随着救亡图存的民族复兴运动起步的。

从发展哲学的视角看,现代社会发展是在传统与现代性的张力作用下实现的。内发型现代化和外发型现代化都是如此。

所谓传统,是指一个社会的文化遗产,它是围绕人类不同活动领域而形成的世代相传的行为方式,是一种对社会行为具有规范作用和感召力的社会力量。从现象上看,传统就是历经延传而一再出现的东西。现代性是在现代化运动中生成和发展起来的,它体现在现代社会的各个向度和各种活动中,举凡表现现代社会特征的属性,如商品性、科学性、民主性、理性、个性,等等,都包含在现代性的范畴之中。

传统与现代性并非处于绝对的对立之中。从一定意义上说,传统是人类历史创造活动的积淀,任何一个社会都不可能完全破除传统,一切从头开始,相反,它只能在传统的基础上对其进行创造性的改造。同时,传统又不可能自动延伸出现代性。作为现代化运动的产物,现代性首先意味着对传统的突破和否定,二者必然处于矛盾和冲突之中。

问题在于,在内发型的现代化进程中,传统与现代性的冲突是在同一种文明圈内逐步展开的,对传统的变革是渐进式的、推陈出新的自然发生过程;而外发型现代化则是一种由外到内的传导性的社会变迁,传统与现代性的冲突因此表现为两种异质文明的冲突,而且这种冲突是在较短的时间内以突发的方式展开的,并引起历史传承性的断裂。当代中国的社会发展尤为如此。

传统是从过去延传至今的东西,它构成了社会结构的一个向度。"中国式的现代化"不可能离开传统而进行,但它又不能在保存原有传统的基础上进行。现代化本质上就是在科技革命的激荡下由农业社会向工业社会转型的社会变迁过程,以农业文明为基础的中国传统文化在整体上是排斥、阻碍以工业文明为基础的现代性的。同时,当代中国的社会发展不仅要把发达国家较长的现代化历程压缩在较短的时间内进行,追赶发达国家已经达到的目标，而且要适应发达国家当前发展的趋势，实现后来居上并超越现代化的西方模式。这就使得社会发展的"历时态"在当代中国"共时态"化了。传统与现代性的矛盾因此更加尖锐、复杂，冲突更为激烈。

马克思在批判德国和欧洲大陆其他国家的发展状况时指出："除了现代的灾难而外，压迫着我们的还有许多遗留下来的灾难，这些灾难的产生，是由于古老的、陈旧的生产方式以及伴随着它们的过时的社会关系和政治关系还在苟延残喘。不仅活人使我们受苦，而且死人也使我们受苦。死人抓住活人！""死人抓住活人"，实际上就是传统影响、制约现实。作为社会结构的一个向度，传统总是力图规范现实社会的发展。正因为如此，当代中国的社会发展要注意批判继承传统，即吸取精华，抛弃糟粕。问题在于，在传统中，精华与糟粕并不是截然分开，而是糅合在一起的。实际上，传统是一把"双刃剑"，关键是如何利用它。

传统是一把"双刃剑"，现代性本身也并非完美无缺。现代性的根本特征是理性。在西方现代化的早期阶段，科技理性增强了人类征服自然的力量，带来了经济和财富的巨大增长；而人文理性则使人类改变了社会文化环境，由"人的依赖性"过渡到"人的独立性"。然而，随着现代化的进一步发展，科技理性逐渐取得社会发展的主导地位，并把人文理性远远地抛在后面，从而造成了科技理性与人文理性的分裂与对立。现代性因此从内部爆裂了。"现代化带来的问题与其提供的机会一样重大"。"必须把现代化看作是同时具有创新和破坏作用的过程，它既提供了新的机会，也可能使人类付出混乱和痛苦的极大代价。"（布莱克语）后现代主义的崛起实际上是对现代性的片面反动。当然，后现代主义对"现代化的痛楚"的批判，是"诊断出病症，却开错了药方"。

问题还在于，现代化在历史上与"西化"具有重合性，而且至今已经实现现代化的国家基本上是西方资本主义国家。因此，在现代化运动中生成和发展起来的现代性又是同西方民族的民族性以及资本主义的某些特征糅合在一起的。

传统与现代性之间错综复杂的矛盾，构成了当代中国社会发展的深层矛盾。当代中国社会发展的种种矛盾，如西方文化与民族文化、市场经济与社会公平等矛盾，实际上都是传统与现代性矛盾的展开和表现，我们应以双重批判的态度对待传统与现代性的矛盾。

在外发型的现代化进程中，传统与现代性矛盾在文化层面表现为两种异质文明或文化的冲突，难题就在于，如何对待外来文化与本土文化即本国传统文化的关系。

当代中国的社会发展离不开民族文化的再创造，离不开当代文化形态的建构。但是，作为一种传导性的社会变迁，中国当代文化形态既不可能像西方现代文化那样"推陈出新"地自然形成，也不可能离开本国传统文化"无中生有"。作为世界上最老到圆熟的农业文化，中国传统文化具有强大的抗拒现代工业文明的文化惰性，需要对之进行变革；同时，"中国式的现代化"又需要从本国传统文化中获取民族精神。既要引进西方现代文化，变革本民族的传统文化，又要凭借本民族的传统文化内蕴的精神动力来完成社会变迁，这的确是当代中国社会发展面临的令人困惑的文化难题。

传统文化依靠自身是不能自我再生的，而西方文化除了具有全人类意义的因素外，更多的是具有西方民族性以至资本主义性质的东西，它不可能直接成为中国当代文化。出路在于，通过创造性转换，把西方现代文化因素转化为本民族文化更新的内在力量，并通过文化涵化过程把西方现代文化同本民族的传统文化整合成一种新的文化形态。当然，这是一个异常艰难的任务。

传统文化并非一个凝固体，它在世代相传的过程中必然发生种种变异，形成一条"变体链"。但是，这些"变体"之间又保持共同的主题，并同出一源，因而仍有一条共同的链锁连接其间。就中国传统文化而言，从整体上和根本上说，它是一种以农业经济为基础，以"严等差、贵秩序"为前提，以"存天理、灭人欲"为修养目标的封建意识形态。在当代中国，力图用这种农业社会的精神文化来统摄工业社会的物质文明，并实现科学、民主和现代化，只能是天方夜谭。任何一种学说，无论其生命力如何强大，也难免要与产生它的时代一起"终结"。

后工业社会理论创始人贝尔认为，"传统在保障文化的生命力方面是不可缺少的，它使记忆连贯，告诉人们先人们是如何处理同样的生存困境的。"（贝尔语）这一观点不无启迪。但问题在于，当代中国的社会发展与我们的先人们面临的并不是"同样的生存困境"。生态危机的出现，使古老的"天人合一"说发出了迷人的微笑。但是，我们必须明白，以"存天理、灭人欲"为内核的"天人合一"说不可能解决当今的生态失衡问题，"重义轻利"的价值观也不是克服拜金主义、享乐主义的灵丹妙药，如此等等。以儒学为源头的传统文化，无论如何也不可能消除"现代化痛楚"、"发展性危机"。当代中国的社会发展不可能仅仅从传统文化中找到民族精神的支柱和安身立命之本。

"黄色文明论"与地理环境决定论

　　"文明"的拉丁文原意为公民的、社会的、国家的，通常被用来说明存在于一定时期和一定地区的社会文化共同体。这是一个标志着人类社会开化状态和进步状态的范畴。同时，它又是一个历史的范畴，随着人类社会的不断发展，"文明"的内涵变得越来越复杂，似乎也越来越模糊了。文明研究本身因此成为当今理论界、学术界的一个"热点"问题。不同的人站在不同的立场，根据不同的理论在解释着文明，以至恣意任情地褒贬、抑扬着这种或那种文明。

　　我注意到，有的学者以一个"黄"字概括了从古至今整个中华文明的特点，提出了颇有影响并风靡一时的"黄色文明论"，即黄色文明属于内陆文明，特定的地理环境使黄色文明形成了一种"隔绝机制"，成为一种内向的、闭关自守的、超稳定的文化类型，因而注定衰落；只有在地中海兴盛起来的欧洲海洋文明，即蓝色文明才具有开放、进取、不断扩张的内在活力和优势，因而注定要引领并决定现实与未来。在我看来，这是一种典型的地理环境决定论。

所谓地理环境，是指与人类社会所处的地理位置相联系的自然条件总和，它是人类社会得以存在与发展的自然前提和必要条件。任何一个民族、国家都有自己特定的地理环境。这种特定的地理环境"形成社会分工的自然基础"（马克思语），必然会以各种方式对该民族、国家发生作用。古代中国文明与黄河流域的确存在着某种联系，如同古代埃及文明同尼罗河流域、古代印度文明同印度河与恒河流域、巴比伦文明同幼发拉底河与底格里斯河流域存在着某种联系一样。

但是，不能由此认定，地理环境决定一个民族文明的状态及其历史命运。这是因为，地理环境同文明状态的关系实际上是自然同社会的关系，而社会同自然最直接、最密切的接触点是劳动。社会与自然的相互作用，地理环境对社会影响的性质与作用的大小都发生在物质生产过程之中。换言之，地理环境只有在劳动过程中并通过劳动才能转化为社会的内在因素，从而对社会发挥作用。

更为重要的是，地理环境对社会的作用是个变数，这种作用本身是被社会生产力所决定的，地理环境对处在不同历史阶段的社会，对处在同一历史阶段的不同民族或国家的影响，之所以千差万别，根本原因就在于此时此地的社会生产力状况。在这个意义上可以说，地理环境对社会作用的性质、大小不是自然本身的产物，而是社会的产物。譬如，在交通和商业没有一定发展的情况下，海洋同高山一样，都是民族交往的天然屏障和国家之间的天然边界，只是随着造船工业的发展，海洋才能转变为民族之间交往的通道，从而对不同民族的文明发展起着重要作用。

"黄色文明论"依据地理环境的不同，将黄色文明打上"封闭"的烙印，赋予蓝色文明以"开放"的特性，认定特定的地理环境使中华民族在社会机制和政治组织等方面必然走上专制主义道路，判定资本主义的存在和发展与海洋"息息相关"。这是一种偏见加误解。内陆国家与海洋国家之分不等于封闭与开放之别，各种文明起初都处于相对封闭的体系中。濒临海洋的欧洲国家，并非自古以来就是开放的，在近代以前，狭小的地中海基本上就是欧洲人活动的"世界帝国"，蓝色文明亦走过专制主义的道路；而处于内陆环境的华夏文明并非一开始就具有封闭性，否则，不可能产生汉武帝积极主动的开放精神和博大的文化胸襟，不可能形成唐代高度开放的文化模式。

从根本上说，一个民族或国家开放与否，不是取决于地理环境，而是取决于生产力状况以及社会形态。西方文明和东方文明处于不同的地理环境，却走过相同的专制主义道路，这一事实说明，不是地理环境决定社会状况，而是生产力的发展状况从根本上决定着社会状况。

实际上，整个资本主义体系的发生和发展是生产方式一系列变革的产物，资本主义文明并不是来自大海，而是来自生产力的发展。如果说只要濒临大海就能创造工业文明，那么，地中海为什么没有给其南岸、东岸的众多民族带来工业文明，反而使它们成为工业文明国家的殖民地？"资本的祖国不是草木繁茂的热带，而是温带"，但"资本关系就是在作为一个长期发展的产物的经济基础之上产生的。作为资本关系的基础和起点的已有的劳动生产率，不是自然的恩惠，而是几十万年历史的恩惠"（马克思语）。

"黄色文明论"的错误并不在于它强调了地理环境的作用，而在于它片面地夸大了这种作用。造成这种错误的认识论根源就在于，不理解地理环境对人类社会是如何起作用的，即不理解地理环境对人类社会起作用的方式和机制。具体地说，不理解劳动是社会与自然的物质转换器，地理环境只有在物质生产过程中并通过物质生产，才能转换为社会的内在要素并对社会发挥作用，而且这种作用本身的性质、大小又是由社会生产力的状况所决定的。本身被决定的东西在同一问题的范围内当然不可能成为决定性的原因。

以地理环境来解释民族性格、文化类型和社会发展，并非"黄色文明论"首创。从历史上看，孟德斯鸠就曾试图从自然环境中寻求社会问题的答案，认为不同的国家制度、法律形式、民族性格决定于社会所依存的自然环境。"黄色文明论"与孟德斯鸠的地理环境决定论有直接的"血缘关系"，其"创造性"仅在于把这种地理环境决定论应用到对中国历史的阐释。

黑格尔的"历史的地理基础"学说也在"黄色文明论"中得到了直接的体现。黑格尔不是地理环境决定论者，但是一个欧洲中心论者，并且不恰当地夸大了海洋对人类历史的影响，认定"大海挟着人类超越了那些思想和行动的有限的圈子"，这种超越土地限制的特性是亚洲各国包括中国所不具备的；认定只有西方文化才是"在海洋上奔驰"的海洋文化，所以，开放、先进，而中国尽管有滨海，但海洋没有影响中国文化，中国文化是内陆文化，所以，封闭、落后。据此，"黄色文明论"判定"中国人即使来到海上也还是不能超越陆地上那种有限的思想和行动的圈子"。

"黄色文明论"提出的文明普遍衰落、唯有蓝色文明"一枝独秀"的论点，则直接来自汤因比的《历史研究》。正是在这部著作中，汤因比认为，绝大多数文明包括中华文明已经衰落和解体，唯有西方文明"闪烁神圣的光辉"，"成为最后孕育一个新的文明的种子"。但是，一个值得注意的事实是，汤因比后来在其《展望二十一世纪》中，对他过去的中国文明观作出了重大的修正，即不再把中国文明视为封闭文明，相反却认为，在历史的长河中，中华民族已培育出一种"世界精神"；不再把中国文明当作衰败和死亡的文明，相反却认为，在未来人类统一的过程中，中国文明将发挥主导作用。

当然，我注意到，地理环境在人类社会早期的作用是比较大的，随着生产力的不断发展，自然日益人化，社会不断向自然扩展和延伸，地理环境对社会的作用越来越由直接转变为间接。但是，不能由此得出结论：生产力与地理环境在社会发展中的作用成反比，即生产力的作用越来越大，地理环境的作用越来越小，最终趋向于零。实际上，生产力的发展只能改变地理环境中不同因素的作用，而不可能否定地理环境作用；生产力的发展可以弥补、减少社会对某种自然条件的依赖性，但同时又增加了社会对另一些自然条件的依赖性。因此，地理环境作为社会物质生活条件，作为人与自然进行物质交换的领域是永恒起作用的因素，决不会趋于零。全部问题只是在于，要对这种作用给予科学的估计。

文化的实力在文化之外

恩格斯说过,文化上的每一个进步,都是迈向自由的一步。的确如此,文化的力量深深地熔铸在每一个民族的生命力、创造力和凝聚力之中。随着科学技术的快速发展和人类文明水平的不断提高,文化在社会生活中的作用日益凸显,文化问题日益成为人们关注的热门话题。进入21世纪,文化与科学技术的结合更加紧密,与经济因素的融合进一步加深,经济的文化含量越来越高,文化的经济功能越来越强,文化已经成为国家核心竞争力的重要因素。相对于技术、经济、军事等硬实力而言,文化不仅是社会发展的思想保证、精神动力和智力支持,而且是一个国家综合国力的重要组成部分和显著标志,代表着一个国家的发展水平,因而成为一个国家的软实力。正因为如此,文化软实力成为一个重要概念在世界范围引起广泛而热烈的讨论,研究的内容不断拓展,研究的课题不断更新。可以说,文化的历史源远流长,文化软实力的研究方兴未艾。

从根本上说,文化源于人类实践活动,是社会发展的一个维度。文化软实力作为内涵丰富的概念被众多学科和学者所探究、阐发,成为一种"世界性的话语",恰好是与文化在当代社会的重要作用相契合的。最有分量、最有价值的学术研究应该而且必须关注现实,关注民族的生存境遇,展示国家的实力。这就是说,一部出色的文化研究论著不仅应对文化的基本概念、发展脉络等范畴有清晰的认识,更重要的是,应关注文化在民族、国家生存与发展中的作用等现实问题。

王桂兰教授以其敏锐的理论观察力注意到这一问题,其新著《文化软实力的维度》(河南人民出版社 2010 年 10 月出版)论述的正是这样一个当代社会的重大问题。该书运用"解析"和"解构"的研究方法,从一般概念的辨析进入到具体路径的研究,全面阐释了文化软实力的内涵、特质和功能及其在社会发展中的作用等重要理论问题,并对文化软实力的缘起、文化与综合国力、文化与经济发展、文化与国民素质、文化与民族凝聚力、文化与国际竞争力等关系做了细致的梳理,从而以宽广的视野,细微的探索,睿智的眼光,辅之以流畅的文字,展现了对文化软实力的一种新理解,标志着文化软实力研究的拓展、深化和创新。

我们必须明白,一个民族或国家文化的国际影响力实际上就是其软实力,而文化之所以能够成为软实力,靠的不是文化本身,而是文化之外的硬实力。英语之所以能够成为"世界语言",靠的绝不是它自身的魅力,而是它身外的实力。如果没有英国当初的硬实力,大英帝国不可能"日不落",英语不可能成为世界性的语言;如果没有美国"二战"后的硬实力,星条旗不可能"永不落",英语很可能已经在世界式微。就中国而言,不是中国传统文化挽救了近代中国,而是中国革命的胜利使中国传统文化免于同近代中国社会一道走向没落;不是中国传统文化把一个满目疮痍、贫穷落后的近代中国推向世界,而是当代中国的改革开放和现代化建设取得的硬实力使古老的"孔夫子"名扬四海，使以儒家学说为核心的中国传统文化走向世界，并使中国文化在世界范围的影响越来越大。同时，我们必须看到，中国文化软实力与经济硬实力相比并不成正比，更何况同发达国家的硬实力相比，中国的硬实力还有很大的差距；中国文化产业水平很低，在世界文化市场所占份额非常少，无论是广度，还是深度，中国文化在世界的影响都非常有限，西方文化在世界范围内仍占主导地位，如此等等。一句话，中国文化软实力建设任重道远。

因此，提升经济硬实力，建设文化软实力，是一个涉及民族兴衰、关乎国家繁荣富强的重大课题。如何在经济全球化、政治格局多极化、思想文化多元化的世界背景中保持中国文化的特质和生命力，如何弘扬先进文化，借鉴世界文化，并对中国传统文化进行创造性转换，从而增强中国特色社会主义文化的吸引力和凝聚力，这是当代中国学者应有的文化责任感和使命。

王桂兰教授自觉意识到这一责任与使命，《文化软实力的维度》将理论触角伸到现实的深处，从文化软实力这个核心问题出发，紧紧围绕世界和中国文化软实力的现实与发展过程两个层面，将中国的文化软实力问题置放在经济全球化和综合国力竞争的整体格局中进行系统考察，分析了文化软实力和物质硬实力的辩证关系，并通过对文化软实力在社会发展中作用的探讨，研究如何增强中国文化软实力，实现中国文化、中国社会的繁荣与发展。力图把真实的描述和深刻的反思结合起来，在对文化软实力进行充分研究的基础上，努力构筑文化软实力建设的宏观逻辑结构，这是本书的主题。同时，这也反映了作者在进行理论探讨时所具有的高度的文化自觉。我赞赏这一研究思路和理论风格。在当今这样一个"物化"的年代，我们必须高度重视文化，具有高度的文化自觉。

苏格拉底说过，阅读好的作品，常常要像潜水员一样，要克服自身的浮力，努力往下深潜，如此才能获得最好的珠贝，看到一般人看不到的风景。在经济竞争异常激烈、文化发展激荡碰撞的今天，静下心来，仔细阅读《文化软实力的维度》，对于我们理解文化软实力的本质，把握世界各国重视文化软实力的真正动机和驱动力，认清我国文化软实力的现状和发展趋势，制定切实可行的文化软实力发展战略等具有重要意义。

当然，我注意到，对文化软实力的研究是一个重大的历史课题和长期的历史任务，研究问题有待深入，研究领域有待拓展，研究仍在途中。在《文化软实力的维度》中，文化软实力研究的一个重要问题，即文化创意产业对提高国家文化软实力作用的问题显现出不足。

在当代，文化创意产业每天为世界创造 220 亿美元的价值，并以高于传统产业 24 倍的速度增长。20 世纪 90 年代以来，发达国家都把发展文化创意产业作为调整国家产业结构、提高国家软实力的战略举措。在欧洲，1997 年，英国政府设立了专门的"创意文化产业工作组"，规划协调文化创意产业发展；在美洲，美国文化创意产业发展最重要的体现，就是创意阶层的崛起，有的学者据此把美国社会分成四个主要职业群体，即工业阶层、农业阶层、服务阶层和创意阶层，其中，创意阶层在美国劳动力市场已占 30% 的比例；在亚洲，韩国政府于 1998 年提出"文化立国"战略，到了 2004 年，韩国已经跃升为世界第五大文化创意产业强国，文化软实力得到极大的提高。文化创意产业涉及影视、动漫、视觉艺术、工艺设计、建筑设计、广告装潢和软件服务等，因此，文化创意产业不仅是新的经济增长点，而且有助于推动文化传播，提高国家软实力。换言之，研究文化软实力不能撇开文化创意产业。

"一切都是不完善的"（马克思语）。向一本著作索取完善性，实际上是愚人之举。但是，追求完善是学者应有的品格。因此，我期待着作者对文化创意产业如何提高文化软实力方面作出进一步探索，从而不断完善文化软实力研究。学海无涯。在我看来，无论是对国内研究来说，还是就作者个人而言，《文化软实力的维度》的出版，只是文化软实力研究的开始，而不是结束。

奥运：在文化和哲学的视域中

"奥运"是奥林匹克运动的简称。奥林匹克不仅仅是一种举世瞩目的运动的名称，更重要的，是一种普适性文化的冠名。在人类历史发展的长河中，除了宗教这一古老的文化现象外，奥林匹克运动可以称得上是一个历史最为悠久的文化现象。

文化一直是奥林匹克运动的有机组成部分。在古希腊的奥运会上，艺术表演就成为奥林匹克运动会的一部分。奥林匹克运动在现代得以复兴后，这一传统得以延续并不断发扬光大。根据现代奥林匹克宪章，奥林匹克运动具有体育、文化和教育三个组成部分。萨马兰奇先生曾说过："文化是奥林匹克主义中所固有的。没有反映主办国精神的生动而可见的文化活动计划，奥运会将会是不完整的。"正是由于有丰富多彩的文化活动与奥林匹克的竞赛运动相伴而行，奥林匹克运动会才得以营造富有活力和高尚情操的整体氛围，展示出巨大的社会影响力。

从历史上看，奥林匹克运动会起源于古希腊，因举办地点在奥林匹克而得名。古希腊民族信仰泛神宗教并崇拜英雄，这正是奥运会在古希腊兴起的历史文化背景。古代奥运会首先是作为宗教祭祀而发展起来的，因此，它充满神话色彩。在古代奥运会中，圣火和橄榄枝编织的桂冠都有美丽的神话传说。古希腊神话包含着对神的力量与智慧的崇拜，于是，在祭祀中出现了竞技。这，正是古代奥运会的起源。在我看来，古代奥运会的兴起至少有两大特点：一是古代奥运会的宗教色彩；一是古代奥运会的文化意蕴。

西方哲学也发源于古希腊，"哲学"一词就出自古希腊文 philosophia，意为爱智慧。对古希腊人来说，奥林匹克运动的竞技与哲学的爱智慧之间存在着密切的关联。古希腊人创造了周期性的各种竞技项目，同时制定了公平竞争的游戏规则，要求参赛者充分发挥个人的体力、毅力和智慧。这极大了凸显了个人的地位，在重灵魂、轻肉体的社会风俗中，逐步造就出关注体魄健全、身心协调的社会风尚。这种风尚影响到哲学，推动了哲学家之间的对话与论辩。据说，苏格拉底经常出入体育训练场所，由此启发了柏拉图、亚里士多德二人先后创立"哲学训练"的学院。

毕达哥拉斯曾有这样一个比喻：在奥林匹克运动会上，有兜售商品的小贩，有努力竞技的运动员，也有静观人生场景的观众。在我看来，哲学家就是其中的静观者。推而言之，古希腊哲学是静观的，它反映了超越现实的理想。古希腊人经历了太多的苦难和变化，生活变得难以忍受。因此，他们需要哲学，渴望在静观中获得宁静和平衡；他们需要竞技，希望通过剧烈的运动来达到宁静和平衡。二者可谓相反相成。在古希腊文明中，一方面是弘扬智慧与理性，追求"终极存在"和"最高原因"的哲学；另一方面是崇尚身心和谐，追求健全体魄、体态优美、刚毅顽强的体育。古希腊人在创立哲学的同时，造就了奥林匹克运动会和城邦独有的集体育与文艺于一体的节日庆典。

文艺复兴以来的西方思想家热情宣扬古希腊身心和谐发展的教育思想，赞美着古希腊奥运会的理想和精神，引起了人们对古希腊奥运的极大关注。被誉为"现代奥林匹克之父"的顾拜旦十分推崇古希腊哲学家关于体育健身和全面教育的论点，认为古希腊的体育竞技运动对人的全面发展，包括形成坚强的性格具有特殊的社会价值，它与完美的艺术和高尚的品德一起成为支撑希腊文明的三大支柱。在 1894 年巴黎召开的国际体育代表大会上，顾拜旦指出："人并非仅仅具有肉体和精神两个部分，而且具有肉体、精神和性格三部分，性格并非是精神塑造的，而是在肉体基础上形成的。这一点古人早已明白，我们却要艰难地重新认识。"

倡导和平与友谊，尊崇公正、平等与竞争，追求更高、更快、更强，这是奥林匹克运动的精神实质。现代奥运会继承和发扬了这种奥林匹克精神，将奥运会扩展到全世界。在当代经济全球化与文化多元并存的时代，不同文化背景的民族、国家都有机会获得国际社会的认同，都有资格获得奥运会的举办权。尽管不同民族、国家在经济利益和政治观念上不很一致甚至很不一致，但在体育竞赛领域却可以超脱这些"不很一致甚至很不一致"，从而通过奥林匹克这种体育竞技和文化活动，增进相互了解，促进情感交融，推进世界和谐发展。

2008 年，奥运会在中国举办，将给我们带来新的动力和活力。同时，中国作为奥林匹克大家庭的重要成员，必将对国际奥林匹克运动的发展送去积极的影响力。在我看来，奥运圣火在世界各地和中华大地传递的时候，传递的不仅仅是奥林匹克圣火，更重要的，是古老中国的当代荣耀。透过 2008 年奥运会，我们看到了古老的中华文化与奥林匹克文化在这一刻完美融合，悠久的奥林匹克文化与腾飞的中华民族精神在这一刻优雅触碰。这是一幅壮美的历史画卷，是一个宏大的历史场面。

展示独特的话语空间

当我"终审"完《凤凰考——建构一个新传媒》时，我心中想的并不是这本书的本身，既然终审，它就只能这样了。此时，我的思绪却同华语媒体、话语空间联系起来了。

在全球化迅速发展、人类已进入信息时代的今天，尽管华人占世界人口的五分之一，但华语媒体并没有成为具有全球影响力的主流媒体。一个不可否认的事实就是，英语媒体占据世界媒体的80%，在世界传播体系中占据强势地位和第一解释权。然而，凤凰卫视的存在却让我们看到了希望，看到了"向世界发出华语媒体的声音"的希望。从1996—2004年，在"凤凰"诞生、成长、发展的8年中，世界形势风云变幻，重大历史事件频频发生，"凤凰"以其敏锐的新闻触觉采集报道、追踪解读，向世界发出华语媒体的声音，力图建立华人的视听区，建构华人的话语平台。时至今日，"凤凰"

已在全球华人社区成为具有广泛影响力的华语媒体，以致美伊战争爆发前，美国总统布什询问白宫负责公共传播的官员：如果战争爆发，凤凰卫视会不会直播？

凤凰卫视的存在，使全球华人拥有一个专门的华语视听区；而凤凰卫视的成长壮大，意味着全球华语媒体力量的增强，并为华语媒体以民间的、市场的定位在全球传媒市场中争得了一席应有之地。由"凤凰"艺术总监钟大年以及于文华主编的《凤凰考》一书，以平实的笔触娓娓道来，翔实地介绍了"凤凰"从建台初始走向今天的辉煌历程。

《凤凰考》既不同于以理论说事件的"媒体教科书"，也不同于浅尝辄止的"快餐读本"，而是将理念寓于生动的描述之中，从"凤凰生存空间的八个议题"、"凤凰品牌战略的八个口号"、"凤凰节目运作的八个策略"、"成就凤凰的八场直播"、"凤凰新闻理念的八个要点"、"创造电视新形态的八个栏目"、"凤凰企业文化的八个范式"等方面，展示了凤凰卫视"向世界发出华语媒体的声音"、"拉近全球华人的距离"、"构建两岸三地桥梁"的奋斗历程，揭示了电视媒体创造空间和改变空间的功能，并启示我们要根据由卫星轨道或无线电信号决定的"传输空间"来划定在信息时代呈现渗透性的思想边界。

当我读完《凤凰考》时，在我的脑海中浮现出"以与众不同之形，求与众不同之本"的精神力量，浮现出争取华语媒体话语权的博弈，浮现出建构一个新传媒的艰难……《凤凰考》向我们展示了一个独特的话语空间，犹如一幅斑斓五彩的画面。你可以不欣赏这幅画面，但它的斑斓五彩不能不在这一方面或那一点上燃起你的激情。我敬佩凤凰人的理想追求、包容大度、永不言败的精神……而这与凤凰的传说是如此相合，与中华民族"凤凰涅槃"式的重生是如此契合。

《国外马克思学译丛》的出版旨趣

在当代，马克思主义哲学无疑已经成为一种"世界的哲学"，翻译的文本愈来愈多，研究的范围愈来愈广，其探讨的问题之宏广邃微，概念范畴之洗练繁多，理论内容之博大精深，思潮迭起之波澜壮阔，学派形成之层出不穷，实为任何一种哲学研究无法比拟。其中，国外"马克思学"以马克思生平事业和著作版本为主要研究取向，立足文献考证，从事文本解读，强调要用严格的客观态度研究马克思的文献和思想，从而在学派纷立的国外马克思主义哲学研究中占有独特的地位。

从时间上看，"马克思学"作为专业术语出现在 20 世纪初，但对马克思的生平事业、著作版本的研究，则可以追溯至更早。从类型来看，这种研究可以划分为考据性研究和文本解读研究两种取向；就流派而言，这种研究可以分为正统马克思主义的马克思学和非正统马克思主义的马克思学两大派别；从研究主体和理论传统分属的地区来说，可以划分为苏联马克思学和西方马克思学两大分支。苏联马克思学的代表为梁赞诺夫，西方马克思学的代表为法国的吕贝尔、德国的费切尔、英国的麦克莱伦和卡弗、美国的胡克和莱文等。

国外马克思学以其独特的视角对马克思的学说做了新的探索，为我们提供了一个多维视野中的马克思。譬如，胡克的《从黑格尔到马克思：马克思思想发展研究》、奈格里的《〈大纲〉：马克思的自我超越》，侧重于文本解读，探讨了马克思哲学产生的理论渊源及其演变；古尔德的《马克思的社会本体论：马克思社会实在理论中的个性和共同体》、塔克的《卡尔·马克思：哲学与神话》、伍德的《卡尔·马克思：从哲学家的视角看》、费彻尔的《马克思与马克思主义：马克思主义的发展》，围绕马克思的理论观点，论述了马克思哲学在西方哲学史上的地位及其影响；汤普森的《理论的贫困》、安德森的《英国马克思主义内部的争论》、格比的《马克思主义与历史学》、伍德的《资本主义的起源》，则对马克思主义史学尤其是唯物主义历史观进行了新的阐释。

由于种种历史原因，马克思的学说中存在着许多长期以来被搁置、抑制乃至被遗忘的成分，这些成分长期以来游离于"传统"的马克思主义谱系之外。正如福柯所说："对剩余价值理论的浩如烟海的评论，使得马克思有很多非常重要的材料几乎被人们完全忽视了。"更重要的是，这些被搁置、抑制乃至被遗忘的思想或"异质成分"，往往又契合着当代重大的现实问题，展示出马克思主义的巨大的超前性和"令人震惊的空间感"。西方马克思学关注的恰恰是这些被搁置、抑制乃至被遗忘的思想或"异质成分"，并使这些被搁置、抑制乃至被遗忘的思想凸显出来，获得充分的展开，从而使马克思主义研究呈现出多元化格局，不仅为马克思学说研究提供了更多的可能途径，而且为解读马克思的文本提供了更多的方法。

毋庸讳言，20 世纪 80 年代以来，国内学界关于马克思和恩格斯关系的研究，关于青年马克思和成熟马克思关系的研究，关于马克思主义研究方法的探讨，等等，从争论的议题到基本的依据，都既有中国现实的基础，又在一定程度上受到国外马克思学的激发。20 世纪 90 年代以后，中国学者"重读马克思"、"回到马克思"、"走近马克思"、"走进马克思"一类的研究进路，都直接或间接地受到国外马克思学的影响。对于国外马克思学，我们不能采取简单拒斥的态度，而应对它们提出的重要问题和具有启发性的观点进行反思，以扩大我们的理论视野。无论在哪个时代，马克思主义如果忽视对同时代理论成果的批判考察和借鉴，把自己同整个时代的文化背景和社会思潮隔离开来，就会由孤立而走向枯萎。

在充分肯定国外马克思学的意义及其对中国马克思主义研究具有启示性的同时，对它的局限及其对中国马克思主义研究的负面影响也应有清醒的认识。无论是考据性研究，还是文本解读研究；无论是正统马克思主义的马克思学，还是非正统马克思主义的马克思学；无论是苏联马克思学，还是西方马克思学，都没有也不可能达到马克思学说研究的"终极真理"状态。国外马克思学的确看到了某些合理的事实，但往往又把这些合理的事实溶解于不合理的理解之中。即使是创制了"马克思学"这一概念和主编《马克思学研究》的吕贝尔，虽然一再强调价值中立和学术研究的客观性，强调超越意识形态的偏见，试图通过史料的系统清理和理论阐释，澄清马克思学说研究中一些有悖于历史实际的说法，以及由此造成的对马克思的种种误读，但由于其研究视野仅仅局限于马克思的生平传记和著作目录，与社会实践无缘，因而在相当程度上成为书斋里的哲学。在一定意义上，作为具有实践本性的马克思主义在总体上被吕贝尔误读了。

国外马克思学对我们摆脱对马克思主义教条化的理解，具有一定的启示意义，但过高评价它们，则会妨碍我们进一步的思考；笼统地谈论国外马克思学研究的高度，无助于我们的研究工作，相反，倒有可能混淆它们内部的冲突。国外马克思学不乏深刻之处，同时也有许多误读、误解乃至歪曲马克思的学说的观点。质言之，国外马克思学为我们重新理解马克思的学说开启了种种可能的思路，具有积极的意义，但如果把它当作马克思主义研究的"最高境界"、"最佳视角"、"终极真理"来仰视，就会使我们的马克思主义研究走向迷途。

《国外马克思学译丛》所选论著的观点或结论不很一致甚至很不一致，然而，"对某种学说进行激烈的论战，乃是争论中的学说在作者的环境中形象高大、甚至对他本人具有强大的吸引力的一种确实的无误的标志。"（柯林伍德语）出版《国外马克思学译丛》的旨趣就在于，通过对国外马克思学的代表人物、代表论著的梳理和译介，揭示国外马克思学在当代的新发展及其不同的新特点，以期在基本观点、研究方法等层面，为中国马克思主义研究提供基础性资料和理论参照，为创建和发展中国的马克思学提供新的研究视野和理论空间。你可以不选择《国外马克思学译丛》，但你没有理由不欣赏《国外马克思学译丛》。

《钱玄同文集》的出版旨趣

　　钱玄同的思想"激烈"，文章"率真"。对于这样一位功底深厚、创见卓越的学问大家，我们是不应忘记的。问题在于，对于当代中国人来说，钱玄同这个名字并不熟悉，甚至陌生。钱玄同生前是一位"述而少作"的学者，没有出版过一本文集。同时，他又生活在一个思想活跃的时代，同辈中有的是著书立说、作品等身的名人。如果仅凭著述来数出20世纪中国的20位思想家，恐怕不会有谁能想到钱玄同。但是，钱玄同的贡献和价值，却不能被忽视。在"五四"文学革命的先驱者中，钱玄同可谓是一员骁将，一位冲锋陷阵的战士。

　　钱玄同从旧学起家，思想却相当超前。"五四"时期，他与陈独秀、胡适、刘半农一道，并称为《新青年》杂志的四大台柱。当时，言《新青年》必言钱玄同；言文学革命，必言钱玄同。他冲锋在前，写出了许多扫荡禁区的开风气的文章。更为重要的是，钱玄同将"桐城谬种"和"选学妖孽"确定为文学革命的对象，击中了当时模仿桐城派古文或《文选》所选骈文的旧派文人的要害。鲁迅对此评价道："桐城谬种"和"选学妖孽"，这八个字"恰容惬当，所以这名目的流传也较为永久"。可以说，在文学革命运动的七个代表人物，即陈独秀、李大钊、胡适、鲁迅、周作人、刘半农、钱玄同中，钱玄同是态度最鲜明、言辞最激烈、精神最顽强，同时又最具闯劲的一位。

"五四"以后，钱玄同退回书斋，思想依然驾驭在学术前沿，在历史学、音韵学、语言学、经济诸领域都有过卓越的建树。他开了古史辨运动的先声，是得章太炎手传的经学和小学名家，是中国现代音韵学的奠基者之一，是音韵学界"古今中外派"的集大成者；他是白话语体的积极倡导者，是第一批简体汉字的起草者，是汉语罗马字拼音方案的拟定人，是汉字横排和自左至右书写形式的发起人之一，是最早的白话国语教科书的创编者，并极力推行过世界语和汉字字母化的理论；他还是承袭清代道咸年间今文家极盛余绪，而又启发用现代科学方法扩大辨伪的第一人。这些在当时看来近乎"空想"甚至"疯癫"的理论、学说和设计，现在很大程度上，已经成为人们不可须臾或缺的语言工具和手段了。了解了这些历史事实，我们就了解钱玄同本人，同时，也就理解《钱玄同文集》的出版旨趣了。

钱玄同早期的作品，多数是在"文学革命"的背景下创作的，因而充满了"非圣"和"逆论"的战斗精神。对于文学革命，不应拘于字义和概念上的认识，实际上，它是一场惊天动地的社会运动，其向旧观念和传统禁区的挑战覆盖到政治、思想、文化等意识形态的几乎所有方面。钱玄同利用当时流行的"书信体"和"随感录体"大做文章。透过这些文章，我们不难看出，比起胡适、陈独秀等人的"离经叛道"，钱玄同其实走的更远。被历朝文人颂为经典甚至极品的东西，从唐代小说到元人杂曲，从桐城学派到传统戏剧，从《论衡》、《三国演义》到《聊斋志异》，从韩愈、苏轼到袁枚等人的作品，在钱玄同的笔下，都成了"非骂不可"的垃圾。

这似乎矫枉过正了。但是，我们不能不看到当时的历史背景。"每个原理都有其出现的世纪"（恩格斯语），每种思潮都有其特定的历史背景。法国启蒙哲学明快泼辣的"个性"，德国古典哲学艰涩隐晦的特征，离开了他们各自的历史背景都是无法理解的。钱玄同这些今天看来似嫌过激的言论，就当时亟待完成打开思想解放的局面这一历史任务而言，不能不说是一种历史的必要，何况钱玄同本人又是深知旧学的大师，有评论传统文化的资格。

钱玄同的中后期作品，代表了他的学术成就，这些成就不仅是学术性的，而且是应用性的，今天已经规范化的现代汉语、简体汉字、汉语拼音乃至汉字书写形式，都缘自钱玄同等人的研究和创造。在我看来，这些成就具有不逊于科学史重要发明的意义。获益者和利用者不仅是学术界，不仅是文化界，而是整个社会，波及你与我。

"破"与"立"是一种对立统一关系，不破则无法立，破旧则必然立新。"五四"前后的中国，正是一个文化上的除旧布新的时代。《钱玄同文集》的绝大部分作品就产生于这个时代，作品涉及的内容，宏观到思潮上的摇旗呐喊，微观到书写形式，都体现了"文学革命"的深邃道理及其时代的特征。离开历史背景去解读《钱玄同文集》，只能是误读；离开时代特征去评价《钱玄同文集》，没有意义。尽管这个时代早已过去，但里程碑是不朽的，《钱玄同文集》所体现的精神是不朽的。把握这一点，我们也就理解《钱玄同文集》的出版旨趣了。

俗话说：文如其人。可以按这个思路去勾画《钱玄同文集》和钱玄同：第一、二卷文学革命、随感录，让我们看到一个作为战士和"五四"文学革命先驱者的钱玄同；第三卷汉学改革和国语运动，让我们看到一个作为科学家的钱玄同；第四、五卷文字音韵和古史经济、学术四种，让我们看到一个作为思想家的钱玄同；第六卷书信，则让我们看到一个"戏谑"、"幽默"的鲜活的钱玄同。任何人的学术成就都不可能与其人格、人生无关。"风格如人"。通过钱玄同的学术风格，我们透视出他的人格，即"打通后壁说话，竖起脊梁做人"的处世原则，并看到了他从崇拜皇权、笃信经学的儒生转变为激进的启蒙思想家的一生，看到了他在新文化运动、新闻学运动以及音韵学诸方面作出了杰出贡献的一生。

《启功全集》的出版旨趣

启功的名字在中国可谓家喻户晓、老幼皆知，是真正的文化"名人"，是难得的文化"国宝"。从历史上看，启功先生的家族是清皇爱新觉罗的一支，其九世祖是清世宗雍正皇帝胤禛。从启功曾祖父浦良开始，启功家族辞掉了官俸，下科场考官。启功的曾祖父和祖父两代均科举及第，且都点了翰林，并都做过学政（省级教育官员）。启功就是在曾祖父、祖父身边长大成人的。可见，启功的家世出身应该是从清朝贵族转而成为书香门第。

从现代公民教育来看，启功只有不完整的中小学教育经历。但是，我们不能由此认定，启功少年失学、自学成才。实际上，启功少年和青年时期的求学过程，是延续旧时代的教育方式，并且是严格而完备的。曾祖父和祖父为启功开蒙，之后请有学问的先生指教，并有在民国高官家私塾"附学"的经历。所以，启功受到过很好的"私塾"教育。启功幼年时期的家境并不富裕，但名望很高，也就是"虽不富而贵"。启功因此也得到许多有名望的学者的指点，如贾羲民、溥心畬、吴镜汀、戴姜福、溥雪斋等。这就是说，启功自幼受的是家庭教育，且起点颇高，是精英式的教育。

启功年轻时学问和才华是为前辈学人看好的。民国大书家兼实业家冯公度先生、大画家"旧王孙"溥心畬先生都很赏识少年启功，感慨说"高皇子孙，总有聪明绝顶人物。"其意是指，如同赵孟頫是赵宋皇家子孙，八大山人石涛是朱明皇家子孙一样，都是皇家后裔而成为文化巨匠的。启功当时虽然年轻，但立志向学并才华初露，所以引起这样有名望人物的感慨。启功21岁时，当时的民国教育次长傅增湘举荐启功到辅仁大学谋职，当时的辅仁大学校长陈垣考察启功的结论是："写、作俱佳"，故三次坚持聘用启功到辅仁大学。

启功出生于1912年，在辅仁大学的20多年间，以极大的努力致力于传统学术，其一生研究涉及文学、历史学、文献学、文物学、民俗学、红学甚至佛学，其间，同时进行着中国传统书法和绘画的创作。启功学问的一个特点，就是不同于大部分同期学人，较少有西学影响。可以说，启功是少数把中国传统学术从20世纪之初带到21世纪之初的学人。

启功的家世、学问决定了《启功全集》的特色，这就是诗与文同在，书与画并举。

启功治学谦虚谨慎，虽然早在30岁时就发表了颇有影响的《兰亭考》、《董其昌代笔人考》等论文，但直至50多岁才出版第一部专著《古代字体论稿》，此时，时间已经到了20世纪60年代中期。改革开放之后，启功终于能够以传统文人诗、文分刊的习惯，以诗、文追求自己"千年万里"的名山事业，自编了诗集和文集，即《启功韵语》和《启功丛稿》。至此，启功认为自己其他的写、作可以不必算了，他要以少胜多，以质胜量。所以，他在诗中写道："或劝印全集，答曰殊不妥"，也就是不准备出版《启功全集》。

《启功全集》的编辑与出版，是启功逝世以后的事情。受北京师范大学的委托，由北师大出版集团主持了《启功全集》的编辑和出版工作。为了做好《启功全集》的编辑和出版，北师大出版集团聘任了启功研究的主要专家，组成了《启功全集》编委会，研究《启功全集》的结构、体例以及内容鉴定、文字处理等问题。可以说，《启功全集》系统汇集了50多年间出版的启功的著作和文章，全面整理了启功身后留下的旧稿和手记，最大限度地征集了流传在海内外各种组织和个人收藏中的启功的书法和绘画，真实反映了启功学术著作、诗词创作、书画作品的全貌，因而被列入"十一五"国家重点图书出版规划项目。

《启功全集》共20卷，其中，第1—10卷为诗与文，第11—20卷为书与画。

《启功全集》第1—10卷，即诗、文部分，包括了《古代字体论稿》、《诗文声律论稿》、《汉语现象论丛》、《启功韵语》；重辑了《启功丛稿》中的论文、艺论和题跋；编辑了未辑的启功诗词，篇幅几乎达到之前的《启功韵语》的规模，所以，专列一卷为《韵语集外集》；收集了散于多处的启功的论文、艺论和题跋，尤其是晚年应邀撰写的序文、讲演提纲；收录了启功晚年口述的《启功口述历史》，以及书信、日记和讲学记录等内容。

《启功全集》第1—10卷选择了简体横排的出版方式，这与此前出版的启功著作颇不相同。启功的文章平白如话，却保持汉字本意，保持言简意赅的行文特点，古色古香，书卷气质。此前出版的启功著作多用繁体竖排，立意是为了保存启功的行文习惯和所论多是中国古典文学的特点，从而保存启功时常用古字古写的文章信息。此次之所以选择简体横排是为了照顾后辈读者的简化字背景，从而使《启功全集》更广泛的流布和被阅读。当然，这是一个需要智慧的、创造性的劳动。

《启功全集》第11—20卷是书、画部分。《启功全集》的一个鲜明特点，就是著作和作品并重，这是由启功同时是学问大家和书画大家的个人学养决定的。书画部分的内容，启功生前，无论是早期"浮沉里间"，还是晚年"贼星发亮"，都不曾将书画才能自视太高，作品也是兴之所至，随作随送，没有留存。北师大出版社收集启功书画资料的工作，早自 20 世纪 80 年代开始，而成规模、专门性收集则开始于 2003 年，这一工作得到社会热心人士的无私帮助。截至 2010 年，收集的启功书画作品数量庞杂巨大，其中，画作千件不足，书作万件有余。这是《启功全集》第 11—20 卷整理、编辑的基础。

《启功全集》所选刊的启功绘画，早自 1932 年，即启功 20 岁开始。其中，1932—1957 年的早期绘画，集中在山水一路，有浓重的宋元气象，是典型的文人画、内行画风格，这是启功早年立志做一个传统文人画家的集中反映；1958—2005 年的绘画，属于后期风格，集中在"竹石兰草"一路，更彰显文人画逸笔直抒胸臆的传统。

《启功全集》选刊的启功书法，自 1930—2005 年，可谓丰富全面。启功的书法不仅是一种"技术"，更重要的，是一门"学问"。在启功的书法理论中，可以看到其具体创作实践的例证。《启功全集》分类别、按时序编集了这些书法作品，计有《中堂》、《条幅》、《对联》、《题签》、《题跋》、《手稿》等。可以说，如果不是这样全面的汇集出版，仅靠"选集"是难以反映启功书法创作的演变和全貌的。

《启功全集》第 11—20 卷的编辑是传统右开的排式。之所以作出这样的选择，一是为了与启功书画体例协调一致；二是为了兼顾书画内容，从而凸显《启功全集》诗文、书画并存的特色。

《启功全集》的出版，是启功先生著作、作品的一次全面梳理，是目前已出版的启功著作中资料最完备、最权威的出版成果，具有珍贵的史料、研究和鉴赏价值。从《启功全集》的"文品"，我们可以透视出启功的"人品"；从《启功全集》的"文采"，我们可以透视出启功的"风采"。《启功全集》向我们展示的，是集艺术大家与学问大家于一身的启功，是集"为道"与"为学"于一身的启功，是集"为学"与"为人"于一身的启功，是集"学为人师"与"行为世范"于一身的启功，一言以蔽之，是永远的启功。

这，就是《启功全集》的出版旨趣。

音乐因你而动听

以音乐为职业的是少数音乐家，而与音乐有这样或那样联系的是大多数社会成员。在日常生活中，无论是清晨去广场观看升旗仪式，还是傍晚在家中聆听新闻联播；无论是出席国家的盛大庆典，还是参加个人的生日派对；无论是出席生者的婚礼，还是参加死者的葬礼……音乐总是环绕在我们耳边，激荡在我们胸中。《婚礼进行曲》让我们热爱生活，《葬礼进行曲》使我们珍惜生命；斯美塔那的交响曲《我的祖国》让我们感动，西贝柳斯的交响诗《芬兰颂》使我们震撼；一首《马赛曲》让我们想起了法兰西民族的历史，透视出"自由引导人民"的壮阔历史画卷，一首《义勇军进行曲》使我们想起了中华民族的历史，透视出中国人民从东南西北悲壮奋起的宏大历史场面……"没有音乐，国家无法生存"（莫里哀语）；"没有音乐，人生是一个错误"（尼采语）。音乐使最深刻的情感和最严谨的思想这两个极端结合在一起，给人以情感的鼓舞和理性的力量，从而"使人类的精神爆发出火花"（贝多芬语）。

音乐包括声乐与器乐，一部音乐史，实际上就是声乐与器乐此起彼伏、相互影响以至相互交融的历史。从亨德尔的清唱剧、舒伯特的艺术歌曲，到瓦格纳、威尔第的歌剧；从巴赫的协奏曲、贝多芬的交响曲，到勋伯格的变奏曲；从帕勒斯特里那创造复调合唱、蒙特威尔创造管弦乐队，到贝多芬创造声乐与器乐高度融合的《第九交响曲》；从柴可夫斯基的芭蕾舞音乐、伯恩斯坦的电影配乐，到施特劳斯根据尼采的哲学著作《查拉图斯特拉如是说》创造的交响诗、戴留斯同样根据尼采的哲学著作《查拉图斯特拉如是说》创造的歌剧……音乐的不断发展体现着音乐家对人的声音与物的器乐如何在空气中振动的不断理解和创造，体现着音乐家对自然、社会和人本身的不断发现和建树。"每个人都在前人的基础上建树，却又人人不同；每个人都是一个星座，各有自己的天地。在音乐中，巴赫发现了永恒，亨德尔发现了光辉，海顿发现了自然，格鲁克发现了英雄，莫扎特发现了天堂，贝多芬发现了悲痛和胜利"（海涅语）。

哲学家黑格尔断定："音乐是心情的艺术"，"灵魂中一切深浅程度不同的欢乐，喜悦，谐趣，轻浮任性和兴高采烈，一切深浅程度不同的焦躁，烦恼，忧愁，哀伤，痛苦和怅惘等等，乃至敬畏崇拜和爱之类情绪都属于音乐表现所特有的领域"。音乐是"心情的艺术"，与音乐家个人的"内心生活"密切相关，但音乐不仅仅是音乐家个人的"心情"，不仅仅是音乐家个人"内心生活"的体现，更不是音乐家个人的"喃喃自语"，更不是出自音乐家个人内心的"纯粹声响"。从根本上说，音乐是主观创造性和客观描摹性的统一。音乐家个人"心情"的背后是社会感情，音乐家个人"内心生活"的背后是社会生活。无论是宗教音乐还是世俗音乐，无论是尼德兰音乐还是巴洛克音乐，无论是印象派音乐还是第二维也纳派音乐，无论是古典音乐还是新古典音乐，无论是浪漫主义音乐，还是后浪漫主义音乐……都是社会生活的一种特殊的反映和升华，体现的是人类的发展、社会的演变和时代的风云变幻。

透过"格里高利圣咏"、帕勒斯特里那的《教皇玛切尔弥撒曲》、蒙特威尔第的《奥菲欧》，我们可以体会到宗教的威严及其强大的渗透力，可以看到中世纪发展的脉络；透过贝多芬的《英雄交响曲》，我们可以领悟出一种鲜明的英雄气概和深沉的宗教情怀，可以看到惊心动魄的法国资产阶级革命，摧枯拉朽、无所畏惧；透过吕其明的《红旗颂》，我们可以领悟出人民的英雄主义气概和民族的自强不息精神，可以看到波澜壮阔的中国新民主主义革命，前仆后继、视死如归；在柴可夫斯基的《悲怆交响曲》中，我们不仅能体会出他个人痛苦的心情，而且能领悟出他生活于其中的那个时代痛苦的呻吟，领悟出俄罗斯最黑暗年代一代知识分子的精神苦闷和内心挣扎；在肖斯塔科维奇《第七交响曲》中，我们可以透视出苏联卫国战争的惨烈、悲壮、崇高，不仅能看到肖斯塔科维奇本人的"孤魂"，而且能看到战争中"所有的亡魂"，不仅能体会出肖斯塔科维奇本人的悲伤之情，而且能体会出整个苏联人民燃烧的激情……"音乐展示给我们的，是在表面的死亡之下生命的延续，是在世界的废墟之中一种永恒精神的绽放。"（罗曼·罗兰语）如果说哲学是为历史留下的理论的反思，那么，音乐就是为历史留下的声音的注解。在我看来，音乐是人类的"心情"，是历史的回声。

从表面上看，哲学与音乐互不相干，实际上二者具有高度的关联性。哲学"使人作为人能够成为人"（冯友兰语），而"只有对音乐倾倒的人才可完全称作人"（歌德语）；哲学是使人追求并"配得上最高尚的东西"（黑格尔语），而音乐的"目的是使人高尚起来"（亨德尔语）。"德国人是一个哲学民族"（马克思语），如果说社会变革在英国首先表现为经济运动，在法国首先表现为政治活动，那么，在德国则首先表现为哲学运动；而"音乐是德国的语言"，"德国的最高表现，也许只有通过音乐才能鲜明地表达出来"（雨果语）。

历史上，黑格尔用哲学为法国大革命摇旗呐喊，贝多芬用音乐为法国大革命热情讴歌。黑格尔专门探讨过音乐的性质和"特殊定性"，其哲学思想不仅具有"巨大的历史感"，而且具有"最深刻的亲切情感"。贝多芬专门到波恩大学学习哲学，其交响乐不仅具有"最深刻的亲切情感"，而且具有抽象的哲学意义；不仅体现着贝多芬的"乐思"，而且体现着他的"反思"。如果说舒伯特是"音乐的诗人"，那么，贝多芬则是"音乐的哲人"。

在现代，施特劳斯根据尼采深奥的"超人"哲学创造出交响诗《查拉图斯特拉如是说》，力图运用音乐这种艺术形式去演绎抽象的哲学形式；布洛赫则根据对音乐的研究写出了《音乐哲学》，力图在音乐这种艺术形式中发现超时空的精神；阿多诺则根据对勋伯格音乐的研究写下了《新音乐哲学》，从音乐的社会内涵和思想倾向中发现了音乐的社会责任和政治功能。如此等等。

我的职业、专业和事业都是哲学。哲学的本义就是"爱智慧"，我当然"爱智慧"，但我也"爱乐"。一首手风琴独奏曲《马刀舞》，不仅使我感受到手风琴的"风采"，而且体会出哈萨克民族的奔放；一首小提琴独奏曲《新疆之春》，不仅使我感受到小提琴的"魅力"，而且感受到维吾尔族的热情；一部钢琴协奏曲《黄河》，不仅使我感受到钢琴的"雍容华贵"，而且听到了我们这个民族粗犷的呼吸，看到了"黄河之水天上来"的宏大气势和"黄河远上白云间"的辉煌远景；一部交响曲《命运》，不仅使我感受到交响乐队的博大精深，而且体会出英雄只有在抗争命运的过程中才能成长……我没有实现母亲的愿景——成为一个音乐家，但我成了一名爱乐者。"爱智慧"，使我"看破"人的感性世界，"爱乐"，使我"看透"人的感情世界。"谁能理解我的音乐的意义，谁就能超脱寻常人无以根拔的苦难"（贝多芬语）……如果说哲学给了我智慧和勇气，那么，音乐则给了我意志和信心。

在生活中，"爱智慧"，使我"看破"人的感性世界，"爱乐"，使我"看透"人的感情世界。尽管在人的感性世界中存在着"天生"般的矛盾，在人的感情世界中充满着"天问"般的苦楚，但在我的生活世界中已无惊心动魄的震荡，我已是"波澜不惊"、"荣辱不惊"。哲学和音乐已经融入我的生命活动之中，渗透我的血液之中。离开哲学和音乐，我既不知如何生存，也不知如何生活。如果说哲学是我"安身立命"之根，那么，音乐就是我"安心立命"之本。

无论是"爱"智慧，还是"爱"乐，"爱"都需要培养。"只有音乐才能激起人的音乐感；对于没有音乐感的耳朵说来，最美的音乐也毫无意义"（马克思语）。因此，我们向读者献上这套《京师爱乐丛书》。

从这些著作的作者看，他们都是历经数十年"爱乐"岁月积淀的"行家里手"，是至今仍活跃于报刊媒体和出版界的"赏乐高手"。这里，既有西方主流乐评界的资深主笔，也有见证香港古典音乐近半个世纪历史的"活化石"，既有资深的音乐媒体人、卓有成就的海外艺术大师，也有爱乐爱到深处的经济学者、企业经理人、剧院管理者、国家公务员。这是一个具有深厚的音乐造诣、值得信任的作者群。

从这些著作的内容看，这是中国的音乐学者、爱乐者对西方音乐的深度思考，或侧重于乐史钩沉，经典解读；或沿着音乐发展的轨迹周游列国，寄情音乐的故园山水；或驻足沉思，书斋神游，与大师对话，向经典致礼……从而以不同的行文风格、迥异的音乐趣味、独一无二的赏乐感受，为我们全方位并立体化地呈现音乐的宽幅画卷及其无穷魅力。其意义不仅在于梳理和解读音乐经典，更在于能够将作者的情真意切、锲而不舍的爱乐情感、经验、知识传递出去，撒播开来，使越来越多的人走向爱乐者的行列。

读着这些著作，我们会不由自主地想起巴赫、海顿、莫扎特、贝多芬、舒伯特、舒曼、肖邦、瓦格纳、威尔第、勃拉姆斯、马勒、布鲁克纳、勋伯格、肖斯塔科维奇、布里顿……会不由自主地想起《勃兰登堡协奏曲》、《哈利路亚大合唱》、《费加罗的婚礼》、《朱庇特交响曲》、《英雄交响曲》、《命运交响曲》、《田园交响曲》、《欢乐颂交响曲》、《自由射手》、《幻想交响曲》、《理想交响诗》、《仲夏夜之梦》、《C小调圆舞曲》、《尼伯龙根的指环》、《卡门》、《茶花女》、《悲怆交响曲》、《自新大陆交响曲》……这是一个斑斓五彩的画面，你可以不欣赏这幅画面，但它的斑斓五彩却不能不在这一方面或那一点上促发起你爱乐的激情。深度的爱乐激情需要高度的理性，从而形成一种"理性的激情"；当你具有这种"理性的激情"时，你就会感到音乐为你而奏响，因你而动听。

"爱乐"使我结识了《京师爱乐丛书》的主编刘雪枫先生；也正是因为"爱乐"，使我自不量力、情不自禁地接受了刘雪枫先生的邀请，为《京师爱乐丛书》写下了这篇序言。

粉本大千世界

对于中国大陆的美术界、艺术界乃至知识界来说，张大千的名字并不陌生。徐悲鸿曾盛赞张大千是"五百年来第一人"。从中国传统文人画入手，张大千早年广泛临习唐、宋、元、明、清传统绘画，尤得石涛、八大山人等大师精髓，其绘画题材涉及山水、花鸟、人物，绘画风格兼通工笔、写意。在中国传统绘画的内容方面，张大千俱能精擅；在中国传统绘画的形式方面，张大千卓有建树，可谓中国传统绘画的集大成者。

20世纪40年代，张大千潜心敦煌，三年发奋，遍临十六国、北魏、北周、隋、唐、五代、宋、西夏、元各朝的壁画，成绩斐然。正是由于从敦煌艺术中吸收了中国美术精华，遍学历代画技，张大千更加丰富了自己的绘画，并由此画风一变，成就了复笔重彩、古雅华丽的画风，从而在画坛名声大噪。于是，有了张大千与北方大画家溥儒（溥心畬）并称的"南张北溥"的说法。

从1948年起，张大千开始游历世界，博采各家之长，创造出以唐代王洽的泼墨技法为基础，糅入西方绘画意识的泼彩画法，创作了大批泼墨泼彩作品。一个画家的历史地位如何，关键是看他能否为自己及其时代创造出一个独特而不同于以往的绘画风格。张大千的泼墨泼彩山水既保持了中国画的传统，又结合半抽象的彩墨造型，创造出一种中国山水画的新风格，从而为中国山水画的发展开辟了新的天和地。张大千也因此在中国绘画史流芳百世。同时，作为一位具有广泛世界美术眼光的中国绘画大家，张大千的艺术努力使西方艺术界接受了中国山水画的审美境界，苍茫深邃，雄奇瑰丽。于是，又有了张大千与西方绘画大师毕加索并称的"东张西毕"的说法。

在长达60余年的创作生涯中，张大千留下了大量的粉本遗产。这些粉本，时间由早期的敦煌临摹底本到后期的创作线稿；题材涉及人物、花鸟、山水以及敦煌佛像等。此外，还有许多课徒示范粉本，总结对比各种线条或皴法，附带技法提要的题跋。这些珍贵的资料一直由跟随张大千47年的弟子孙云生保存。孙云生1936年师从张大千学习书画。20世纪50年代，张大千在巴西建中式庭院"八德园"侨居，召孙云生随侍。孙云生长期伴随张大千，终生不离，一边学习书画、深造画艺，一边帮助张大千整理旧稿、照顾生活，可谓亦步亦趋。

所以，张大千视孙云生为衣钵传人。为使孙云生艺术更臻至境，张大千将一生积聚全部粉本逾千件悉数留赠，以纪念半生的师徒情缘。观摩这些粉本，我们可以看到许多张大千传世名作的草创阶段、创作提示以及取舍过程。有了这些粉本，我们就得到了研究张大千创作的各个时期及其作品的第一手的资料。

这些一直由孙云生精心保存的粉本，是研究张大千艺术的珍贵资料，也是一份宝贵的文化遗产。在张大千与孙云生大师身后，这部分粉本遗产由孙云生儿子孙凯继承。孙凯先生是成功工商人士，商务繁忙，但他对先辈艺术家与中国文化充满情感，为这批粉本的保存整理并公诸于世做出了不懈努力。

文化价值珍贵如此，所以，我们精心编辑、印制，隆重推出了"大风堂丛书"中的《绝美的生命交集——孙云生与张大千》和《美丽的粉本遗产——张大千仕女册》。

作为"大风堂丛书"的序册，《绝美的生命交集——孙云生与张大千》由孙云生口述了张大千的生平事业，分析了张大千的创作过程、代表作品，以及多年随侍老师的亲眼见闻，并记录了一些张大千的书札与诗词，以至张大千的生活情趣、饮食嗜好，从而向我们讲述了一个生活、创作中的张大千，使我们看到了一个"鲜活"的张大千，透视出张大千之所以能够成为一位绘画大师的秘密所在。

在给孙云生的信中，张大千说道："这些粉本和勾本，对一般的人来说，可能一点用处没有，有些人还嫌它太浪费空间，一股脑儿地想将它丢弃呢。其实要真正研究我的学画进程，真正透彻大风堂的美术领域，只有从粉本中去了解最为完整。我一直视你为大风堂唯一完整传承的弟子，对于一些画作的价值，并不在画本身，而在创作本身，我所教给你的绘画观念才是最有价值的东西。如果要说有形的对象的话，那些古字画、我本身的画作只能说是有价的，而这些我从开始学画至今的粉本，才是无价的。我把这些留给你，定能体会到它的意义。"

在晚年遗嘱中，张大千再次对孙云生说道："我所留给你最重要的东西，要你能好好的作画，将来继承大风堂绘画基业，平日给你保管的那许多粉本、勾本，是我最重要的绘画资产，也只有你才有资格得到这些东西。这次从美国搬回来，我又整理了一些粉本起来，我会一一地整理出来交给你保管，我相信这一批粉本是送给你最好的遗产了。"

由此，我们可以领悟到张大千粉本遗产的意义了。

张大千一生创作内容最丰富、变化最多元的，是他的人物画，上溯元魏，下至民国，包罗万象，既有帝王将相，也有平民百姓；既有英雄豪杰，也有布袋和尚……其中，仕女画引人瞩目。《美丽的粉本遗产——张大千仕女册》介绍了张大千仕女题材粉本的艺术特点，并对张大千仕女名作与粉本进行了对比与分析。从中，我们可以看出，无论是20世纪20—40年代的传统清秀仕女，还是临摹敦煌之后的盛唐风华仕女，亦或50年代以后俊逸自如仕女，张大千画中的仕女都超越中国传统绘画中仕女保守、含蓄、羞涩的樊笼，各个艳丽不羁。

张大千的仕女画有六大题材：中国文人眼里的娇娃如红佛、薛涛；民间传说中的女神仙姑如嫦娥、女娲；佛家题材的菩萨天女如散花天女、杨柳观音；更有时尚生活中的摩登仕女如现代女士、印度美女。表现的技巧，白描、青绿、重彩、泼墨、浅绛、没骨无所不包，特别显示出自然、人文与唯美的特质。

由此，我们可以了解张大千仕女画的风格，确信一代大师的成就绝非偶然天成。

按照出版计划，我们将陆续出版张大千粉本遗产的《人物册》、《敦煌册》、《花鸟册》、《山水册》等，分题材介绍张大千的全部粉本，并以世人尽知的张大千斋号将这些图书命名为"大风堂丛书"。

社会科学方法的西方走向

　　如同自然科学脱胎于自然哲学一样，社会科学涵孕于道德哲学之中。伴随着近代工业革命，社会科学从道德哲学中分化出来获得了自身的独立形态。社会科学方法作为研究社会的工具，随着对社会本身理解的多样化而日益发展起来。如果把西方社会科学方法的演化与对社会界说的模式联系在一起考察，那么，除马克思主义之外，可以把西方社会科学方法划分为五种不同类型。这五种类型的方法系列体现了社会科学方法的西方走向。

　　对社会的自然科学理解以及由此产生的社会物理学、社会生物学的实证主义方法。

　　实证主义方法导源于孔德。孔德认为，社会领域"象其他领域的现象一样服从不变的规律"，研究这些不变规律必须采用社会物理学的方法，这种方法必须符合实证方法的五大原则，即现实的而非幻想的，有用的而非无用的，可靠的而非可疑的，确切的而非含糊的，肯定的而非否定的。孔德的社会物理学发展到斯宾塞，形成了社会生物学。这些都属于实证主义方法。

实证主义方法通过社会系统论、社会控制论等走向当代形态，在当代社会具有强大的影响力。社会运动过程当然包含着物理的、生物的领域，从这些方面研究社会确有必要，但仅仅停留于这些实证的领域，并不能真正把握社会运动的本质——社会历史无非是人通过人的劳动而诞生的过程，是自然界对人的生成过程。

对社会的唯名论理解以及由此产生的社会心理主义的方法。

社会唯名论导源于霍布斯、爱尔维修和霍尔巴赫。社会唯名论把社会整体看作一种虚无的存在，主张从个人的存在出发来研究社会，这就形成了社会心理主义方法的理论依据。从方法的发展逻辑来看，社会心理主义方法是对实证主义方法的否定，它要求从对社会的浅层理解进入到深层分析，从宏观分析深入到微观分析，并把人的需要、目的、交往、意识等突出出来了。

社会心理主义方法使社会科学方法摆脱了自然科学方法，把自然选择与人类选择、自然进化与社会进化区别开来了，这无疑是它的历史功绩。但是，仅仅停留在人的心理活动过程，停留在人的个体之间的关系，难以说明社会发展为什么又是一个客观历史过程。从社会唯名论出发，形成的是主观主义的研究方法。

对社会的唯实论理解以及由此产生的社会整体主义的方法。

社会唯实论起源于斯宾诺莎、孟德斯鸠和黑格尔。社会唯实论把社会看作是一个实在的整体，并认为这一整体有其内在的结构、阶段和形式，它高于个人存在。社会的整体质并不是在个人活动中形成的，相反，它规定和制约着个人，形成特定时代的个人活动模式、情感模式，等等。因此，要研究社会，就要把社会当作一种独立的存在，对社会进行整体认识，从它的历史演变过程来解剖它。从社会唯实论出发，形成了客观主义的研究方法。

如果说从社会唯名论出发的社会心理主义方法的思维坐标是社会主体，那么，从社会唯实论出发的社会整体主义思维坐标则是社会客体；如果说从社会唯名论出发的社会心理主义方法体现了人文主义导向，那么，从社会唯实论出发的社会整体主义方法则形成了科学主义的导向。这两种方法的对立，根源于二者都片面地理解了个人与社会的关系：社会心理主义只关心个人，把社会的一切还原于人的心理活动；社会整体主义的方法只关注社会本身，认为社会是独立存在的，高于个人并规范个人。这两种方法系列各有其合理性，又各有其片面性，各自形成独特的对社会的理解和分析系统，至今没有统一起来。

　　对社会的文化论理解以及由此产生的社会解释学的方法。

　　对社会的文化论的理解导源于 20 世纪初的人类学，而后又为马克斯·韦伯的理解社会学加以发挥。从文化的角度来看社会，社会展现为各个民族极其复杂的象征系统、隐喻系统、行为系统、交往系统、心理系统等，它们以特殊的方式建构和再现着一个社会的具体样态。社会文化论的模式导致社会解释学的方法系列的产生。这种方法将历史事实看作是"文本"，使社会科学家从被动的收集资料、描述事实的方式中解脱出来，转化为从现实生活出发对"文本"进行解释，或发现"文本"的意义和新的秩序。

　　实际上，这种解释和理解的方法早就为马克思所运用。马克思指出："人体解剖对于猴体解剖是一把钥匙。低等动物身上表露的高等动物的征兆，反而只有在高等动物本身已被认识之后才能理解"。这就是说，历史事实"意义"的揭示是一种历史运动，"意义"在它产生之初反而是潜在的，它显示并展现于后来的社会运动过程中。这里产生一种"悖论"，即完全"忠实"于历史事实却是一种不忠实；跳出这一历史事实，反而能全面、深刻地揭示出这一历史事实的"意义"。从这一方面看，社会解释学的方法引起历史学、政治学、经济学等学科考察问题角度的转换，就不足为怪了。

对社会类型论的理解以及由此产生的理念类型的方法。

对社会的类型论的理解出于这样分析，即不同社会有共同的结构，并有相似的发展道路。从这一角度理解社会，要求从社会的个性进入共性，从多样性上升到统一性，并从社会的形态、结构、阶段上对社会进行区分。韦伯的"理念类型"就是这种观念的集中体现。在韦伯看来，"理念类型"只是为研究而设定的，它不是一种现实存在，而是一种"乌托邦"；同时，"理念类型"建构了一种理想的模式，为研究具体的社会、经济、政治和精神活动提供了一个比较系统，可以使人们确定现实与理想的接近或偏离的程度。

"理念类型"的方法近似于自然科学中的"理想实验"的方法。所不同的是，自然科学中的理想实验是一种纯粹条件下的实验，只是在现实中无法把条件纯粹化；而社会科学中的理念类型却永远无法实现，它只是一种比较、研究的手段和方法。实际上，理念类型的方法起到的是导向作用，即用"应是"来矫正"所是"。

西方社会科学方法是随着对社会模式理解的不同而分化的，不同的社会本体论是不同的社会科学方法论的依据，对社会科学方法具有前提和导向作用。实证的、唯名的、唯实的、文化的、类型的这五种模式本质上是对社会的不同角度的透视，体现着社会科学方法的西方走向。当然，这五种模式和方法的演变又标志着人们对社会的认识越来越深化，体现着社会科学方法系列越来越多样化。

重建公平

　　有一种观点认为，市场经济与社会公平的关系是"鱼和熊掌不可兼得"，实行市场经济必然导致社会公平的破坏和丧失；社会公平只能建立在市场经济之外，高尚的道德只能从"场外"灌输给"场内"的人们。这是一种无原则的糊涂观念。作为一种社会规范价值和权利，公平不可能超出经济结构，任何一种公平和道德体系都建立在特定的经济结构之上。市场经济是适应生产社会化的需要而产生的现代经济运作模式，当代中国社会公平的重建，理应以市场经济本身的规律和特征为根本依据。任何脱离市场经济而侈谈公平的建构，都是一种道德乌托邦，并潜在着沦为一种伪善的危险。

　　这里，一个不能回避的问题，就是如何看待改革前中国社会的公平结构。

　　改革之前，中国社会的公平建构追求的是收入平等。这种公平结构是对旧中国极度社会不公的否定，它消除了因生产资料占有上的不平等所造成的两极分化、贫富悬殊。无疑，这是一个历史的进步。但是，这种公平结构又的确存在着许多弊端，具有凝重的平均主义色彩。具体地说，它把收入平等作为公平的唯一内容，作为全部社会生活的根本准则，以达到"均贫富"的价值均平境界。实际上，这是把公平原则抽象化、绝对化，否定了以天赋、个性、技能差别为前提的个人收入差别的道德正当性。其结果是形成了"大锅饭"体制。

我无意否定这种公平结构的历史合理性。从一定的意义上说，它是对旧中国极度社会不公矫枉过正的结果。但是，这种"大锅饭"式的公平与社会主义的公平又相差甚远。与其说这是公平，还不如说这是社会主义初级阶段最大的不公，因为它实际上否定了按劳分配：干好和干坏一个样，干和不干一个样；不同的人付出了不同的劳动和代价，创造了不同的价值，得到的却是相同的结果。平均主义与社会主义风马牛不相及，你无论给它罩上什么样的神圣光圈，在本质上，它仍然是一种小农经济意识。"大锅饭"所体现的抽象的公平原则绝不是社会主义初级阶段所应实行的公平原则。

我理解这种公平结构的形成，这是旧中国极度不公的社会现实和绝对平均主义的传统价值观双重作用的结果。极度的贫富两极分化和绝对平均主义的传统价值观以及二者的尖锐冲突，这是封建制度长期统治留给我们的双重历史遗产，由此导致我们对"均贫富"的特殊偏好和对社会主义公平的特殊理解。即使毛泽东这样伟大的马克思主义者也深深地被中国古代农民战争的平均主义所吸引，认为其中"有种社会主义作风"，并由此断言："我们这个社会主义由来已久了"。可以说，平均主义的传统价值观在我们这里已积淀为一种"文化无意识"，并产生了一种思维惯性。正是在这种思维惯性的作用下，20世纪下半叶的中国走上了"不患寡而患不均"的古训之路。"大锅饭"式的公平同"均贫富"的传统公平观是"心有灵犀一点通"，民众对平均主义在价值观上的认同，为"大锅饭"体制的形成造就了有利的文化氛围。

从根本上说，一种社会体制是否公平，不是看它是否符合某种主义、原则，而是看它是否适应现实的经济结构。"大锅饭"体制不公平，从根本上说，就是因为它超越了社会主义初级阶段的经济结构。公平在这里沦为平均主义，社会缺乏竞争公平这一催人奋进的机制。所以，这种体制只能带来一时的高效率，却导致了长期的低效率、"有组织的无效率"。

长期的低效率、"有组织的无效率"的背后必定是公平的破坏或丧失。在既要效率又要公平的问题上，"大锅饭"体制已经无能为力了，它既没有形成公平，又没有产生效率。当代中国的改革就是要建立一种既有效率又有公平的社会体制，其中，根本的是建立社会主义市场经济体制。作为现代经济运作模式，市场经济是通过竞争来实现其配置资源、促使资源配置优化功能的，它与公平的关系并非如同冰炭，始终处在绝对对立之中。相反，市场经济本身需要相应的公平——竞争公平。

首先是参与竞争活动的公平，即每一个人都有自主选择参与竞争活动的权利，都有同等的机会支配社会资源。人们可以放弃参与竞争活动的权利，但首先必须拥有这个权利。

其次是竞争规则的公平，即规则"不偏不倚、一视同仁"，对所有参与竞争的主体具有同等效力。不仅如此，竞争的规则必须是人所共知的。

最后是在竞争结果面前人人平等，即参加竞争活动的主体必须承认和接受竞争的结局，不允许任何人凭借社会特权取得收益"附加权"和亏损"豁免权"。不论是赢家还是输家，只要你参与竞争并接受了竞争规则，你就必须承认和接受竞争的结果。

市场经济的竞争公平集中反映了商品交换的本质要求和交换当事人的基本关系。它的确具有一种催人奋进的机制。竞争公平是与市场经济相适应的。反过来说，没有竞争公平也就没有市场经济及其高效率。我注意到，这种公平强调的是程序，主要是一种竞赛规则的公平，它并不排除、否定作为竞争结果的个人收入的差别。但是，我们不能由结果的差别否定竞争本身的公平。就像百米赛跑，起跑线是同一的，竞赛规则对所有参赛者都是同一的，但运动员到达终点仍有先有后，导致这种结果差别的原因并不是竞赛本身，而是竞赛之外的因素，如运动员的生理、心理素质。

在我看来，两极分化、贫富悬殊这种社会不公并非导源于作为资源配置模式的市场经济本身，而是根源于至今仍在主导市场经济的资本主义生产方式。资本与劳动的分离，以及由此所决定的资本家对劳动者剩余劳动的榨取，才是两极分化、贫富悬殊的真正根源，这是一种由生产资料占有上的不平等导致的社会不公。正因如此，马克思提出了消灭私有制这一无产阶级的公平要求。

社会主义制度的建立消除了由生产资料占有上的不平等所导致的收入和财富两极分化的现象。以此为前提，社会主义市场经济要求机会均等、竞争公平、按劳分配。我以为，这是社会主义市场经济的基本原则，也是社会主义初级阶段首要的和根本的公平，全部社会公平的重建，都应以此为中轴。

社会主义市场经济首先要求机会均等，即每个人都享有平等生存、获取、发展的权利和机会；机会均等又内在地要求竞争公平，否则，机会均等便没有实际意义。相对于资本主义市场经济的竞争公平而言，这种机会均等、竞争公平是更高层次的公平，因为它不仅不承认任何社会特权以及种族、等级的差别，而且以否定生产资料占有上的不平等为前提。社会主义市场经济当然承认劳动者在个人自主活动能力和努力程度方面的差别，所以它强调"各尽所能"，强调具有同等能力、又付出同等努力的人可以获得同等的机会、收入和财富。这种机会均等、竞争公平的真正贯彻，实际上是劳动者主人翁地位及其之间平等关系的实现。

市场经济条件下的分配包括两种基本方式，即按资分配和按劳分配。

按劳分配是社会主义的基本分配原则，是社会主义市场经济的题中应有之义。按劳分配强调的是，在劳动的质量和效率面前人人平等。这无疑是一种公平。在社会主义初级阶段，劳动者的收入应当同他们的劳动所创造的价值成正比，由此造成的收入差别是一种公平，而不是不公平。对这种收入差别当然可以调节、"限制"，但是，这种调节、"限制"不能损害市场公平准则，不能从根本上损害按劳分配这一社会主义的基本原则。否则，我们只能重新回到平均主义。

当然，任何一种公平都是相对的，社会主义市场经济也不可能是一个绝对的"圆"，不可能解决所有的社会公平问题。其机会均等、竞争平等、按劳分配的原则是以默认劳动者个人天赋、技能的差异为前提的，这实际上也就默认了劳动者不同的工作能力是"天然特权"。然而，市场经济对这些具有不同工作能力的劳动者使用的却是同一尺度。从这一特定的意义上说，这是一种不公平。不仅如此，社会主义初级阶段还承认、允许由这种"天然特权"所导致的收入差别，并鼓励一部分人通过自己的劳动先富起来，这就形成了结果的不平等，即形成了个人在社会财富占有上的差别和不均。

问题在于，公平永远不能超出社会的经济结构以及由经济结构所制约的社会文化的发展，公平结构的"这些弊病"在社会主义初级阶段"是不可避免的"。我们不能由此否定机会均等、竞争平等、按劳分配本身的公平性，不能由此否定社会主义市场经济。面对这样一种"天然特权"以及由此造成的收入差别、财富不均，我们不能"杀富济贫"，强行拉平收入差距，人为地实现"均富"；不能"给最少受惠者的利益"以无条件的照顾，或者"给强者以不利条件"，由此来扼制劳动者个人天赋、能力的差异，以达到所谓的"公平优先"；也不能否定人们合法追求个人利益的正当性，要求所有人超越自己的基本利益去追求道德崇高，以达到"均贫富、等贵贱"的大同境界。在社会主义初级阶段，少数先进人物能够抑制自己的基本利益而追求道德上的自我实现，但大多数人不可能实现这种超越。否则，我们今天就可以进入共产主义社会。

在我看来，这种种做法实际上都是把公平原则抽象化、绝对化了，或者不可能持久存在，或者是道德乌托邦，不可能成为社会现实。彻底的唯物主义的态度是，强调人的才能后天培养的社会重要性和必要性，逐步解除各种约束人们能力发展的社会限制，逐步消除造成人们才能差异的社会根源和环境，从而逐步缩小收入差别、财富不均，实现共同富裕和人的全面发展。这一切都要以发展生产力为前提。在当代中国，重建社会公平，完善社会主义的公平结构必须以生产力的发展为前提和现实基础。没有生产力的高度发展，"那就只会有贫穷、极端贫困的普遍化"，而且"全部陈腐污浊的东西又要死灰复燃"（马克思语）。

价值与价值评价：一个再思考

在《1844年经济学哲学手稿》中，马克思提出了三个著名的论断：一是"贩卖矿物的商人只看到矿物的商业价值，而看不到矿物的美和特性"；二是"忧心忡忡的穷人甚至对最美丽的景色都没有什么感觉"；三是"对于没有音乐感的耳朵来说，最美的音乐也毫无意义，不是对象"。有的学者以此为依据，认为客体依存于主体，没有主体就没有客体。这是误读，也是误解。为什么？因为马克思的上述论断涉及的不是事实判断，即"是什么"，而是价值判断，即"应如何"。音乐，对于有没有音乐素养以及不同素养的人来说，领悟、诠释和评价显然是不一样的。对于没有音乐素养的人来说，音乐没有意义；对于有音乐素养的人来说，有意义；对于职业音乐家和爱乐者来说，意义又不一样，而有没有意义、有什么意义，属于价值范畴。这就是说，马克思的上述论断是关于客体对主体的意义和价值的判断。

何谓价值？从哲学的视角看，价值是主体与客体之间一种特定的关系，即主体与客体之间的意义关系。在实践活动和日常生活中，主体总是根据自己的需要掌握和占有客体，利用客体的属性满足自己的需要。因此，主体与客体之间存在着一种特定的关系，这就是，主体按照自己的需要对客体及其属性进行选择、利用和改造的关系，或者说，是客体属性对主体需要满足的关系。这种特定的关系就是价值关系，也就是人们通常所说的意义关系。某事、某物能够满足主体的需要，就是有意义、有价值的；不能满足主体的需要，就是没有意义、没有价值的。

我们不能仅仅从客体自身的属性来规定价值，认为价值是事物本身所固有的某种东西，与人无关；我们也不能仅仅从人自身出发来规定价值，认为价值就是人的兴趣、欲望、情感的表达，与事物无关。价值不是实体，既不能仅仅归结为客体，也不能仅仅归结为主体。价值是一种关系，是主体与客体之间的一种特殊关系，即意义关系。物及其属性是价值关系形成的客体依据，价值离不开客体及其属性，价值总是客体对主体的价值，没有客体，也不可能形成价值关系，具有特定属性的事物因此成为价值客体；人及其需要是价值关系形成的主体依据，只有人才是价值的创造者、实现者和享有者，才是价值的主体。客观事物本身并没有好与坏、善与恶、有用与无用、有利与无利、有益与有害之分，好与坏、善与恶、有用与无用、有利与无利、有益与有害，都是相对于人、相对于主体而言的。所谓环境危机实际上是人的危机，所谓益虫与害虫、水利与水灾，都是相对于人而言的。

价值关系生成于人对自然的改造过程中。没有人与自然之间的实践关系和认识关系，也就没有价值关系，价值关系就存在于人的实践活动和认识活动之中，并与实践关系和认识关系交织在一起。价值观念的形成既离不开实践活动，也离不开认识活动，价值判断是直接建立在对对象认识的基础上的。这就是说，有了人和人的活动，才产生了自然界原本不具有的价值现象，才形成了物与人之间的价值关系。客体及其属性是在人的活动中被发现、规定和改造的。人在需要的推动下从事实践活动，把自身之外的存在变成自己活动的对象，变成自己的价值客体。事物能否成为价值客体，不仅依赖于事物自身的属性，而且取决于人的实践水平。正如马克思所说，"对象如何对他来说成为他的对象，这取决于对象的性质以及与之相适应的本质力量的性质……因为我的对象只能是我的一种本质力量的确证"。同时，主体及其需要也是在人的活动中不断被改造，不断变化发展的。人的需要不是纯粹的动物性的需要，而是"从社会生产和交换中产生的需要"（马克思语），是随着实践活动的发展而不断变化的。正如马克思所说，"已经得到满足的第一个需要本身、满足需要的活动和已经获得的为满足需要而用的工具又引起新的需要"。"人以其需要的无限性和广泛性区别于其他一切动物"（马克思语）。

单纯的生理需要都是有限的，动物是这样，人也是如此。中国有句古语，那就是，日食三餐，夜眠八尺。但实际上，人的需要是无限的。这是因为，人的需要是在物质生产活动中不断被改造，不断变化发展的。生产越发展，需要也就越丰富；生产不仅满足需要，而且生产需要。所以，人的需要日益多样化、广泛化、无限化。更重要的是，人与人的需要也不是同一的。在阶级社会，剥削者与被剥削者、统治者与被统治者的需要甚至迥然不同。在《1844年经济学哲学手稿》中，马克思指出，在资本主义社会，"一方面所发生的需要和满足需要的资料的精致化，在另一方面产生着需要的牲畜般的野蛮化和最彻底的、粗糙的、抽象的简单化"。对于住在地下室的工人来说，光、空气等等，"都不再成为人的需要了"，"人不仅失去了人的需要，甚至失去了动物的需要"。在马克思看来，问题不仅在于两极分化带来了工人需要的异化，而且导致了人的需要本身也发生了异化，这就是，人的需要分化为人的需要与非人的需要，即正常需要与非正常需要，后者导致奢侈、畸形消费。在资本主义社会，"每个人都千方百计在别人身上唤起某种新的需要，以便迫使他作出新的牺牲，使他处于一种新的依赖地位，诱使他追求新的享受方式"（马克思语）。

这表明，需要的内容和满足，就是利益。从根本上说，为利益而斗争就是为满足需要而斗争。价值关系的核心是利益，价值关系本质上是利益关系。问题在于，尽管人人都有需要，但并不是每个人的需要都能得到满足。需要的内容及其满足方式、满足程度，取决于个人在社会关系，尤其是生产关系中的地位。所以，"每一个社会的经济关系首先是作为利益表现出来。"（恩格斯语）。作为利益的主体，可以是个体，可以是集体，也可以是社会。实际上，任何一个现实的个人必然同时具有这三层关系：既是个体，又属于某个集体包括阶级，同时还是社会的成员。因此，个人的利益是多层次的，既有个体利益，又有集体利益，还有社会利益，仅仅以个人利益作为价值评价的依据，显然会失之片面。

现存事物既是人们认识的对象，又是人们评价的对象。人们通过认识现存事物而真实地面对现实，通过评价现存事物合目的地改变现实，从而不断创造属人的世界。所谓评价，就是主体在对客体认识的基础上，把自身需要的内在尺度运用于客体，对主体与客体之间的价值关系进行评判。这种评判反映的是主体需要与客体属性之间的关系，表现为人们对客体能否满足主体的需要所作的肯定或否定的判断。正是在这个意义上，价值评价也就是价值判断。

就属于主体对客体的观念把握而言，价值评价仍然是一种认识活动。但是，价值评价又不同于对客体"是什么"的认识，而是一种特殊的认识。特殊在什么地方？特殊就"特殊"在，它是对某种事物能否满足人们需要的一种认识，是对客体"应当是什么"的认识，其着眼点是主体与客体之间的效用关系。所以，价值评价必须考虑主体的需要和利益，必须把主体的需要和利益作为内在尺度运用于评价的客体。如果说事实性认识追求的是对客体"是什么"或"是怎样"的认识，那么，评价性认识追求的则是"应该怎样"和"不应该怎样"的认识，表达的是主体肯定或否定什么的价值要求。

这就是说，价值评价必然包含着主体的意向、愿望和要求。用现在时髦的话来说就是，价值评价体现的是主体的"愿景"，而且不同主体有不同的"愿景"。任何一个个体、群体的评价方式都受到他们的需要和利益的制约，都受到反映这种需要、利益的立场和观点的制约，因此，价值评价必然具有多元性、多样化。中国有句古话，"人心有杆秤"。面对同一客体，不同的主体从不同的需要和利益、意向和愿望出发，必然会得出不同的价值评价。

我们应当明白，事实与评价不能等同，历史事实与历史评价也不能等同。事实属于客观进程，评价属于关于事实价值的主体判断；事实属于"彼时彼地"，评价属于"此时此地"。从来不存在一个没有立场和观点的价值评价，价值评价总是依据评价者的立场和观点的不同而不同，包括对历史事件、历史人物及其意义的评价。所有的历史学家都宣称自己是客观的、公正的，尤其是那些所谓的纯粹学者更是如此。除非是御用的历史学家，有意歪曲历史的历史学家是极少的，但这并不能保证对历史事件、历史人物的评价都是客观的、公正的。

在我看来，对同一历史事件、历史人物的价值评价出现多样化甚至矛盾性，其中有不同主体的学术水平问题，但更多的是学术水平背后的利益问题。价值评价的主体总是自觉不自觉地代表着某种利益。"人们奋斗所争取的一切，都同他们的利益有关。""利益是如此强大有力，以至顺利地征服了马拉的笔、恐怖党的断头台、拿破仑的剑，以及教会的十字架和波旁王朝的纯血统。"（马克思语）在历史研究以至整个社会科学研究中，现实的利益关系以及政治立场，犹如一只"看不见的手"牵引着研究的方向，从而使不同的主体对同一个历史事件、历史人物形成了不同的评价。比如，对秦皇汉武、唐宗宋祖、成吉思汗，毛泽东的评价显然不同于其他人的评价。在毛泽东看来，"惜秦皇汉武，略输文采。唐宗宋祖，稍逊风骚。一代天骄，成吉思汗，只识弯弓射大雕。俱往矣，数风流人物，还看今朝。"这是以词的形式评价历史人物。

实际上，只叙述而不解释的历史学是不存在的，只摆事实而不讲道理的"历史学"不是历史学，而是史料学，可问题在于，纯粹史料的编排也必然渗透着史料编排者的价值观。抛弃价值判断去追求历史的真相，去理解和解释历史事件、历史人物，这是不可能的。历史研究不可能排除价值观，而特定的价值观是传统文化、政治立场、阶级状况、现实利益以一种不声不响的方式长期浸润和濡化的结果。历史学家如何评价历史事件、历史人物，形式上是自主的，实际上是被他的历史观、价值观和政治立场决定的。有的学者站在特定的政治立场上，仅仅依据曾国藩的道德文章而片面夸大甚至无限放大他在历史中的实际作用，并作出了不恰当的评价。问题在于，历史人物的实际作用是客观的，而对历史人物实际作用的评价并不是都能同客观历史相吻合。这种背离实际上就是价值评价的失衡或混乱。在我看来，曾国藩可能是清王朝的中兴名臣，但他绝不是中华民族救亡的中兴名臣。

对同一个客体，不同的主体会有不同的价值评价，但这并不是说，所有的价值评价都是合理的。要使价值评价具有合理性，一要正确认识主体的实际需要，二要正确认识客体的实际状况，三要正确认识和把握主体实际需要与客体实际状况的关系。合理的、真正具有价值并富有教育意义的价值评价，必须尊重事实，以事实为基础。任何建立在歪曲事实甚至伪造事实基础上的价值评价，实际上是没有价值的价值评价。在这种价值评价中，历史事实变成了漂浮不定的泡沫。在我看来，历史研究应该追求事实与价值的统一。事实必须求真，理解必须求理，在此基础上，使价值评价趋向合理，使价值评价真正具有价值。

通过对事实与价值、事实认识与价值评价及其关系的探讨，可以得出这样一个结论，即人类活动以追求真理和创造价值为主题，真理原则与价值原则构成了人类活动的两个基本原则。真理与价值这两个基本原则，根源于人类活动的两个尺度。在《1844年经济学哲学手稿》中，马克思指出："动物只是按照它所属的那个种的尺度和需要来建造，而人却懂得按照任何一个种的尺度来进行生产，并且懂得怎样处处都把内在的尺度运用到对象上去"。马克思在这里所说的尺度是指规定性、规律性。"任何一个种的尺度"是指所有对象、客体的规定和规律；"内在尺度"则是指人、主体自身的规定和规律。人之所以高于动物，是因为人既能够认识、把握外在的即对象的尺度，又能够认识、把握自身的内在尺度，并力图在行动中把二者结合起来。

真理原则主要表明人的活动中的客观制约性，而价值原则主要表明人的活动中的主观目的性；真理是一元的，真理不会因为主体的不同而不同，而价值是多元的，不同的主体有不同的价值原则。真理原则与价值原则之间的矛盾是人类活动的内在矛盾。同时，真理原则与价值原则的统一又是人类活动的内在要求。真理原则与价值原则在人的活动中相互引导，人们总是不断从价值走向真理，从真理走向价值，从"应该"到"是"，从"是"到"应该"。在一定意义上说，社会发展史就是真理原则与价值原则矛盾运动的历史。人们一方面以真理为基础去创造价值，另一方面又以价值为动力去寻求真理。正是在真理原则与价值原则的相互作用、相互引导的过程中，人类不断地从必然走向自由。

价值观：价值关系应然状态的展示与期盼

　　在现实生活过程中，人们不断地追求和创造价值，同时也在不断地认识和评价价值。并逐步形成了价值观。何谓价值观？价值观就是人们基于生存和发展的需要，对事物的价值的根本看法，是关于如何区分好与坏、善与恶、符合意愿与违背意愿的总体观念，是关于应该做什么和不应该做什么的基本原则。作为解答人与世界关系的世界观，哲学不仅要回答人与世界的关系是什么的问题，而且要回答人与世界的关系应当怎么样的问题。前者属于真理观，后者属于价值观。在这个意义上，哲学是真理观和价值观的统一。

　　同世界观或人生观一样，价值观具有广泛性，涉及到社会生活的各个领域：在人与自然的关系中，有对实践活动和认识活动成果的评价；在人与社会的关系中，有对社会关系和社会制度的评价；在人与自我的关系中，有对自我价值和社会价值的评价，如此等等。各种价值评价都有自己特殊的标准和基本原则。就内容而言，价值观的根本是价值原则。有什么样的价值原则，就会有什么样的价值规范和价值理想，价值原则规定了价值观的性质。基督教的价值观以上帝为价值原则，并将之作为衡量一切价值的标准。个人主义的价值观以个人利益为价值原则，并将之作为评判其他一切价值的根据。马克思主义的价值观以个人与社会的辩证统一为价值原则，以人的全面而自由发展为最高价值。

价值原则总是渗透在价值规范中。我们经常说"规范"，规范是什么？规范的本意就是规则、标准或尺度，明确规定人应该怎样，不应该怎样。价值规范包括风俗习惯、伦理道德、政治法律等等，任何价值观都要通过价值规范具体化为如何行动的规范，才能引导人们的活动。有什么样的价值原则，就有什么样的价值规范。

确定的价值原则、价值规范必然导致确定的价值理想。价值理想是人们所追求的、具有现实可能性和合乎自己愿望的目标，它以对未来应然状态的规定和把握为内容。价值理想和价值信念、价值信仰属于同一序列的范畴。价值信念是关于价值理想的信念，是人们对价值理想抱有深刻信任感的精神状态；价值信仰则不仅表示人们对价值理想的认同，而且还意味着感情的皈依、真诚的信奉，表现了主体的最高价值追求。价值原则、价值规范、价值理想都属于价值观的内容。

价值观与价值关系既有联系又有区别。价值关系是一种客观的社会关系，是人与物、人与人之间的实际的利益关系。利与害、好与坏、得与失等等都不是单纯的主体的自我感受，而是实际的利益关系。比如，一个奴隶可以满足自己的奴隶地位，但并不能因此改变奴隶与奴隶主的价值关系，改变奴隶与奴隶制的价值关系。价值观则是在一定的历史条件和文化背景下，不同的人对价值关系的理解和把握。换句话说，价值观念不同于价值关系，价值关系是客观的社会关系，价值观念则是人们对客观的价值关系的观念把握。

价值关系之所以是客观的，关键在于这种关系依存的对象的客观性。比如，水对人的价值是不言而喻的，没有水，人就不可能生存，水资源的危机实际上是人的危机。为什么？这当然取决于水具有满足人的需要的物理、化学特性。如果没有水，人就会以死亡为代价表明人与水之间价值关系的客观性。同时，只有对象的客观属性还不能构成价值关系，人与事物之间要构成价值关系，还必须有人的特定的需要。没有人对水的需要，人与水之间就不可能形成价值关系。没有资本对劳动力的需要，没有工人就业的需要，资本家与工人之间的价值关系同样不能成立。人们的价值观的形成恰恰依赖于对自身需要的把握。

　　人的需要是价值关系形成的主体依据。人们正是基于意识到的需要对各种价值关系进行判断、反思和整合，才形成了价值观。不同的人有不同的需要和自我意识，从而形成不同的价值观。人的需要的多层次性，决定了价值观的多层次性；人的需要的社会性，决定了价值观的社会性；人的需要的历史性，决定了价值观的历史性。不存在一个抽象的、永恒不变的、适应于任何时代、任何民族、任何阶级的价值观。

　　价值观是人们在实际需要的驱动下，在自我意识的引导下，在实践活动的基础上形成的。每一个时代的价值观都是当时的物质生活方式、政治法律制度、观念文化传统等因素濡染、熏陶和塑造的结果。任何一个社会都是一方面通过法律、舆论和教育，有目的、有计划地把主导价值观或核心价值观灌输给每个社会成员；另一方面通过文化传统，将主导价值观或核心价值观在潜移默化中传递给每个社会成员，从而促使他们形成共同的价值观。个人接受社会主导价值观或核心价值观的过程，实际上就是通过自己的实践活动和人生经验对之加以选择和内化的过程。没有这种体会、理解、选择、接受、认同和内化，社会所提供的主导价值观或核心价值观就只能成为外在的规范，而不能成为人们自觉的价值意识。

　　在日常生活中，价值观构成了个人的心理定势。社会总是通过主导价值观、核心价值观告诉人们能做什么，不能做什么，从而为人们的社会活动、日常生活提供规则、标准和模式。通过主导价值观、核心价值观，特定的社会不仅为自身提供了价值理想和奋斗目标，引领社会发展方向，而且影响个人的价值取向，引导个体的价值选择和活动方向。所以，每一个社会都要确立自己独特的主导价值观、核心价值观，它造就一种氛围，形成一种力量，并通过多种渠道使这种价值观转化成为社会成员的个人价值观，形成社会的共同价值观，从而为人们提供共同的价值原则、价值规范、价值理想，形成共同的追求。

现实的价值观主要决定于不同人的社会地位，这种社会地位同时就是人们在价值关系中的地位。所以，任何一个社会都存在着多种价值观，它们反映了人们多样的生存条件、活动方式和利益关系。这种种不同的价值观之间存在着矛盾和冲突。价值观的冲突表现为个人与个人、个人与群体，以及群体与群体之间的价值观冲突，在效率与公平、自由与平等、利益与道义等一系列重要问题上，不同的民族、阶级、阶层以至个人往往有不同的乃至相反的看法；即使同一个民族、阶级、阶层以至个人在不同领域、不同方面的价值取向上也往往呈现出多变性和矛盾性。

但是，社会地位相同，价值观不一定就相同。同样是处于被剥削地位的工人，有起来反抗雇佣劳动制度的工人，有满足自己雇佣劳动地位的工人，也有赞美雇佣劳动的工人，他们的社会地位相同，但价值观念不一定相同。在阶级社会中，被剥削者接受剥削阶级的价值观念是普遍现象，在这种社会制度下利益受损的人反而赞美这种社会制度的现象也不罕见。之所以如此，是因为价值观与价值关系既有联系又有区别。价值观是人们对事物进行价值判断的尺度，属于主观的思想领域，价值关系是人们之间实际的利益关系，属于客观的社会关系。人们的价值观可能正确地反映了价值关系，也可能歪曲地反映了价值关系，二者并不是绝对一致的。实际上，价值观的形成是包括价值关系、经济关系、传统文化和社会教育积淀在内的复杂过程。

价值观的多样性及其冲突，往往带来价值失序的问题。因此，面对不同价值观之间的冲突，社会需要积极地进行核心价值观、主导价值观、共同价值观的建设。任何社会都有自己的核心价值观。一个存在着多种价值观的社会，必须建设一个同经济基础以及政治制度相适应，并能促成广泛社会共识的核心价值观，从而提供共同的思想道德基础，凝聚社会的意志和力量，引领社会发展的方向。一句话，核心价值观集中体现了特定社会的精神气质，构成了特定社会的精神支柱。

任何社会都要提倡共同的价值观，这个共同的价值观实际上就是统治阶级的价值观。处于统治地位的阶级利用自己掌握的教育、舆论、宣传工具，进行日积月累、代代相传的有形和无形的思想灌输，从而使自己的价值观成为社会的主导价值观，并力图使之成为社会的共同价值观。儒家价值观在中国封建社会中长期处于主导地位，就与长期以来封建社会统治者的倡导，与整个封建社会的教育，尤其是与科举制度和官吏任用的标准密不可分。价值观与日常生活的联系最为密切、最为直接。在日常生活中，人们每时每刻都在选择，都在评价，都在习惯性地按自己的行为标准进行活动；人们对事物这样看，而不是那样看，这样选择，而不是那样选择，实际上都包含着对事物的评价，都体现着这样或那样的价值观，而价值观的背后就是世界观，就是人生观。问题在于，在日常生活中，善与恶、利与害、美与丑这些价值判断往往被简单化为个人的兴趣和爱好，而更深层的世界观、人生观因此就处于重重迷雾之中。在"隐私"、"兴趣"、"爱好"等日常生活的合理要求中，世界观、人生观、价值观往往变得面目模糊难以辨识了。这是培育和践行社会主义核心价值观的一个难题。

任何社会都有自己的核心价值观，同时又存在着多种价值观。社会主义初级阶段存在着多种价值观，它们都有自己存在的根据与合法性，我们不能把社会主义价值观当做唯一的价值观，但我们又要注意，其他价值观存在着与社会主义核心价值观对立和冲突的可能性。培育和践行社会主义核心价值观，必须既反映时代精神，又反映民族精神；既反映社会主义的本质特征，又反映社会成员的共同利益，从而以社会主义核心价值观引领社会思潮，并为多元价值观之间的关系及其作用规定了一个合理的空间。价值观本身就有好与坏、境界的高与低的问题，好的、境界高的价值观既是对价值关系实际状态的正确反映，又是对价值关系应然状态的展示和期盼，社会主义核心价值观更是如此。因此，我们应当积极培育和践行社会主义核心价值观。

任何社会的核心价值观反映的都是该社会的本质特征和核心利益。中国封建社会的核心价值观，就是儒家的忠孝仁爱礼义廉耻。资本主义社会的核心价值观，就是私有财产神圣不可侵犯，以及以此为基础的个人本位。维护资本主义私有制既是资本主义国家机器、资本主义法律体系的核心任务，也是资本主义价值观的核心。社会形态的变化同时也就是核心价值、核心价值观的变化。由资本主义转变为社会主义是社会形态的根本变革，这一变革在价值观上的标志，就是核心价值的变化。在培育和践行社会主义核心价值观时，我们应当明白，社会主义社会的核心价值与以往社会的核心价值不存在继承的问题，因为社会主义对资本主义的变革同时也是对资本主义以及封建主义核心价值的变革；在培育和践行社会主义核心价值观时，我们应当注意，不能简单地移用西方资本主义社会、中国封建社会现成的核心价值观，因为它们不能反映社会主义的本质特征和人民地位的根本变化。离开了社会主义的本质特征和核心利益，是无法培育和践行社会主义核心价值观的。社会主义核心价值观应该也必须反映社会主义的本质特征和核心利益，应当也必须是社会主义社会价值关系应然状态的展示和期盼。

任何社会大变动时期都会发生价值重估的问题，主要表现为对传统价值观念的重估。西方的启蒙运动，是对古希腊罗马时期关于人的思想的一次重估，是被中世纪神学所压抑的古代人文思想的一次重生。中国的"五四"运动，是对中国传统文化的一次重估，是科学和民主思想在中国的一次重生。当代新儒家关于"五四"运动的评价则是一次对重估的重估。价值重估的积极作用是纠正人们对传统价值观念的片面认识，消极作用是促使传统价值体系的崩溃，从而使社会在思想观念上处于无序状态。信仰危机的实质是价值观的危机。当代中国正处在一个大变革时期，这一变革最突出特征和最重要意义就在于，它把现代化、市场化和社会主义改革这三重重大的社会变革浓缩在同一个时空中进行了，构成了一场前无古人、艰难复杂的伟大的社会变迁，它必然引发价值重估的问题，也必然为重建社会主义价值观开辟广阔的思维空间和社会空间。

人文关怀的取向与历史尺度的坚守

当马克思研究社会发展时，的确强调历史必然性，确立了历史尺度，但马克思并没有否定伦理原则、价值尺度，而是把伦理原则、价值尺度置于历史尺度的基础之上。为此，马克思提出了两个相关的观点，即"从纯粹人的感情上来说"和"从历史观点来看"。这两种观点实际上就是价值观与历史观、伦理原则与历史尺度的统一。在研究东方社会的过程中，马克思始终是运用价值尺度和历史尺度的统一来评价东方社会及其历史命运的。

马克思深切地关注着东方社会所遭受的特殊的悲惨命运："从纯粹的人的感情上来说，亲眼看到这无数勤劳的宗法制的和平的社会组织崩溃、瓦解、被投入苦海，亲眼看到它们的成员既丧失自己的古老形式的文明又丧失祖传的谋生手段，是会感到悲伤的。"马克思怀着极大的义愤，从人道主义情怀出发，痛斥西方资产阶级对东方社会海盗式的掠夺行为，揭露西方资产阶级的野蛮本性和极端虚伪性："当我们把目光从资产阶级文明的故乡转向殖民地的时候，资产阶级文明的极端伪善和它的野蛮本性就赤裸裸地呈现在我们面前，它在故乡还装出一副体面的样子，而在殖民地它就丝毫不加掩饰了。"

在马克思看来，西方资产阶级在"亚洲式的专制"基础上建立起一种"欧洲式的专制"，使东方社会的"个人和整个民族遭受流血与污秽、穷苦与屈辱"，过着一种"失掉尊严的、停滞的、苟安的生活"。东方社会被强行纳入到资本主义世界体系中，不啻是一场灾难，而且这场灾难同过去所遭受的所有灾难相比，"在本质上属于另一种，在程度上也不知道要深重多少倍"，具有一种"特殊的悲惨的色彩"。如同19世纪初的德国那样，东方社会"不仅苦于资本主义生产的发展，而且苦于资本主义生产的不发展"；"除了现代的灾难而外"，压迫东方社会的还有"许多遗留下来的灾难，这些灾难的产生，是由于古老的、陈旧的生产方式以及伴随着它们的过时的社会关系和政治关系还在苟延残喘"。

马克思在探讨东方社会发展道路时无疑抱持着深切的人文关怀。马克思深知生产力的发展必然导致旧的社会主体的衰落和新的社会主体的崛起。新的社会主体与生产力的发展相一致，其不仅追求自身的利益，而且把其他阶级的利益纳入到自己的利益体系之中并使之从属于自己；人类整体利益的实现，不仅要以同生产力发展相一致的新的阶级利益的实现为中介，而且要以牺牲同生产力发展不一致的、有碍新的阶级利益实现的其他阶级的利益为代价。这种历史必然性不仅体现在民族或国家发展的历史进程中，而且体现在不同民族或国家交往的历史进程中，体现在资产阶级开创世界历史的进程中。这是历史进步过程中的代价，难以避免，但人们可以"缩短和减轻"这种"分娩的痛苦"。

所以，当马克思提出跨越"卡夫丁峡谷"的设想时，其出发点之一就是想使俄国的未来发展避免资本主义制度所造成的"波折"、"痛苦"和"致命危机"，同时"吸取资本主义制度所取得的一切肯定成果"。如果俄国公社"在现在的形式下事先被引导到正常状态，那它就能直接变成现代社会所趋向的那种经济体系的出发点，不必自杀就能获得新的生命"（马克思语）。

可是，马克思并没有停留在这种"道德愤怒"和伦理原则上。在马克思东方社会理论中，伦理原则以及人道主义的价值尺度，并不是所谓的人的本质及其自我实现的要求，而是与经济条件、历史尺度密切相关，并具有内在的统一性。所以，在提出"从纯粹的人的感情上来说"的同时，马克思又提出"从历史观点来看"东方社会以及西方资产阶级对东方社会的入侵。

马克思清醒地意识到西方社会在当时属于先进的社会形态，东方社会则是落后的社会形态，并明确指出："我们不应该忘记：这些田园风味的农村公社不管看起来怎样祥和无害，却始终是东方专制制度的牢固基础，它们使人的头脑局限在极小的范围内，成为迷信的驯服工具，成为传统规则的奴隶，表现不出任何伟大的作为和历史首创精神"，"它们使人屈服于外界环境，而不是把人提高为环境的主宰；它们把自动发展的社会状态变成了一成不变的自然命运"。因此，"道德义愤"只是马克思"从纯粹的人的感情上"来说的，只是马克思看待西方资产阶级侵略东方社会的一个视角。另一个视角仍然是"历史观点"。

社会进步的物质基础是生产力，生产力是社会发展的最终决定力量，是社会进步的最高尺度。存在于某种生产关系、社会形态中的生产力如果能以其应有的速度向前发展，就表明这种社会形态存在的必要性和价值；反之，则不能继续存在。在此，任何道德的愤怒都无济于事，道德尺度应该也必须服从历史尺度。所以，马克思多次提出"从纯经济观点来看"、"从历史观点来看"东方社会问题，始终坚守历史尺度，并以此为基础评价东方社会的历史与现实，以及西方资产阶级对东方社会的侵略行为。

按照马克思的观点，西方资产阶级是在"极卑鄙的利益驱使"下入侵东方社会的，在主观上绝不是要使东方社会资本主义化，而是要使东方社会殖民化。但是，在殖民化的过程中，西方资产阶级给东方社会"带来"、"导入"了新式工业，打破了东方社会的自然经济结构，在客观上造就了有利于东方社会发展资本主义和工业文明的条件，客观上"在亚洲造成了一场最大的，老实说也是亚洲历来仅有的一次社会革命"，从而"充当了历史的不自觉的工具"。"问题在于：如果亚洲的社会状况没有一个根本的革命，人类能不能完成自己的命运？如果不能，那么，英国不管干了多少的罪行，它造成这个革命，毕竟是充当了历史的不自觉的工具。"（马克思语）正是在这个意义上，马克思指出："无论古老世界崩溃的情景对我们个人的感情是怎样难受，但是从历史观点来看，我们有权同歌德一起高唱：'既然痛苦是快乐的源泉，那又何必因痛苦而伤心？'"

正是从历史观点出发，东方社会的"崩溃"，没有使马克思感到惋惜；对古老帝国的"死去"，马克思的态度极为冷峻。在东方社会与西方社会的冲突中，东方社会"激于道义"，"维护道德原则"，西方社会则"以发财的原则与之对抗"，以"获得贱买贵卖的特权"，结果是东方社会"崩溃"，古老的帝国"在这样一场殊死的决斗中死去"。伦理尺度与历史尺度在这里处于对立和离奇的冲突之中，社会进步伴之以民族灾难为代价，古老的东方社会以其惨痛的代价换取了某种社会进步。"这的确是一种悲剧，甚至诗人的幻想也永远不敢创造出这种离奇的悲剧题材"（马克思语）。

这里的悲剧不仅是一个美学范畴，而且是一个历史范畴。马克思用"悲剧"这一范畴显示了东方社会在与西方社会进行"殊死决斗"的过程中难以避免的失败及其客观原因，从而说明伦理原则、人文关怀必须以历史尺度为基础。在马克思看来，"只有在伟大的社会革命支配了资产阶级时代的成果，支配了世界市场和现代生产力，并且使这一切都服从于最先进的民族的共同监督的时候，人类的进步才会不再像可怕的异教神怪那样，只有用被杀害者的头颅做酒杯才能喝下甜美的酒浆。"马克思的东方社会理论的确具有人文关怀的取向，但它的理论基础是历史尺度，即建立在历史规律的基础之上。这是一种伦理原则和历史尺度相统一的方法，体现了价值观和历史观的统一。

读书札记

邓小平哲学思想的特色

——读《邓小平文选》

邓小平创立了中国特色社会主义理论，这已为众所周知，但如何理解这一理论的哲学基础却众说纷纭。从根源上看，中国特色社会主义理论的哲学基础当然是马克思主义哲学。但是，中国特色社会主义理论毕竟是当代中国的马克思主义，它有其特定的时代背景和思考侧重点，因而也就有其特定的哲学基础。从直接性上看，中国特色社会主义理论的哲学基础就是邓小平的哲学思想。在邓小平关于中国特色社会主义的总体构想中，深藏于背后并渗透于每一个具体构想中的，就是其哲学思想，一种高超的哲学智慧。

的确，邓小平没有写过哲学专著或哲学论文直接阐发他的哲学思想，而且《邓小平文选》中的文章大多是谈话、对话，使用的语言大多也是普通语言，较少涉及专门的哲学术语，但由此否定邓小平的哲学思想，却是一种理论近视。就哲学思想的表述来说，专著、论文是一种形式，谈话或对话也是一种形式。辩证法的本意就是谈话，通过谈话或对话揭示真理。苏格拉底、贝克莱、狄德罗、伽达默尔、哈贝马斯等西方哲学家无不认为谈话或对话是表达哲学思想的一种有效方式，而作为中国传统文化源头的《论语》，实际上就是孔子的谈话录。

当然，邓小平谈话的内容与他们不同。但是，邓小平正是通过谈论中国和世界的一系列重大问题直接或间接地涉及到一系列重要的哲学问题，从而表述了自己独特的哲学思想，如实事求是与解放思想的关系问题、科学技术是第一生产力问题、社会发展及其标准问题、现时代的主题问题、社会主义的发展模式问题，等等。研读《邓小平文选》可以看出，邓小平关注的焦点就是中华民族以至全人类的生存和发展方式问题，并明确指出："中国的主要目标是发展"；"应当把发展问题提到全人类的高度来认识，要从这个高度去观察问题和解决问题。"人类生存和发展方式，包括科学技术的地位和作用问题正是当代哲学家关注的问题。这一点，看看海德格尔晚期著作、哈贝马斯等人的著作便一目了然。在我看来，在邓小平的谈话、对话及其所使用的普通语言中包含着深邃的理论见解和丰富的哲学内涵。

实际上，哲学从其诞生就表现为两种形态：一种是以各种特定的范畴、规律出现的逻辑化了的哲学，这种哲学更多的是一种哲学知识；另一种则是深悟哲学的精神实质，并能将哲学的观点和方法艺术地渗透到现实的社会活动中，形成一种总体的辩证的思维方式以及工作方法，这是活的哲学运动。邓小平的哲学思想无疑属于后者，它根源于马克思主义哲学，孕育于毛泽东哲学思想之中，直接产生在邓小平独特的实践活动之中，并通过其具体的思考过程和活动过程显示出来。这是一种与当代中国实践交织在一起的活的哲学运动。

按照邓小平的观点，"现在我们的干部中很多人不懂哲学，很需要从思维方法、工作方法上提高一步。"这就是说，哲学的主要功能是方法论，是为人们提供正确的思维方法和工作方法。邓小平的这一观点是深刻的。马克思主义哲学不仅是一种世界观，更重要的，它是一种方法论，或者说，提供方法论是马克思主义哲学安身立命之本。恩格斯以其远见卓识早就向人们宣布："马克思的整个世界观不是教义，而是方法。它提供的不是现成的教条，而是进一步研究的出发点和供这种研究使用的方法。"

从根本上说，马克思主义哲学提供的是一种科学的方法论，揭示了思维向真理运动的途径和实践改造世界的方法。方法是人们用来认识、把握和改造世界的手段和程序。世界观和方法论达到一致的过程，本质上是人们自觉认识到客观规律，并把它们转化为认识手段和程序，转化为主体行动规则的过程。邓小平深深地理解这一点，他"尊重生活和历史的辩证法"，并把它们转化为哲学方法论贯彻到自己的思维活动和实践活动中。

邓小平首先是一个唯物主义者。和毛泽东一样，邓小平也认为实事求是是马克思主义的基本原则。与毛泽东不同的是，邓小平把实事求是与生产力标准联系起来并融为一体了，形成了以生产力标准为根本原则的彻底的唯物主义。邓小平多次提到"彻底的唯物主义"这一概念。从形式上看，彻底的唯物主义就是"实事求是地肯定应当肯定的东西，否定应当否定的东西"（邓小平语）；从内容上看，彻底的唯物主义就是要以是否有利于发展生产力作为检验路线、方针、政策是否正确的根本标准，作为检验某种社会体制或制度是否值得肯定和保留的根本标准。一句话，彻底的唯物主义就是以生产力为根本标准肯定应当肯定的东西，否定应当否定的东西。

一代辩证法大师毛泽东生前多次赞誉邓小平善于照辩证法办事，的确如此。善于照辩证法办事构成了邓小平理论和实践的特色。不过，邓小平并没有去简单地重复辩证法的各种经典术语，并没有去构建一个从概念到概念的辩证法体系，也没有仅仅从世界观的层次上看待辩证法，而是把辩证法推进到工作方法的实践层次上，形成了一种自觉的全面运筹的社会活动的辩证法。这种全面运筹的社会活动的辩证法就是要使现实社会中的各种矛盾相互对照、配合，达到相称，从而使社会良性运行。邓小平辩证法思想的主线仍是矛盾，其特点在于，关注矛盾能在其中运动的形式，创造中国现代化的各种矛盾能在其中良性运行的形式。

邓小平的历史观是以开放的世界为基石的世界历史观。"现在的世界是开放的世界。"（邓小平语）开放的世界的形成增强了各个民族或国家之间的共生性，这种共生性决定了任何一个民族或国家不可能长久地孤立于世界历史的进程之外，如同人的肢体不能孤立于血液循环系统之外一样。在当代，任何一个民族或国家只有同整个世界的生产发生实际联系，并利用先进的生产方式来发展自己，才能获得发展的爆发力，从而以跳跃式的发展进入现代化的行列。历史已经证明，没有一个国家能够在孤立的状态下实现现代化。"中国的发展离不开世界。"（邓小平语）邓小平的见解具有深刻的内涵，实际上揭示了人类交往活动的相加效应规律与封闭行为的重复效应和衰减规律。

我断然拒绝这样一种观点，即邓小平理论"没有界定明确的哲学深度"。没有一种博大精深的哲学思想，邓小平不可能形成一种"总设计师"的思维方式，不可能创立恢弘的中国特色社会主义理论。这是一种与实践活动交织在一起的活的哲学，一种与民族精神的搏动融合在一起的希望哲学。以前，哲学探索到的是真理，但它离我们遥远；今天，哲学就在我们的活动中，它使我们感到真实。在经典的象牙塔中待久了，哲学就会成为一种玄思，它是符号、逻辑、概念群的运转。我并不否认这种至深至玄的思辨，因为我就在其中。然而，对于邓小平哲学思想却不能这样理解。你要到这里来寻找经典哲学术语，这几乎是一种空想；按照经典哲学的框架来操作，你将一无所获。在我看来，邓小平虽然没有直接阐述其哲学思想，但由于他深悟哲学的实质，同时又由于他与中国半个多世纪的发展息息相关，因而在新的时代能够以改革开放和现代化建设总设计师的身份，无比广阔地展开了他那独具特色的哲学思想。只有从这一特殊的途径，我们才能发现邓小平的哲学思想。

艰难中的创造

——读《社会学大纲》

1937 年，李达出版了《社会学大纲》。这部马克思主义哲学教科书以马克思的《〈黑格尔法哲学批判〉导言》、《1844 年经济学哲学手稿》、《神圣家族》、《关于费尔巴哈的提纲》、《德意志意识形态》、《共产党宣言》、《资本论》，恩格斯的《反杜林论》、《路德维希·费尔巴哈和德国古典哲学的终结》，列宁的《唯物主义和经验批判主义》、《哲学笔记》等著作为依据，以哲学基本问题及其科学解答为基本线索，以辩证法、认识论和逻辑学三者同一为基本原则，建构了马克思主义哲学教学体系。

具体地说，《社会学大纲》所建构的马克思主义哲学体系是：第一篇 唯物辩证法：第一章 当作人类的认识史的综合看的唯物辩证法；第二章 当作哲学的科学看的唯物辩证法；第三章唯物辩证法的诸法则；第四章 当作认识论和论理学看的唯物辩证法。第二篇 当作科学看的历史唯物论：第一章 历史唯物论序说；第二章 布尔乔亚社会学及历史哲学批判。第三篇 社会的经济构造：第一章 生产力和生产关系；第二章 经济构造之历史的形态。第四篇 社会的政治建筑：第一章 阶级；第二章 国家。第五篇 社会的意识形态：第一章 意识形态的一般概念；第二章 意识形态的发展。

可以看出，《社会学大纲》在体系安排上深受苏联马克思主义哲学教科书的影响，李达本人就是苏联马克思主义哲学教科书中文版的翻译者之一，苏联马克思主义哲学教学教科书是他撰写《社会学大纲》的参照系。从总体上看，《社会学大纲》仍然实行辩证唯物主义与历史唯物主义的"二分结构"，并认为"历史唯物论是把辩证唯物论运用于社会的认识理论"，"所谓辩证唯物论与历史唯物论的关联，这句话的本来的意义，就是彻底地把辩证唯物论应用并扩张于历史的领域。只有彻底地把辩证唯物论扩张于人类社会或历史的领域，才能使辩证唯物论更趋于深化和发展"。在整体结构和理论体系上，《社会学大纲》没有超出苏联马克思主义哲学教科书。

但是，我注意到，同苏联马克思主义哲学教科书相比，《社会学大纲》不仅具有列宁、恩格斯的"元素"，而且具有更多的马克思的"元素"，尤其难能可贵的是，它阐述了《1844年经济学哲学手稿》、《关于费尔巴哈的提纲》、《德意志意识形态》的一些重要观点。《社会学大纲》高度评价了《1844年经济学哲学手稿》，认为它为"马克思的彻底的哲学唯物论"奠定了基础，其中，根本契机是把黑格尔辩证法中的实践概念"放在唯物论的基础上展开出来，引入于唯物论之中，给唯物论以新的内容、新的性质"，正是基于对实践的正确理解，马克思"建立了实践的唯物论"，达到唯物辩证法这一"统一的世界观"。

《社会学大纲》明确提出"当作实践的唯物论看的唯物辩证法"这一命题，并认为"辩证法的唯物论，以劳动的概念为媒介，由自然认识的领域扩张于历史认识的领域，使唯物论发生了本质的变化，变成了实践的唯物论";"实践唯物论,把实践当做历史的——社会的范畴,解释为感性的现实的人类的活动,并把它作为认识论的契机,所以能够在其与社会生活的关联上去理解人类认识的全部发展史,因而克服观念论哲学的抽象性与思辨性,而到达于唯物辩证法";"实践的唯物论,由于把实践的契机导入于唯物论,使从来的哲学的内容起了本质的变革"。

同时,《社会学大纲》对辩证唯物主义与历史唯物主义的关系也有自己独特的见解:一方面,自然辩证法是唯物辩证法的基础,历史唯物主义是辩证唯物主义在历史领域的"应用"和"扩张";另一方面,马克思、恩格斯"首先阐明了历史领域中的辩证法,其次由历史的辩证法进到自然辩证法,而在社会的实践上统一两者以创出科学的世界观的唯物辩证法"。唯物辩证法是唯物辩证的历史观和自然观的"综合"和"统一",而二者统一的基础则是科学的实践观。正是基于对实践意义的正确理解,马克思发现了"人与自然相结合的媒介",发现了人类社会的物质基础,在把唯物辩证法从历史领域"贯彻于"自然领域的同时,又把唯物论从自然领域"扩张于"历史领域,从而"建立彻底的唯物论、统一的世界观"。

显然,《社会学大纲》对辩证唯物主义与历史唯物主义内在关联的理解有明显的逻辑矛盾,而且没有把科学的实践观作为马克思主义哲学的核心观点贯彻始终。但是,《社会学大纲》已经在一定程度上意识到科学的实践观是马克思主义哲学的理论基础,意识到实践唯物主义与历史唯物主义、辩证唯物主义存在着内在联系,意识到实践唯物主义的创立是哲学史上革命变革的契机。所以,在马克思主义哲学体系的安排上,《社会学大纲》力图用劳动——实践范畴连接辩证唯物主义与历史唯物主义。

这表明,《社会学大纲》接受的既有"打上了俄罗斯印记的列宁主义与斯大林模式",又有"经典意义上的马克思主义";既受到当时苏联哲学论战,如"辩证法派"与"机械论派"、米丁与德波林论战的影响,又有对当时国内哲学论战，如关于中国社会性质、中国社会史、唯物辩证法论战的总结；既受到苏联马克思主义哲学教科书的重要影响，又凝聚着中国学者对马克思主义哲学的独特理解，在一定程度上体现了中国学者的独创性。20世纪30年代，中国人民正处在抗日战争的艰难岁月，而李达在这样的艰难岁月中从事马克思主义哲学研究，力图为中国人民提供"精神武器"，体现了巨大的理论勇气和政治勇气。《社会学大纲》可谓艰难中的创造。

《社会学大纲》在当时就产生了很大的影响，直接影响到毛泽东写作包括《实践论》、《矛盾论》在内的《辩证法唯物论提纲》。毛泽东后来高度评价《社会学大纲》，认为"《社会学大纲》就是中国人自己写的第一本马克思主义哲学教科书"。毛泽东可能忽略或没有看到瞿秋白的《社会哲学概论》，所以误把李达的《社会学大纲》看作是"中国人自己写的第一本马克思主义哲学教科书"。实际上，瞿秋白的《社会哲学概论》才是中国人自己写的第一本马克思主义哲学教科书。

但是，无论是对西方哲学史的分析，还是对马克思主义哲学史的考察，无论是对马克思主义哲学经典著作把握的广度，还是对马克思主义哲学基本观点阐述的深度，无论是对马克思主义哲学基本范畴界定的准确性，还是对马克思主义哲学体系建构的完整性，《社会学大纲》都比《社会哲学概论》以及同一时期的马克思哲学教科书高出一等。应该说，《社会学大纲》是中国人以自己的表述方式撰写的第一部全面、系统、透彻阐述马克思主义哲学基本原理的教科书，代表着新民主主义革命时期中国马克思主义哲学研究的最高水平。

曲折中的探索

——读《马克思主义哲学基础》

由艾思奇主编的《辩证唯物主义 历史唯物主义》标志着辩证唯物主义与历史唯物主义体系在中国的确立。然而，1961年，就在《辩证唯物主义 历史唯物主义》修改完毕，即将出版之际，毛泽东又嘱咐李达另编一本马克思主义哲学教科书。1965年，毛泽东在阅读李达主编的《马克思主义哲学大纲》（内部讨论稿）时，否定了苏联马克思主义哲学教科书把质量互变规律、对立统一规律和否定之否定规律并列的形式，明确指出："旧哲学传下来的几个规律并列的方法不妥"，明确批写："不必抄斯大林"。李达主编《马克思主义哲学大纲》实际上开始了中国学者对马克思主义哲学体系的新探索。然而，由于"文化大革命"，李达主编的《马克思主义哲学大纲》上册没有出版，下册没有写完，这一探索中断了。中国学者对马克思主义哲学体系的新探索刚刚开始，就出现了曲折。

真正重启对马克思主义哲学教学新探索的，是由高清海主编，1985、1987年出版的《马克思主义哲学基础》（上、下册）。这是曲折中的探索。

《马克思主义哲学基础》认为，马克思主义哲学是"关于外部世界和人类思维的运动的一般规律的科学"，并明确提出："马克思主义哲学就是辩证唯物主义"，"'辩证的'唯物主义，标示出了马克思主义唯物主义整个理论内容与旧唯物主义不同的性质"；实践是马克思主义哲学全部理论内容的核心，马克思主义哲学"把实践的观点提到首要和基本观点的地位"，"并且把这一原则彻底贯彻到哲学全部内容之中，建立了以实践为基础、与实践内在统一的哲学体系"，从而实现了哲学史上的革命性变革。

依据这一原则，《马克思主义哲学基础》建构了一种新的马克思主义哲学体系：绪论——马克思主义哲学是科学的世界观认识论方法论的统一。第一篇 意识与存在的关系——认识的基本矛盾：第一章 人类认识的基本矛盾及其历史发展；第二章 马克思主义哲学对存在与意识关系的科学解决；第三章 客体的规定性；第四章 客体的规律性；第五章 世界统一于运动着的物质。第二篇 主体——人作为主体的规定性及其主体能力的根据和发展：第六章 人作为主体的基本规定性；第七章 主体能力的自然基础；第八章 主体的社会规定性。第三篇 主体与客体的统一——在实践基础上真善美的统一与自由的实现：第九章 主客体统一的规定性；第十章 实践；第十一章 认识；第十二章 自由。

《马克思主义哲学基础》明确否定了马克思主义哲学是辩证唯物主义与历史唯物主义这一提法，以及依据这一提法而定型的马克思主义哲学体系，认为历史唯物主义既是辩证唯物主义得以形成的基础，同时又是体现在历史观上的辩证唯物主义，就理论性质而言，辩证唯物主义与历史唯物主义是一般世界观和历史观的关系，二者在内容和观点上是相互内在地包含的，而不是外在地结合在一起的。因此，把辩证唯物主与历史唯物主义拆开并列起来，变成外在结合的联系，不符合辩证唯物主义与历史唯物主义所固有的内在的统一关系。

正因为如此，《马克思主义哲学基础》突破了辩证唯物主义与历史唯物主义的"二分结构"，在阐述"辩证唯物主义的物质观"时就说明了社会的物质性，包括社会存在、社会发展是自然—历史过程，以及自然的物质性与社会的物质性的关系，并以意识与存在的关系这一认识活动的基本矛盾为基本线索，以客体的规定性、主体的规定性、主体与客体的统一，以及自由的实现为逻辑结构，展示出一种新的马克思主义哲学体系。

同时，《马克思主义哲学基础》明确提出，实践的观点是马克思主义哲学首要的和基本的观点，并力图把实践原则作为马克思主义哲学体系的建构原则。按照《马克思主义哲学基础》的观点，"实践是马克思主义哲学全部理论内容的核心"，马克思主义哲学正是从实践活动出发去理解主体与客体及其相互关系的，"从此哲学理论才既摆脱了停止于外部偶然联系的直观性，又摆脱了追求抽象本体的超验性，成为以揭示客观规律为主要内容、具有可检验性的科学理论"。

这就突破了苏联马克思主义哲学模式对实践范畴的认识论限定，而将其上升到马克思主义哲学的理论核心和建构原则的高度，上升到主体与客体分化和统一基础的高度，并明确指认了实践在马克思主义哲学本体论、历史观和认识论中的整体性地位，力图建构以实践观点为理论基础和逻辑中介的马克思主义哲学教学体系。

在我看来，这是一个重大的理论突破，标志着《马克思主义哲学基础》具有独特的理论地位，即中国第一本突破苏联马克思主义哲学模式的马克思主义哲学教科书。

但是，我又不能不指出，《马克思主义哲学基础》留下了两个理论难题：

一是明确提出实践观点是马克思主义哲学的首要观点和理论核心，

但在具体阐述马克思主义哲学基本观点时，又没有把这一首要观点、理论核心贯穿始终。相反，只是在阐述了客体规定性、主体规定性之后，在第四篇第十章，即"主体与客体的统一"才对实践观点作出阐述。更重要的是，没有把实践的观点同客体的规定性、规律性有机结合起来，辩证法仍游离于实践观之外。

二是强调历史唯物主义对马克思主义哲学的形成具有特殊的意义，认为历史唯物主义是辩证唯物主义得以形成的基础，"关于实践的理论既是发现唯物史观的必然结果，又是唯物史观的基本内容"，但又提出"不能由此就认为，马克思主义哲学主要就是历史唯物主义"，在马克思主义哲学中，"基础理论"，"就是辩证唯物主义"，历史唯物主义则是把辩证唯物主义运用于历史领域的"中介性理论"，是体现在历史观上的辩证唯物主义。

这是一个逻辑矛盾。实际上，在马克思主义哲学中，并不存在一个独立的、作为理论基础的辩证唯物主义，也不存在一个独立的、具有运用性质的历史唯物主义。历史唯物主义本身就是"真正批判的世界观"。在《马克思主义哲学基础》中，历史唯物主义的世界观意义被忽视了，历史唯物主义的一些重要观点被淡化了。这的确是一个遗憾。

夕阳中的黄昏

——读《哲学导论》

20世纪80年代开始，苏联学者开始全面反思辩证唯物主义与历史唯物主义的体系，重新探讨马克思主义哲学体系。

1982年，《哲学问题》第12期发表编辑部文章，在苏联历史上首次提出，要从根本上反思辩证唯物主义与历史唯物主义的体系，认为这一体系的根本缺陷就在于，分开阐述辩证唯物主义与历史唯物主义，把二者解释为两个独立的哲学学科，忘记了"二者的本质同一"。

1985年，格列察内、卡拉瓦耶夫、谢尔热托夫在《列宁格勒大学学报》第13期上发表《论辩证唯物主义和历史唯物主义的本质同一》一文，对辩证唯物主义与历史唯物主义的本质同一进行了深入分析，认为辩证唯物主义与历史唯物主义不是整体与部分、一般与特殊的关系，不是马克思主义哲学结构上的两个组成部分，而是马克思主义哲学的两个相互补充的特征；社会是人同自然界的统一，超出社会存在，就没有意识与存在的关系，唯物主义的辩证性质只有在历史唯物主义的形式中才成为可能，历史唯物主义是唯物辩证法的集中体现，而实践则是把辩证唯物主义与历史唯物主义整体化为统一的完整学说的哲学范畴；辩证唯物主义与历史唯物主义的统一不是结构上的统一，而是实质上的统一，是统一的有机整体，统一的科学体系；辩证唯物主义与历史唯物主义体系的根本缺陷在于，在一个完整的马克思主义哲学中形成两个对象、两种"存在"、两种唯物主义以至两个学科，从而造成了"本体论断裂"。所以，必须"摒弃辩证唯物主义——历史唯物主义的图式"。

由此，苏联哲学界开始全面反思辩证唯物主义与历史唯物主义体系，重新探讨马克思主义哲学体系。在这个过程中，1989 年，苏联出版了弗罗洛夫主编的《哲学导论》。

《哲学导论》分上、下两卷共 18 章。上卷 哲学的形成和发展。第一章 哲学及其使命、意义和功能；第二章 哲学的产生及其历史类型；第三章 马克思主义哲学的形成和发展；第四章 20 世纪的非马克思主义哲学。下卷 理论和方法论：问题、概念、原理。第五章 存在；第六章 物质；第七章 辩证法；第八章 自然界；第九章 人；第十章 实践；第十一章 意识；第十二章 认识；第十三章 科学；第十四章 社会；第十五章 进步；第十六章 文化；第十七章 个性；第十八章 未来。下卷的"理论和方法论"的章节顺序安排和上卷的"哲学的形成和发展"的章节顺序是相互关照的，以体现逻辑和历史的统一，体现哲学知识的整体性及其发展的阶段性和连续性，体现马克思主义哲学是在批判继承人类文化优秀成果的基础上产生的，是在创造性地研究当代社会现实和文化成果的基础上发展的。

《哲学导论》的书名是中性提法，但它对马克思主义哲学持一种明确的肯定态度，阐述的主要是马克思主义哲学的基本观点，实际上仍是一部马克思主义哲学教科书。按照弗罗洛夫的观点，这部教科书之所以取名《哲学导论》，"当中蕴含着特定的意义"。

一是"帮助那些学哲学的人，对哲学的问题和语言、哲学研究的手段和方法、概念和范畴，对哲学史和当代的哲学问题，有个初步的了解，从而使他们能在这纷繁复杂的事物中，独立地确定研究方向"。

二是提高人们的理性思维素养，善于得心应手地运用概念"提出、论证或批判某些见解"，"看清变化和发展中的现实"。

三是"尽力揭示和证明"马克思主义哲学的新颖性和独创性，"也决不会抛弃以前的哲学"，马克思主义哲学是以前社会思想和哲学思想的直接继续，马克思主义哲学之所以强大有力，就是因为它善于批判地改造和吸收世界哲学思想的优秀成果，"以往的杰出哲学家不仅是我们的先辈，而且也是我们的'同代人'，因为我们可从他们那里学到许多东西，可以同他们进行平等的对话和辩论"。

四是恢复唯物辩证法的本来面貌和应有作用，以批判的态度对待现实。唯物辩证法本来是对社会进行批判改造的武器，但在《联共（布）党史简明教程》第四章第二节中变成了"毫无生命力的、单调乏味的死板公式"，变成了"掩盖现实生活的矛盾"、"为现存的那些远非理想的事物进行辩护和颂扬"的工具。因此，必须恢复唯物辩证法的批判性，以批判的态度对待现实，探索改造和发展现实的各种可能性。"只有在改造现实的过程中和在实践中，哲学问题才能够得到解决，人类思维的现实性和威力方能显示出来。"

从内容和观点上看，《哲学导论》保留了传统的马克思主义哲学教科书中"经受住了时间检验的一切东西"，同时，依据当代社会生活的深刻变革对传统课题进行新的阐述，如"物质、空间与时间"、"存在的普遍联系"、"认识中感性与理性的统一"，并增加了"一些以前的教科书里没有的题目"，如"存在"、"文化"、"个性"、"实践"等，其中，最重要的就是"实践"。《哲学导论》明确指出，实践构成了人的存在方式和人类世界的基础，是人类对待世界的特殊方式，新世界观的基本思想就是唯物主义的实践观。"马克思的主要的和基本的哲学思想在于……实践是初始的和第一性的"。

从结构和主体上看，《哲学导论》彻底打破了辩证唯物主义与历史唯物主义的"二分结构"，建构了以人类解放为主题的马克思主义哲学体系。《哲学导论》明确指出："马克思主义的最高目的，是研究和从理论上论证被奴役的人类的解放问题。马克思主义证明，消灭一切奴役制度，消灭人的屈辱、异化和不自由，是不可避免的。哲学通过探讨、分析和研究人类普遍的实践经验和人类普遍的精神经验这两个方面，而使历史进程的这个最崇高的目的得以实现。"

《哲学导论》从三个方面展开了对人类解放这一主题的论证。

一是沿着人与世界的关系、人与人的关系以及人的本质这些"根本性的经典问题"而展开，并认为"对根本性的经典问题的研究，构成了马克思主义哲学的核心和本质"。

二是沿着"对共产主义的含义进行哲学论证"而展开，"把人的解放问题改变为有关个人和社会沿着共产主义的道路前进的历史发展问题"，并认为"全面发展的人，这就是作为共产主义理想'核心'，而展现在马克思面前的理想的哲学形象"。

三是沿着人道主义的思路而展开，认为"马克思主义继承和发展了以往哲学的各种人道主义趋向，阐明了将人道主义理想付诸实现的途径、使人获得解放的途径和建设无愧于自由的人的社会的途径"，所以，必须恢复和发展马克思主义最崇高的人道主义理想，以适应新的历史条件。

在《哲学导论》中，人的解放与人道主义是密切相关甚至融为一体的，马克思主义的最崇高的目的——实现人类解放和马克思主义的最崇高的理想——人道主义具有相同的内涵。《哲学导论》力图把人道主义精神贯彻到马克思主义哲学之中，建构一种苏联式的人道主义的马克思主义哲学。

从苏联历史看，从 1953 年斯大林逝世到 1991 年苏联解体，苏联马克思主义哲学演变的趋势，就是人道主义化。从 1954—1955 年讨论亚历山大洛夫的《辩证唯物主义》和康斯坦丁诺夫的《历史唯物主义》，对辩证唯物主义与历史唯物主义的个别观点进行反思，到认识论派与本体论派的论争，认识论派否定脱离人和人的活动的本体论，再到 20 世纪 80 年代对辩证唯物主义与历史唯物主义体系进行全面反思，要求"摒弃辩证唯物主义——历史唯物主义的图式"；从苏共 22 大提出"一切为了人，一切为了人的幸福"，推动了斯大林去世后日渐抬头的人道主义思潮的发展，到 1987 年"哲学与生活"的讨论提出，"全部哲学都要把人视为社会进步的最终目的，视为最高的价值和一切事物的尺度，也就是说，要使哲学人道化"（拉宾语），再到 1989—1991 年"哲学是不是科学"的讨论提出，哲学不是科学，否定辩证唯物主义与历史唯物主义的科学性，进而否定哲学为政治合理性论证的可能性，苏联哲学中的人道化倾向一直艰难但顽强地不断表现出来，形成一种趋势。《哲学导论》就是这种哲学人道化的历史延伸和集中体现，标志着苏联式的人道主义马克思主义哲学体系的形成。

　　《哲学导论》出版后立即取代了在苏联哲学界占主导地位 30 年之久的《马克思主义哲学原理》（康斯坦丁诺夫主编），成为苏联马克思主义哲学教科书的新的权威版本。《哲学导论》的出版，标志着苏联辩证唯物主义与历史唯物主义体系的终结，同时，标志着 30 多年来艰难演进的苏联马克思主义哲学的人道化得到了官方的肯定和学界的认可，似乎为苏联哲学的发展展现了绚丽风景线。然而，"夕阳无限好，只是近黄昏"。1991 年，随着苏共解散、苏联解体，《哲学导论》的主导地位不复存在，它所建立的人道主义的马克思主义哲学体系也寿终正寝。在这个意义上，《哲学导论》又是苏联整个马克思主义哲学体系终结的标志。

危机中的重建

——《唯物主义历史观的现代阐释》序言

理论的命运同历史的进程息息相关。每当历史处在转折点时，新的实践便会对原有的理论提出挑战。此时，原有的理论往往会出现某种危机。唯物主义历史观的命运似乎也是如此。

19世纪、20世纪之交，历史处在转折点上。资本主义由自由竞争阶段发展到垄断阶段，西方资本主义国家出现了经济繁荣的现象，马克思所预言的资本主义"丧钟"并未敲响。面对这种现象，不仅资产阶级理论家指责唯物主义历史观，而且马克思主义内部也出现了对唯物主义历史观的"修正"，以及信奉者"倒戈"的现象。唯物史观在"世纪转换"中面临着"危机"。普列汉诺夫当时不无伤感地说："我们正在经历着危机，我为此难过极了。"

历史不会重演，但的确又有惊人的相似之处。

20世纪、21世纪之交，历史又处在转折点上，产生了许多"剪不断，理还乱"的现象：新技术革命的浪潮犹如"黄河之水天上来"，猛烈地冲击、改变着传统社会，并为发达国家生产力的发展开辟了新的空间；西方资本主义国家通过体制改革，在相当的程度上缓解了生产资料私人占有制对生产力发展的制约，阶级矛盾和社会矛盾也有相当程度的缓和，马克思预言的资本主义"丧钟"仍未敲响，相反，苏联东欧社会主义却被资本主义"不战而胜"……现实的波澜必然掀起理论的狂飙。唯物主义历史观的批评家们犹如雨后的蘑菇，纷纷破土而出，而在马克思主义内部，"极深的瓦解和混乱，各种各样的动摇"在更大的规模上被重复着。"山重水复疑无路"，唯物史观似乎再次面临着"危机"。

问题在于，理论危机并非总是坏事。从根本上说，理论总是在实践发展到新的阶段时，显露出自身的破缺性，从而出现某种危机，而危机的出现又往往意味着理论将获得发展。没有 19 世纪、20 世纪之交的"物理学危机"，就没有现代物理学；没有 19 世纪、20 世纪之交的哲学危机，就不会产生现代哲学；没有 19 世纪、20 世纪之交的马克思主义危机，就不会诞生列宁主义……矛盾——危机——重建——发展，这是理论运行的规律。

"历史唯物主义并不是一个封闭的、以最后真理为其终点的体系"（梅林语），它没有也不可能包含一切问题的现成答案。两次"世纪转换"的确提出了一些超出唯物主义历史观创始人视野的新问题，从而导致唯物史观出现某种"危机"。然而，只要科学地解答这些现实中的问题，并使这些现实问题上升为理论问题，唯物史观就会出现转机与生机。"危机"正是唯物史观面对挑战而自我反省、自我超越、自我发展的时机。在我看来，没有"危机"的封闭状态才是真正的危机。全部问题就在于，如何实现"危机"中的重建。所以，我把这部著作命名为"危机中的重建"。

重建唯物主义历史观，并不是像以往意识形态"变形"那样，以改变自己的基本原则为代价去适合新的政治需要，也不是用其他理论体系来改造、"补充"唯物史观。唯物史观当然要注意和批判继承现代社会理论的优秀成果，如果忽视对现代社会理论的批判考察，把自己同现代社会理论隔离开来，唯物史观就会由孤立走向枯萎。但是，我们不能搞无原则的兼收并蓄，把不同的理论体系捏在一起。弗洛伊德主义就是弗洛伊德主义，结构主义就是结构主义，存在主义就是存在主义……"弗洛伊德主义的马克思主义"、"结构主义的马克思主义"、"存在主义的马克思主义"以及"儒学马克思主义"等，就像圆的方、铁的木一样难以相融。

我所说的重建，是相对唯物主义历史观的教科书形态而言的。唯物史观的教科书形态是从《联共（布）党史简明教程》第四章第二节演化而来的，二者没有本质的区别。无疑，"四章二节"简要而通俗地阐述了唯物史观的若干原理，但它也的确存在着很大的局限性。从根本上说，"四章二节"不理解科学的实践观是唯物史观的理论基础，唯物史观被看作是作为自然观的"辩证唯物主义"在社会历史领域中的"推广与运用"。马克思划时代的贡献在相当大的程度上被抛弃了。重建唯物史观首先就意味着回到马克思。

回到马克思，重建唯物主义历史观，又不是简单地重复人们熟知的观点，而是重新审视唯物史观的"原本"，深入而全面挖掘唯物史观的基本观点。我们不能把唯物史观的基本观点局限在人们已经熟知的范围内。"熟知并非真知"。我们应该看到，有些观点本来就是唯物史观的基本观点，只是由于种种原因，人们没有涉及或重视这些观点，因而它们被排斥在唯物史观的教科书之外。

回到马克思，重建唯物主义历史观，也不是奉行"原教旨主义"，而是站在现代实践、科学和哲学的基础上重建唯物史观。为此，必须把握唯物史观在现代的理论生长点。在我看来，唯物史观的理论生长点有三层含义：一是唯物史观创始人有所论述，但又未具体展开、详加探讨的问题，或者说，是以胚胎、萌芽形式包含在唯物史观中的问题；二是这一问题又是现代实践、科学和哲学所突出的问题，即"热点"问题；三是现代实践、科学和哲学又为解决这一问题提供了现实的可能性。重建唯物史观就是适应现时代的要求，使这些原先以胚胎、萌芽形式包含在唯物史观中的问题凸现出来，予以深入而系统的研究，使之上升为唯物史观的基本观点，并同唯物史观原有的基本观点有机结合起来。

所以，这部著作的副标题为"唯物主义历史观的现代阐释"。

我注意到，任何一种思想史的研究都要受到研究者本人的知识结构、思维方式和价值观念的制约，都不可避免地具有某种主观色彩。对唯物主义历史观的研究和重建也是如此。正因为如此，有人认为，不存在"真正的马克思"，有多少个研究者，就有多少个马克思，对唯物历史观的任何一种理解、解释和重建，都是纯粹主观的"视界融合"。

我不能同意这种观点。这种观点看到了某些合理的事实，但它又把这些合理的事实溶解于不合理的理解之中。这是一种充满认识相对主义的观点。在我看来，"客观的理解"乃是唯物主义历史观本身的准则。在这部著作中，我力图按照唯物史观的"本来面目"去理解唯物史观，同时站在现代实践、科学和哲学的基础上重建唯物史观。

当今，各种"重建"方兴未艾。但是，以科学的实践观为理论基础去重建唯物主义历史观，在各种"建构"中显示出强大的生命力。在我看来，这是符合唯物史观"本来面目"的重建，是科学的重建。

走马观花那样去看看马克思是如何论述唯物主义历史观理论基础的吧！

"真理的彼岸世界消逝以后，历史的任务就是确立此岸世界的真理。人的自我异化的神圣形象被揭穿以后，揭露具有非神圣形象的自我异化，就成了为历史服务的哲学的迫切任务。于是，对天国的批判变成对尘世的批判，对宗教的批判变成对法的批判，对神学的批判变成对政治的批判"。

"从前的一切唯物主义（包括费尔巴哈的唯物主义）的主要缺点是：对对象、现实、感性，只是从客体的或直观的形式去理解，而不是把它们当作感性的人的活动，当作实践去理解，不是从主体的方面去理解。因此，和唯物主义相反，能动的方面却被唯心主义抽象地发展了，当然唯心主义是不知道现实的、感性的活动本身的。"

　　"全部人类历史的第一个前提无疑是有生命的个人的存在。""这些个人把自己和动物区别开来的第一个历史行动不在于他们有思想，而在于他们开始生产自己的生活资料。"所以，"个人怎样表现自己的生活，他们自己就是怎样。因此，他们是什么样的，这同他们的生产是一致的——既和他们生产什么一致，又和他们怎样生产一致。"

　　"全部社会生活在本质上是实践的。""以一定的方式进行生产活动的一定的个人，发生一定的社会关系和政治关系。经验的观察在任何情况下都应当根据经验来揭示社会结构和政治结构同生产的联系……社会结构和国家总是从一定的个人的生活过程中产生的"。

　　"思想、观念、意识的生产最初是直接与人们的物质活动，与人们的物质交往，与现实生活的语言交织在一起的。""意识在任何时候都只能是被意识到了的存在，而人们的存在就是他们的现实生活过程。""人的思维是否具有客观真理性，这不是一个理论的问题，而是一个实践的问题。人应该在实践中证明自己思维的真理性，即自己思维的现实性和力量，自己思维的此岸性。"

　　"人创造环境，同样环境也创造人。""环境的改变和人的活动或自我改变的一致，只能被看作是并合理地理解为革命的实践。"

　　唯物主义历史观"是描述人们实践活动和实际发展过程的真正的实证科学"。"只要描绘出这个能动的生活过程，历史就不再像那些本身还是抽象的经验论者所认为的那样，是一些僵死的事实的汇集，也不再像唯心主义者所认为的那样，是想象的主体的想象活动。"

　　唯物主义历史观"从直接生活的物质生产出发阐述现实的生产过程，

把同这种生产方式相联系的、它所产生的交往形式即各个不同阶段上的市民社会理解为整个历史的基础，从市民社会作为国家的活动描述市民社会，同时从市民社会出发阐明意识的所有不同理论的产物和形式，如宗教、哲学、道德等，而且追溯它们产生的过程。这样当然也能够完整地描述事物（因而也能够描述事物的不同方面之间的相互作用）。这种历史观和唯心主义历史观不同，它不是在每个时代中寻找某种范畴，而是始终站在现实历史的基础上，不是从观念出发来解释实践，而是从物质实践出发来解释观念的形成"。

"众里寻他千百度，蓦然回首，那人却在灯火阑珊处。"对于唯物主义历史观来说，"那人"就是科学的实践观。科学的实践观是唯物史观安身立命之本。抓住了这个根本也就等于把握了唯物史观的命脉。当我以这个指导思想重新翻开唯物史观的"文本"时，一片浩瀚无垠、涛声震耳的思想海洋立刻浮现在我的面前。

本书共分六个部分：第一部分，即导论，考察了历史哲学的形成和发展史，以说明马克思的历史哲学，即唯物主义历史观在历史哲学史上的地位；第二部分，即第一、二章，考察了唯物主义历史观概念的由来及其实质，唯物史观形成的历史，旨在说明唯物史观是马克思的历史哲学，并重新考察了唯物史观的理论基础，提出历史认识论是唯物史观的理论生长点；第三部分，即第三、四、五、六、七、八、九、十章，属于历史本体论问题，重新探讨了唯物史观的基本观点，对社会与自然、个人与社会、社会的本质和社会有机体的特征、社会结构与实践活动、社会历史过程与自然历史过程、历史规律的形成和特征进行了新的审视，重新探讨了生产力与生产关系的矛盾运动，以及社会主义代替资本主义的历史必然性和人文取向、世界历史的开式与东方社会的命运；第四部分，即第十一、十二、十三、十四章，属于历史认识论问题，分析了社会科学范式的历史性转换、社会科学研究的基本环节，重新考察了科学抽象法，探讨了"从后思索"法，旨在说明唯物史观是历史本体论和历史认识论的统一，说明方法论不仅是唯物史观的功能，更重要的，是其内在规定。

我以这样一种理论结构，企望从多维视野中把握唯物主义历史观，展现我对唯物史观的一种新理解。

本书无意构造体系。实际上，马克思也没有留下一本关于唯物主义历史观体系的专著。在我看来，重要的不是体系，而是观点。全部问题在于，要依据现代实践、科学和哲学去研究、理解、挖掘、深化唯物史观的观点。这是重建唯物史观的实质。

我断然拒绝这样一种观点，即唯物主义历史观"打着维多利亚时代资本主义的烙印"，距今已经150年，已经"过时"。在我看来，这是一种"傲慢与偏见"。我们不能依据某种学说创立的时间来判断它是否过时，是否具有真理性。"新"的未必就是真的，"老"的未必就是假的。阿基米德定理创立的时间尽管很久远了，但它仍然是真理。今天的造船业无论多么发达，都不能违背阿基米德定理。如果违背了这一原理，无论造出的船多么"现代"，也必沉无疑。

实际上，一种理论所依据的材料和它的观点之间既有联系又有区别。材料永远是具体的，但从对它们的研究中得出的规律性认识，以及由此转化而来的方法，却具有普遍性的特征。唯物主义历史观产生于19世纪中叶，但由于它抓住了人类社会的根本——实践及其规律，并从这一根本出发将真理之光辐射到社会的各个侧面、层次和环节，形成一个思维整体，因而又超越了19世纪这个特定的时代。而其他历史理论只是从社会的某一侧面、层次、环节，未能从根本上、总体上把握社会及其本质，因而总是处在不断地一派否定另一派的过程中，如同"走马灯"一样。正是在这个意义上，萨特指出："历史唯物主义提供了对历史的唯一合理的解释"，是"我们时代不可超越的哲学"（萨特语）。应该说，萨特的这一评价是公正而真诚的。

中国有句俗话："盖棺论定。"其实，历史长河中的许多人及其学说未必都是如此。有的人及其学说可以"盖棺论定";有的人及其学说还未"盖棺"就已"论定";还有的人及其学说在后人那里引起连绵不绝的历史反思,得到跨世纪的回响,马克思及其唯物主义历史观的命运就是如此。一个半世纪以来,对唯物史观的研究和讨论一直持续不断,遍及世界各主要国家,形成为一种世界性的运动。在这一过程中,唯物史观不断地得以重建和发展。这使我不禁想起了《浮士德》中两行著名诗句:

> 浮光只图炫耀一时,
> 真品才能传诸后世。

寥廓江天万里霜

——读《走向历史的深处》

　　陈先达教授写过很多很多、不同形式的论著，仿佛讲着很多很多的"故事"，但你永远猜不着他的下一个论著的形式是什么，下一个"故事"是什么；写过很多很多、涉及不同领域的论著，仿佛讲着不同的"故事"，但你又恍惚觉得永远在听同一个百听不厌的"故事"。读着陈先达的论著，你的眼前不断幻化着殊异的人物及其思想的"故事"，但这各种人物及思想的"故事"又似乎很熟悉，犹如一尊"千手观音"的臂膀。就像一条奔腾向前的大河不可能没有主流一样，陈先达很多很多、不同类型的论著有一个鲜明的主题，这就是，坚持和发展马克思主义。这是陈先达全部论著中的"热核"。

　　20世纪30年代，《1844年经济学哲学手稿》公之于世如巨石投水，对它的研究和讨论一直持续不断，遍及世界各主要国家，涉及对整个马克思主义的重新理解和评价。西方"马克思学"声称在《1844 年经济学哲学手稿》中发现了"真正的"马克思，发现了"人道主义的马克思主义"。20 世纪 70 年代末 80 年代初，长期封闭的中国学术界打开了门窗，各种学说、思潮蜂拥而入，风起云涌，潮起潮落，也正是在此时，马克思早期思想，尤其是异化思想和人道主义也成为国内学术界普遍关注的问题。由于国内哲学界对马克思早期思想的研究起步较晚，同时，由于西方"马克思学"、西方马克思主义的影响，国内少数学者对马克思早期思想的研究一度存在着求新而不严谨的倾向。

这是一个重大的、涉及马克思主义本质的问题。为此，陈先达教授挺身而出。1981 年，陈先达在《哲学研究》第 8 期发表《评费尔巴哈在马克思早期思想中的地位和作用》，对当时流行的用抽象人道主义解读马克思的观点提出异议；1982 年，在《中国社会科学》第 2 期发表《马克思异化理论的两次转折》，明确提出马克思异化理论经历了"从异化到异化劳动"、"从个体与类的矛盾到发现生产力与生产关系的冲突"两次转折；1984 年，在《哲学研究》第 3 期发表了《评资产阶级人道主义的出发点》，从历史与理论相统一的角度论述了资产阶级理论家从抽象的人出发的历史必然性及其局限性，阐明了马克思从抽象的人转移到现实的人的历史必然性及其科学性；1984 年，在《中国社会科学》第 1 期发表《评西方马克思学的"新发现"》，通过分析和论证，说明《1844 年经济学哲学手稿》的主题，即只有通过"现实的共产主义运动"扬弃私有制，才能使人类彻底解放的思想是正确的，但对这一主题的哲学论证则存在着人本主义的局限，西方"马克思学"恰恰利用论证中的这种不成熟性，企图把马克思主义人道主义化、伦理化和异化理论化，从而造成对马克思主义的曲解。这是一种研究问题的新视角，同时又具有严谨的科学性，对西方"马克思学"所谓的"新发现"进行了极其深刻的分析和极有说服力的批判。这四篇文章的发表，使我们看到了一个学者加"战士"的形象，体会到了"战斗唯物主义"的精神。

1983 年，陈先达教授与靳辉明教授合作推出了力作——《马克思早期思想研究》，明确提出："只有把马克思思想发展看成是一个充满矛盾的、变动的活生生的过程，只有辩证地理解这一过程中旧哲学影响和新生的理论现象的关系，并全力捕捉对马克思这一时期思想发生决定性影响的新的思想萌芽，才能科学地揭示马克思思想的形成过程，以及这一过程中各阶段之间的有机联系。"在陈先达看来，如果不从马克思思想的整体联系中考察，而把某一阶段游离、割裂开来，势必造成对马克思思想的误解与歪曲，如西方"马克思学"的惯用手段之一就是将马克思思想发展的不同阶段对立起来，形成所谓的"青年马克思"与"老年马克思"、"人道主义的马克思"与"唯物主义的马克思"的对立。

为此，《马克思早期思想研究》对马克思早期思想进行了深入而全面的探讨，论述了马克思从黑格尔经过费尔巴哈走向历史（和辩证）唯物主义的发展过程，阐述了马克思从自身世界观的转变到创立马克思主义体系的真实道路，从而说明青年马克思无非是指正在形成中的马克思，即处在由不成熟到成熟过程中的马克思。《马克思早期思想研究》是国内第一部研究马克思早期思想的专著。读过此书的人都认为，这部著作对于研究马克思主义的形成，批判西方"马克思学"，具有重要意义。在我看来，这是中国"马克思学"的开山之作。

在当代西方思想界，从"修正"、"重建"、"补充"马克思主义的各种方案和主张，到制造"两个马克思"和"第三个马克思"的神话；从马克思、恩格斯的理论活动中虚构马克思与恩格斯对立的"故事"，再到把整个马克思主义伦理化，并在此基础上对之作出荒谬的宗教类比，各种不同的观点令人目眩。全面分析这一现象，揭示产生这些误解、歪曲、篡改的方法和手段上的共性，剖析这一现象背后的历史条件和文化背景，揭开这层蒙在马克思本人身上的面纱，捍卫马克思学说的科学性和革命性，是当代马克思主义者的迫切任务之一。陈先达教授等著的《被肢解的马克思》（上海人民出版社 1990 年出版）给我们提供了完成这一迫切任务的理论解答。

《被肢解的马克思》从纵向上考察了第二国际理论家，尤其是伯恩施坦所作的"修正"马克思主义，以及卢卡奇、柯尔施、葛兰西等人提出的"重建"历史唯物主义，剖析了萨特等人所作的"补充"马克思主义的实质，分析了《马克思晚年人类学笔记》发表后，西方学者所描绘的"晚年困惑"的马克思"第三肖像"，以及在将马克思主义人本主义化、人道主义化之后又将马克思主义伦理化的趋势，从而揭示了各种"肢解"在方法和手段上的共性：一是借历史条件的变化，对马克思进行"肢解"；二是利用马克思思想发展的阶段性，割裂马克思主义形成和发展的历史，"各取所需"。当然，《被肢解的马克思》并没有简单地否定西方"马克思学"、西方马克思主义，而是以叙述与研究、分析与批判相结合的视角，从整体上分析这些主张由以产生的历史条件和文化背景，并在这一基础上将它们所关注或提出的现实问题和理论问题，以及它们对这些问题的解答作了区分，肯定了其中某些问题的意义，并对这些问题作出了马克思主义的解答。

应该说，在西方马克思的研究者中，既有真诚愿望下的探讨，又不乏蓄意歪曲与攻击。《被肢解的马克思》自觉地意识到了这一点，对真诚愿望下的探讨，注重总结它们的失误和教训；对蓄意的歪曲与攻击，着重分析揭示它们的目的和手段，而在总体上又贯穿着坚持和发展的马克思主义原则，注意分析变化了的历史条件和不时涌现的各种社会思潮及其内在联系。《被肢解的马克思》明确提出，历史条件的变化常常成为"肢解"马克思的主要借口；各种社会思潮的涌现往往成为"肢解"马克思的理论温床，只有及时地用马克思主义分析变化了的历史条件和新涌现的社会思潮，才能有效地制止各种"肢解"马克思的企图。

陈先达教授一直认为，历史离开理论只能是材料堆积，而理论离开历史只能流于空洞，在科学研究中，最佳选择只能是历史与理论相结合。1987 年，陈先达出版了他的力作——《走向历史的深处——马克思历史观研究》。这部著作注重以论带史，史论结合，既着力从凝结的形态上去把握马克思历史观的理论结构，也注意从流动的形态上去探究马克思历史观演化的逻辑进程。同时，还突破了传统的单线的纵向研究方法，不限于就哲学史谈哲学史，而是突出对马克思历史观的综合性研究，论证了马克思的经济学研究、历史学研究、政治学研究对其历史观的深刻影响。在陈先达看来，唯物主义历史观是哲学，但它的来源却不限于哲学，正如亲缘繁殖不利于种的发育一样，一种创造性的哲学会突破从哲学到哲学的局限。这一见解是深刻的，它不仅对研究和发展唯物史观，而且对探讨和发展整个马克思主义都具有重要的方法论意义。《走向历史的深处》集中而鲜明的体现了陈先达对马克思主义研究的特点。

近年来，研究马克思历史观的论著日见增多，其中不乏佳作，但从方法论这个高度看，一般都有史论脱节的缺点。《走向历史的深处》高屋建瓴，势如破竹，可谓史论结合的哲学奇葩，以其深刻的思想、精彩的表述，为我们描绘了一幅马克思历史观形成与发展的立体图景，揭示了马克思走向历史深处的道路。在我看来，《走向历史的深处》不仅是一部深沉的思想史的著作，而且是一部深刻的理论著作，体现了唯物史观即马克思历史观深沉的历史感和强烈的现实感。《走向历史的深处》实际上是唯物主义历史观的学术寻根，是改革开放以来中国马克思主义哲学研究中最具影响力的著作之一。

在陈先达教授看来，对时代课题的解答是政治学、经济学和哲学的共同任务，这就决定了马克思主义是包括哲学、经济学和科学社会主义在内的统一整体。从历史的角度说，把马克思主义从其发展的某一阶段孤立出来；从逻辑的角度看，把马克思主义中的某一学说同其整体割裂开来，都是对马克思主义的"肢解"，必须把马克思主义放到一个广阔的背景中去探讨。陈先达的专业是哲学，研究方向是马克思主义哲学。用他自己的话来说就是，他"这一生一直以哲学为业，这是个需要不停思索、令人寝食难安的专业"。哲学的确使陈先达"不停思索、寝食难安"，但他又深深地认识到，"一种创造性的哲学一定会突破从哲学到哲学的局限"。因此，从1982年开始，陈先达从哲学、政治经济学和科学社会主义综合的角度来研究作为一个整体的马克思主义。

《马克思恩格斯思想史》（1982年出版，陈先达是主要撰稿人和统编者）按照历史发展的顺序，综合地研究了马克思和恩格斯的哲学、政治经济学、科学社会主义的思想。这是国内第一部关于马克思主义史的专著。此前，国内学术界对马克思主义的形成和发展也做过专题的研究，但多从不同方面进行断代研究，而像《马克思恩格斯思想史》这样，把马克思主义作为一个整体来探讨，研究其理论出发点，剖析其理论结构，探求发展的理论线索，在国内学术界尚属首次，填补了国内马克思主义史研究的一项空白。

1988年，陈先达又主编了《马克思主义基本原理教程》，从理论与现实相统一的角度论述了哲学、政治经济学和科学社会主义融为一体的马克思主义。多年来，国内学术界已分别从哲学、政治经济学、科学社会主义这三个方面研究了马克思主义，并取得了重大的成就。然而，把马克思主义作为一个整体来探讨，研究其组成部分的内在联系，探索其基本原理却是一个薄弱环节。《马克思主义基本原理教程》的出版无疑为从逻辑整体上探讨马克思主义作了一种有益的尝试。

读着《马克思早期思想研究》、《走向历史的深处》、《被肢解的马克思》等著作，你会体会到一种既"远"又"近"的奇特的幻觉：一方面感到这些论著讲述的"故事"发生在久远的年代，远在天边，"虚无缥缈"；另一方面又会感到这些论著讲述的"故事"就发生在今天，近在眼前，真真切切。一句话，在这些论著中，我们看到了一个"鲜活"的马克思正在由"远"而"近"地向我们走来。也正是在这些论著中，我们不仅听到经典作家在"说话"，而且听到陈先达"自己在说话，说自己的话"。由此领悟出一种求新与求真相统一的求是精神，看到了"诗一般的语言"，透视出"铁一般逻辑"，并深深地体会到哲学的力量。陈先达的论著把哲学的深沉、历史的丰富、文学的优美结合在一起了，理论是深刻的，分析是冷峻的，语言是优美的，结论是批判的，效果则如春雨般润物细无声。

陈先达教授厚重的《马克思早期思想研究》、《走向历史的深处》、《被肢解的马克思》等论著向我们展示了一个中国学者研究马克思主义的深度、广度和维度，展示了一个中国学者的"文采"与"风采"、"文品"与"人品"。这是一片思想的园地，收获在明丽的丰硕的秋天。借用毛泽东的诗句来比喻就是，这里"不似春光，胜似春光，寥廓江天万里霜"。

当代马克思主义哲学的研究纲领

——读《马克思主义哲学的当代视野》

《马克思主义哲学的当代视野》（以下简称《当代视野》）这篇论文，实际上是陶德麟教授主持的国家哲学社会科学重点课题——"马克思主义哲学的当代视野"的总体框架、基本思路和研究方法的概述，或者说，是一个研究纲领。

《当代视野》开宗明义指出："研究和发展马克思主义哲学，需要树立一种自觉而明晰的当代意识，具备一种广阔而又深邃的当代视野。""提出马克思主义哲学的当代视野，就是认为并要求马克思主义哲学研究自觉面向和密切关注当代实践、当代科学和当代哲学。"这一见解无疑是正确而深刻的。马克思主义哲学绝不是终极真理的体系。凡是以终极真理自诩的学说，如同希图万世一系的封建王朝一样，无一不走向没落。坚持和发展马克思主义哲学必须具备广阔而深邃的当代视野，面向当代实践、科学和哲学。"哲学的对象不仅有实践世界，也有科学世界，还有哲学自身。实践、科学和哲学是人处理自身与世界关系三个最基本的层次，也是研究和发展马克思主义哲学的三个重要层次的对象基础和发展动力。"我同意这种看法，并认为坚持和发展马克思主义必须把握马克思主义哲学在当代的生长点。

所谓马克思主义哲学在当代的生长点，有三层含义：一是马克思主义哲学经典作家有所论述，但又未具体展开、详加探讨的观点，或者说，是以胚胎、萌芽形式包含在马克思主义哲学中的观点；二是这一观点又契合着当代实践和科学所突出的问题，即"热点"问题；三是当代实践、科学和哲学又为解决这些问题提供了现实的可能性。坚持和发展马克思主义哲学就是适应现时代要求，使这些原先以胚胎、萌芽形式包含在马克思主义哲学中的观点凸现出来，予以深入系统的研究，使之成为成熟的观点，并同原有的成熟观点融为一体。

《当代视野》分别对当代实践、科学、哲学以及马克思主义哲学的自我反思作了深入的阐述，提出了值得赞许的、有价值的观点。《当代视野》明确指出："实践是马克思主义哲学的最普遍对象，也是发展马克思主义哲学的最本质基础。在历史上，对实践的合理理解和对实践观的合理建构，曾是马克思和恩格斯发起和实现哲学史上伟大革命变革的重要契机和关键所在。"这是对马克思主义哲学本质特征准确而深刻的论述。纵览哲学史可以看出，旧唯物主义确认了世界的物质性，却忽视了人的能动性、创造性和主体性；唯心主义肯定了主体意识的能动性，却否定了能动的意识活动的物质基础。造成这一状况的主要原因就在于，旧唯物主义和唯心主义都不理解人类实践活动及其意义。也正是由于这一原因，在近代哲学中造成了唯物主义和辩证法的分离，在旧唯物主义哲学中形成了"唯物主义和历史彼此完全分离"。旧唯物主义和唯心主义的主要缺点惊人的一致，促使马克思深入而全面探讨了人类实践活动及其意义，并把马克思主义哲学规定为"实践的唯物主义"。

在我看来，"实践的唯物主义"是一个全局性、根本性的定义，它所要表明的不仅仅是一种要把理论付诸行动的哲学态度，更重要的是指，实践的观点是马克思主义哲学首要的和基本的观点。换言之，实践唯物主义构成了马克思主义哲学的本质特征。正是从科学的实践观出发，马克思主义哲学实现了唯物主义和辩证法的统一、唯物主义自然观和历史观的统一，从而在哲学史上造成了一次革命性的变革。从这一意义上说，马克思主义哲学是实践的、辩证的、历史的唯物主义。

《当代视野》在概括马克思主义哲学的本质特征时，充分肯定了马克思主义哲学的实践性、辩证性、历史性以及唯物性，但它同时又提出，"人道性"也是马克思主义哲学的基本特性，并认为"马克思主义哲学是辩证的、历史的、人道的、实践的唯物主义"。对此，我持保留态度。这里，应说明作为马克思主义哲学基本特征之一的"人道性"的内涵，应展开把"人道性"作为马克思主义哲学基本特征的依据，应阐述在存在着阶级和阶级对抗的历史条件下，泛泛地提"人道性"的合理性。

《当代视野》提出马克思主义哲学要面向当代实践、科学和哲学，并突出指明当代实践的特点之一——全球性，但问题在于，要更清楚、更深入地把握当代实践的特点，就必须把握当代生产实践的特点。这就是以科学技术为"第一"生产力的全球化生产，打破了地区、民族、国家的界限，全球性的交往使人类实践真正成为全球性的实践，即世界性的实践。与世界性实践相适应的是世界历史的存在。世界历史的存在在当代已经是一个可以经验到的事实了，但它却形成于现代。马克思以惊人的洞察力注意到这一历史趋势，并用"历史向世界历史的转变"这一命题表征这一历史趋势，明确指出：资产阶级"首次开创了世界历史，因为它使每个文明国家以及这些国家中的每一个人的需要的满足都依赖于整个世界，因为它消灭了各国以往自然形成的闭关自守的状态"。《当代视野》在论述当代实践时注意到了世界历史的问题，但它认为"当代实践在人与社会关系方面最显著的特征是历史向世界历史的转变，是世界历史的形成"，本世纪"两次世界大战，促成了并标志着历史向世界历史的转变"，却是值得商榷的。

同时，我注意到，在当代全球实践中，存在着资本主义与社会主义这两种社会制度的对立，存在着发达国家与发展中国家的矛盾，无论是前者，还是后者，都在一定意义上相互依存，同时又相互冲突。换言之，全球性实践又形成着"全球分裂"。深入研究、深刻把握这些问题，才能对当代实践中出现的"人与自然、人与社会和人与自身关系上出现的矛盾和冲突"作出深刻而全面的解答。

《当代视野》对当代科学的论述是精彩而全面的，它对"马克思主义哲学对当代科学关注的双重目的和任务"、"哲学家对科学的关注不同于科学家对科学的关注"、"对科学是什么的当代解答"、"正确认识和合理估量当代科学体系的价值"等问题的论述，的确是独树一帜，令人信服。使人感到不足的是，作者没有把当代科学同当代实践密切结合起来并突出出来。首先是生产推动科学的发展，反过来，科学又促进生产发展，在当代，科学技术已成为"第一"生产力。从根本上说，当代实践的发展进一步促使分工和协作的发展，相应地也促使当代科学体系的深度分化和高度综合。

《当代视野》在肯定人文社会科学研究的科学性时指出，人文社会科学家之间"内在的文化共通性和心灵感应性"，使"人文社会科学才有可能成为科学"，并认为"这正是人文社会科学研究科学化的最重要保证"。对于这一观点，我不能同意。如何理解人文社会科学的科学性，这是一个世界性的课题，也是一个难题。人文社会科学的科学性确有其独特之处，但它与自然科学的科学性又有共同之点。简单地用"文化共通性和心灵感应性"来说明人文社会科学的科学性，实际上是在用人的主观性来说明人文社会科学的科学性。

"马克思主义哲学的当代发展不仅必须立足于当代实践和科学，还必须依托于当代哲学。""紧密联系当代世界哲学的发展来研究和发展马克思主义哲学，是马克思主义哲学本性的内在要求。"我完全同意《当代视野》的这一观点。马克思主义哲学应当也必须关注和批判吸取当代世界哲学中的合理因素。如果忽视对当代世界哲学的批判考察，把自己同当代世界哲学隔离开来，马克思主义哲学就会由孤立走向枯萎。正如作者所说，"世界性是马克思主义哲学的本性"。当然，我们也不能搞无原则的兼收并蓄，把不同的思想体系捏在一起。在我看来，"存在主义的马克思主义"、"现象学的马克思主义"、"儒学的马克思主义"等，就像"铁的木"、"圆的方"一样难以相融。

当代中国伟大变革的宏伟交响

——读《大转变时期》

20 世纪 80 年代，改革的浪潮在古老的华夏大地上涌动：生活在变、观念在变，一切都在变；兴奋、惊愕、困惑、期待……袭扰着每一个人。由王于教授主编的《大转变时期》，以敏锐的目光、犀利的笔触、翔实的资料，论述了这场急剧、广泛而深刻的变化。对大变革的礼赞和对旧体制的否定融为一体，真实的描述和哲学的反思融为一体，二者和弦构成当代中国伟大变革的宏伟交响。

读过《大转变时期》，首先给我们的深刻印象，就是对改革现状的整体论述。新中国的坎坷历程和中华民族的现实命运，交叉融会，构成了《大转变时期》的基本线索。随着这条基本线索的展开，发生在中国土地上的大变革，犹如一幅恢弘的历史画卷，展现在我们面前：实践标准的讨论，这是新中国历尽十年动乱的凄风苦雨后开的第一朵"苦菜花"，它给人们前所未有的勇气——敢于对社会主义再思考；联产承包责任制度，使八亿农民在发展商品经济的过程中走向真正的合作经济之路；企业经营机制的重新构造，导致城市经济体制的空前变革；科技体制改革的实施使科学的营养液浇灌着经济起飞之花；利益集团的重新组合，使新的社会结构显露于地平线上；政治体制改革的探索，使政治生活趋向活跃；主体意识的萌发，使每个人都奔向自己生活的目标或正在探寻这一目标。

不难看出，《大转变时期》是当代中国大变革的理论再现，它以较大的生活容量和深刻的思想意蕴，为改革留下了真实的写照。我不否认《大转变时期》对某些领域的分析还未达到深层结构，但它作为从整体上论述改革的哲学著作，在理论界可谓独树一帜。

社会主义改革是前无古人的创造性工程，因此，它不可能没有失误或不足之处。就在《大转变时期》对改革热情赞扬的主旋律中，我们也不难听到作者用那深沉的语言对改革的失误、不足和问题所作的实事求是的评估：什么是社会主义公有制的问题还有待真正搞清；改革是从"分权让利，开放搞活"这一基本思路出发的，然而，这是一条错误的思路，实际上，行政权力属于国家，本无可放，而企业经营应得利益，并非所让，八年改革的实践在某种程度上重复了以往历史曾经一再重复的现象——国家与企业之间"放权"与"收权"的循环过程，权力还有待各就其位，利益还有待各归其主，这些问题需要有一个全局性、历史性的解决；改革八年是新中国历史上立法最多的时期，然而，仅仅有法是不够的，权与法的矛盾仍然是今后法制建设中长期存在的主要矛盾；社会主义活力的增强有赖于人们主体地位的确立，然而，主体意识在目前尚处于萌发阶段，"主人"地位的获得和真正履行"主人"职责之间，还存在着一个从不自觉到自觉的转变，还需要重新认识"自我"……

可见，作者无意粉饰现实，但他们对改革成就之热情讴歌和对改革不足的秉笔直书，其用意都在于希图"让历史告诉未来"。《大转变时期》的一个成功之处就在于，它在历史与未来的交叉点上，勾勒出一幅种种认识的冲突、种种矛盾的纽结、成功与失误、希望与失望相交织组成的整体画面。在我看来，这正是我们目前所处的社会环境的形象描绘。

如果《大转变时期》的思索仅仅停留在对大变革的客观描述上，它就不可能具有这样沉甸甸的分量。在勾勒出大变革基本轮廓的同时，作者还把真实的描述与深沉的反思结合起来，在平凡的生活中深入掘进，探寻旧体制形成的客观必然性，剖析大变革的深层结构。在我看来，这是《大转变时期》的最成功之处。

《大转变时期》不是用新的标准笼而统之地评价旧的体制，也不是仅仅追溯旧体制形成的主观原因，而是把旧体制及其形成放到一个更广阔的历史背景中去理解。建立在农业经济基础上的中国社会主义，首先要把实现工业化作为自己必须完成的任务。在完成这一任务时，必然面临着一个普遍性的问题："积累"。在当时条件下，实现积累的手段无非两种：一是建立市场体系，以商品交换的形式，在价值规律的作用下自发地完成；二是建立计划体系，用行政命令的形式，在超经济的强制作用下完成。

对这两种手段的选择在当时并不是自由的、条件相等的。选择前者，国家无法控制积累的性质和方向。因此，建立一种高度集中的、借助于国家行政手段对经济实施计划管理的体制就成为一种必然结果。这种体制发挥了它的历史作用，但也潜在地包含着后来暴露的种种弊病。商品经济是人类历史发展的必经阶段。开辟在社会主义条件下发展商品经济的道路，是一条适合中国国情的社会主义现代化建设之路。改革之所以使中国发生空前变革，从根本上说，就在于它促使农村的自然经济和城市的"产品经济"向现代化的商品经济过渡。广泛的社会调查，深沉的哲学反思，使《大转变时期》触摸到了传统体制的形成和当代中国变革的根源。

《大转变时期》在运用历史唯物主义探讨改革的同时，又站在改革实践的基础上对历史唯物主义本身进行了新的探讨。应该说，这是《大转变时期》的又一成功之处。

按照作者的见解，马克思主义对社会历史的考察包括社会经济发展阶段、经济发展的社会形态和人的发展形态这三维方式。在人类历史进程中，一定经济发展阶段并不是同某种社会形态完全同步的。某一经济发展阶段的历史任务，既可以通过这种社会形态来实现和完成，在特定的历史条件下也可以通过另外一种社会形态来实现和完成。经济发展三阶段——自然经济、商品经济和产品经济的依次更替是不可超越的；而五种社会形态——原始社会、奴隶社会、封建社会、资本主义社会和共产主义社会中的某种社会形态在特定的历史条件下则是可以"超越"的。

但是，这个被超越的社会形态的历史任务必须完成。"历史中的资产阶级时期负有为新世界创造物质基础的使命：一方面要造成以全人类互相依赖为基础的世界交往，以及进行这种交往的工具；另一方面要发展人的生产力，把物质生产变成在科学的帮助下对自然力的统治"。（马克思语）没有商品经济的充分发展，就不可能完成这个为新世界创造物质基础的命运。重申马克思主义的这一观点，对于明确社会主义初级阶段的历史位置和改革战略具有重要意义。

在马克思主义理论宝库中，有关于阶级社会的阶级结构的完整理论，但没有关于社会主义条件下社会的利益集团及其结构的理论。《大转变时期》对此作了初步而又可贵的探讨。

按照作者的见解，无论是阶级还是阶层，都是人们在物质生产过程中形成的一定的稳定的利益群体，即阶级和阶层都是利益集团。这就是说，存在着两种不同性质的利益集团：一是阶级性质不同的利益集团；二是同一阶级性质的不同利益集团。凡是在生产资料的占有关系上具有质的不同，利益根本对立的社会群体，属于前者；凡是在生产资料占有关系上性质相同，而只是由于在生产体系中所处的地位不同（如职业不同，权力大小不同等）而造成利益差别的社会群体，属于后者。

由于所有制的单一化和分工的多样化，造成了我国阶级关系的单一化和阶层关系的多样化。这种社会结构在现有的阶级中扩大了阶层，但在这些阶层之间又没有建立合理的和有机的联系，从而扭曲了阶层的利益关系。经济改革的深入必然导致经济利益在社会阶层之间的重新分配和利益集团的重新组合，以及各利益集团原有的物质利益和社会地位的重新组合。在作者看来，现阶段我国的主要社会阶层是：产业工人、处于历史性变化中的农民、亦工亦农的边缘群体、知识分子、政治领导、企业家。其中，政治领导阶层向企业家阶层的转化过程包含着双重的利益结构和权力结构的重组：企业领导和职工之间的利益重组与政治领导和企业领导之间的利益、权力的重组。

　　这些见解无疑具有合理性，开拓了我们的理论视野。当然，关于社会主义社会利益集团的形成及其与阶级、阶层的关系，是一个复杂的问题。其中，一个重要的问题就是，我国现阶段出现了多种所有制并存的局面，因此，能否说现阶段除了阶层多样化外，又出现了阶级多样化的趋向？遗憾的是，《大转变时期》对此没有作出明确的回答。看来，新的实践已经在呼唤着新的理论了。

　　无疑，社会主义社会的利益集团是一个问题，是一个重大而敏感的问题。《大转变时期》之所以研究这个重大而敏感的问题，是因为在作者看来，只有把握和驾驭不同利益集团的不同要求，才能在社会主义初级阶段掌握历史的主动权。这里，深深地体现着作者严肃的历史使命感和深远地为民族的思考："不仅要同世界人民生活在同一世界里，而且要同世界人民生活在同一世纪中"。

　　从总体上把握改革，由此引发对民族进程、社会发展的哲学思考，是哲学工作者应有的责任心和使命感。中国的大变革才拉开"序幕"，我们尚不能说《大转变时期》已达高屋建瓴，但它也不是在浅滩上的漫步。你可以不同意作者的结论，但你却不能不敬佩作者在如此广泛的领域里所进行的认真探索；你可以不欣赏这幅画面，但是它的斑斓五彩却不能不在这一点或那一点上燃起你探索的激情。改革正在向纵深发展，转变仍在继续。我们期待着作者开拓新视野，进入新境界，在更高的层次上为当代中国的改革绘制一张全图，以弥补放在我们面前的这部著作的不足。

开辟从本体论认识现实的道路

——读《马克思哲学本体论及其当代意义》

　　对本体的追求是人类安身立命之本，本体论因此一直在哲学中处于基础性和根本性的地位。同时，作为哲学之根的本体论又不是一成不变的，其内涵随着人类实践和认识的发展而展现出多样形态，我们不能把本体论的某一形态理解为本体论的唯一形态。从根本上说，马克思哲学在哲学史上所造成的革命性变革就是从本体论的层面发动并展开的，并开辟了一条从本体论认识现实的道路。

　　我不能同意这样一种观点，即马克思没有论述过本体论问题，马克思哲学只是世界观而不是本体论。这是一种误解与偏见。实际上，马克思在《博士论文》中就论述过本体论问题，论述了"本体论的证明"和"本体论的规定"；在《1844 年经济学哲学手稿》中论述了"本体论的肯定的问题"；在《德意志意识形态》中集中论述了人的存在的问题，这实际上就是本体论的问题，因为本体论就是研究存在的本质和意义的。卢卡奇的观点是正确的，即马克思没有写过专门的本体论著作，但马克思哲学"在最终的意义上都是关于存在的论述，即都是纯粹的本体论"。马克思哲学的理论主题是无产阶级和人类解放，为了实现人类解放，马克思必然关注人的本质、存在方式和生存本体，并寻找一条从本体论认识现实的道路。这个本体终于被马克思发现，这就是人类实践活动。正是在这个意义上，马克思哲学的本体论是生存论的本体论，即实践本体论。

按照马克思的观点，实践既是一种客观的物质活动，又是一种有目的的创造活动，自在自为运动着的就是人类实践活动。正是实践，一方面为人类理解、改造和创造现实世界提供了基础和依据；另一方面又为人类的自我发展提供了根本动力，构成了人的存在方式。通过实践，人们在不断改造自然界的同时，又不断改造、创造着人自身——他的生理结构、社会关系和思维方式，等等。实践构成了现存世界的基础，也构成了人的生存的本体。正是在这个意义上，马克思认为，"人的感觉、激情等等不仅仅是在［狭隘］意义上的人类学的规定，而且是真正本体论的本质（自然）肯定"。

马克思的实践本体论的指向是"自己时代的现实世界"，关注的是人的生存的异化状态的消除，并确认"对实践的唯物主义者即共产主义者来说，全部问题都在于使现存世界革命化，实际地反对并改变现存的事物"，从而真正解决人与世界、存在与本质、自由与必然、个体与类之间的矛盾。这样，马克思便使本体论从"天上"来到"人间"，把本体论与人间的苦难与幸福，把本体论与共产主义理想结合起来了，使无产阶级和人类解放得到了本体论的证明，从而开辟了从本体论认识现实的道路。

于成俊教授的《马克思哲学本体论及其当代意义》就是把马克思的本体论理解为"生存论的实践本体论"的。应该说，这一见解是正确的。马克思哲学的创立使本体论发生了根本转换，即从抽象的宇宙本体转向现实的人的生存本体。当马克思把目光转向人类世界时，他发现了理解、把握人类世界和人的生存的依据——实践，并把解答实践活动中的人与自然、人与人的关系作为哲学的任务。实践就是人类世界和人的生存的基础与根据，即人类世界和人的生存的本体。"生存论的实践本体论"凸显了马克思哲学对人类自身的历史性存在的关注，是一种关于人的历史性存在的自我意识。

马克思的哲学是把感性理解为实践活动的唯物主义，它揭示了实践活动是人的历史性的存在方式，并从一个新的视角分析了人与自然的关系，从而深入到存在之中去把握历史事物的本质性。我们不能脱离人的实践活动去理解自然界。人们生活于其中的自然界，是人的本质力量的外化，渗透着人的激情、理性和感性的力量，是"人类学的自然界"（马克思语）。没有人的实践活动介入的自然界是僵死的物的堆积，对人的存在没有意义；同样，没有自然界，人就会成为无处存身的"孤魂"，无法展现自己的存在。实践把人与自然、人与人联系在一起，使存在成为社会的存在、人的存在，使人成为"能动的自然存在物"、"社会存在物"（马克思语）。

在社会中，人本身的存在就是社会的活动，是社会共同活动的结果，每个人的自然存在因此成为具有人的意义的存在。因此，马克思所理解的时间与空间不是外在于人的活动的、仅仅具有一维持续性和三维广延性的时间与空间。马克思的哲学立场是："时间实际上是人的积极存在，它不仅是人的生命的尺度，而且是人的发展的空间"。人的存在是人的实际生活过程，是人的实践活动，实践活动的展开就是社会的时间和空间。

在理论本性上，辩证法与本体论密不可分。没有本体论的辩证法只能流于空洞的形式，反之，没有辩证法的本体论只能是抽象的理论。辩证法与本体论乃是一个整体的两面，二者同时"在场"：本体不是凝固、静止、亘古不变的，本体总是要展开、绽放的，而辩证法就是本体展开和绽放的方式。辩证法是本体论内容的展开，本体论是按照辩证的方式运行的本体论；本体论是辩证法运行的载体和依托，辩证法就是本体论展开的逻辑。正是在这个意义上，卢卡奇称马克思主义"按其本质来说是本体论的辩证法"。

这种"本体论的辩证法"就是人的实践活动自我展开的辩证法，是"否定性的辩证法"。正如马克思所说，"辩证法在对现存事物的肯定性的理解中同时包含对现存事物的否定的理解"，"辩证法不崇拜任何东西，按其本质来说，它是批判和革命的。"由此，我不禁想起马克思的又一名言，即"对实践的唯物主义者即共产主义者来说，全部问题都在于使现存世界革命化，实际地反对并改变现存的事物"。这就是说，在马克思的哲学中，辩证法与唯物论的统一首先是本体论意义上的统一，而这种统一的基础就是生存论的本体论，即实践本体论。在马克思哲学中，"生存论转向"与"实践论转向"是一致的，或者说是同一性过程中的两个方面。

在马克思的哲学中，真理也不是一个单纯的认识论问题，它同时是一个本体论问题；真理也不是一个单纯的知识论哲学的问题，它同时是一个生存论哲学的问题。人与真理之间的关系首先是一种存在关系，然后才是一种认识关系，关于真理的"存在关系"比"认识关系"更始源。马克思总是把真理与现实的人联系起来考察的，总是把真理当作人的生存的真理，即当作人的生存活动的展开状态来看待的。这是因为，人是在生存活动的展开状态中与外部世界建立关系的，只有在这种关系中，外部世界才能成为可把握的，才显示为真。真理"并不是由人类'主体'对一个'客体'所说出的、并且在某个地方——我们不知道在哪个领域中——'有效'的命题的标志"，真理"乃是存在者之解蔽，通过这种解蔽，一种敞开状态才成其本质，一切人类行为和姿态都在它的敞开之境中展开"（海德格尔语）。

实践是一种自由自觉的开放状态，只有通过实践，陈述的正确性才是可能的。因此，使正确性得以成为可能的实践就必然具有更为原始的权利而被看作真理的本质。"真理原始地并非寓居于命题之中。"（海德格尔语）真理不可能仅仅通过陈述、通过认识就能被揭示出来，它必须在人的实践活动中才能呈现出来。"人的思维是否具有客观的真理性，这不是一个理论的问题，而是一个实践的问题。人应该在实践中证明自己思维的真理性，即自己思维的现实性和力量，自己思维的此岸性。"（马克思语）

在马克思哲学中，历史观与本体论也是密切相关的。历史不过是追求着自己目的的人的活动，理解历史就必须了解人及其实践活动。全部社会生活在本质上是实践的，历史不过是人的实践活动在时间中的展开。从作为人的实践活动的展开过程来看，历史是作为主体的人的自然史，人在改造外部的自然时，也改变着他自身的自然，这是同一过程的两个方面。在这个意义上，可以把历史看作人作为"能动的自然存在物"展开其自然力的过程，人的实践能力也"是一种自然力的表现"（马克思语）。所以，马克思认为，"历史本身是自然史的即自然界成为人这一过程的一个现实部分。"

人类历史呈现为一种自然的过程，但这一过程又是人通过实践处理自身与自然关系的过程。"劳动首先是人和自然之间的过程，是人以自身的活动来引起、调整和控制人和自然之间的物质变换的过程。"（马克思语）在实践活动中，社会与自然互相渗透，人类史与自然界相互制约，同时，人类史又置身于自然史之中。"劳动过程嵌入了伟大的自然联系之中。自然，它作为社会和社会每度占有的那部分自然的高度统一，最后又战胜人的一切干扰而自我保持，被人渗透了自然物质又再度沉入自然的最初的直接性之中去。"施密特的这段话是马克思上述思想最好的注脚。

就这样，《马克思哲学本体论及其当代意义》为我们重新理解马克思哲学的本体论以至整个马克思哲学提供了一个新的理论视角。"马克思哲学以实践本体论的生存论路向替代了传统哲学的知识论路向，它以现实人的生存与发展作为哲学的主题，从而使哲学从抽象王国回归感性世界"。"回归生活世界，关注人的现实存在，这是现代哲学的基本精神。以人的感性活动为基础的生存实践本体论正是这种哲学精神的首倡，马克思哲学因此实现了近代哲学向现代哲学的根本转向，敞开了哲学走向现代形态的可能性。"这一不同"常识"的见解富有启示性。这使我不禁想起了布莱克的一句名言："打破常规的道路指向智慧之宫"。

卢卡奇物化理论的双重逻辑

——读《卢卡奇的物化理论及其演变》

　　无论怎样编写马克思主义史，卢卡奇都是一个绕不过去的思想要塞。卢卡奇既是所谓"正统"马克思主义的终结者，又是"另类"马克思主义的开创者。在20世纪西方马克思主义的发展过程中，不时有人通过不同的方式回到卢卡奇所开拓的理论道路上。在一定意义上说，卢卡奇的独特经历和思想演变就是20世纪马克思主义发展史的缩影。而在卢卡奇的思想中，物化理论可谓独树一帜、引人瞩目。

　　从思想背景看，卢卡奇是在没有接触到马克思的《1844年经济学哲学手稿》、《1857—1858年经济学手稿》，即缺乏对马克思异化理论充分了解的背景下，以《资本论》中的商品拜物教思想为依据，并通过颠倒韦伯的"合理化"思想提出物化理论的。卢卡奇的物化理论既揭示了马克思政治经济学批判的关键内容，又彰显了马克思异化理论的价值立场，同时，又在一定程度上深化了马克思的物化理论，并展示了新的问题域。正因为如此，如何理解和把握卢卡奇的物化理论成为 20 世纪学术界的热门话题，一时洛阳纸贵，且经久不衰。

卢卡奇是在他的《历史与阶级意识》中提出物化理论的，物化理论是《历史与阶级意识》的中心线索，而《历史与阶级意识》一直被奉为西方马克思主义的"圣经"。因此，卢卡奇的物化理论是西方马克思主义共同信仰的范式之一，是联系西方马克思主义的思想纽带。从萨特到阿尔都塞，从阿多诺到哈贝马斯，从威廉斯到萨义德……无一不是首先被卢卡奇的物化理论所牢牢吸引，然后被"卷进"马克思主义阵营的，他们对《历史与阶级意识》的启蒙之恩终生感激。同时，无论是霍克海默、阿多诺的工具理性批判，还是马尔库塞的"单向度"理论，抑或是哈贝马斯的交往理论，都可以看作是卢卡奇物化理论的延伸或新的阐发。卢卡奇的物化理论是西方马克思主义批判资本主义的共同武器。

卢卡奇的物化理论的确是一个思想要塞。由此，我们可以追溯到马克思的物化理论，甚至可以追溯到黑格尔的异化理论，可以透视出韦伯的"合理化"思想，可以延伸到整个西方马克思主义以至现代西方哲学。周立斌博士敏锐地注意到这一点，并耗时十年写下了这部《卢卡奇的物化理论及其演变》。

《卢卡奇物化理论及其演变》从"资本主义社会基本领域的物化"、"物化根源的探究"、"物化的突围之路"、"物化理论的转向：工具理性批判"、"物化理论的巅峰：'单向度'理论"等方面深入而全面地分析了卢卡奇的物化理论，并将理论探讨的触角伸展到总体辩证法、阶级意识理论、反映论、启蒙辩证法、文化理论等，以期解决卢卡奇的物化理论的理论来源、思想内涵、精神实质，物化理论如何成为西方马克思主义批判资本主义社会的共同武器这样一些重要的学术问题。其中，对卢卡奇物化理论与马克思物化理论的比较研究，可谓别具一格、引人入胜。

按照卢卡奇的观点，在资本主义商品生产过程中，人与人的关系表现出物的特征，获得一种"魔幻的客观性"，这就是物化现象。所谓物化，就是指人们在自己创造出来的商品面前顶礼膜拜，受制于物，这种现象就是商品拜物教。换言之，卢卡奇把商品拜物教直接同于物化现象。在《历史与阶级意识》中，卢卡奇直接引证马克思在《资本论》中对商品拜物教的阐述来解释他的物化概念："商品形式的奥秘不过在于：商品形式在人们面前把人们本身劳动的社会性质反映成劳动产品本身的物的性质，反映成这些物的天然的社会属性，从而把生产者同总劳动的社会关系反映成存在于生产者之外的物与物之间的社会关系。由于这种转换，劳动产品成了商品，成了可感觉而又超感觉的物或社会的物……这只是人们自己的一定的社会关系，但它在人们面前采取了物与物的关系的虚幻形式"。这是马克思对商品拜物教所下的定义，也是卢卡奇物化概念的第一层含义。

卢卡奇物化概念的第二层含义是："人自己的活动，人自己的劳动，作为某种客观的东西，某种不依赖于人的东西，某种通过异于人的自律性来控制人的东西，与人相对立"（卢卡奇语）。在资本主义社会中，人的活动变成了一种商品，按照外在于人的方式进行活动，成为一种脱离人的物化的客观过程。由此，卢卡奇分析了资本主义社会的物化现象，即劳动者本身的物化、人与人关系的物化，以及人的意识的物化。在没有看到马克思的《1844年经济学哲学手稿》、《1857—1858年经济学手稿》的情况下，卢卡奇对物化的理解与马克思的异化思想极为相似，这表明了卢卡奇对马克思物化理论的深刻的领悟性和敏锐的洞察力。

不仅如此，卢卡奇还分析了物化形成的原因：一是在客观上，资本主义的生产、交换、分配和消费导致了一个由现成的物以及物与物关系构成的世界，即商品世界，这就是"第二自然"，"第二自然"一旦形成就具有自己独特的运行规律，不以人的意志为转移；二是在主观上，工人为了生存，被迫出卖自己的劳动力，劳动力成为一种商品。劳动力已经出卖这个事实，使得工人自身不得不分裂，即他的身体成为"第二自然"的一部分，服从于"第二自然"的运行规律，他的意识已经丧失，或者说已经物化，成为自动运转的机器的属性，由此导致人的活动必须跟上机器的节奏，服从商品生产的要求，即服从"自然规律的非人的客观性"。就是说，人身不由己，反受物决定。尽管卢卡奇没有区分物化与异化，但他实际上是在异化的意义上使用物化概念并对资本主义进行批判的，这表明了卢卡奇与马克思在异化问题上的共识。

但是，卢卡奇的物化理论与马克思的物化理论又有重大差异。马克思不仅区分了对象化、物化、异化，而且区分了资本主义生产中所出现的两种物化：一是"个人在其自然规定上的物化"，其含义是指"一切生产都是个人在一定社会形式中并借这种社会形式而进行的对自然的占有"（马克思语），实际上，这就是劳动的对象化；二是"个人在一种社会规定（关系）上的物化，同时这种规定对个人来说又是外在的"（马克思语），其含义是指在商品交换过程中形成的社会关系的物化，即人与人的关系颠倒地表现为物与物的关系，人自己创造出来的物反过来奴役人。

可以看出，卢卡奇物化概念的含义与马克思物化概念的第二层含义相同，具有异化的内涵。但问题在于，卢卡奇又是从马克思物化概念的第一层含义即对象化出发阐述他的物化理论的。更重要的是，卢卡奇实际上是在用韦伯的"合理化"思想来解释马克思的物化理论，并试图由此拓展马克思的物化理论。

按照韦伯的观点，物化是生产过程中工具性对象导致的量化和可计算性，在这个过程中，人的主体性是无关紧要的；相反，人本身必须被量化为客观要素以便具有可计算性或可操作性，这是现代工业发展的客观要求，是自实行泰勒制以来工业文明进程中的合理性。韦伯实际上是把物化视为生产力发展的必然性。正因为如此，当卢卡奇试图用韦伯的"合理化"思想解释马克思的物化理论，或者说力图把马克思的物化理论与韦伯的"合理化"思想嫁接起来时，就必然使物化理论转向，即从对生产关系、社会制度的批判转向对生产力、科学技术的批判。

卢卡奇看到了"资本主义社会的人们受生产力奴役的状况"（卢卡奇语），但他没有弄清在资本主义社会中人们为什么"受生产力奴役"，实际上是没有弄清人与人的关系是如何在资本主义社会中转变为物与物的关系，并受物奴役的。如果说马克思的物化理论重在批判现实的生产关系，那么，卢卡奇的物化理论则重在批判现实的生产力。当卢卡奇把对物化的全部愤怒都宣泄到现代工业文明的可计算性的量化过程上的时候，他的物化理论的逻辑实际上是来自韦伯，而不是马克思。这就是说，卢卡奇的物化理论与马克思的物化理论具有重大差别。

《卢卡奇的物化理论及其演变》看到了这一点，所以，在深入分析卢卡奇物化理论的同时，又比较研究了卢卡奇物化概念与马克思物化概念的相同之处与不同之点，既说明了马克思的物化理论尤其是商品拜物教理论对卢卡奇的启示，又论述了卢卡奇与马克思对物化的不同理解，对物化产生原因的不同看法，对物化形成路径的不同分析，对物化后果的不同阐释，言之有理，持之有据。

但是，我不能不遗憾地指出，在论述卢卡奇物化理论与马克思物化理论的差别时，《卢卡奇的物化理论及其演变》忽视了一个极其重要的因素，那就是韦伯的"合理化"思想对卢卡奇物化理论的重要影响。如前所述，卢卡奇并没有从理论上澄清人与人的关系是如何在资本主义社会中物化的，而是直接套用了马克思的商品拜物教理论，把对资本主义批判集中在可计算性的量化过程，对准了所谓的"生产力崇拜"。

这就导致卢卡奇的物化理论中存在着双重逻辑，即马克思意义上的商品结构、生产关系基础上的物化与韦伯意义上的生产力、科学技术基础上的物化。马克思肯定了作为生产对象化的物化，否定了人与人关系的物化、异化，而在韦伯那里，只有流水线上生产进程的可计算性的对象化，与人的主体价值的异化却被"祛魅"了，韦伯实际上是站在肯定的立场上把物化视为资本主义的合理性。对于这一重要问题，《卢卡奇的物化理论及其演变》有所察觉，但没有达到理论自觉；"点到为止"，但没有深入剖析。这是一个需要弥补的遗憾。

卢卡奇不仅提出了一种"另类"的马克思主义，而且这种"另类"的马克思主义包括物化理论深刻地影响了整个西方马克思主义；卢卡奇不仅是西方马克思主义的开创者，而且在现代西方哲学留下了深刻的思想痕迹，其独特的经历、复杂的知识结构、多变的理论立场在一定意义上又是20世纪西方思想史的缩影。《卢卡奇的物化理论及其演变》自觉地意识这一点，因而在深入分析卢卡奇物化理论的基础上，不仅分析了卢卡奇物化理论与马克思物化理论的关系，而且把卢卡奇的物化理论置放到西方马克思主义和现代西方哲学这样一个广阔的背景中去考察，具体分析了"物化理论的转向：工具理性批判"、"物化理论的巅峰：'单向度'理论"、"物化理论的变奏：海德格尔的'集置'理论"、"物化理论的最后走向：哈贝马斯的交往行为理论"，从而展示了一个更为宏大的理论画卷。

《卢卡奇物化理论及其演变》一个显著特点就在于，把卢卡奇、霍克海默、阿多诺、马尔库塞、哈贝马斯等哲学家还原到他们赖以生存和思考的具体的历史情境中，梳理他们的理论关系，独创性地提出物化理论的启蒙期是在卢卡奇写作《历史与阶级意识》前后；转折期是在霍克海默和阿多诺出版《启蒙辩证法》时期；全盛期是在马尔库塞用"单向度"理论全面批判资本主义社会时期；最后走向则是哈贝马斯出版《交往行动理论》时期，正是在这一著作中，哈贝马斯转变了物化理论批判的范式，即把工具理性批判转变为成交往行为理论。更值得一提的是，本书探究出卢卡奇物化理论发展的一条隐幽线路，这就是从卢卡奇的物化理论到海德格尔的"集置"理论，明确提出海德格尔巧妙地把卢卡奇的"物化"转换为"本真"和"非本真"，进而提出了"集置"理论，从而开启了对物化批判的新视角。应该说，这一见解独特而深刻。

从根本上说，"卢卡奇的物化理论及其演变"这一课题是要梳理西方马克思主义的一段思想史，这段思想史所涉及的人物都是西方马克思主义的顶尖高手。同时，在卢卡奇的物化理论中，突发的灵感与严谨的逻辑结合，理论的透彻与大胆的断言并存，深刻的领悟与晦涩的语言交织。《卢卡奇的物化理论及其演变》的写作的确是理论道路上的艰辛跋涉。

走近工程哲学

——读《实践哲学视野中的工程》

　　"工程"一词，人们并不陌生，从人工开物的那一刻起，人们便生活在工程之中。正是在这个意义上，工程是人的最切近的生存样式。可是，人们自觉地对工程的存在进行哲学反思却较为滞后，直到19世纪，人们才开始对工程的存在进行理论研究和哲学反思。

　　从那时起到现在，人们对工程的研究和反思有四种范式：一是专业工程学的范式，这是对特定领域所展开的工程实践的研究，如机械工程学、电子工程学、冶金工程学、环境工程学等；二是社会工程学的范式，这一研究范式关注的重心是社会工程的模式设计和选择，马克思明确提出"社会工艺学"这一概念，波普尔批判了"乌托邦的社会工程"，主张"逐步的社会工程"，并认为"逐步的社会工程"，即"对社会进行逐步的、切实可行的改造"；三是技术哲学的范式，米切姆对这一研究范式作了精当的说明，即"工程的技术哲学始于为技术辩护，或者说始于分析技术本身的本质——它的概念、方法、认知结构和客观表现……工程的技术哲学甚至可以称为技术哲学，它用技术的依据和范型来追问和批判人类事物的其他方面，从而加深和拓展技术意识"；四是工程哲学的范式，这种范式直接把工程作为哲学的研究对象，并试图在哲学的"地图"上圈出自己的位置，工程存在论、工程价值论、工程美学论等都属于这一研究范式。这四种研究范式都有其合理性，但又存在着一个共同的缺失，即忽视了工程的生存论意蕴和工程结构的生存论展延。

张秀华博士注意到这一"破缺"之处，她的《实践哲学视野中的工程——工程生存论引论》（以下简称《工程生存论》）通过对理论前提的批判，即追问以生存论诠释工程的合法性，阐明生存论在工程追问中的优先性；坚持唯物主义历史观的研究范式，按照"面向事实本身"的现象学原则，对工程给予生存论的诠释，从而通过生存论的解释原则规范人类的工程活动。在这个过程中，作者力图实现思维范式的转换，即从以"工程是什么"转向"为什么工程"、"应当如何工程"，以及人"如何以工程的方式存在"，换言之，从知识论范式转向生存论范式，以此为前提探究工程的存在，追问工程的意义，从而把工程的知识论考察置放到生存论的基础上，履行哲学对工程的价值批判的使命。这一转向犹如"山重水复疑无路，柳暗花明又一村"，让我们看到了一片"希望的田野"。在我看来，这是"关于工程的哲学"，而非"工程中的哲学"。

工程属于人，人的生存是工程的根本维度，因而对工程的哲学反思只有从人的存在出发，才能合理解答工程存在论以及工程的意义问题。《工程生存论》直接把"人、工程、生存"、"自然、人、工程"联系起来，确认工程的生存论意蕴，并用"自然、工程、人"这一整体建构去规约"人、工程、生存"这一人的工程化生存的活动，从而把工程的知识论置放到工程的生存论的基础上。标画出工程的生存论意蕴之所在，就是在对工程范畴进行历史清理的基础上，揭示工程具有以造物方式

"去存在"的生存论意味，包含着工程的社会性，凸显着生存的意识性，以及现实关怀和终极关怀相统一的生存论价值。

无疑，用生存论追问工程有利于切实把握工程批评的历史尺度与人文向度，让公众和社会选择工程。这是一个可喜可贺的转向，在思维范式上初步完成了对工程解读视角的转换。

《工程生存论》基本的研究思路是力图使唯物史观与现象学相贯通，共时态分析与历时态考察相包容，在对工程范畴进行历史清理的基础上，展开对工程的时空交叉解剖，由此呈现工程的历史生成性，逻辑地勾画工程的"共时态结构"和"历时态结构"。"共时态结构"——人工事物、实存工程、工程方式等工程样式，"历时态结构"——前现代社会以农业为主导的"自在工程"、现代社会以工业为主导的"自为工程"、后工业社会以信息业为主导的"自在自为工程"等工程范式，以及以创新为依托的工程结构的生存论展延。

同时，在这个过程中，《工程生存论》展示了人的工程化生存的"是"与"非"。从天工开物到人工开物，人便开始了工程化的存在了，工程组建着人的生存方式，直接刻画着人之存在。和任何事物一样，工程也具有"二重性"，不仅有非凡之功，而且有无奈之"罪"——"原罪"和人为疏忽之"罪"。所谓"原罪"，是指"人工开物"与"天工开物"的自然过程相背离。在我看来，这种"原罪"实际只是以"天灾"的形式表现出来的"人祸"。工程的"罪"恰好反映了特定的社会和具体的人的有限性，彰显出自然生态系统对于工程的约束性。"自然、工程、人"是互蕴共容的整体建构，不承认这一点必然会导致工程的异化和人的异化。因此，遵循工程的生存论原则以规范造物行动，"按照美的规律来建造"工程，让工程与自然融合以重现造化之功，从而实现以"诗意般地栖居"为指归的"筑居"，应是当今工程活动的根本维度。

《工程生存论》通过理论和实践的双重审视，确认马克思主义哲学的生存论转向，并以坚定的立场彰显马克思主义哲学"改变世界"的理论旨趣。该书沿着马克思的哲学思路，把工程实践作为现代实践的典型方式，把工业看成工程的汇聚，具体探讨了人、生存、实践、作为对象性存在的工业及其关系，尤其是在分析工程研究知识论范式局限性的基础上，通过名词的动词化努力，将"工程是什么"的追问转换成"为什么工程"、"应该如何工程"的追问，展现了作为人之存在方式的工程的辩证法，并力图揭示工程从"自然的逻辑"到"资本的逻辑"，再到"自由的逻辑"的历史进程。这些都是应该充分肯定的。

当然，我注意到，《工程生存论》在分析工程的"罪"和异化时，关注的是"自然、工程、人"，关注的是人的思维的有限性，在一定程度上忽视了工程的社会性，忽视了马克思的"社会工艺学"思想。从根本上说，不是自然本身，也不是人的思维，而是特定的社会关系导致自然的异化、工程的异化和人的异化。现代工程之所以导致人的生存的异化，是因为资本的逻辑在现代社会中占据主导地位、起着支配作用。

资本原则作为现代社会形态的基本建制，贯穿于存在的方方面面，它不仅改变了人类社会的存在面貌，而且改变了自然的存在形态。资本在资本主义社会中具有支配一切的权利。无论是对人的存在、社会存在的分析，还是对自然存在、工程存在的分析，都必须领会资本原则作为现代社会基本建制的存在论意义。资本本质上是一种社会关系。马克思指出："黑人就是黑人。只有在一定的社会关系下，他才成为奴隶。纺纱机就是纺棉花的机器。只有在一定的关系下，它才成为资本。脱离了这种关系，它也就不是资本了，就像黄金本身并不是货币，砂糖不是砂糖的价格一样。"《工程生存论》注意到"资本的逻辑"，但关注的强度和分析的深度不够。关注社会工程及其规律与规则的关系，强化资本逻辑对现代工程的支配性，循着马克思的"社会工艺学"思想走向工程的深处，《工程生存论》一定会更具沉甸甸的分量。

中国是当今世界第一工程大国，如何走出一条可持续发展的新型工业化道路，实现以人为本、生产发展、生活富裕和生态文明，不仅具有重大的理论意义，而且具有时代关切的现实意义。我一向主张，哲学研究一要解读文本；二要走进现实。张秀华博士恰当地把握住这一关键之点，并努力使现实问题上升为理论问题。这一努力值得肯定和赞赏。据我所知，《工程生存论》最先把生存论引入工程哲学研究，形成关于工程反思的独特思路，并引导我们走近工程哲学。

文本解读：探寻真理之路

——《马克思主义哲学文本导读》序言

　　作为观念形态的文化，其精华往往集中体现在它的经典著作中。哲学以及马克思主义哲学也是如此。叔本华告诉我们："只有从那些哲学思想的首创人那里，人们才能接受哲学思想。因此，谁要是向往哲学，就得亲自到原著那肃穆的圣地去找永垂不朽的大师。"恩格斯明确指出：对于马克思主义哲学，要"根据原著来研究这个理论"，"对于那些希望真正理解它的人来说，最重要的却正好是原著本身"。"原著"，即马克思、恩格斯的哲学文本是马克思主义哲学的"原生形态"，是马克思主义哲学最集中、最生动的体现。形象地说，通过学习原著，我们既能见"真佛"，又能见"真经"。文本解读是学习和研究马克思主义哲学的基础。

　　解读马克思主义哲学文本，我们会深刻体会到，马克思主义哲学本质上是批判的和革命的。马克思主义哲学不是"学院派"。马克思并不是先写好了教科书来创立马克思主义哲学，而是为了适应无产阶级和人类解放的实际需要，在形而上学批判、意识形态批判和资本批判的过程中创立马克思主义哲学的。马克思主义哲学既是解释世界的哲学，又是改变世界的哲学，其理论主题就是无产阶级和人类解放、人的自由而全面发展。马克思主义哲学文本生动而完整地体现了马克思主义哲学的科学性、批判性和革命性。正如马克思在《资本论》中所说："辩证法，在其合理形态上，引起资产阶级及其空论主义的代言人的恼怒和恐怖，因为辩证法在对现存事物的肯定的理解中同时包含对现存事物的否定的理解，即对现存事物的必然灭亡的理解；辩证法对每一种既成的形式都是从不断的运动中，因而也是从它的暂时性方面去理解；辩证法不崇拜任何东西，按其本质来说，它是批判的和革命的。"在《德意志意识形态》中，马克思明确指出："对实践的唯物主义者即共产主义者来说，全部问题都在于使现存世界革命化，实际地反对并改变现存的事物。"我们不能从西方传统哲学、"学院哲学"的视角去理解马克思主义哲学，而应从形而上学批判、意识形态批判和资本批判这三重批判的视野，从解释世界和改变世界这双重世界观的视角去理解马克思主义哲学，从而真正理解马克思主义哲学是"为历史服务的哲学"，是"实践的唯物主义"。

解读马克思主义哲学文本，需要阅读马克思主义的全部文本。除了博士论文《德谟克利特的自然哲学和伊壁鸠鲁的自然哲学的差别》外，马克思并没有给我们留下专门论述马克思主义哲学的"纯粹"的哲学著作。马克思主义哲学或者蕴含、体现在短论和读书札记中，如《〈科隆日报〉第 179 号的社论》、《历史法学派的哲学宣言》、《〈黑格尔法哲学批判〉导言》、《〈政治经济学批判〉导言》、《〈政治经济学批判〉序言》；或者蕴含、体现在提纲、笔记和书信中，如《关于费尔巴哈的提纲》、《历史学笔记》、《人类学笔记》、《致帕·瓦·安年科夫的信》、《致维·伊·查苏利奇的信》；或者蕴含、体现在手稿和论战性著作中，如《1844 年经济学哲学手稿》、《1857—1858 年经济学手稿》、《神圣家族》、《德意志意识形态》、《哲学的贫困》；或者蕴含、体现在资本批判、政治批判、历史研究的著作中，如《雇佣劳动与资本》、《资本论》、《法兰西内战》、《路易·波拿巴的雾月十八日》，尤其是《资本论》具有重大的哲学意义。与马克思不同，晚年恩格斯倒是写下一系列哲学著作，如《反杜林论（哲学编）》、《家庭、私有制和国家的起源》、《路德维希·费尔巴哈和德国古典哲学的终结》、《自然辩证法》。所以，马克思逝世后，人们主要是通过恩格斯的哲学文本去理解马克思主义哲学的。

马克思主义哲学集中体现在马克思、恩格斯的文本中，但其中任何一个单独文本又不能等同于马克思主义哲学，马克思主义哲学是贯穿马克思主义全部文本中的哲学理念、哲学观点和哲学方法。在马克思主义体系中，哲学理论同经济学理论、社会主义理论之间，在理论上和逻辑上是一贯的、严密的、完整的。从历史角度看，把某一个文本从马克思主义哲学发展的某一阶段孤立出来；从逻辑角度看，把某一个文本从马克思主义的整体割裂开来，就会"肢解"马克思，曲解马克思主义哲学。因此，解读马克思主义哲学文本应当系统而全面。

要了解马克思的深刻思想，根本的方式就是去解读他的文本；要了解马克思的历史影响，最好的方式就是去解读后继者阐释马克思哲学的文本，从中去了解后继者在何种意义上坚持、发展了马克思的哲学思想，在何种意义上修正、变更了马克思的哲学思想。从一定意义上说，马克思主义哲学的世界性影响，不仅是通过马克思、恩格斯的理论活动和实践活动实现的，而且是通过其后继者的理论活动和实践活动实现的。在这个过程中，又往往因为对马克思主义哲学文本的不同解读而形成不同的研究范式、理论倾向和思想流派，如第二国际马克思主义哲学模式、苏联马克思主义哲学模式、西方马克思主义哲学模式。在第二国际马克思主义中，有考茨基的"唯物主义历史观"、卢森堡的资本积累理论、拉法格的经济决定论，以及奥地利马克思主义学派等；在苏联马克思主义中，有本体论主义与认识论主义，以及辩证法学派与机械论学派等；在西方马克思主义中，又形成了存在主义马克思主义、弗洛伊德主义马克思主义、结构主义马克思主义、实证主义马克思主义、分析马克思主义、生态马克思主义，以及法兰克福学派等。这些不同的研究范式、理论倾向和思想流派从不同角度对马克思主义哲学作了新的探索，为我们提供了一个多维视野中的马克思。其意义不仅表明，在马克思主义阵营内部对马克思主义哲学的理解存在着不同的观点和流派，而且表明，对马克思主义哲学的研究存在着不同的途径和方法，存在着广阔的语义空间。

因此，这部《马克思主义哲学文本导读》不仅选择了马克思、恩格斯的重要文本，而且选择了第二国际时期、俄罗斯和苏联时期、西方马克思主义时期研究马克思主义哲学的重要文本。马克思主义哲学史的一个重要时期，即中国化的马克思主义文本已经放到其他教材中，因而没有收入；后马克思主义文本因其逻辑矛盾甚至相互对立，加上篇幅的限制，因而没有收入。在马克思主义哲学史上，人物众多，文本浩繁，我们力图在全面把握马克思主义哲学发展历程的基础上，结合国内外的研究成果，精选马克思主义哲学创始人及其后继者的重要文本，并从"写作背景"、"篇章结构"、"观点提示"、"文本节选"和"进一步阅读的文献"五个方面展开对这些文本的导读，从而引导我们进一步发现马克思主义哲学在不同发展阶段的问题域，进一步把握马克思主义哲学的内在逻辑和历史形态。

这部《马克思主义哲学文本导读》是为马克思主义哲学专业、马克思主义理论专业以及哲学系研究生编写的教材。它犹如一张导游图，能够引导我们走向不同的理论景点，但不能使我们走进理论景点的深处。因此，这部"导读"只是一本研究马克思主义哲学的入门书。为了更好地利用这部"导读"，以便深入而全面地把握马克思主义哲学，需要关注总体性方法。

马克思主义思想来源和理论内容的复杂性，要求我们从总体上把握这些思想来源和理论内容之间的内在关系，进而正确理解马克思主义哲学。列宁曾把马克思主义的思想来源和理论内容概括为"三个来源和三个组成部分"："三个来源"是德国古典哲学、英国古典政治经济学和英法空想社会主义；"三个组成部分"是哲学、政治经济学和科学社会主义。根据这一概括，人们把马克思主义划分为三个学科进行研究。这种学科划分虽然有助于从某一方面了解马克思主义，但也带来一个重大缺陷，即无法从"三个来源"和"三个组成部分"的总体关系中理解马克思，把握马克思主义哲学。在马克思的思想发展过程中，哲学思想的发展离不开经济学研究，哲学—经济学思想又是同对社会主义的探讨联系在一起的，这三方面的内容始终处于一种互动之中。可以说，马克思主义实际上是哲学、政治经济学与社会主义理论同时变革的产物，这是一种思想的总体转型与重建。

马克思哲学的意义只有在同马克思资本批判理论的关联中才能显示出来，反之，马克思的资本批判理论只有在马克思哲学这一更大的概念背景下才能得到真正理解，只有在无产阶级和人类解放这一更大的意识形态背景下才能得到真正理解。研究马克思的哲学思想不去研究其经济学思想，就会陷入形而上学的思辨之中；研究马克思的经济学思想而不从哲学上反思经济学的前提，就无法真正理解马克思是如何超越古典政治经济学的；而不把马克思哲学—经济学思想与其社会主义思想结合为一个整体，就无法真正理解马克思的哲学—经济学批判的理论意义。如何从总体上把握马克思主义的"三个来源和三个组成部分"，从而从理论深层上理解马克思，把握马克思主义哲学，这是解读马克思主义哲学文本时需要解决的难题。

马克思主义哲学的理论内容和理论主题的特殊性，要求我们把马克思的哲学思想与当时的社会生活作为一个总体来理解。任何一个哲学家的思想都不是思想史的单纯的逻辑延伸。哲学家运用的是一些超历史的、形而上的语言，面对的却是当时的社会生活，所要解决的问题都有其历史的定位。例如，黑格尔哲学在直接层面表现为一种思想的逻辑，其晦涩的论述要解决的是思想史上的难题，但实际上，黑格尔哲学所要解决的是德国当时的历史难题，即面对英、法等资本主义强国，德国如何选择自己的发展道路。正如黑格尔本人所说，"就个人来说，每个人都是他那时代的产儿。哲学也是这样，它是被把握在思想中的它的时代"。"每一哲学都是它的时代的哲学，它是精神发展的全部锁链里面的一环，因此它只能满足那适合于它的时代的要求或兴趣。"黑格尔对英国经验论与大陆唯理论的批判，对经济学的研究，对市民社会、国家理性的探讨，无不是用形而上的语言来表述当时德国社会生活中的现实问题。如果不能把黑格尔的哲学与他所处的历史情境联系起来，作为一个总体来看待，我们就只能看到一个思想史逻辑中的黑格尔，而无法真正理解黑格尔哲学的历史意义。

解读马克思主义哲学文本同样要遵循这种总体性原则。马克思主义哲学是 19 世纪中叶西方社会发展的必然产物，英国的工业革命及其后果、法国政治革命及其后果、世界历史的形成及其后果，这三者是资产阶级历史性创造活动的主要成果，这些成果及其引起的规模宏伟、具有现代形式的社会矛盾，以及人类历史向何处去的这一现实问题，是推动马克思创立马克思主义哲学的根本原因。离开这一当时社会生活的现实逻辑，我们无法真正理解马克思主义哲学的理论逻辑。实际上，总体性方法是马克思面对思想史的一个基本理念。马克思在分析劳动价值论的形成时认为，从重商主义把商业劳动作为财富的源泉，重农主义把农业劳动作为财富的源泉，到亚当·斯密"抛开创造财富的活动的一切规定性"，创立劳动价值论，不仅体现了理论逻辑的提升，而且体现了现实社会的发展。

按照马克思的观点，从理论逻辑来说，这一转变体现了从特殊劳动向一般劳动的提升；从社会发展来说，这一转变表明人类社会已经从农业社会转向工业社会，从自然经济转向商品经济，从封建社会转向资本主义社会。"在这种社会形式中，个人很容易从一种劳动转到另一种劳动，一定种类的劳动对他们说来是偶然的，因而是无差别的。这里，劳动不仅在范畴上，而且在现实中都成了创造财富一般的手段，它不再是同具有某种特殊性的个人结合在一起的规定了。"这就是说，只有在现代社会形式中，人们才能对不同种类的劳动"同样看待"，才能形成"劳动一般"这一范畴，才能创立劳动价值论。"在这里，'劳动'、'劳动一般'、直截了当的劳动这个范畴的抽象，这个现代经济学的起点，才成为实际上真实的东西。"在马克思的这种分析中，我们不仅看到了思想历史的逻辑进程，而且看到了社会历史的实际进程，同时看到了思想历史逻辑进程和社会历史实际进程的内在关系。因此，把思想和历史当作一个总体，不仅是理解马克思主义哲学的重要原则，也是我们从马克思主义哲学出发面对当代社会和思想的重要原则。

马克思主义哲学理论内容和理论体系的开放性，要求我们把马克思主义哲学研究与当代社会和思想研究作为一个总体来看待。哲学解释学已经揭示，任何理论研究都无法完全摆脱源于当下社会和思想的视域，研究的过程实际上是将当下的视域与研究对象的视域相融合的过程。这表明，对前人思想的研究离不开对当下社会和思想的深入考察，它们之间构成了一种总体性的相互关联。只有走进当代社会和思想的深处，我们才能在解读马克思主义文本时更好地理解马克思主义哲学，并揭示马克思主义哲学走向当代的途径。例如，卢卡奇关于物化与阶级意识的理论，就体现了他对资本主义社会发展新阶段的思考。随着19世纪末20世纪初的科学技术革命及其在生产领域中的应用，技术对人的支配与控制越来越明显，这种控制不仅体现在人的身体的层面，而且体现在人的心灵的深处，卢卡奇由此提出了"物化"批判理论。这种针对泰勒制的"物化"批判理论，不仅承袭了马克思《资本论》及其手稿中的重要思想，而且受到了韦伯、西美尔等当代思想家的重要影响。看不到这种当代社会和思想的变化，不仅难以正确把握卢卡奇物化理论与马克思异化理论的关系，而且难以找到从马克思主义哲学走向当代的内在逻辑和现实途径。

哲学家个人的思想生命远远超过其自然生命。个人的自然生命是生物学的，受生物规律支配；个人的思想生命是社会学的，受社会规律支配。只要哲学家的思想对思想史有新的贡献，只要其思想有社会存在的需要和根据，其思想就会长久发生作用并具有永久的魅力。这是思想史的规律。所以，我们今天仍然在解读孔子、孟子、庄子，仍然在解读亚里士多德、康德、黑格尔……哲学思想不同于新闻报道，"读"书不是"看"报。我们之所以看新报而不看旧报，是因为从新报中能获得新闻，在旧报中只能得到旧闻。除非为了寻找资料，否则，我们不会看旧报，而寻找资料已经进入思想研究的范围了。真理性的思想没有什么"新闻"与"旧闻"之分。老的未必就是假的，新的未必就是真的。可以有"老"的重复千年的真理，也可能有"新"的时髦一时的谬论。所以，我们今天不需要看旧闻，却需要读经典著作这些"旧作"。

新闻报道追求的是新，哲学思想追求的是真。马克思主义哲学仍然是我们时代的真理和良心。在当代，无论是对肯定、信仰马克思主义的人来说，还是对否定、反对马克思主义的人来说，马克思主义都是一座绕不过去的思想高山。"马克思彻底改变了我们对人类历史的理解，这是连马克思主义最激烈的批评者也无法否认的事实。就连反社会主义思想家路德维希·冯·米塞斯也认为，社会主义是'有史以来影响最深远的社会改革运动；也是第一个不限于某个特定群体，而受到不分种族、国别、宗教和文明的所有人支持的思想潮流'。"（特里·伊格尔顿语）系统阅读、深入研究马克思主义哲学文本，真正理解、全面把握马克思主义哲学，既是精神需求，又是现实需要。

我们应该作一个"精致读书人"，反复阅读马克思主义哲学文本。"故书不厌百回读，熟读深思子自知。"（苏轼语）我们应该怀着一种对哲学、真理的"敬畏之情"，深入解读马克思主义哲学文本。"在哲学里面正像在海洋里面一样，既没有坚冰，也没有水晶，一切都是运转、流动、生气勃勃，每一点都同样的渊深；在哲学里面正像在熔炉里面一样，熔解着落在它的无始无终循环之中的一切坚硬的、石化了的东西，但同时，却又像海洋一样，它的表面光辉、平静、明亮、一望无际，并倒映着青天。由于这个视错觉，华而不实的人就勇猛地走上前去，对真理毫无敬畏之情，对于工作了约三千年才达到目前发展的人类劳动毫无敬意。"（赫尔岑语）

实践唯物主义研究：
中国学者的"知识产权"

——《唯物主义的现代形态》前言

呈放在读者面前的这部著作，即《唯物主义的现代形态——实践唯物主义研究》，是《实践唯物主义研究》的第 2 版（以下简称"第 2 版"）。当"第 2 版"的定稿端放在写字台上时，我心中想的并不是这本书的本身，既然已经定稿，它就是这么一个东西了。此时，我的思绪却和这本书的历史连接起来了。

20 世纪 80 年代以来，中国哲学界发生了一场关于实践唯物主义的讨论，讨论的实质就是如何理解马克思主义哲学的本质特征、基本内容、理论体系和社会职能。这场讨论所探讨的问题之宏广邃微，概念范畴之洗练繁多，观念形成之层出不穷，思潮迭起之波澜壮阔，社会影响之深入持久，在马克思主义哲学史上实属罕见，的确为人们重新理解马克思主义哲学开辟了广阔的思维空间。

在这场讨论中，形成了三种基本观点：

（1）马克思主义哲学是辩证唯物主义和历史唯物主义；（2）马克思主义哲学是既超越了唯心主义，又超越了唯物主义的实践哲学；（3）马克思主义哲学是实践唯物主义。

中国人民大学哲学系的萧前、夏甄陶、王于、陈志良、李德顺等教授明确提出，马克思主义哲学是实践唯物主义，其主要观点是：实践的唯物主义是马克思主义哲学的本质特征，辩证唯物主义和历史唯物主义这两个重要特征都是从实践的唯物主义这一本质特征引申出来的，是这一本质特征展开的内在逻辑和理论表现；实践的观点是马克思主义哲学首要的和基本的观点，它贯穿在马克思主义哲学的自然观、历史观、辩证法、认识论和价值论以至整个理论体系之中，实践原则是马克思主义哲学体系的建构原则；实践具有本体论和世界观意义，即实践是人类世界的本体，是客观世界与主观世界、自在世界与属人世界分化和统一的基础。

以此为基础，萧前等教授重新探讨了马克思主义哲学的唯物论、辩证法、历史观和认识论，重新研究了马克思主义哲学的实践范畴和主体性原则，重新发现了马克思主义哲学的价值论，因而在马克思主义哲学研究中独树一帜，被称作"实践唯物主义派"。在我看来，无论是"辩证唯物主义（历史唯物主义）派"，还是"实践哲学派"，抑或是"实践唯物主义派"，都是中国马克思主义哲学内部的学派。

我不能同意这样一种观点，即"马克思主义哲学是实践唯物主义"是西方马克思主义、东欧新马克思主义观点在中国的"翻版"和"移植"。这一观点实际上否定了中国学者的"知识产权"，否定了中国学者的艰辛探索。从历史上看，李达在1937年出版的《社会学大纲》中就提出"当作实践的唯物论看的唯物辩证法"这一命题，并认为正是基于对实践的正确理解，马克思"建立了实践的唯物论"，"实践的唯物论，由于把实践的契机导入于唯物论，使从来的哲学内容起了本质的变革"；从理论上看，关于实践唯物主义的讨论是关于实践是检验真理唯一标准讨论的延伸、深化和拓展，既然实践是检验真理的唯一标准，那么，进一步研究的逻辑必然是重新探讨实践本身的基本结构、本质特征、理论地位和社会职能，正是在这一探讨过程中，中国学者提出了马克思主义哲学是实践唯物主义这一具有理论全局意义的观点；从现实上看，是改革开放和现代化建设这一新的实践促使中国学者重读马克思，并在这一"重读"的过程中得出"马克思主义哲学是实践唯物主义"这一结论。

我并不否认中国学者对实践唯物主义的研究在一定程度上受到西方马克思主义、东欧新马克思主义的影响，但这种影响不是决定性的。从根本上说，中国学者对实践唯物主义的研究有中国的现实基础，这个现实基础就是当代中国的改革开放和现代化建设。无论是从广度上来说，还是就深度而言，中国学者对实践唯物主义的研究都是无与伦比的，它凝聚着中国学者对马克思主义哲学的艰辛探索和独特理解，体现着"中国元素"和中国学者的独创性，从而为马克思主义哲学研究开辟了新的天和地，直接推动了马克思主义哲学当代形态的建构，并在马克思主义哲学史上留下了浓墨重彩的一章。

1991年，《实践唯物主义研究》第1版（以下简称"第1版"）书稿完成，1996年由中国人民大学出版社出版。从1991—2011年，时间过去了整整20年。20年间，实践唯物主义的研究在中国一直持续不断，研究深度和广度不断拓展，研究成果不断丰富。20年的研究一方面证明，"第1版"的基本观点是正确的；另一方面又证明，"第1版"存在着一些不足之处，需要用新的研究成果加以补充，需要以新的研究进展加以调整。因此，我们决定对"第1版"进行一次全面的修订，保留"第1版"中体现实践唯物主义基本观点的内容，增加深化实践唯物主义基本观点的内容，并向读者奉上"第2版"。

同"第1版"相比，"第2版"有较大的变化：删去了"第1版"的"序言"，把"第1版"第一章的"三、实践唯物主义：对马克思主义哲学本质的确切表述"、第二章的"四、唯物主义的现代形态"合并，作为"第2版"的导论；把"第1版"的第一、二章合并，改为"第2版"的第一章"马克思主义哲学是实践唯物主义"，删去"第1版"第二章的"二、物质观的变革与建设"，增加了"实践本体论：马克思主义哲学的本体论"；把"第1版"的第三章"马克思主义哲学体系的新构想"改为"第2版"的第二章，删去了"第1版"第三章的"三、辩证唯物主义与历史唯物主义的'一体化'"、"四、实践唯物主义的'社会——自然'观"，增加了"辩证唯物主义和历史唯物主义'一体化'：内涵、基础与问题"；把"第1版"的第四章"实践范畴的再认识"改为"第2版"的第三章，删去了"第1版"第四章的"二、实践活动的运行机制"、"三、实践活动中规范和创新的矛盾及其科学解决"，增加了"人对物质世界的实践把握"；把"第1版"的第五章"主体性原则的再探讨"改为"第2版"的第四章；把"第1版"的第七章"科学的历史观"改为"第2版"的第五章"唯物主义历史观的重建"，增加了"唯物主义历史观的出发点、生长点和职能"、"个人与社会的辩证关系"；把"第1版"的第八章"'合理形态'的辩证法与新型价值论的发祥地"中的一部分改为"第2版"的第六章"'合理形态'辩证法的重释"，增加了"辩证的否定与否定性的辩证法"；把"第1版"的第六章"全面的反映论"改为"第2版"的第七章"全面反映论的重构"，删去了"第1版"第六章的"三、主体感知活动的本质和方式"、"五、认识系统运行论：对认识论运行一般理论模式的研究"，增加了"实践反思：马克思主义认识论的根本特征"、"认识的发生、本质和过程"、"知性思维向辩证思维的现代'复归'"；把"第1版"第八章中的"新型价值论的发祥地"改为"第2版"的第八章，删去了这一部分原有的内容，现在的内容全部是新增加的。

尽管如此，我仍不能说"第2版"已经完善，实际上，"一切发展中的事物都是不完善的，而发展只有在死亡时才结束"（马克思语）；仍不能说"第2版"已无错误，实际上，对于科学研究来说，犯错误是不可避免的，"科学的历史，正如所有人类的观念史一样，是一部不可靠的猜测的历史，是一部错误的历史。"（波普语）无论是在现实生活中，还是在科学研究中，都既不存在完美无缺的物，也没有完美无缺的人。毛泽东认为，"所谓完全，就是包括犯错误。"邓小平说过："不犯错误的人没有。"伟人如此，凡人更是这样。在我看来，人与错误就像《浮士德》中浮士德与海伦："谁认识了她，谁也不能和她分离。"

在"第2版"出版之际，这本著作的最主要作者萧前教授已经离开了我们。正是萧前教授主持编写了《辩证唯物主义原理》、《历史唯物主义原理》，把我们这一代人引入哲学的殿堂，引向马克思主义哲学；也正是萧前教授率先提出马克思主义哲学是实践唯物主义，并带领我们对实践唯物主义进行了深入而全面的研究，引导我们走进马克思主义哲学。我们深深地怀念这位为马克思主义哲学的教学、研究和传播奋斗了一辈子的老人，并不由自主地想起了诗人臧克家的两行著名诗句：

有的人活着，他已经死了；

有的人死了，他还活着。

理论的深度与思想的容量

——《当代马克思主义哲学研究文库》序言

历史常常出现这样一种奇特的现象，即一个伟大哲学家的某些理论以至整个学说往往在其身后，在经历了较长时间的历史运动之后，才充分显示出它的内在价值，重新引起人们的关注。马克思哲学的历史命运也是如此。马克思哲学产生于 19 世纪，它适应了那个时代，同时又超越了那个特定的时代。一种仅仅适应时代的哲学是不可能高瞻远瞩的。

20 世纪的历史运动以及当代哲学的发展困境，使马克思哲学中一些重要理论的内在价值凸现出来，同时又使马克思哲学的本真精神和当代意义透显出来了，当代哲学家不由自主地把目光转向马克思的哲学。福柯认为，在现时，研究历史要想超越由马克思所定义和描写的思想地平线是不可能的。詹姆逊指出，马克思哲学"是我们当今用以恢复自身与存在之间关系的认知方式"，它提供了一种"不可超越的意义视界"。德里达断言：我们"都是马克思和马克思主义的继承人"，"仍旧是在用马克思主义的语码而说话"，"未来不能没有马克思"。

福柯、詹姆逊、德里达对马克思哲学的评价是真诚而公正的。在当代，无论是用实证主义、结构主义、新托马斯主义，还是用存在主义、解构主义、弗洛伊德主义乃至现代新儒学来对抗马克思哲学，都注定是苍白无力的。在我看来，这种对抗犹如当年的庞贝城与维苏威火山岩浆的对抗。马克思哲学的确是当代"惟一不可超越的哲学"，仍是我们时代的真理和良心。

我不能同意这样一种观点，即在当代中国，随着市场经济体制的确立，马克思哲学研究越来越趋于"冷寂"以至衰落。这种观点看到了某种合理的事实，但又把这种合理的事实溶解于不合理的理解之中。

同改革开放之前，尤其是"文化大革命"中"全民学哲学"的"盛况"相比，目前哲学在社会生活中的确显得较为冷清，许多人对马克思哲学持一种冷漠、疏远的态度。但是，我不能不指出，改革开放之前的哲学繁荣是一种虚假繁荣，是一种受功利主义支配和领导人好恶引导的假性繁荣，其中，不乏对马克思哲学肤浅甚至庸俗以及急功近利的运用，而目前所谓的马克思哲学研究的"冷寂"，实际上是人们对马克思哲学本身的一种深刻反思，是对马克思哲学本身的一种学术回归。具体地说，国内哲学界通过对现代西方哲学的批判反思，通过对中国传统哲学的批判反思，通过对马克思主义哲学的批判反思，以及通过对哲学的重新定位完成了这种学术回归。在我看来，正是这三个"批判反思"以及"重新定位"，促使中国的马克思主义哲学研究走向成熟。换言之，目前马克思哲学研究的"冷寂"并不意味着马克思主义哲学研究在中国的衰落；相反，它预示着中国马克思主义哲学研究的成熟。

实际上，市场经济与马克思哲学的关系并非如同冰炭，不能相融。没有市场经济也就没有马克思哲学，马克思哲学本身就是在市场经济的背景下产生的。随着社会主义市场经济体制的逐步建立，一个"鲜活"

的马克思正在向我们走来，离我们不是越来越远，而是越来越近了。正是在社会主义市场经济的实践中，我们真正理解了市场经济不仅是资源配置的现代形式，而且是人的生存的现代方式，真正理解了市场经济是以物的依赖性为基础的人的独立性的时代，是从人的依赖性向人的自由个性过渡的时代，真正理解了促进人的全面发展以及以人为本的极端重要性，真正理解了社会主义公有制以及重建个人所有制的真实含义……一句话，马克思哲学仍具有"令人震撼的空间感"。同时，当代中国的经济市场化又是同社会现代化和社会主义改革交织在一起，在同一个时空中进行的，可谓史无前例、特殊复杂、波澜壮阔，它必然引发一系列重大而深刻的哲学问题，必然为我们重读、重估马克思哲学提供了一个广阔的社会空间和思维空间。

正因为如此，受中国人民大学出版社的委托，我主持编写了这套"当代马克思主义哲学研究文库"。

首批列入这套文库的有 12 部著作，即孙正聿教授的《解放的哲学——马克思哲学观的当代阐释》，王南湜教授的《后主体性哲学的视域——马克思唯物主义的当代阐释》，杨耕教授的《与马克思相遇——历史唯物主义的当代阐释》，张一兵教授的《神会马克思——马克思哲学原生态的当代阐释》，吴晓明教授的《超感性世界的神话学及其末路——马克思本体论的当代阐释》，张曙光教授的《现代性与人的命运——马克思生存论的当代阐释》，欧阳康教授的《在思想激荡与现实革命之间——马克思实践论的当代阐释》，俞吾金教授的《权利诠释学——马克思解释理论的当代阐释》，贺来教授的《辩证法生存论基础——马克思辩证法的当代阐释》，丰子义教授的《发展的反思与探索——马克思主义社会发展理论的当代阐释》，陈学明教授的《坚定的出场——西方学者视野中的马克思主义当代功能》，衣俊卿教授的《人道主义批判理论——东欧新马克思主义述评》。

从这些著作的作者来看，他们分别来自北京大学、北京师范大学、南开大学、吉林大学、黑龙江大学、复旦大学、南京大学、华中科技大学。这是一个特殊的学术群体：他们基本上出生在 20 世纪 50 年代，大都经历了共和国的风风雨雨、"天灾人祸"；他们基本上是在 20 世纪 70年代末那个"解冻"的年代走进大学校园，之前曾被驱赶到生活的底层，其身受磨难的程度、精神煎熬的强度、自我反省的深度、理想轰毁和重建的广度，是任何一代大学生都未曾经受过的；他们基本上都取得了博士学位，大都被破格评为教授、博士生导师，其学术生涯大都是同当代中国改革开放和现代化建设的历程联系在一起，几乎是同步进行的。正是这段特殊的经历，使这些作者对社会、人生以及马克思哲学有了独特而深刻的体认。实际上，经历本身就是一笔财富。

从这些著作的内容来看，他们分别涉及马克思哲学的本体论、辩证法、生存论、实践论、历史观、认识论，以及历史与理论的交织、过去与现在的对比，即使是一些"常识"观点也被赋予了深刻的当代含义，如此等等，显示出不同的理论视角，犹如一曲有不同和弦构成的交响。这些著作是作者们 20 年来上下求索、深刻反思的结果，是他们哲学研究的心灵写照和诚实记录，有着足够的理论深度和惊人的思想容量。这里，作者们"放言无惮，为前人所不敢言"（鲁迅语），并展示出一种广博的科学知识和高超的哲学智慧，体现出一种令人震憾的理论深度和思想容量。

我并不认为这些著作完全恢复了马克思哲学的"本来面目"，这些解释完全符合马克思哲学的"文本"，因为我深知解释学的合理性，深知这些著作受到作者本人的人生经历、知识结构、哲学修养以及价值观念的制约。中国有句古诗："春潮带雨晚来急，野渡无人舟自横"，表面上说的是"无人"，实际上是"有人"，至少春潮、急雨、野渡、孤舟的画面体现了人对物、主体对客体的感受。因此，"当代马克思主义哲学研究文库"既反映了作者对马克思哲学"文本"的忠实，又体现出作者研究马克思哲学的不同视域和不同方法，并凝聚着作者的特定感受和思维个性。这是一场思想的盛宴，并展示出耀眼的"中国元素"。

我当然注意到，"当代马克思主义哲学研究文库"中的观点并不一致，甚至存在着成见或错误。在今后的学术研究中，我们将不断追求完善，但我们永远达不到完善。在我看来，追求完善，是学者的品格；要求完善，则是对学者的刻薄。实际上，这是一种非分的要求。"一切发展中的事物都是不完善的，而发展只有在死亡时才结束。"（马克思语）因此，向学者以至任何人要求完善，实际上是向他索取生命。

以哲学的方式反映和引导现实

——《东方的崛起》序言

　　中国的历史似乎越古越辉煌,文宋武元、雄汉盛唐,唐宗宋祖、秦皇汉武……一部中国古代史灿烂辉煌。然而,盛极而衰。这是一个古老而平凡的真理。历史发展总是一条曲线而不是直线。一部中国近代史沉重悲惨,沉重得让人难以翻动,悲惨得让人不忍卒读,风雨如磐、积贫积弱、战祸离乱、割地赔款、百年凌辱……"长夜难明赤县天,百年魔怪舞翩跹"。当时的一位西方列强总理竟口吐狂言:中国不过是个地理名词,世界上不存在中国这个国家。

　　历史的这一页终于被翻过去了。新民主主义革命的胜利使中国人民从此站起来了,一个饱经沧桑的民族获得新生。那是一个激情燃烧的岁月,一个真情涌动的年代,气壮山河、惊天撼地……然而,从 1957 年开始,"以阶级斗争为纲"的错误理论和实践逐渐使中国经济走到了崩溃的边缘,人民生活处于"贫困普遍化"

的状况，以致"文化大革命"结束后我们不得不"重新开始争取必需品的斗争"。这是一个悲剧，一个巨大的历史悲剧。

改革开放使中国走进新时代。这是一个"拨乱反正"的岁月，悲壮奋起的年代，史无前例、波澜壮阔……从1978—2008年，短短的30年，在人类历史上只能是"弹指一挥间"，但在中国这块古老的土地上却发生了翻天覆地的变化：从以"阶级斗争为纲"转向以经济建设为中心，从传统的计划经济体制转向社会主义市场经济体制，从封闭半封闭型社会转向开放型社会，建设生态文明、物质文明、政治文明和精神文明，以科学技术为"第一"生产力、走新型工业化道路，以人为本、促进人的全面发展，以"世界公民"的身份走向开放的世界……改革开放30年来，中国共产党人和中国人民以一往无前的进取精神和波澜壮阔的创新实践，谱写了中华民族自强不息、顽强奋进的新的壮丽史诗，中国共产党的面貌、中国人民的面貌、社会主义中国的面貌都发生了历史性变化，一个充满希望的民族重新起航，中国崛起在世界的东方。

我是黄土地上的一员，经历过共和国的风风雨雨、"天灾人祸"，我从心灵的深处、流动的血液里，深深地理解这一切来之不易。"我的祖国和我，像海和浪花一朵，海用那动情的脉搏和我诉说，我分担着海的忧愁，分享海的欢乐。"正因为如此，我向读者献上这部《东方的崛起——关于中国式现代化的哲学反思》。

我始终认为，哲学研究不能仅仅成为哲学家之间的"对话"，更不能成为哲学家个人的"自言自语"。哲学家不应像魔术师那样，若有其事地念着咒语，说着一些谁也听不懂的话；哲学家不应像"沙漠里的高僧"那样，仅仅腹藏机锋、口吐偈语、空谈智慧；哲学家也不应像吐丝织网的蜘蛛那样，看着自己精心编制的思辨之网，自我欣赏、自我陶醉。水中的月亮为天上的月亮，眼中的人为眼前的人。人类哲学史表明，任何一种有成就的哲学，无论从其产生的原因来看，还是就其提出的问题以及解决问题的方式而言，都是非常现实的，都或直接或间接、或多或少地解决了时代课题。哲学似乎高耸于天国，可哲学家不能不食人间烟火，不能不生活在现实的社会中，不能不在现实的条件下进行认识活动，并提出问题、拟定解决问题的方案，所谓超前性也不过是对可能性的充分揭示。不管哲学在形式上如何抽象、超凡入圣，实际上都可以从中捕捉到现实问题。哲学应该也必须从"天国"降到人间，关注现实的人和人的现实。否则，哲学既不可信，也不可爱。

哲学应该也必须同现实"对话"，这是哲学得以存在和发展的根基。否则，哲学就会成为无根的浮萍。当今中国最基本的现实就是改革开放和现代化建设。在经济市场化的过程中实现社会现代化，这是当代中国社会发展的根本任务；同时，这种经济市场化、社会现代化又是同社会主义改革联系在一起的。换言之，在当代中国，从计划经济体制转向市场经济体制不仅仅是资源配置方式的变化，而且是人的生存方式的转变，是一次重大的社会转型。当代中国社会转型的最突出特征和最重要意义就在于，它把现代化、市场化和社会主义改革这三重重大的社会变革浓缩在同一个时空中进行了，构成了一场史无前例、艰难复杂而又波澜壮阔的伟大的社会变迁，它必然引发一系列重大的哲学问题，也必然会给哲学思考开辟一个广阔的社会空间。关注当代中国的改革开放和现代化建设这一现实，探讨其中的规律性，思考并重建民族的生存方式、活动方式、思维方式、价值观念；反过来，以一种面向21世纪的哲学理念引导现实运动，这是当代中国哲学家应有的良心和使命。

哲学与现实是一种双重关系：一方面，哲学不能脱离现实，必须直面现实问题，解答时代课题，否则，将失去自己存在的根基；另一方面，哲学又必须进入抽象的概念领域，以概念运动反映现实运动，否则，就不是哲学。哲学必须以哲学的方式联系现实。在联系现实的过程中，哲学不应失去自己的独立性、反思性和批判性，不能把自己降低为现实的附庸或仅仅成为现实的解释者。一种仅仅适应现实的哲学是不可能高瞻远瞩的。现实创造哲学，哲学也影响现实；现实校正哲学发展的方向，哲学也引导现实运动。哲学既要入世，又要出世；既要深入现实，又要超越并引导现实。历史已经并正在证明，哲学变革是政治变革、社会变革的先导。

这里，存在一个无法回避的问题，即哲学与政治的关系。哲学不等于政治，哲学家不是政治家，有的哲学家想方设法远离甚至脱离政治，但政治需要哲学。哲学不可能脱离政治，哲学总是以自己独特的方式蕴含着政治。正如雅斯贝尔斯所说，哲学既离不开政治，也离不开政治的后果。实际上，哲学既是知识体系，又是意识形态；追求的是真理，又是某种信念。从根本上说，哲学是以抽象的概念体系，并透过一定的认识内容而表现出来的特定的社会关系，总是体现着特定阶级或集团的利益、愿望和要求。明快泼辣的法国启蒙哲学是如此，艰涩隐晦的德国古典哲学是这样，高深莫测的结构主义哲学也不例外。用解构主义大师德里达的话来说就是，解构主义通过解构既定的话语结构挑战既定的历史传统和现实的政治结构。

哲学总是具有自己特定的政治背景，总是或多或少地蕴含着政治，具有这种或那种政治效应。哲学不能成为某种政治的传声筒或辩护词，因为哲学有自己的相对独立性；哲学也不能远离、脱离政治，因为哲学与时代的统一性首先是通过它的政治效应来实现的。在我看来，哲学家既要有自觉的哲学意识，又要有敏锐的政治眼光，才能理解、把握和超越现实，才能体现时代精神。

我的这部著作分为上、中、下三篇：从第一章"科学社会主义的基本原则及其在当代中国的实践"到第三章"落后国家社会主义革命的必然性及其特征"为上篇，主要从理论上阐述社会主义社会的基本规定、社会主义代替资本主义的必然性及其历史进程，以及经济较为落后国家社会主义革命必然性的形成及其特征；从第四章"世界历史中的东方社会及其命运"到第十二章"当代中国社会发展的深层矛盾：传统与现代性"为中篇，主要从理论、历史和实践相结合的视角阐述中国社会主义的产生及其必然性，中国社会主义现代化道路的探索及其历程，改革开放的内在矛盾、根本动力、历史作用和伟大意义；从第十三章"邓小平理论：当代中国的马克思主义和民族振兴的精神支柱"到第十八章"'三个代表'重要思想：引导中国走向21世纪"为下篇，主要从理论上阐述中国特色社会主义的理论基础尤其是哲学基础，说明邓小平是当代中国改革开放和现代化建设的总设计师，是中国特色社会主义理论的创立者，说明"三个代表"重要思想引导着中国走向21世纪。

这里，我力图把真实的描述和深刻的反思结合起来，把哲学思维力量的穿透力和哲学批判精神的震撼力结合起来，从理论上再现中国社会主义这一"黄河之水天上来"的必然性，再现中国式现代化道路探讨的艰巨性，从而将波澜壮阔的改革开放和现代化建设的历程，将13亿中国人如何从东南西北悲壮奋起的宏大历史场面，将一个古老的民族如何在世界东方重新崛起的"壮丽日出"展示出来。由此，我们也就不难理解这部著作的书名为何是《东方的崛起——关于中国式现代化的哲学反思》了。

从1989年开始，我就在思考、酝酿这部著作的写作，在共和国即将迎来60岁生日之际，我终于完成了这部著作的写作、修改和定稿。当这部著作的定稿端放在写字台上时，我心中想的并不是这部著作，既然已经定稿，那么，它就是这样一个东西了。此时，我的思绪却和一首歌曲联系起来了，那就是"共和国之恋"："在爱里、在情里，痛苦幸福我呼唤着你；在歌里、在梦里，生死相依我苦恋着你……"我深情地爱着我的祖国，深切地关注着当代中国的改革开放和现代化建设，深刻地体会到只有社会主义才能救中国，只有改革开放才能发展社会主义的中国。"晨曦中你拔地而起，我就在你的形象里。"因此，我把我的这部《东方的崛起——关于中国式现代化的哲学反思》献给共和国60华诞。

我不敢也不能说这部著作已达高屋建瓴，但它也不是浅滩上的漫步。这部著作凝聚着20年来我的理论研究的成果，体现着我的哲学思考的维度、深度和广度，是我学术研究的心灵写照和诚实记录。当然，我深知我的哲学素养、思维方式和知识结构的局限，深知这部著作的缺陷。更重要的是，当代中国的改革开放和现代化建设正在向深度和广度不断拓展。因此，当我完成这部著作时，丝毫没有感到轻松。我感到这不是我的理论研究的结束，而是开始。我期望在新的理论研究过程中走向现实的深处，走上理论的制高点。我深知，"居高声自远，非是藉秋风。"

领悟日常事物

——《杨耕自选集》后记

这本自选集选编了我在 1990—2010 年间所写的部分文稿，时间跨度整整 20 年。

这 20 年间，世界处在剧烈变化之中。从国际上看，科学技术信息化、经济全球化、政治格局发生深刻变化，西方资本主义国家凭借科技革命之力和经济全球化之势，并通过体制改革缓解了制度危机，获得了"延缓衰老之术"，相反，苏联社会主义却被西方资本主义"不战而胜"，东欧社会主义阵营犹如"多米诺骨牌"，顷刻之间轰然倒塌……就国内而言，改革处在攻坚阶段、发展进入关键时期，社会结构发生深刻变化，社会主义市场经济的实践为中华民族的复兴和社会主义的发展开辟了新的天和地，中国特色社会主义继续谱写着"春天的故事"……这本自选集较为鲜明地反映了这一时代变迁及其特征。

这 20 年间，我从文本研究、历史考察和实践反思三个维度展开了我的马克思主义哲学研究。离开了对马克思文本的研究，马克思主义哲学研究就会走向虚无，得到的只能是没有马克思的马克思主义哲学，"谁要是向往哲学，就得亲自到原著那肃穆的圣地去找永垂不朽的大师"（叔本华语）；离开了对马克思主义哲学的历史考察，马克思主义哲学研究就会流于空洞，得到的只能是被"肢解"的马克思和马克思主义哲学，"历史就是我们的一切"（马克思语）；离开了对当代实践的反思，马克思主义哲学研究就会成为无根的浮萍，马克思主义哲学的当代意义也就无法彰显。我们必须明白，马克思既是哲学家，又是革命家，是二者完美的结合；马克思主义哲学既是解释世界的知识形态，又是改变世界的意识形态，是二者高度的统一。这本自选集较为全面地体现了这一时期我的马克思主义哲学研究的三个维度及其特征。

为了便于读者阅读，我把这本自选集的内容分为三编：第一编是关于马克思主义的主题、原则和特征的再思考，明确提出马克思主义哲学的理论主题是无产阶级和人类解放，其基本特征就是形而上学批判、意识形态批判和资本批判的高度统一，是实践唯物主义、辩证唯物主义和历史唯物主义的高度统一，并重新探讨了科学社会主义的基本原则，阐明必须以实际问题为中心研究马克思主义；第二编是关于实践本质、社会本质和社会发展规律的再思考，明确提出实践是人的存在方式和社会的本质，具有世界观意义，并重新探讨了社会发展道路的多样性，阐明较为落后国家跨越资本主义历史阶段，直接走上社会主义道路，是生产力与生产关系矛盾运动的民族性和世界性相互作用的结果；第三编是关于当代中国社会发展的再思考，明确提出，"中国工业化的道路"的探索开启了中国社会主义现代化的先河，中国特色社会主义的实践"走出一条中国式的现代化道路"，并重新探讨了当代中国社会发展的文化难题、内在矛盾和思维坐标，阐明了改革为什么是中国的"第二次革命"。

当代中国的改革开放和现代化建设犹如"黄河之水天上来"，势不可挡，又像"黄河远上白云间"，前景辉煌。改革是决定中国命运的关键抉择。从哲学上看，改革就是现实的中国人对中国人的现实的超越。关注这一现实，从总体上把握当代中国的改革开放和现代化建设，由此引发对民族的生存方式、生活方式、思维方式和价值观念的哲学反思，反过来，以一种面向 21 世纪的、中国化的马克思主义哲学引导现实运动，这是当代中国哲学家应有的良心和使命。"位卑未敢忘国忧"。我深切地关注着当代中国的改革开放和现代化建设，深情地爱着我的祖国。"我的祖国和我像海和浪花一朵，浪是海的赤子海是浪的依托，每当大海在微笑我就是笑的旋涡，我分担着海的忧愁分享着海的欢乐。"

我始终认为，哲学研究不能仅仅成为哲学家之间的"对话"，更不能成为哲学家个人的"自言自语"。哲学家不应像魔术师那样，若有其事地念着咒语，说着一些谁也听不懂的话；哲学家不应像"沙漠里的高僧"那样，腹藏机锋、口吐偈语、空谈智慧；哲学家也不应像吐丝织网的蜘蛛那样，看着自己精心编制的思辨之网，自我欣赏、自我陶醉。水中的月亮为天上的月亮，眼中的人为眼前的人。人类哲学史表明，任何一种有成就的哲学，无论从其产生的原因来看，还是就其提出的问题以及解决问题的方式而言，都是非常现实的。

哲学似乎高耸于天国，可哲学家不能不食人间烟火，不能不生活在现实的社会中，不能不在现实的条件下进行认识活动、提出问题、拟定解决问题的方案，所谓超前性也不过是对可能性的充分揭示。在我看来，哲学必须进入抽象的概念领域，以概念运动反映现实运动，否则，就不是哲学；哲学又必须从"天国"降到人间，关注现实的人和人的现实，关注人的日常生活，否则，哲学就既不可信，也不可爱。我非常喜欢马克思青年时代所写的一首诗："康德和费希特喜欢在太空中遨游，寻找一个遥远的未知国度；而我只能真正领悟，在街头巷尾遇到的日常事务！"

"人贵有自知之明"。我深知自己的学术水平的有限和知识结构的局限，深知这本自选集的缺陷，因此，我期待着来自各方面的批评。"丘也幸，苟有过，人必知之。"圣人如此，作为凡人，我更是这样了。

多少往事烟雨中

——《危机中的重建：唯物主义历史观的现代阐释》后记

1995 年，应中国人民大学出版社王丽云编辑之邀，我出版了《危机中的重建——历史唯物主义的现代阐释》第一版；2010 年，应武汉大学出版社陶佳珞编辑之约，我出版了《危机中的重建——历史唯物主义的现代阐释》第二版，这就是呈放在读者面前的这本《危机中的重建：唯物主义历史观的现代阐释》。

同"第一版"相比，"第二版"有很大的变化，删去了"第一版"中的第一章"从传统哲学到现代哲学：马克思主义哲学是现代唯物主义"，第三章"历史唯物主义的理论基础及其演变"，第四章"历史唯物主义的创立：博采众长而创新"，第八章"人的本质：三种整体的探讨"，第十二章"世界历史与中国社会主义现代化"；调整了"第一版"中的第六章"重新理解社会有机体和社会发展的自然历史过程"，第七章"历史必然性观念及其演变"，第九章"社会科学方法的发生、范式及其历史性转换",第十一章"社会研究中的有机体方法、从后思索法、科学抽象法";增加了"第二版"中的导论"历史哲学:从缘起到后现代",第三章"社会与自然",第四章"个人与社会",第五章"社会的本质与社会有机体的特征",第六章"社会结构与实践活动",第九章"社会主义代替资本主义的历史必然性与人文取向",第十章"世界历史的形成与东方社会的命运"。

之所以作出如此大的修改、调整和充实,一是因为我对唯物主义历史观具体观点的理解有了很大变化;二是因为我对历史唯物主义的总体看法有了根本变化。具体地说,2001 年之前,我一直认为"历史唯物主义"和"唯物主义历史观"是同一概念,二者是马克思主义历史观的不同表述,换言之,历史唯物主义就是马克思主义的历史观;2001 年开始,我对"历史唯物主义"和"唯物主义历史观"有了新的理解,即历史唯物主义就是马克思主义的世界观,而唯物主义历史观只是马克思主义的历史观。所以,"第一版"的副标题是"历史唯物主义的现代阐释","第二版"的副标题则是"唯物主义历史观的现代阐释"。这一细微的文字变化实际上反映了我的思想的重大变化。

从"第一版"到"第二版",15 年了,我的学术观点的确处在急剧变化中,无论是对唯物主义历史观的理解,还是对历史唯物主义的理解,无论是对马克思主义哲学的理解,还是对现代西方哲学的理解……都发生了许多甚至是根本性的变化。但变中又有不变,这不变的就是我对哲学的坚守之意和敬畏之情。这使我想起了赫尔岑在《科学中华而不实的作风》中所说的一段名言:"在哲学里面,正像在海洋里面一样,既没有坚冰,也没有水晶,一切都在运转、流动、生气勃勃,每一点都同样的渊深;在它里面,正像在熔炉里面一样,熔解着落在它之中的一切坚硬的、石化了的东西,但同时,却又像海洋一样,它的表面光滑、平静、明亮、一望无际,并倒映着青天。由于这个视错觉,华而不实的人就勇猛地走上前去,对真理毫无敬畏之情,对于工作了三千年才达到目前发展的人类劳动毫无敬意。"

　　从"第一版"到"第二版"，15年了，我的个人性格也处在急剧变化中。人们往往认为，性格决定命运，而性格是自然禀性，是不可改变的。我并不否认，性格在一定意义上决定命运，但我同时认为，性格更多地是在行为、选择和经历过程中形成的，具有可变性。在古代人看来，"三十而立，四十不惑，五十知天命"；在现代人看来，"三十难立，四十迷惑，五十听天由命"。在我看来，无论是"三十而立，四十不惑，五十知天命"，还是"三十难立，四十迷惑，五十听天由命"，表达的都是性格的可变性。在这个意义上，我赞同并欣赏萨特的观点，即"性格是选择活动的凝固化"。无论我的性格怎样变，但变中又有不变，这不变的就是我对一切关心、帮助过我的人的感激之意，对我的导师、朋友和亲人的感恩之情。

　　从"第一版"到"第二版"，时间是从1995年到2010年，15年时间却跨了"两个世纪"，多少往事烟雨中……这使我不禁想起了唐代诗人杜牧的《江南春》：

<blockquote>
千里莺啼绿映红，

水村山郭酒旗风。

南朝四百八十寺，

多少楼台烟雨中。
</blockquote>

沉思往事与发现未来

——《为马克思辩护》（第二版）后记

呈现在读者面前的这部著作，是 2002 年我在黑龙江人民出版社出版的《为马克思辩护》的第二版。

1998 年，在我的学长俞吾金教授的促动下，我出版了第一本论文集——《杨耕集》；2002 年，仅隔 4 年，在我的学生李屹立博士的鼓动下，我出版了第二本论文集——《为马克思辩护》。出乎我意料的是，从 2002 年 1—10 月，仅仅 10 个月，《为马克思辩护》就连续印刷三次。这也许是我的执着感动了读者，但重要的是，读者的厚爱深深地感动了我。所以，在《为马克思辩护》第二版出版之际，我不由自主地想起我的师长、朋友和亲人，没有他们的友情与亲情，我不可能成长；同时，我也想到由于种种原因对我产生误解、偏见、甚至"敌视"的人，没有他们的误解和责难，我不可能成熟。"人要学会走路，也得学会摔跤，而且只有经过摔跤，才能学会走路。"（马克思语）对于我来说，友情与亲情、委屈与磨难，都是一笔财富、一笔不可缺少的财富。

我的研究方向是马克思的哲学。我注意到，马克思的"形象"在其身后处在不断变换之中，而且马克思离我们的时代越远，对他认识的分歧就越大，就像行人远去，越远越难辨认一样。"苏东剧变"，使得马克思在世纪之交的思想文化论争中不仅没有成为"原告"，反而或明或暗地成为"被告"，其"形象"任凭"原告"的言说随意涂抹。作为一个马克思主义者，我不能不为"缺席"的马克思辩护；作为一个马克思哲学的研究者，我的全部论著都是重读马克思的结果，或者说，是对马克思哲学的一种新解读。所以，我把第二版定名为《为马克思辩护——对马克思哲学的一种新解读》。

同第一版相比，第二版有较大的变化：一是把代序言"光荣的路是狭窄的"改为"马克思哲学：我们时代的真理和良心"；二是把四编改为上、下篇，并删去了第四编的全部内容；三是对文章进行了调整，除删去的第四编外，还删去"马克思哲学与后现代主义在当代的相遇"、"为马克思的社会主义理论辩护"、"物质、实践、世界：关于马克思哲学三个基本范畴的再思考"、"课题设计、资料分析和模型解释：社会科学研究的基本环节"、"马克思哲学与马克思主义哲学教科书"、"历史唯物主义研究：问题、观点与思路"、"关于历史唯物主义理论基础的历史沉思"、"关于历史唯物主义理论来源的再思考"八篇文章，增加了"马克思哲学的后现代意蕴"、"马克思的实践本体论：一种新解读"、"社会与自然的关系：一种新解读"、"社会发展的'自然历史过程'：一种新解读"、"马克思的历史必然性观念：一种新解读"、"马克思的实践反思理论：内涵、特征和意义"、"斯大林与卢卡奇的本体论思想：一种比较研究"、"胡塞尔：从先验自我转向生活世界"、"后现代主义：背景、实质和意义"、"后殖民主义：实质、特征及其局限"十篇文章。

第二版从形式上看是一本论文集，实际上是一部学术专著，它围绕着马克思哲学及其当代意义这一主题编辑而成，各篇文章之间具有内在关联，表现为一个理论整体。其中，上篇侧重于马克思哲学基本特征和基本观点研究，把马克思哲学置于西方哲学史和西方现代哲学包括后现代主义这一宏大理论背景中重新探讨它的理论主题、体系特征和当代意义，力图用新的科学和哲学研究成果阐释已成为"常识"的马克思哲学的基本观点，展现被现行的马克思主义哲学教科书所忽视、遗忘的马克思哲学的基本观点，深入探讨、系统论证马克思有所论述但又未充分展开，同时又契合着当代重大问题的观点，使之上升为马克思主义哲学的基本观点；下篇侧重于马克思主义哲学史、西方哲学史及西方现代哲学研究，重新考察了马克思创立历史唯物主义的历史进程和思维逻辑，考察了马克思之后的马克思主义哲学本体论的演变，并从马克思的观点出发分析了西方历史哲学、西方社会科学方法、后现代主义、后殖民主义，以及胡塞尔、德里达的思想转变，以凸现马克思哲学的当代意义。

我力图以这样一种形式重塑马克思的"形象"，展现马克思哲学对人的存在、人的价值的现实关怀和终极关怀及其统一，并以此为马克思辩护。同时，我也深知，马克思哲学博大精深，这部著作对马克思哲学的解释不过是"冰山现象"。对于我来说，思维之锄还应向马克思主义哲学理论宝库的深处不断掘进。"人们常常有机会提供一个伟大的教训，就是承认自己的不足。"（狄德罗语）我丝毫不否认我的生活阅历、知识结构和思维方式的不足，深知这部著作的全部缺陷。借用维特根斯坦的话来说，我的这部著作"只是一面镜子，读者可以通过这面镜子看到他的思想的全部缺陷，从而借助这个途径将思路端正"。

这部著作所收论文的时间跨度为 20 年，即 1984—2004 年，在这一过程中，我的思想、观点处于激烈的变化之中。所以，这部著作中的观点不尽一致。但是，我不想对此作修改，以统一全书的观点，因为这些论文反映了我在不同时期所关注的不同问题，记录了我重读马克思的心路历程，体现了我的哲学研究及其水平的过去与现在。"充分认识过去，我们才能认清现在；深深地沉思往事的意义，我们才能发现未来的意义。"（赫尔岑语）

历史规律与人生规律

——《马克思主义历史观研究》后记

这是一本研究马克思历史观的基础理论或基本观点的著作。但是，我注意到，马克思主义历史观的基本观点本身不是一成不变的，而是随着实践的发展和科学的进步不断发展的，同时，人们对马克思主义历史观基本观点的认识也是随着实践的发展和科学的进步而不断发展的。因此，我们应当辩证地看待马克思主义历史观的基本观点。

对于像"自然历史过程"论、历史决定论、意识反映论这样一些已经成为"常识"的马克思主义历史观的基本观点，这本著作力图结合当代实践、科学和哲学本身的新成果讲出新内容，如结合了统计决定论阐述马克思的历史决定论。

有些观点本来就是马克思主义历史观的基本观点，只是由于种种原因，原有的马克思主义哲学教科书没有涉及或未重视这些基本观点。

为此，这本著作力图挖掘这些基本观点并给予深入研究，如人的生存本体、社会生活本质上是实践的、意识形态批判理论等。

有些观点在马克思、恩格斯那里有所论述，但又未充分展开、深入论证，但当代实践和科学的发展又日益凸显了这些观点所蕴含的问题，使之成为迫切需要解答的"热点"问题，成为马克思主义历史观在当代的理论生长点。对于这样一些观点，这本著作力图以当代实践和科学为基础，深入分析、充分展开、详尽论证这些观点，使之成熟、完善，上升为马克思主义历史观的基本观点，如社会的自然与自然的社会、"从后思索法"、时间是人的发展空间等。

有些观点本来是马克思主义历史观的基本观点，至今仍是马克思主义的基本观点，但随着学科的分化，这些观点已经从哲学中分化出去，成为其他学科的重要内容了，如阶级斗争理论、国家学说已成为马克思主义政治学的内容了。对于这样一些观点，这本著作只是有所涉及而未充分展开。这样做，主要是适应学科的分化，而不是说这些观点本身不重要。实际上，任何一门学科的内容都要经历一个从不确定到确定，确定以后还要不断调整的过程。

这就是我的这本著作的写作原则。在这本著作中，我力图以简洁的语言、适当的叙述、合理的逻辑从理论上再现马克思主义历史观，再现马克思发现的人类历史的发展规律。但愿这不是"一厢情愿"。

1883 年 3 月 17 日，恩格斯在悼念亡友马克思的演说中指出："正像达尔文发现有机界的发展规律一样，马克思发现了人类历史的发展规律"，"不仅如此，马克思还发现了现代资本主义生产方式和它所产生的资产阶级社会的特殊的运动规律。"马克思是一个科学家，但"马克思首先是一个革命家。他毕生的真正使命，就是以这种方式或那种方式参加推翻资本主义社会及其所建立的国家设施的事业，参加现代无产阶级的解放事业，正是他第一次使现代无产阶级意识到自身的地位和需要，意识到自身解放的条件"。恩格斯的这一评价，极其公正而准确。

为了写作这一本著作，我再次"重读马克思"。在这个"重读"的过程中，我深深地体会到马克思是科学家和革命家的完美统一，深刻地意识到马克思"两大发现"的内在关联及其划时代意义，自觉地认识到马克思主义的历史观是无产阶级的自我意识，的确"是我们这个时代唯一不可超越的哲学"。马克思"死而不亡"，仍然活着，并与我们同行。

　　这本著作的"腹稿"是从 2009 年开始"草拟"的，但这本著作"手稿"的写作却是从 2012 年中秋节开始的。2012 年中秋的月亮分外圆，高高地悬挂在天空中，安静、平静、清静乃至"冷"静，令人有一种恍然如梦的舞台感，至今仍在脑海中盘旋。所以，当这本著作的定稿端放在写字台上时，我心中想的并不是这本著作本身，它既是定稿，它就只能是这样了。此时，我的思绪却和苏轼的中秋词《水调歌头》联系起来了。

　　宋朝诗评家胡仔认为，"中秋词自东坡《水调歌头》一出，余词尽废。"在这首"余词尽废"、千古绝唱的中秋词中，苏轼持杯望月，由人及月，由月及人，他的遐思与凝想，他的感叹与遗憾，他的忧郁与期待，他的眼中景、意中事与胸中情……全都在这首词中表达出来了。在这首词中，苏轼把自己的遗世独立意识和往昔的神话传说融为一体，寄寓着"出世"与"入世"的双重心理活动，并在人的悲欢离合，月的阴晴圆缺中渗透着凝重的哲学思考。这是一个自然与社会高度契合的艺术作品，既揭示了"复绝尘寰的宇宙意识"，又抛弃了"在神奇的永恒面前的错愕"的心态（闻一多语），词意游走于天上人间之中，才情穿越于时空环境之外，我深深地领悟到其中蕴含的深刻的哲理：我欲乘风归去，又恐琼楼玉宇，高处不胜寒；人有悲欢离合，月有阴晴圆缺，此事古难全……在我看来，这就是规律，人生的规律。

渴望思想平静

——《为马克思辩护》（第三版）后记

2002 年，黑龙江人民出版社出版了我的学术专著《为马克思辩护》的第一版，从 2002 年 1—10 月，仅仅 10 个月，"第一版"就连续印刷三次；2004 年，北京师范大学出版社出版了《为马克思辩护》的第二版，出乎我意料的是，"第二版"又连续印刷三次。就一本哲学专著而言，能够先后印刷六次，销售数量达 2 万余册，实属不易。读者的厚爱深深地感动了我。当 2010 年刚刚到来之际，中国人民大学出版社又出版《为马克思辩护》的第三版，这使我不禁想起我的"人大岁月"。

1986 年，汪永祥教授把我领进了我向往已久的中国人民大学攻读硕士学位，汪老师的学术引导力引导着我真正走进"哲学门"；1988 年，我提前毕业留校任教，同时师从陈先达教授攻读博士学位，陈老师的思维穿透力引导着我走向哲学的深处；而我的挚友陈志良教授的

"宏大叙事"能力又引导着我走上哲学研究的大舞台。我深深地感谢我的两位导师汪永祥教授、陈先达教授，深深地感谢我的挚友陈志良教授。从他们身上，我不仅看到了哲学家的文采，而且看到了哲学家的风采；不仅学到了文品，而且学到了人品；不仅学会了做"文"，而且学会了做"人"。由此，我想起了《天真汉》中的天真汉对博学老人高尔同的礼赞："要没有你，我在这里就陷入一片虚无。"

我是读着中国人民大学出版社出版的教材走进人大的，尔后又成为人大出版社的作者和总编辑。正是在中国人民大学，我完成了从"三十而立"到"四十不惑"的自然转变，从成长走向成熟；也正是在中国人民大学，我完成了"身份"的急剧转变，被破格推荐免试攻读博士学位，被破格评为副教授、教授、博士生导师……人大教会了我如何学习、如何思考、如何工作乃至如何生活。所以，在我"知天命"，开始步入"夕阳无限好，只是近黄昏"的人生阶段时，人大出版社出版《为马克思辩护》的第三版，让我心存感激。中国人民大学，让我流连忘返，魂牵梦绕……

同"第二版"相比，"第三版"有较大的变化：删去了"唯物主义的历史形态和历史唯物主义的理论空间"、"社会与自然的关系：一种新解读"、"社会的本质及其发展过程的特殊性：一种新解读"、"马克思的社会有机体方法"、"马克思的'从后思索法'：原则、内容和意义"、"马克思的科学抽象法：一种新解读"、"马克思创立历史唯物主义的历史进程和思维逻辑"、"西方历史哲学的现代转向及其启示"、"社会科学方法的发生、范式及其历史性转换——马克思社会研究方法的特征及其现代性"九章，以及附录"辩证唯物主义和历史唯物主义'一体化'：内涵、基础与问题"，增加了"实践的世界观意义：对马克思世界观的一种新解读"、"辩证的否定与否定性的辩证法：对马克思辩证法的一种新解读"、"发生、本质、过程：对马克思认识论的一种新解读"、"必然王国与自由王国：一种新解读"、"后马克思主义：历史语境与多重逻辑——从马克思的观点看"五章。此外，对"社会发展中的自然形态、派生形态和超越形态"作了压缩，并同"社会发展的'自然历史过程'：一种新解读"合并为一章。

之所以作出这样的调整，目的仍然是力图用新的科学和哲学研究成果阐释已成为"常识"的马克思哲学的基本观点，展示被现行的马克思主义哲学教科书所忽视、遗忘的马克思哲学的基本观点，深入探讨、系统论证马克思有所论述但又未充分展开，同时又契合着当代重大问题的观点，使之上升为马克思主义哲学的基本观点，从而凸现马克思主义哲学的现代性质和当代意义。

《为马克思辩护》第二版出版后，我的思想、观点仍处在较大的变化之中，但我不想改变《为马克思辩护》的总体逻辑和基本观点。为了使读者了解 2005—2009 年间我的思想和观点的变化，我选了我的一篇学术自述、一篇访谈、四篇文章作为全书的附录。从中，读者可以"窥一斑而知全豹"。

记得维特根斯坦说过，"探讨哲学的人渴望思想平静。"《为马克思辩护》第三版出版之后，我"渴望思想平静"。

思想对话

建构哲学空间　雕塑思维个性

　　《学术研究》记者冯达才：杨博士，哲学界公认您的研究领域较广，其中，主题又十分鲜明。依我对您的了解来看，您的研究主题是唯物主义历史观的现代意义。能否这样理解？

　　杨　耕：的确如此。我的研究主题就是唯物主义历史观的现代意义。具体地说，就是以当代实践、科学和哲学为基础重新审视和认识唯物史观，重建唯物史观。我的百余篇论文就是围绕着这个主题展开的，研究成果凝结为三部著作：《马克思的社会发展理论及其当代意义》、《马克思的社会研究方法及其当代意义》、《马克思的历史认识论及其当代意义》。我把这三部著作看作是我本人研究唯物史观的"三部曲"。

　　冯达才：那么，您追求的理论境界是什么？

　　杨　耕：建构哲学空间，雕塑思维个性。

　　冯达才：请您具体谈谈。

杨　耕：我的哲学研究大致经历这样一个过程：

　　前一阶段注重理论与历史相结合。在我看来，历史离开理论只能是材料的堆积，理论离开历史只能疏于空洞。在学术研究中，最佳选择只能是史论结合。所以，前一阶段我的研究是从唯物主义观到马克思主义史、西方历史哲学史，再到现代西方历史哲学、当代西方社会发展理论，然后再返回到唯物史观。其意在于，把唯物史观放到一个广阔的理论空间中去研究。

　　这一阶段注重理论与现实相结合。我以为，哲学需要思辨，但哲学不应是脱离现实的思辨王国。哲学必须深入现实，同时超越现实。一种仅仅适应现实的哲学是不能高瞻远瞩的。"凡是现实的都是合理的"，并不是唯物主义历史观的思维方式。改革开放和现代化建设是当今中国最大的现实，关注这一现实，以哲学的反思性、批判性联系现实，由此引发出对民族的生存方式、生活方式、社会发展的哲学思考，是哲学工作者应有的良心和使命。目前，我正在准备《东方的崛起》一书的写作。这部著作将以唯物史观的视野，以较大的历史跨度再现中国现代化的历程及其内在逻辑，其意在于，让历史告诉未来。

　　冯达才：在改革开放和现代化过程中，人们极为关注公平与效率的关系，您是如何看待这一关系的？

　　杨　耕：公平与效率的关系问题是任何一个"后现代化"国家首先碰到的问题。实际上，公平是一个历史范畴，而且不同的阶级有不同的公平观。在社会主义初级阶段，最大的公平就是"机会均等"、按劳分配；只要真正实现了"机会均等"、按劳分配，就会使人们感到，他的劳动既是为社会的，又是为自己的，这就能充分调动起人们的积极性、创造性。只有这样，我们才能实现公平与效率的统一，或者说，在实现公平中求得效率。

　　我们不应当指责由按劳分配所造成的财富差异；相反，应该指责"大锅饭"这种平均主义体制。在社会主义初级阶段，"大锅饭"不仅不是公平；相反，是对公平的破坏，因为在这种体制中，不同的人付出了不同的劳动或代价，得到的却是相同的结果。这就扼杀了人们的积极性、创造性，导致"有组织的无效率"。从本质上看，"大锅饭"就是毛泽东本人一再批评过的"农业社会主义"思想。

冯达才：在对中国现代化的研究中，人们着墨较多的是文化问题，各种观点不很一致甚至很不一致。在您看来，中国现代化的文化难题是什么？

杨　耕：从总体上看，现代化可分为"内发"和"外发"两种类型。所谓"内发型"现代化，是指某一民族或国家的现代化是其内部因素促成的自然发生过程；"外发型"现代化则是指某一民族或国家的现代化是由外部刺激引发的，或者是由外部力量直接促成的。西欧、北美的现代化属于"内发型"，中国的现代化无疑属于"外发型"。

作为"外发型"现代化，中国现代化的文化难题就是如何对待外来文化与本土文化，也就是同本国传统文化之间的关系。作为世界上最老到圆熟的农业文化，中国传统文化具有强大的抗拒现代工业文明的文化惰性；同时，中国的现代化运动起于对西方资本主义入侵导致的民族危机的反应，它又需要从传统文化中获取民族精神；更为重要的是，任何"外发型"现代化的成功，不仅需要把外来的文化因素转化为民族文化更新的内在力量，而且需要通过文化涵化过程把外来文化与本土文化整合成一种新的文化形态。

因此，如何对待中西文化，怎样才能既变革传统文化，又凭借传统文化内蕴的精神动力来完成社会变迁，这的确是中国现代化面临的令人困惑的文化难题。这一难题至今并未得到较好的解决。

冯达才：我注意到，近来，您发表了一系列关于社会科学方法的文章，能否简要地谈一下您对社会科学方法的总体看法？

杨　耕：当然可以。如同自然科学产生于自然哲学一样，社会科学也孕育于道德哲学之中。伴随着工业革命，社会科学从这种哲学形态中分化出来并获得了自身的独立形态，社会科学方法也随之发展起来了。从总体上看，课题设计——资料分析——模型解释是社会科学研究的三个基本环节，它构成了一个有序的认识操作过程。

可以从三个方面理解社会科学方法的特殊性。

一是"抽象"方式的确立。社会科学研究无法应用实验室方法，只有科学的抽象方法才能深刻地揭示社会的本质和规律。科学抽象法是正确把握社会，并把社会从观念上再现出来的方式。

二是"理解"方式的提出。与自然运动不同，社会运动的主体是人，是有目的、意识和意志，经过思考或凭激情行动的人。因此，理解方法对社会科学研究绝对必要。

三是"从后反思"方式的形成。社会关系只有在其充分发展、充分展现后才能被充分认识，所以，研究社会历史只能采取"从后思索"的形式，即从社会关系的"完全成熟而具有典范形式的发展点"去"透视"历史，通过由结果到原因的反归来把握社会运动。

冯达才：您的见解确实深刻。但是，这里有一个很难回避的问题，这就是，马克思的"从后思索"的方法和克罗齐的"一切历史都是当代史"的观点是什么关系？

杨　耕：在我看来，马克思的"从后思索"的方法和克罗齐的"一切历史都是当代史"的观点，都是对历史认识特殊性反思的产物。历史是已经过去的存在，因而在认识历史的活动中，认识主体不可能直接面对认识客体。认识对象的这一特殊性造成了历史认识的特殊性，并使历史认识论研究遇到了一系列特殊的困难。能否认识历史以及如何认识历史的问题似乎成了社会科学中的"哥德巴赫猜想"。马克思的"从后思索"和克罗齐的"一切历史都是当代史"都是对这一猜想的不同解答，二者都属于现代历史哲学的观念。

但是，马克思的"从后思索"和克罗齐的"一切历史都是当代史"又有本质的区别。这一区别表现在三个方面：

首先，马克思认为，历史虽已过去，但它并没有化为无，而是以浓缩或萎缩、"残片"或发展的形式被包含在现实社会中。"从后思索"就是通过现实社会"透视"以往的社会形式、社会关系；克罗齐则认为，历史研究仅仅是活着的人，而且为了活着的人的现实利益去重建死者的生活，不存在客观历史。

其次，马克思认为，实践是过去历史向现实社会过渡的"转换器"和"显示尺度"，"从后思索"的广度和深度取决于实践的"格"，以及由实践的"格"升华的思维的"格"；克罗齐则认为，过去历史同当代生活的"对流"，只是以史学家或哲学家的主观精神为媒介。

再次，马克思认为，"从后思索"是通过由结果到原因的反归来把握历史的一般规律；克罗齐则认为，在打上了"当代性"烙印的有限的、特定的历史中去寻找"普遍史"，"永远不会成功"，历史"无任何规律可循"。

冯达才：据国家哲学社会科学规划办公室的同志介绍，您正在主持"马克思的世界历史理论和社会发展道路"的课题研究。您为什么选择这个课题？

杨　耕：历史常常出现这样一种奇特的现象，即伟大思想家的某个理论以至整个学说往往在其身后，在经历了较长时间的历史运动之后，才能真正显示出它的内在意义，重新引起人们的重视。马克思世界历史理论的历史命运就是如此。马克思的世界历史理论产生于 19 世纪中叶，它在当时并未引起人们的关注。20 世纪的历史运动以及传统的社会发展理论的困境，使马克思世界历史理论的现代价值凸现出来了，人们不由自主地把目光转向这一理论。邓小平的"开放世界"思想和沃勒斯坦的"世界体系"理论，都是马克思的"世界历史"理论在现时代的"反射"和回响。

冯达才：我读过您的关于邓小平的"开放世界"思想的论著，有新意也较为深刻。我也知道，沃勒斯坦的世界体系理论被西方思想界誉为

"20世纪80年代的马克思主义",但国内学界对这一理论研究的论著极为少见。您能否介绍一下沃勒斯坦的世界体系理论?

杨　耕: 根据我接触到的有限资料和研究体会,沃勒斯坦的世界体系理论主要有四个方面的内容:

第一,世界体系的基本结构是"世界经济体"和"国际体系"。沃勒斯坦认为,由国际分工组成的"经济体"构成了世界体系的基础;这种经济体的存在又必然要求形成一种有利于资本主义生产方式运行的世界政治结构,这就是以强国欺凌弱国为基本特征的"国际体系"。在当今,世界体系就是资本主义世界体系。

第二,世界体系是个整体,每个民族或国家的发展都要受到这个整体的制约和支配。在沃勒斯坦看来,"发达"和"不发达"都不是这些国家本身的问题,而是世界体系整体运动在各个组成部分上的具体反应。

第三,世界体系的形成过程实质上是世界资本主义的资本积累过程。在沃勒斯坦看来,资本原始积累只是资本积累的开端。随着资本原始积累的完成,已经实现工业化的国家则通过不平等交换剥削非工业化国家,形成了世界资本主义的资本积累过程。正是在这个过程中形成了"中心—半外围—外围"的资本主义世界体系,形成了"发达"和"不发达"对立的状态。

第四,社会主义是不发达国家在世界体系中寻求再生之路而作出的一种反应,是世界体系内在规律所决定的一种社会发展形式。沃勒斯坦认为,在现代,社会主义自身还不能构成一个体系,也不能摆脱资本主义世界体系的制约,但社会主义又构成了"反体系的力量"。资本主义在世界范围内扩张的界限就是其灭亡的时间,而社会主义也只有在新的世界体系中才能得到全面实现。

沃勒斯坦的世界体系理论当然有值得商榷和需要完善之处,但不管如何,沃勒斯坦运用唯物主义历史观的理论和方法研究当代资本主义却是无疑的。所以,沃勒斯坦的世界体系理论被西方思想界誉为"雄心勃勃的具有马克思主义色彩的理论",是"20 世纪 80 年代的马克思主义"。

冯达才：您就马克思的世界历史理论已经发表了许多文章，下一步，您准备如何进行"马克思的世界历史理论和社会发展道路"这个课题的研究？

杨　耕：有四个方面的设想：一是重新考察马克思的世界历史理论；二是重新考察东方社会和西方社会发展道路的同与异；三是深入研究当代社会发展理论；四是深入研究当代中国的改革开放和现代化建设。

冯达才：您目前关注的理论问题是什么？

杨　耕：我目前关注的理论问题是马克思主义哲学的历史命运。马克思主义哲学曾有过凯歌行进的时代，然而，毋庸讳言，马克思主义哲学目前处在低潮时期，许多人开始怀疑、否定甚至抛弃马克思主义哲学。马克思主义哲学的命运究竟如何，这仍然是一个重大的课题。目前，我和陈志良博士正在主持国家教委"八·五"课题——"走向 21 世纪的马克思主义哲学"的研究。在即将告别 20 世纪的时候，我们应站在当代实践、科学和哲学的基础上，对处于世纪转换中的马克思主义哲学进行新的研究。这种研究包括对马克思主义哲学与马克思主义史的关系、马克思主义哲学与西方哲学史的关系、马克思主义哲学与现代西方哲学的关系、马克思主义哲学与当代社会发展理论的关系的研究。只有这样，我们才能真正把握马克思主义哲学的历史命运。

冯达才：要把握一种哲学的历史命运，首先要把握它的理论主题，看它的理论主题与现时代是否一致。您是否赞同这一看法？您认为，马克思主义哲学的理论主题是什么？

杨　耕：我完全赞同您的看法。要把握马克思主义哲学的历史命运，首先要把握马克思主义哲学的理论主题，把握这一理论主题与现时代的关系。

马克思主义哲学是在对传统哲学的批判中发展起来的。所谓传统哲学，是指从古希腊到 19 世纪中叶这一历史阶段的哲学形态，包括古代哲学和近代哲学。研究"整个世界"并追溯"整个世界"的终极存在、初始本原是传统哲学的目标，并构成了其中不同派别的共同主题。马克思主义哲学不是传统哲学，包括旧唯物主义哲学原来主题的延伸和对这个主题的回答。具体地说，马克思主义哲学关注的是人类世界，关注现实的人及其发展，并认为随着现代科学的发展，再建构一种关于"整个世界"、"总联系"的世界观只能是"多余"的。对于马克思主义哲学来说，"全部问题都在于使现存世界革命化"，"把人的世界还给人自己"。

这样，马克思便把哲学的聚焦点从"整个世界"转向人类世界，从宇宙本体转向人类世界的本体，从而使哲学的理论主题发生了根本转换。换句话说，改变世界，把人的世界还给人自己，这才是马克思主义哲学的理论主题。正因为如此，马克思主义哲学极为关注唯物主义和人的主体性相结合的问题，并把自己的任务规定为解决实践活动中的人与世界、主体与客体、主观与客观的关系问题，从而为无产阶级改造世界，"使现存世界革命化"提供方法论。马克思主义哲学的这一理论主题和现代科学发展、现代社会运动是一致的。从本质上说，马克思主义哲学是"现代唯物主义"。

冯达才：您的这一观点和您在 1989 年提出的"拒斥形而上学是马克思哲学的基本原则"具有密切关系。您现在是否仍然坚持"拒斥形而上学是马克思哲学的基本原则"这个观点？

杨　耕：仍然坚持，而且认识比以前深刻了。所谓形而上学，是指关于超验存在之本性的哲学形态，它力图从一种"终极存在"、"初始本原"中去理解和把握事物以及人的本性。从总体上看，传统哲学就是"形而上学"。从亚里士多德把"存在的存在"规定为"第一哲学"的主题，到黑格尔把"形而上学"和唯心辩证法结合起来，建立起一个庞大的"科学之科学"哲学体系，"形而上学"完成了一次大循环。黑格尔哲学是"形而上学"最完善和最后的形式。在这个庞大的哲学体系中，人仅仅成了"绝对理性"自我实现的工具，只不过是一种"活的工具"。

因此，马克思在《神圣家族》中断言：随着时代和哲学本身的发展，"形而上学"这种哲学形态"将永远屈服于现在为思辨本身的活动所完善化并和人道主义相吻合的唯物主义"。换句话说，随着时代的发展，一种吸取了黑格尔辩证法并和人的主体性相结合的唯物主义哲学必然要代替"形而上学"。这是时代和时代精神的要求。

马克思主义哲学以至整个现代哲学运动都是从批判黑格尔哲学开始的。从哲学史上看，马克思和孔德同时举起了"拒斥形而上学"的旗帜，马克思甚至把自己的哲学称为"真正实证的科学"。不过，孔德"拒斥形而上学"是为了把哲学限于经验和可证实的范围内；马克思"拒斥形而上学"是为了把哲学尤其是本体论引向人类世界和人的发展。

冯达才："拒斥形而上学"的问题直接涉及马克思主义哲学与现代西方哲学的关系，您是如何看待马克思主义哲学与现代西方哲学关系的？

杨　耕：我刚才说马克思主义哲学是现代唯物主义，就蕴含着马克思主义哲学与现代西方哲学的关系。在我看来，马克思主义哲学所实现的哲学主题的转换标志着哲学的转轨，即从传统哲学转向现代哲学。从总体上看，现代西方哲学关注的就是人的生活世界，用雅斯贝尔的话来说，就是"力求领悟人的现实境况中的那个实在"。存在主义不用说，即使是分析哲学所实现的"语言学转向"，在本质上体现的仍然是对人与世界联结点的寻求，显示的是现代哲学对思想、语言和世界三者关系的总体理解：世界在人的思想之外，但人必须也只能通过语言去理解世界和表达对世界的理解，所以，"语言的界限就是世界的界限"。分析哲学的这一见解不无道理。马克思早就指出："语言是思想的直接现实"，是"现实生活的表现"和"现实世界的语言"。这就是说，人类关于世界的认识成果就积淀并表现在语言中，因而从语言的意义去研究世界的意义，实际上就是从对人的关系中去理解和把握世界。

在我看来，就内容而不就形式，就总体而不就个别派别而言，整个现代西方哲学的运动，都是以马克思主义哲学所实现的哲学主题的转换为根本内容的。不管现代西方哲学的其他派别是否意识到或承认，马克思和孔德一样，都是现代哲学的开创者和奠基人。

冯达才：那么，马克思主义哲学与现代西方哲学是否有不同之处？

杨　耕：当然有。撇开阶级性不说，仅就理论本身而言，二者也有本质的不同。现代西方哲学的不同派别都是从人类世界的某一侧面、环节、关系出发，并把人类世界归结为这一侧面、环节、关系，因而它们处在不断的相互否定之中；马克思主义哲学则把实践提升为哲学的根本原则，因而抓住了人类世界的根本，并从这一根本出发向人类世界的各个方面、环节、关系发散出去，形成一个思维整体。这就是说，马克思主义哲学不仅终结了传统哲学，而且在整体上优于现代西方哲学的其他派别。我赞同并欣赏萨特的这一观点，即马克思主义哲学是现时代"唯一不可超越的哲学"。

顺便说一点，对马克思主义哲学的研究离不开对马克思主义哲学史、西方哲学史以及现代西方哲学的研究。在我看来，只有把握了马克思的思想历程，才能真正把握马克思主义哲学的真谛及其方法论原则；只有把马克思主义哲学放到西方哲学史中去研究，才能真正理解马克思主义哲学所实现的哲学变革的实质；只有把马克思主义哲学与现代西方哲学进行比较研究，才可真正知晓马克思主义哲学的局限性，同时真正理解马克思主义哲学的伟大所在，真正理解马克思主义哲学为什么是现时代"唯一不可超越的哲学"，为什么仍然是我们时代的真理和良心。

冯达才：可是，有的人认为，在马克思主义哲学的经典著作中，找不到关于当代问题的现成答案……

杨　耕：从马克思主义哲学的经典著作中找不到关于当代问题的现成答案，这不能责怪马克思，要责怪的只能是自己对马克思主义哲学"本性"的无知。早在唯物主义历史观创立之初，马克思就以其远见卓识向人们宣布：唯物主义历史观"绝不提供可以适用于各个历史时代的药方或公式"。后来，恩格斯又重申："马克思的整个世界观不是教义，而是方法，是进一步研究的出发点和供这种研究使用的方法。"

在我看来，自诩为包含一切问题的答案的学说，只能是神学，而不可能是科学。企图直接从马克思主义哲学的经典著作中寻找关于当代问题的现成答案，实际上是把马克思主义哲学变成启示录。马克思是"普罗米修斯"，而不是上帝；唯物主义历史观是科学，而不是启示录。我们只能按照马克思主义哲学的"本性"期待它做它所能做的事，而不能要求它做它不能做的事。

冯达才：问一句题外话吧。听说您是站着思考，坐着写作，是否有此事？

杨　耕：确有此事。只有站着，独立不倚地站着，才能有真正的思考和创造性思维。

冯达才：我大概知道了您是如何建构您的"哲学空间"，如何雕塑您的"思维个性"的了。您的研究和见解确有自己的"个性"。谢谢您接受我的采访。愿您永远站着思考。

杨　耕：谢谢。不过，不是接受采访，而是相互对话。祝《学术研究》更上一层楼，办出自己的水平和特色。

唯物主义历史观的当代意义

《哲学动态》记者李立新：从您近年来出版、发表的论著看，您的研究呈现出一个较广的理论空间，涉及唯物主义历史观、马克思主义史、现代西方历史哲学、当代社会发展理论以及社会科学方法。而据我所知，在对马克思社会发展理论的研究中，观点不很一致甚至很不一致，那么，您是如何探讨和理解马克思的社会发展理论的？

杨　耕：对社会发展问题的研究，不同的学科有不同的角度，由此产生了发展经济学、发展政治学、发展社会学，等等。马克思的社会发展理论属于历史观范畴，它的研究主题是社会发展的规律、类型和道路，其基本内容涉及社会发展与自然环境、社会发展与经济运动、社会发展与政治形态、社会发展与观念文化、社会发展与人本身发展的关系，社会发展中的评价标准，社会发展的类型以及历史向世界历史、传统社会向现代社会的转变等问题。马克思是现代社会发展理论的真正奠基人，而当代社会发展理论对许多重大问题的探讨都是在马克思社会发展理论的基础上展开的。

在我看来，马克思社会发展理论的基本特征是：一是确认实践是社会的本体和人的存在方式，时间是人类发展的空间；二是从客体的角度把社会发展区分为原生形态、次生形态（包括奴隶社会、封建社会和资本主义社会）和再生形态；从主体的角度把社会发展区分为人的依赖形态、人的独立形态和人的自由个性形态；三是从社会需要如何产生和满足的角度揭示了社会发展的内在机制，即物质生产、精神生产和人本身的生产维系着社会机体的生存和发展；四是揭示了社会发展的根本规律，以及社会主义代替资本主义的历史必然性和人文取向；五是揭示了历史向世界历史转变的基础和途径，以及世界历史背景下的东方社会的命运；六是揭示了社会发展的基本类型，即"内源"发展、"派生"发展和"超越"发展。

李立新：您的见解颇有新意，请您具体谈谈"内源"发展、"派生"发展和"超越"发展的问题。

杨　耕：所谓内源发展，是指外部因素和关系对该社会发展的影响极小甚至没有影响，发展主要是由该社会内部的因素和关系决定的。古希腊罗马的奴隶社会、中国的封建社会和西欧资本主义社会均属于内源发生型。内源发生型就是马克思所说的社会发展中的"自然形态"。当各个民族处于封闭孤立状态时，社会发展以内源发生模式出现，或者说自然形态是社会发展中的主导类型。

当交往尤其是世界交往出现后，社会发展的"派生形态"开始出现，并逐渐成为社会发展中的普遍现象或常规现象。所谓派生形态，是指某种社会要素和某种社会关系在某个民族那里不是"自然形成"的，而是从其他民族那里"转移来的"，或者是外来民族"带来的"、"导入的"。任何一种社会关系的派生形态都在不同程度上偏离了"原生形态"，如马克思就认为，"导入"英国的封建关系要比在法国"自然形成"的封建关系较为完备。

"超越"是一种跳跃的发展形式，即某一民族、国家在发展过程中跨越了一种甚至几种社会形态。尽管不同民族超越的对象及其途径都是特殊的，但是，只要在同一时代存在着不同的社会形态，只要处于不同社会形态的民族之间进行交往，那么，在交往相关性的作用下，超越发展现象就会不断发生。事实也是如此。奴隶社会、封建社会以及资本主义社会在不同的时期、不同的地区都被不同的民族不断地超越过。这表明，"超越"并非像通常所说的那样，是社会发展中的个别或特殊现象；相反，在世界历史的背景下，"超越"是一种普遍现象、常规现象。

　　李立新：您曾就马克思的世界历史理论写过不少文章，听说您最近对这一问题有了新的见解，能否谈谈这方面的问题？

　　杨　耕：当然可以。资产阶级开创了世界历史，世界历史的形式标志着世界的整体化，推动了社会发展的加速化。这一点已为国内众多学者所注意。但是，这只是问题的一个方面。问题的另一方面是，资产阶级开创世界历史的过程实际上造就了资本主义世界体系。这是一个"中心—卫星"式的资本主义体系，即从事工业生产的国家属于"中心国"，从事农业生产的国家属于"卫星国"。

　　按照马克思的观点，在这个世界体系中，未开化和半开化的国家从属于文明的国家，农民的民族从属于资产阶级的民族，东方从属于西方；工业国与农业国之间存在着"不平等交换"，"中心国"残酷地剥削"卫星国"；"中心国"的发展是以"卫星国"的不发展为代价的，这是一种使"卫星国"的个人和民族"遭受流血和污秽、穷困与屈辱"才能达到的发展。马克思的这些观点在当代社会发展理论，尤其在沃勒斯坦的世界体系理论中得到了深化、具体化和系统化。正因为如此，沃勒斯坦的世界体系理论被称为"雄心勃勃的具有马克思主义色彩的理论"，是"20世纪80年代的马克思主义"。

　　李立新：据我所知，除了《马克思的社会发展理论及其当代意义》外，您的另一部著作《马克思的社会研究方法及其当代意义》一书，也得到了专家、学者的好评。在选择这一课题时，您是如何考虑的？

杨　耕：唯物主义历史观本身就是一种方法，即"唯物主义方法"。马克思、恩格斯的这一论断经常被各种哲学、史学论著引证，但对于这一论断的理论内涵及其真实意义，迄今尚无系统论述的论著；在引证这一论断的论著中，又往往把方法理解为唯物史观的一种功能，而不是把方法视为唯物史观的本质规定。

在我看来，方法犹如一个能聚集光至燃点的特殊透镜，没有科学的社会研究方法，就不可能有唯物主义历史观及其所造成的革命变革；反过来说，唯物史观本身就是一种方法，科学的社会研究方法。历史本体论、历史认识论和历史方法论的统一，是唯物史观安身立命之本。把握了这个根本也就把握了唯物史观的生命线。所以，我的《马克思的社会研究方法及其当代意义》从实践反思法、结构分析法、再生产分析法、人与社会双向运动分析法、社会机体分析法、交往分析法、阶级分析法、从后思索法、解释学分析法、科学抽象法等方面较为系统地探讨了马克思的社会研究方法。这里，基本思路就是：唯物史观的每一个观点同时又是方法。

李立新：如何理解唯物主义历史观的每一个观点同时又是方法？

杨　耕：唯物主义历史观不是从所谓的"辩证唯物主义"中推导出来的，社会科学方法有其内在发源地，这就是社会本体论。社会研究方法的"原型"就在实践活动的"格"中。这是其一。

其二，从历史上看，包括历史研究方法在内的社会科学方法的演变总是同对社会的理解模式联系在一起，社会研究方法实际上是社会本体论的工具化、操作化。

其三，社会研究方法是知识生产和知识分析的统一。作为知识生产，方法是分析社会的手段，形成关于社会的某种观点；作为知识分析，方法是概念内在关系的分析，是形成理论体系的过程。

我正是从这三个方面来理解这一问题的。例如，唯物主义历史观的社会有机体理论同时又是方法，即社会有机体分析法。列宁就认为，马克思的辩证方法就是社会科学的方法，这种方法把社会看作是活动着和发展着的机体。唯物史观把社会看作是"一切关系在其中同时存在又互相依存的社会机体"，这一观点因此就蕴含着结构分析法、同构分析法、再生产分析法、自然—他律分析法、总体—要素分析法、基础—新层次分析法以及"社会人的生产器官"分析法。这本身就是一个方法系统。

李立新：那么，您如何看待社会科学方法系统的基本内容？

杨　耕：从当代知识结构来看社会科学方法系统，它们包含着三方面的内容：一是科学抽象系统，这是揭示社会"是什么"，并把社会运动规律逻辑地表述出来的方法；二是科学解释系统，这是对"是什么"进行"为什么"的解释，是对社会系统及其事件、现象进行"理解"和"解释"的方法；三是科学实证系统，这是对上述的抽象和解释进行检验的方法。只有在具备抽象、解释和实证三大方法系统后，社会科学方法才是具有自身特殊性的科学方法。然而，我们目前对社会科学方法的探讨还停留在科学抽象系统上。实际上，这只是社会科学方法的组成部分之一。

李立新：我赞同您的这一见解。您的阐述实际上蕴含着一个问题，这就是，唯物主义历史观的方法与当代社会科学方法的关系问题。我不知道您是否自觉地意识到这一个问题？如果您关注到这一问题，那么，您是如何理解唯物史观的方法与当代社会科学方法的关系的？

杨　耕：您的理解是对的，我也注意到这一个问题。在我看来，当代社会科学方法有一个显著特征，就是"范式"的并存、对立和交叉。从总体上可以把当代社会科学方法划分为八种"范式"：（1）实证主义的范式；（2）解释学的范式；（3）社会唯实论的范式；（4）社会唯名论的范式；（5）结构—功能主义的范式；（6）社会生物主义的范式；（7）社会活动论或行为科学的范式；（8）唯物主义历史观的范式。

唯物主义历史观方法范式的根本特征就在于：从实践出发来理解社会，以生产力与生产关系的矛盾为核心形成了一种"核心发散式"的社会研究方法，这就是从社会的核心、本质、深层结构向外层及其不同侧面、各种关系、各个环节发散。而其他方法范式只是抓住社会的某一侧面、某种关系、某个环节，并把其他侧面、关系、环节归结到这一侧面、关系、环节，本质上属于"局部收敛式"的社会研究方法。当然，从某一方面来研究社会是必要的，因而其他方法范式系统又是局部合理的。

实际上，当代社会科学方法都可以在唯物主义历史观的方法中找到萌芽或源头，造成这种现象的根本原因就是：唯物史观抓住了人类社会的根本，即物质实践及其规律，并从这一根本出发辐射到社会的各个侧面、环节、关系，从而形成一个思维整体；而当代西方社会科学其他流派则从社会的某一侧面、关系、环节出发，并把整个社会归结为这一特定的侧面、关系、环节，因而它们的联系运动，不断地相互否定才构成思维整体。萧前教授对此评价道："这是对唯物史观方法的科学性极其简要而又十分准确的概括，同时又是对当代其他社会科学方法中肯而又切中要害的批判。"

李立新：我赞同萧前教授的这一评价。我想问的另一个问题是，您多次提到唯物主义历史观在当代的理论生长点问题，在您看来，唯物史观的理论生长点是什么？

杨　耕：唯物主义历史观在当代的理论生长点是历史认识论。这是因为，历史认识论是马克思有所论述，但又未具体展开、详加探讨的问题，或者说是以萌芽、胚胎形式包含在唯物史观中的问题。这是其一。其二，这一问题又是当代实践、科学和哲学所突出的问题，即"热点"问题。其三，当代实践以及哲学、历史学、心理学、思维学等又为解决这一问题提供了现实的可能性。我正在撰写的《马克思的历史认识论及其当代意义》就是力图建构唯物史观的历史认识论。

李立新：可是，通常认为，从历史本体论转向历史认识论标志着西方历史哲学的没落……

杨　耕：不能这么说。从总体上看，现代西方历史哲学的确没有解决历史认识论问题，但这并不是说转向历史认识论研究本身就是错误的。历史是已经过去的存在，在认识历史的活动中，认识主体不可能直接面对认识客体，认识对象的这种特殊性给认识历史带来了一系列的特殊困难，并使建构历史认识论具有必要性。历史本体论的真正确立有赖于对人们认识历史能力的分析，历史本体论如果与历史认识论"绝缘"，其结论必然是独断的、不可靠的。

对哲学史、科学史的深入研究可以看出，人们认识客体的活动发展到一定阶段，就会在某一时刻不多不少地转变为对这种认识活动本身的批判。换言之，历史哲学的研究重心从历史本体转向历史认识论完全符合认识规律。在我看来，从历史本体论转向历史认识论绝不意味着西方历史哲学的没落，相反，却意味着它的成熟。

李立新：那么，构成马克思的社会发展理论、社会研究方法和历史认识论相统一的理论基础，以及唯物主义历史观的根本特征是什么？

杨　耕：统一的理论基础是科学的实践观。全部社会生活在本质上是实践的，历史不过是人的实践活动在时间中的展开，而认识活动在本质上是实践活动的内化和升华。从根本上说，唯物主义历史观是实践本体论。抽去这一点，唯物史观就会成为无根的浮萍。

李立新：目前，您最感兴趣的问题，或者说，理论兴奋点是什么？

杨　耕：中国现代化的问题。我深深地爱着我的祖国，深情地祝福着祖国富强、人民幸福，深切地关注着中国的现代化。"为什么我的眼里常含泪水？因为我对这土地爱得深沉"（艾青语）。中国的现代化可谓"九死一生"，从总体上把握中国现代化的历程，由此引发对民族生存方式、生活方式、思维方式、社会发展方式的哲学思考，是我们应有的良心和使命。在我看来，哲学需要思辨，但哲学不应是脱离现实的玄思，它必须关注现实，将理论触角伸到现实的深处。现代化运动是当今中国最基本的现实，我们应为之摇旗呐喊、鸣锣开道。关于中国现代化研究的理论成果将是我的《东方的崛起》这部著作。这部著作将以较大的历史跨度再现中国现代化的历程及其内在逻辑，其意在于：让历史告诉未来。

李立新：您的理论研究确有自己的特色，那么，您追求的理论境界是什么？

杨　耕：一言以蔽之，建构理论空间，雕塑思维个性。

哲学家的当代良心和使命

《光明日报》记者祝晓风：现在有一种非常流行的说法，就是认为，当今中国的哲学越来越趋于"冷寂"以至衰落，而且随着市场经济体制的确立，这种"冷寂"、衰落将呈加速态。您如何看待这种说法？

杨　耕：我不同意这种观点。这种观点看到了某种合理的事实，但又把这种事实溶解于不合理的理解之中。当然，和改革开放之前"全民学哲学"的"盛况"相比，目前哲学在社会生活中的确显得较为冷清，许多人对哲学持一种冷漠、疏远的态度。但是，只要我们透过现象看本质就会发现，那时的哲学繁荣是一种虚假繁荣，其中，不乏对哲学肤浅甚至庸俗的理解以及急功近利的运用，而目前所谓的哲学"冷寂"实际上是人们对哲学本身的深刻反思，是一种学术回归。具体地说，哲学界通过对现代西方哲学的批判反思，对中国传统哲学的批判反思，以及对哲学的重新定位完成了这种学术回归。

在我看来，正是这"批判反思"以及"重新定位"，促使当代中国哲学越来越走向成熟，其主要标志就是：面向 21 世纪的马克思主义哲学的"中国版"正在形成。在当代，"全球意识"与"寻根意识"并存，任何民族哲学的发展都必须同时考虑时代性、世界性和民族性，并使二者融洽起来。马克思主义哲学是当代"不可超越的意义视界"，中国传统哲学属于人类"早熟"的自我意识，是一种富有东方神韵的深沉的哲学智慧，能够代表中国哲学未来发展方向的，就是面向 21 世纪的中国化的马克思主义哲学。

市场经济与哲学的关系并非如同冰炭。没有市场经济也就没有近代的法国启蒙哲学、德国古典哲学，也就没有现代的存在主义哲学、结构主义哲学，当然，也就没有马克思主义哲学。在我看来，市场经济不仅是资源配置的方式，而且是人的存在方式，标志着以物的依赖性为基础的人的独立性的，是从人的依赖性向人的自由个性过渡的时代。而当代中国的经济市场化又是同社会现代化和社会主义改革交织在一起，在同一个时空中进行的，可谓史无前例，特殊、复杂而又波澜壮阔，必然引发一系列深刻而重大的哲学问题，必然为人们的哲学思考提供一个广阔的社会空间。我以为，目前市场经济对哲学的冲击是对以往哲学虚假繁荣的矫枉过正，随着社会主义市场经济向广度和深度进展，中国哲学必将加速走向真正的繁荣。

祝晓风：您谈到了哲学的重新定位，这涉及哲学的功能，涉及哲学家的使命问题。您如何理解哲学的功能和哲学家的使命？

杨　耕：哲学的功能是什么，或者说，哲学应该干什么，这是一个最折磨哲学家耐心的问题。不同时代，不同国家的不同哲学家对此有不同的看法。从根本上说，我们应当根据时代需要、人类的认识水平以及在此基础上形成的知识结构来判断哲学的位置和功能。当代实践、科学和哲学本身的发展促使哲学趋向于生活世界，用马克思的话来说就是，哲学应该关注人类世界，关注"自己时代的现实世界"。为此，哲学应探求和把握人的实践活动的规律，为人们认识和改造现实世界提供一种批判的精神、反思的方法，并通过自己的反思性、批判性以及理想性塑造新的时代精神。

哲学的论证方式是抽象的，即在形式上体现为一种抽象的概念运动；哲学的问题却是现实的，无论哲学家如何超凡入圣，都不能不食人间烟火，他们提出的问题、解决问题的方式和答案都不能不以现实为基础，并在把握现实可能性的前提下超越现实。我始终认为，哲学研究不能仅仅成为哲学家之间的"对话"，更不能成为哲学家个人的"自言自语"，哲学应当也必须与现实"对话"。这是哲学得以存在和发展的根基，否则，哲学将成为无根的浮萍。

当今中国最基本的现实就是改革开放和现代化建设。实现现代化，重构中华民族的生存方式和活动方式，构成了鸦片战争以来中国历史进程的悲壮主题，凝聚着几代中国人的思索与奋斗、光荣与梦想。关注这一现实，从中探讨、把握这一现实运动的规律性，是当代中国哲学义不容辞的任务；从总体上把握当代中国的改革开放和现代化建设，由此引发对民族的生存方式、生活方式、思维方式、价值观念以及社会发展的哲学思考，反过来，以一种面向 21 世纪的"中国版"的马克思主义哲学引导现实运动，这是当代中国哲学家应有的良心和使命。哲学家不能"作茧自缚"，与现实隔绝，喃喃自语，说着一些谁也听不懂的话，这样的哲学话语只能是"多余的话"。

祝晓风：您刚才说哲学要引导现实运动。可是，我们通常认为，哲学联系现实就是以现实为基础，从而正确理解、解释现实。由此引出一个问题，这就是哲学与现实的关系是单向还是双向的？

杨　耕：哲学与现实的关系是一种双向关系：一方面，哲学不能脱离现实，必须直面现实问题，解答时代课题，否则，将失去自己存在的根基和功能；另一方面，哲学又必须进入抽象的概念运动领域，以概念运动反映现实运动，否则，就不是哲学。但是，哲学必须以哲学的方式联系现实，解答时代课题。在联系现实的过程中，哲学不应失去自己的科学性、反思性和批判性，不能把自己降低为现实的附庸或仅仅成为现实的解释者。"凡是现实的都是合理的"，绝不是马克思主义的思维方式。一种仅仅适应现实的哲学是不可能高瞻远瞩的。

在我看来，现实创造哲学，哲学也影响现实；现实校正哲学的发展方向，哲学也塑造新的时代精神，引导现实的运动。哲学既要"入世"，又要"出世"；既要深入现实，又要超越现实。"入世"、深入现实，就是要把握现实的运动规律；"出世"、超越现实，就是要以规律、趋势为"向导"引领现实运动。在哲学与现实的关系上，我们不能只看到现实对哲学的基础作用，忽视了哲学对现实的引导作用，忽视了哲学本身的创造力量。实际上，当代中国的改革就是现实的中国人对中国人的现实的超越，而引导这一超越的就是邓小平理论及其哲学思想。

马克思：现代哲学的开创者

《光明日报》记者梁　蓬：把马克思的哲学界定为现代哲学，这是研究"马克思哲学当代意义"的前提之一，也是您的一个基本论点。但据我所知，这与学界通常的看法是大相径庭的。

杨　耕：的确如此。西方学术界通常是把马克思哲学划入近代哲学，归为传统哲学范畴；而国内学术界通常认为，马克思哲学既与近代西方哲学根本不同，又与现代西方哲学根本对立。实际上，这是一种误解。无论是从马克思哲学产生的历史背景看，还是从马克思哲学的理论主题看，马克思的哲学都属于现代哲学范畴，是现代唯物主义，马克思是现代西方哲学的开创者和奠基人。

从马克思哲学产生的历史背景看，马克思的哲学是现代化运动发展到第一个高峰期的产物，而且马克思哲学对现代社会存在的诸种问题进行了自觉的反思和深刻的批判。可以说，马克思哲学是人类进入"现代社会"之后自我反思的产物。

从马克思哲学本身的理论主题看，马克思哲学关注的是"人类世界"，并从人的实践活动出发去理解和把握人与世界的关系，从而终结了传统哲学。从内容而不是从表现形式看，就总体而不是就个别派别而言，整个现代西方哲学的运行都是以马克思哲学所实现的主题转换为方向的。

梁　蓬：从您的论述中，能否得出这样一个结论，即马克思哲学与现代西方哲学没有本质的不同？

杨　耕：不能。仅就学理而言，现代西方哲学的其他派别都是从人类世界的某一侧面、某个环节、某种关系出发，并把人类世界归结为这一侧面、环节、关系，因而它们都没有从根本上、整体上把握人类世界；马克思哲学则抓住了人类世界的根本——人类实践，并把实践提升为哲学的根本原则，由此出发向人类世界的基本方面、基本环节、基本关系发散出去，形成一个思维整体，提供了一个"整体社会的视界"。

更重要的是，马克思的哲学是现代唯物主义。作为现代唯物主义，马克思哲学关注的不是"抽象的物质"，更不是以经院哲学的方式抽象地谈论世界的物质统一性，而是"从物质实践出发来解释观念"，通过对资本主义社会的异化状态和拜物教的批判，揭示出被物的自然属性所掩蔽着的人的社会属性，揭示出被物与物的关系遮蔽着的人与人的社会关系，并通过改变世界，"使现存世界革命化"，"把人的世界和人的关系还给人自己"。

梁　蓬：我注意到，有人提出这样一种观点，即人类社会已经进入"后工业社会"或后现代主义时代，现代主义即将"寿终正寝"，因此，马克思哲学即使是现代哲学也已"过时"。您如何看待这一观点？

杨　耕：我不能同意这种观点。从认识论看，这种观点的错误就在于，不理解后现代主义的实质，不理解哲学与时代的关系。后现代主义的实质就是"重写现代性"，"后现代"意味着"现代"的"新生状态"，而且按照后现代主义的观点，这种"重写"工作在现代化本身中已经进行相当长的时间了。"资本主义是现代性的名称之一"，马克思对资本主义的批判实际上是以另一种形式在"重写现代性"。马克思主义不是后现代主义，但马克思的哲学的确具有后现代意蕴。

哲学是时代的产物，但不是时代的"囚徒"。作为时代精神的精华，哲学能够塑造新的时代精神，引导社会发展，从而超越时代。一种仅仅适应时代的哲学是不可能高瞻远瞩的。马克思的哲学产生于现代，但由于它深刻地把握了人类世界的根本，由于它所关注的问题，以及一些以萌芽或胚胎形式存在的观点契合着当代社会的重大问题，因而又超越了现代，具有内在的当代意义。我同意并赞赏当代西方著名思想家杰姆逊的观点，这就是，马克思主义"是当代不可超越的意义视界"。

马克思：从"天上"回到"人间"

《中国教育报》记者张圣华：杨教授，中国人民大学出版社出版了英国学者麦克莱伦撰写的《马克思传（插图本）》，该书曾经纳入国内学术界很有影响的《马克思主义研究译丛》。据我所知，这套书最早是您策划的，能否请您谈谈当时策划这套书的初衷？

杨　耕：《马克思主义研究译丛》的最早策划人的确是我，当时我任中国人民大学出版社总编辑。在我调离中国人民大学之前，这套译丛只出版了一本，那就是德里达的《马克思的幽灵》。尔后，经过李艳辉、俞可平、郑一明等同志的不断努力，这套丛书得到不断充实，真正在学术界产生了很大的影响。作为《马克思主义研究译丛》的最初策划人，作为一名马克思主义的研究者，我应该感谢李艳辉等同志。

如果用一句话来概括我当时策划《马克思主义研究译丛》的原因，那就是马克思主义仍然是我们这个时代的真理和良心，仍然是我们这个时代的"显学"。

马克思主义创立于19世纪中叶，离现在已经一个半世纪了，但我们不能仅仅依据创立时间来判断一个思想体系是否过时，是否是真理。时间近的，未必都是真理；时间远的，未必都是谬误。阿基米德定律创立时间尽管很久远了，但它仍然是真理。当今的造船业，无论多么发达，都不能违背阿基米德定律。如果违背了阿基米德定律，这个船造得再现代，也是要下沉的。马克思主义产生于19世纪中叶，但是，由于马克思主义深刻把握了人类社会发展的基本规律，把握了资本主义社会的运动规律，因而又超越了19世纪这个特定的时代。同时，正如麦克莱伦在《马克思传》中所说的，"一个多世纪以来，马克思主义已经成为这样一种语言：数百万人用它来表达他们对一个更公正的社会的希望。"所以我说，马克思主义仍是我们这个时代的真理和良心。

无论是在国内还是在国外，包括在"苏东剧变"之后，马克思主义仍然是一门"显学"。每年都要召开国际马克思大会，每年出版的研究马克思主义的著作可谓汗牛充栋。我们必须记住这一点，那就是马克思本人不是出生在东方，而是出生在西方；马克思主义的故乡不是在东方，而是在西方。倒过来说，尽管西方是马克思主义的故乡，但马克思主义并不仅仅属于西方，而是属于全世界，属于人类文化遗产。因此，对马克思主义的研究应该是全方位的，应该借鉴当代西方马克思主义研究的积极成果。"他山之石，可以攻玉。"

这就是我当时策划《马克思主义研究译丛》的初衷。

张圣华：《马克思主义研究译丛》是一套由学术著作构成的丛书，为什么在这样一套研究译丛中纳入一本传记？您认为《马克思传》最大的特点是什么，在马克思主义研究领域有什么样的学术价值？

杨　耕：一般情况下，传记通常被看作是文学作品。但是，麦克莱伦的这本《马克思传》不是通常意义上的生平传记，更重要的，它是一本思想传记。麦克莱伦本人就是当代西方著名的马克思主义研究专家，有很高的学术造诣。这本《马克思传》，用哲学的术语来说，就是做到了历史与逻辑的统一。它不仅是马克思个人的生平传记，而且是马克思本人的思想传记；它不仅从历史角度阐述了马克思的思想发展历程，而且从逻辑的角度阐述了马克思是如何创立马克思主义的。在我看来，这本传记的最大特色、最吸引人的地方，就是它以马克思的生平事业为前提，以整个西方社会史、思想史为背景，以马克思的文本或者说以马克思的原著为依据，以问题为线索，在这样一种多维视角中描绘出一个"合理的、妥当的"马克思的"形象"。所以我认为，把这样一本传记放到《马克思主义研究译丛》中是合适的。

根据我接触的有限材料，自 1918 年梅林出版他的《马克思传》以来，还没有一部涵盖马克思生活主要方面的传记。麦克莱伦的这本《马克思传》，着重描绘了马克思生活的主要方面，即个人生活、政治生活和精神生活。在这个过程中，麦克莱伦剖析了马克思的思想是怎么转变的，是怎样从一个问题转向另一个问题，从一个领域转向另一个领域的。

比如，1844 年马克思研究了什么问题，留下了什么问题，1845 年解决了 1844 年留下的什么问题，又产生了什么新的问题……这样一步一步，引人入胜。再如，在评价《1844 年经济学哲学手稿》时，麦克莱伦认为："这样概述了自己的共产主义概念之后，马克思接着在三个具体方面展开阐述：共产主义的历史基础、社会特征以及它对个体的尊重。"接着又指出：《1844 年经济学哲学手稿》"在随后的经济学著作中得到发展，尤其是在《政治经济学批判大纲》和《资本论》中得到进一步发挥。在后来的这些著作中，毫无疑问是更系统、更细致、在极为纯粹的经济学和历史的背景之下探索了《1844 年经济学哲学手稿》的主题；但是核心的具有启迪意义的思想，即人在资本主义社会的异化及其解放的可能性并没有改变。"

麦克莱伦是一个负责任的学者，他的这本《马克思传》不仅对马克思思想研究中的"热点"问题进行了深入探讨，而且注重对马克思主义经典著作的细致分析，尤其是依据新的材料，对马克思的"四大手稿"，即"1843 年黑格尔法哲学批判手稿"、"1844 年的经济学哲学手稿"、"1845—1846 年德意志意识形态手稿"、"1857—1858 年的资本论手稿"进行了深入、全面地分析。这"四大手稿"在马克思生前都未发表，大都是在 20 世纪 20—30 年代发表的。但是，如果离开这"四大手稿"，我们就没有办法理解马克思。麦克莱伦认识到这一点，所以他在《马克思传》中指出："在 20 世纪 30 年代出版过的马克思的几本重要著作，很大程度上改变了人们对马克思的理论贡献的认识。"在系统分析马克思这四大手稿的成就方面，在运用和分析新的材料方面，麦克莱伦的这本《马克思传》也是其他的《马克思传》不可比拟的，这也是麦克莱伦的《马克思传》的特点之一。

这本《马克思传》，使作为思想家的马克思的"形象"跃然纸上；同时，使作为马克思主义研究专家的麦克莱伦"在场"的形象凸现出来。"苏东剧变"后，在 1995 年的新形势下，麦克莱伦"以一种同情批评的立场进行写作"，力图"呈现一个合理的稳妥的（马克思）形象"，"试图完整覆盖马克思生活的三个主要方面——个人的、政治的、精神的"，反映出他对马克思思想的执著信仰和深刻分析。

张圣华：一个多世纪以来，对马克思的评价历来不一，麦克莱伦的这本《马克思传》也暴露了马克思的一些人性弱点。您是国内著名的马克思主义研究专家，您如何评价马克思？

杨　耕：对马克思的评价不一样，这很正常。一个多世纪以来，马克思的"形象"的确处在不断转换中，而且马克思离我们的时代越远，对他的认识的分歧也越大，就像行人远去，越远就越难辨认一样。这是我要说的第一点。

我要说的第二点是，在历史上常常出现这样一种情况，即某个伟大思想家在其身后，在经历了一个较长时期的历史运动之后，会重新引起人们的重视，或者说，人们会重新回过头来研究这位伟大思想家的某些观点以至整个思想体系，重估其理论价值，并在这个过程中产生争议与分歧，形成不同的流派。亚里士多德、康德、黑格尔的命运是如此，马克思的命运也是如此。

我要说的第三点就是，每个人的知识结构、价值观念、生活经历、阶级立场都不同，因而对马克思的评价也必然不同。麦克莱伦注意到这一点，所以，他在《马克思传》中指出："许多论述马克思的著作都受到各种政治斧钺的削磨。假装对任何人的生平做出完全'中立'的描述是不可能的——更别说是对马克思的生平了。关于马克思有着大量的信息和评论，选择的过程本身就意味着采取了一定的立场。"

您刚才提到的这本《马克思传》暴露了马克思的一些"人性弱点"，如果我没有理解错的话，就是书中所说的马克思年轻时酗酒、打架，并因此被学校关禁闭，马克思与海伦·德穆特之间有一个私生子，等等。我想，这里有几个问题：一是马克思到底有无私生子，我们无法考证，也无法对这个私生子做亲子鉴定；二是马克思即便有这些或那些所谓的"人性弱点"也很正常，是人都有弱点，马克思自己就曾经说过，"凡是人具有的我都具有"；三是，麦克莱伦之所以"暴露"马克思的这些生活细节，是为了凸现一个活生生的马克思"形象"，用他自己的话来说，就是"向读者呈现一个合理的稳妥的（马克思）形象，避免陷入要么偶像化，要么玷污的两个极端。"

马克思是人而不是神，马克思是普罗米修斯而不是上帝。是人就有弱点，没有弱点的人不存在。至少到目前为止，还没有发现哪个伟大人物没有弱点。所以，这本《马克思传》暴露的马克思的一些所谓的"人性弱点"，在我看来，都很正常。马克思写《共产党宣言》时多大？不到 30 岁。中国人讲三十而立，四十不惑，五十才知天命，马克思此时还没有"立"呢，离"不惑"还远着呢。马克思有弱点，并不影响他的伟大；相反，有弱点的马克思，才是一个真实的马克思。在这个意义上说，麦克莱伦的这本《马克思传》告诉我们一个真实的马克思，使马克思从

"天上"回到"人间"。

张圣华：马克思离我们已经有一个多世纪了，他的理论在实践的过程中有过挫折和争议，在全球化和市场经济的背景下，马克思的理论还有什么样的价值和意义？

杨　耕：马克思的理论在一些国家取得了成功，在一些国家有过挫折甚至失败，很正常。历史的发展总是一条曲线，更何况有些国家在进行所谓的马克思主义实践的过程中，对马克思主义的理解未必正确。举个例子，马克思一生奋斗的目标就是无产阶级和人类解放，马克思主义的最高命题就是人的自由而全面发展。《德意志意识形态》明确提出，要使无产阶级作为"有个性的个人"确立下来。《共产党宣言》进一步指出，未来新社会的根本特征就是，"每个人的自由发展是一切人自由发展的条件。"《资本论》再次重申这个观点，即未来新社会就是要实现人的自由个性。这么一个重要思想或者说基本原理，多少年以来，却被我们忽视了。在经历了一个半世纪的历史运动后，在对国际共产主义运动、社会主义实践经验反复总结的基础上，我们才真正体会到"以人为本"的极端重要性，真正体会到人的自由而全面发展是马克思主义的最高命题。

我们现在是在全球化的背景中来理解马克思的。实际上，马克思在《德意志意识形态》、《共产党宣言》中就明确提出了民族历史转变为世界历史的问题，并创立了世界历史理论。按照马克思的观点，资本主义及其大工业"首次开创了世界历史"，在这个过程中，不但形成了世界市场，而且造就了"世界文学"。马克思的世界历史理论为我们正确认识全球化提供了理论指南。我以为，马克思的世界历史理论实际上就是一种全球化理论，或者说全球化理论本来就是马克思主义的一个重要理论，只是多年来，我们忽视了这一理论。20世纪90年代以后，随着中国改革开放和现代化建设的深化，随着全球化运动的拓展，我们才发现在马克思主义中还有一个世界历史或全球化理论。

市场经济的背景就更不用说了。马克思主义就是在市场经济的背景下产生的。马克思既肯定了市场经济的正面效应，同时也批判它的负面效应；既对市场经济作出了事实判断，也对市场经济作出了价值判断，一句话，市场经济造就了以对物的依赖性为基础的人的独立性。马克思的市场经济理论为我们正确判断市场经济的利弊，为社会主义市场经济实践提供了科学的方法论。我不能同意这样一种观点，即随着中国市场经济体制的建立，马克思离我们越来越远了。相反，我认为，随着中国市场经济实践的深化与拓展，马克思离我们不是越来越远了，而是越来越近了。借用当代西方著名学者杰姆逊的一句话，那就是，马克思主义仍具有"令人震撼的空间感"。

毛泽东曾把马克思主义比喻为"望远镜"和"显微镜"。远，表明事物已经存在，但处在我们的视线以外，而望远镜可以帮助我们看远，高瞻远瞩；微，表明事物极其细小，也在我们的视线以外，而显微镜可以帮助我们入微，明察秋毫。当今时代的三大历史潮流，即现代化运动、全球化运动和社会主义运动，在马克思生活的时代都已初步形成或者说初见端倪，而马克思对这三大历史潮流都作出了深邃的历史洞见，并深刻阐述了这三大历史潮流的内在关系。我赞赏麦克莱伦的观点，即"走过了19世纪的马克思主义的历史都是人类对共同生活新方式的寻求的不可分割、永恒的一部分"。马克思主义不仅深刻地改变了人类历史进程，而且仍是当代发展进程极其重要的参与者和强有力的推动者。在全球化和市场经济的背景下，我们仍然需要马克思主义这个"望远镜"和"显微镜"。

张圣华：中国人民大学出版社对麦克莱伦的《马克思传》进行了重新包装，使其图文并茂，试图让更多的读者了解马克思，使学术化的传记通俗化。您觉得这样做有什么样的意义？

杨　耕：我刚才已经说了麦克莱伦的这本《马克思传》在更大程度上是一个思想传记，中国人民大学出版社对这本书进行新的包装，图文并茂，我觉得这样做的意义就在于，这是使学术大众化的一个很好的尝试，也是让马克思从"天上"回到"人间"的一个很好的尝试。这个"插图本"就是力图将学术通俗化、大众化，让"阳春白雪"进入寻常百姓家，使人们了解马克思的生活细节，了解马克思与众不同的特征，用哲学话语来说，就是通过图文并茂，使人们从感性认识和理性认识的统一中去了解马克思与他的时代，与他同时代人的关系，并在这个过程中把握马克思的思想。

马克思主义不是"学院派"，马克思主义的重要特征之一就是它的群众性。马克思说过，随着历史活动的深入，必将是群众队伍的扩大，而理论要说服人，就能掌握群众。因此，马克思主义不应停留在书本中，局限于讲坛上，它应该也必须进入到老百姓的头脑中。理论一经掌握群众，就会变成物质力量。中国人民大学出版社对《马克思传》的这种图文并茂的包装，在我看来，就是为了让马克思走近老百姓，让更多的老百姓了解马克思，理解马克思是人而不是神，理解马克思主义是科学而不是启示录。但是，我们应当注意，在通俗化的过程中，应保持它的学术内涵，不能以降低它的学术水准为代价。

张圣华：您刚才也谈到《马克思传》是学术大众化的有益尝试，但一般读者可能不具备您那么深厚的知识背景去读它。从普通大众的角度，会不会仍觉得它很深涩呢？

杨　耕：应该说，这本《马克思传》和一般读者之间有个时间差、空间差及其理论差。对国内一般读者来说，读懂这本书要有一定的知识背景，至少要了解马克思的生平事业。读之前还应该有一定的理论准备，看些介绍马克思思想的书籍。中国人民大学出版社使用插图本这种形式就是要使读者在感性认识和理性认识的统一中去阅读，但是再统一，也要有一定的理论准备。这就像马克思所说的，对于没有音乐感的耳朵来说，最美的音乐也毫无意义。

其实，一部好的作品一方面要适应大众；另一方面要引导大众。如果仅仅适应大众，这部作品不可能流芳百世，就像任何学说仅仅适应时代不可能高瞻远瞩一样。任何一本有思想内涵的传记，不仅要贴近大众，而且要引导大众，这是一个互动的过程。

经历本身就是一笔财富。同一句格言由不同人说出来具有不同内涵。同一本小说或传记让不同的人看有不同的感受。同一本《马克思传》，具有不同生活经历、不同学术背景、不同价值立场的人看，感受肯定是不一样的。但是，不管怎样，对我们来说，麦克莱伦的这本《马克思传》开卷有益。

深化对社会主义的认识

《前线》记者王峰明：科学社会主义是在西方发达国家形成的，然而是在东方落后国家首先实现的。在这种理论与实践的"错位"面前，有的人以东方社会主义革命为依据否定科学社会主义；有的人则以"科学社会主义"为依据否定东方社会主义革命。您是如何看待社会主义革命在东方国家首先实现这一历史现象的？

杨　耕：在我看来，造成这一历史"倒转"现象的根源仍是资本主义生产方式本身。具体地说，资本主义生产方式首先在西方开始它的矛盾进程，随着世界市场、世界历史的形成，资本主义生产方式便以整个世界为舞台进一步展开其矛盾运动，并冲击、影响和渗透到东方国家。在这个过程中，某些落后国家或民族的生产方式的内在矛盾，即生产力与生产关系的矛盾便会较快地达到激化状态，并产生同发达国家"类似的矛盾"。马克思指出:一切历史冲突都根源于生产力与生产关系的矛盾,然而,"对于某一国家内冲突的发生来说,完全没有必要等这种矛盾在这个国家发展到极端的地步。由于同工业比较发达的国家进行广泛的国际交往所引起的竞争,就足以使工业比较不发达的国家内产生类似的矛盾"。正是在这种"类似的矛盾"的引导下,较为落后的国家或民族能够缩短某一历史进程或跨越某种社会形态而直接走向更高级的社会形态。社会主义革命之所以能够在俄国、中国等东方国家首先实现,其根源就在此。

王峰明: 那么,这种"类似的矛盾"在俄国和中国的具体表现是什么呢?

杨 耕: 俄国和中国的情况在 20 世纪初有些相似,但又有很大的不同。20 世纪初,俄国已经走上了资本主义道路,但经济较为落后;中国仍处在半殖民地半封建社会,经济更为落后。"十月革命"只是缩短了俄国资本主义历史进程,新民主主义革命则使中国跨越了资本主义历史阶段。

我着重讲一下中国的情况。20 世纪上半叶,中国的生产力有一个显著特征,即落后与先进并存,个体农业和手工业经济占 90%,现代工业只占 10%,但它较为集中,控制了国家的经济命脉。这种现代工业既为确立和发展资本主义生产关系奠定了物质基础,又为建立社会主义生产关系提供了物质前提。然而,中国此时却无法确立和发展资本主义生产关系。

从中国历史看,中国是被西方资产阶级国家用暴力强行拖入世界历史轨道的。在这个过程中,西方资产阶级一方面在中国造就了"新式工业",破坏了封建经济的基础,在一定程度上不自觉地促进了中国资本主义的发展;另一方面又勾结中国的封建势力压迫中国资本主义的发展,不允许中国成为一个独立的资本主义国家。这似乎是一个矛盾,然而是一个客观事实。西方资产阶级的自身利益决定了这一历史现象的产生。

从世界历史看，20世纪上半叶，资本主义生产方式的内在矛盾已处于激化状态，经济危机不断发生，战争频发且规模越来越大，从而向不发达国家显示了资本主义"未来的景象"。同时，"十月革命"又改变了历史的走向，并启示较为落后的国家"走俄国人的路"。社会主义国家、发达资本主义国家内的工人运动以及殖民地的民族解放运动遥相呼应，形成了"世界社会主义革命的时代"。

中国生产力的二重性、西方资本主义生产方式内在矛盾的激化及其对中国的冲击、渗透和影响，以及"世界社会主义革命的时代"，这种种国际、国内条件结合在一起，使社会主义革命在中国的产生具有了历史的必然性。中国共产党人自觉地意识到了这一点，从而带领中国人民跨越了资本主义的历史阶段，直接走上社会主义道路。

王峰明：我注意到您的这一观点。可是，有的人认为，历史本质上是人的选择的结果，如果戊戌变法成功了，中国今天就不会如此落后；如果中国在20世纪50年代选择了资本主义，今天就不会在经济上落后于日本，等等。

杨 耕：在研究历史时，有的人总是喜欢沉湎于"如果……就……"的假言判断中。其实，我们可以提出一系列"如果"。但历史发展有其内在规律，并不以"如果……就……"的公式为转移。对于历史研究来说，"如果……就……"的论断是永远不能被验证的，因而是没有科学意义的。沉湎于这种研究方式中，我们得到的就不是真实的历史，而是虚幻的历史。这不是误认风车为妖魔的堂吉诃德式的战斗，而是实实在在的两种历史观，即唯物史观与唯心史观的对立。历史是既成事实，我们应该分析而不是做这样或那样的假设。

王峰明：这就是说，社会主义制度在东方国家的确立不是证伪，而是证实了科学社会主义的真理性，二者是一种相互印证而非彼此抵牾的关系。科学社会主义之所以科学，就在于它揭示了资本主义生产方式的内在矛盾及其运动规律。

杨　耕：的确如此。当代西方著名学者海尔布隆纳在《马克思主义：赞成和反对》中指出："只要资本主义存在着，我就不相信我们能在任何时候宣布马克思关于资本主义内在本性的分析有任何错误。"无论当代资本主义如何变化，都不可能改变生产资料的资本家私人占有制，不可能消除剩余价值规律这一资本主义社会的基本经济规律，不可能消除生产资料私有制和生产社会化之间的矛盾。只要这些因素存在着，社会主义代替资本主义就像白昼代替黑夜一样，或迟或早、或这样或那样必然到来。

王峰明：我注意到这样一种观点，这就是，"苏东剧变"标志着"十月革命"是一个不应发生的错误，标志着"资本主义与社会主义两种制度的竞争已经结束，资本主义获得了最终胜利"，资本主义是人类历史的终极状态。

杨　耕：这是一种历史虚无主义。我们不能以苏联社会主义模式在今天的失败来否定它当年的成功，就像不能以某个人后天夭折来否定他当年的出生一样。对待苏联社会主义模式，我们应有一种历史主义态度。

在我看来，处在强大的、发达的资本主义世界体系中，由落后国家开始的社会主义实践所遇到的困难是巨大的，不可能没有旋涡、没有挫折、没有反复，甚至会出现逆转和倒退。

从人类总体历史进程看，社会主义代替资本主义的历史进程才刚刚开始，这一威武雄壮的历史话剧仅仅是拉开序幕。把起点当作终点、序幕当作谢幕，是一种历史的错觉。邓小平说得好："封建社会代替奴隶社会，资本主义代替封建主义，社会主义经历了一个长过程发展后必然代替资本主义。这是历史发展不可逆转的总趋势，但道路是曲折的。资本主义代替封建主义的几百年间，发生过多少次王朝复辟？所以，从一定意义上说，某种暂时复辟也是难以避免的规律性现象。一些国家出现严重曲折，社会主义好像被削弱了，但人民经受锻炼，从中吸取教训，将促进社会主义向着更加健康的方向发展。"

我们从中应吸取哪些教训，在我看来，20 世纪社会主义实践的基本教训有三条：一是忽视发展生产力。忽视创造出高于资本主义社会的生产力是社会主义最终战胜资本主义的物质前提，从而忽视发展生产力是社会主义社会的首要任务、主要任务或根本任务，并脱离本国生产力的实际状况，人为拔高生产关系；二是忽视人民群众合理的物质要求。忽视个人的正当利益，忽视"确立有个性的个人"；三是忽视民主政治。忽视社会主义与民主政治的内在的关联性，不理解没有民主就没有社会主义。这种种经验教训归结到一点，就是对"什么是社会主义，如何建设社会主义"并"没有完全搞清楚"。邓小平认为，这是"最重要的一条"经验教训。

王峰明：社会主义实践的基本教训实际上说明，我们过去的实践在一些重要方面违背了社会主义的基本原则，或者说，违反了社会主义制度的基本规定。我想问的问题是，社会主义的基本原则和制度规定是什么？

杨　耕：马克思、恩格斯制定的社会主义的基本原则和制度规定有四个方面：

一是"尽可能快地发展生产力"，实现生产力的巨大增长和高度发展。按照马克思、恩格斯的观点，没有生产力的巨大增长和高度发展，那就只会有贫穷、极端贫困的普遍化，而在极端贫困的情况下，必须重新开始争取必需品的斗争，全部陈腐污浊的东西又要死灰复燃。

二是建立生产资料公有制，实现"所有人的富裕"。在马克思、恩格斯看来，社会主义制度同资本主义制度"具有决定意义的差别当然在于，在实现全部生产资料公有制的基础上组织生产"，而社会主义"生产将以所有人的富裕为目的"。同时，生产资料公有制并不是与个人无关的抽象的共同体；相反，生产资料公有制本质上是"联合起来的个人"对生产资料的共同占有，建立生产资料公有制实际上是"重建个人所有制"。正因为如此，社会主义分配的基本原则是"按劳分配"。

三是使无产阶级上升为统治阶级，"争得民主"。按照马克思、恩格斯的观点，从资本主义社会到共产主义社会之间有一个"政治上的过渡时期"，这就是无产阶级专政。无产阶级专政与社会主义民主的关系并非如同冰炭，不能相融。相反，无产阶级专政不过是达到消灭一切阶级和进入无阶级社会的过渡，其目标就是实现社会主义民主。《共产党宣言》明确指出：社会主义革命的"第一步就是使无产阶级上升为统治阶级，争得民主"。没有民主，也就没有社会主义。

四是确立"有个性的个人"，实现个人自由而全面发展。1894年，意大利社会党人卡内帕请恩格斯为《新纪元》周刊找一段话来表述未来社会主义社会的基本特征。对此，恩格斯从《共产党宣言》中找出这样一段话，即"代替那存在着阶级和阶级对立的资产阶级社会的，将是这样一个联合体，在那里，每个人的自由发展是一切人的自由发展的条件"，并认为除了这一段话外，再也找不出更合适的了。由此可见，社会主义并不反对个人自由；相反，它的目标就是为个人自由而全面发展创造真实而广泛的基础。正如恩格斯所说，社会主义的目标就是"把社会组织成这样：使每一个成员都能自由地发展和发挥他的全部才能和力量，并且不会因此而危及这个社会的基本条件"。

在我看来，这些基本原则和制度规定是社会主义改革必须遵循的基本原则。背离了这些基本原则和制度规定只能是打引号的社会主义。同时，在贯彻这些基本原则和制度规定时，又必须使它们同各国的具体实际相结合，否则，就会犯教条主义的错误。正如邓小平所说："社会主义必须是切合中国实际的有中国特色的社会主义。"

王峰明：邓小平说过，建设中国特色社会主义是"马克思没有讲过，我们的前人没有做过，其他社会主义国家没有干过"的事情。在您看来，建设中国特色社会主义最能体现这三个"没有"的地方是什么？

杨　耕：建设中国特色社会主义从理论到实践包含着一系列重大创新，其中，最集中、最鲜明体现邓小平所说的三个"没有"的，就是建构社会主义市场经济体制。建构社会主义市场经济体制是一个史无前例、艰难复杂的社会实践。具体地说，当代中国的经济市场化是同社会现代化和社会主义改革联系在一起的。在经济市场化的过程中实现社会现代化，这是中国社会主义的根本任务。同时，当代中国的经济市场化又是以社会主义制度为基础，并与这种制度的改革联系在一起的，这就从根本上决定了中国经济市场化的道路和模式，规定了中国经济市场化的可能边界和基本的约束条件。反过来，当代中国经济的市场化又会促进社会的现代化，并引起社会主义公有制的实现形式和人的存在方式的变化。

这就是说，当代中国经济的市场化不仅仅是一种资源配置方式的变化，而且是一次重大的社会发展方式和人的存在方式的转型。在我看来，当代中国社会转型的最重要特征和最深刻意义就在于：它把市场化、现代化和社会主义改革这三重重大的社会变革浓缩在同一个时代进行了，市场经济、现代化和社会主义之间因此形成了一种相互依赖、相互渗透、相互制约的复杂关系，市场经济、现代化和社会主义由此都具有了新的内容。这的确是一个激动人心的社会实践。社会主义由此将再造辉煌，中华民族由此将实现伟大复兴。

行走在哲学与出版的路途上

《中国图书商报》记者李际平：杨教授，您是我国著名的哲学家，同时又是知名的出版人，综合哲学与出版的角度看，您认为高校出版社特点何在？

杨　耕：谢谢。从国际上看，高校出版社类型大体可分两种：一是以英国剑桥大学出版社为代表，既重视学术出版，又重视商业利益；二是以美国哈佛大学出版社为代表，偏重出版的学术性，不太关注商业利益。国内高校出版社和英国剑桥大学出版社走的路子相似，它的突出特点就是既追求社会效益，为本校教学、科研服务，同时，又追求经济效益，为本校发展提供资金支持。

正因为如此，有效运营高校出版社关键要处理好五对矛盾或五种关系：一是处理好产业属性与意识形态属性的关系；二是处理好传承文化与创造利润的关系；三是处理好塑造市场主体与为本校教学、科研服务的关系；四是处理好熟悉学术出版与善于资本运作的关系；五是处理好企业自主经营、自负盈亏与行政部门、学校主办、主管的关系。

如何把握好上述五重关系之间的张力是有效运营高校出版社的最大的难题。为此，我有一种放心不下的牵挂，一种如履薄冰的忐忑，一种日求精进的警醒。

李际平：杨教授的见解果然与众不同。当前，包括大学出版社在内的国家出版体制改革正在向纵深发展，令人瞩目。您是如何看待这次出版体制改革的？

杨　耕：我一直密切关注、充分肯定、高度评价国家出版体制改革，因为这次改革符合出版发展规律，符合文化发展规律，符合市场经济发展规律，而且它的确空前激发了出版业的生产能力，从而为行业发展开辟了广阔的空间。当然，在发展过程中，还存在着一些应引起高度重视、尽快解决的问题。例如，出版社已经基本上转成企业，但转企后所需统一开放、竞争有序的市场环境还远未形成，一些出版社或集团生存和发展主要还依靠行政机关的"保护"、"扶持"；出版集团化完全必要，但主要依靠行政力量，忽视了市场力量，也正因如此，在出版集团化同时出现了市场垄断化趋向；出版集团多元化经营是必要的，但一些出版集团在多元化经营的同时又出现了副业超过主业的趋向，如此下去，"出版集团"就会名存实亡。所以，北师大出版集团在确定发展定位时提出，突出出版主业，"适时、适度进行多元化经营"。

李际平：这些问题确实应该引起足够重视。2007 年 7 月，北师大出版社作为第一批转企改制试点单位完成身份转换，并以此为核心企业组建了北师大出版集团。近年来，北师大出版社实现了跨越式发展，先后荣获"全国文化体制改革先进企业"、"全国百佳图书出版单位"的称号，并被评为国家一级出版单位，在业界产生了很大影响。2010 年 11月，中宣部部长刘云山同志就北师大出版社成立 30 周年做出重要批示："北师大出版社勇于改革、锐意创新，事业发展、实力增强，实现社会效益和经济效益双丰收。"请问，你们采取了哪些改革措施?

杨　耕：转企改制能否成功，关键在于机制、体制能否创新，这种创新是否符合出版规律、市场规律，是否符合自己的实际。

其一，将原有编辑部门整合为高等教育分社、职业教育分社、基础教育分社三个分社，分社可以自主决定选题计划、营销方案、人员选用、产品印刷，是集相关类图书产、供、销于一体的利润中心，同时对编辑实行策划编辑和文稿编辑划分管理；其二，将出版部改组为印制管理部，加强了印制流程、成本和质量管理，并对大宗纸张采购和印装企业的选择实行整体招标；其三，三个分社成立各自的营销中心，走专业化、精细化营销之路，同时将市场营销部改组为营销管理部，建立了纵向营销与横向管理相结合的营销体制，基本解决了长期困扰出版社"编"、"发"之间的矛盾；其四，进行了简编定岗、减负增效，中层建制由原来的 26 个削减为 13 个，机构得以精简，更重要的是，职能得以转换，以往层次不清、职责不明、因人设岗、条块分割的现象得到了根本改观；其五，实行新的绩效考核管理办法和绩效分配方案，文稿编辑和营销人员率先实行按岗取酬、同岗同酬，从根本上改变了分配上的平均主义。作为分配体制改革的前提，单品种图书的成本核算也同时实施。

编辑、印制、营销、运营、分配体制一系列改革成果能否巩固，发展能否持续，关键要靠制度建设。2007 年 7 月到 2010 年 12 月，出版社出台了 150 余项规章制度，内容涉及选题论证、预算管理、员工管理、出版管理、经营管理等各个方面，制度框架已经基本建立，极大地促进了北师大出版社由粗放型经营向精细化经营、由经验型管理向科学化管理转变。

李际平：可在同行眼中，北师大出版社只是一个教辅大社……

杨　耕：这是"过去时"了。2005 年，我就提出，北师大出版社的图书结构应该也必须转型。出版集团成立后，我们加大力度、加快速度推进图书结构转型，确定了"主干的教育科学（包括心理科学）和人文科学，精干的社会科学和自然科学"的发展定位，在完善基础教育教材体系、提升助学读物质量的基础上，重点发展职业教育、高等教育和学术著作的出版，同时推动少儿读物、大众读物出版。几年努力取得了丰硕成果。到 2009 年年底，北师大出版社动销品种 3500 种，其中高校教材和学术著作已达 1500 种，职业教育教材达 480 种，占全部品种的 56.6%，图书结构转型就品种而言基本完成。同时，我们加大力度、加快速度推进新版书、修订书和重印书结构的优化，到 2009 年年底，修订书、重印书比例已达 60% 以上，为可持续发展奠定了基础。北师大出版社已从一个以教辅出版为主营业务转变为以教育出版为主体、以专业出版和大众出版为两翼的综合性出版社。

李际平：北师大出版集团主业突出、实力雄厚，被誉为高校出版体制改革的领跑者。您是如何在"集团"这个层面运作的？

杨　耕：不是"我"，而是"我们"，也就是北师大出版集团的领导班子。2007 年 7 月，我们以北师大出版社为核心企业成立了国内高校第一家集图书、音像、电子、网络、印刷等多介质于一体的出版集团，确定了以优质教育资源的集成、开发、提供和服务为宗旨，以教育出版为主体、专业出版和大众出版为两翼，以图书出版为主体、音像电子网络出版和印刷产业为两翼的出版格局，适时、适度进行跨地区经营，适时、适度进行跨所有制经营，确立了适时、适度进行跨媒体经营，适时、适度进行多元化经营的发展定位。无需避讳，北师大出版集团的组建，依靠的是行政的力量。但是，集团成立后的运作则依靠资本力量，通过政策引导、资本运作把集团与各子公司联系起来，通过资本运作、资源整合、品牌带动、立体开发，积极推进产品结构调整，从而使北师大出版集团做到了"一体化"，破解了"一收就死"、"一放就乱"的难题。

2010 年，北师大出版集团与安徽大学合资重组安徽大学出版社，实现了大学出版社跨区域发展的突破。不仅如此，还借鉴影视剧制、播分离的模式，吸收 10 家民营公司，控股成立了专事经营助学读物的北京京师普教文化传媒有限公司，在跨所有制经营方面迈出了重要一步。目前，北师大出版集团旗下的几家公司发展势头非常好。有数字为证。北师大出版社 2010 年销售码洋达 12.2 亿（人民币），净资产收益率为 12.5%，远远高于全国出版传媒类上市公司行业平均净资产收益率；北师大音像出版社 2008 年扭亏为盈，2010 年净利润增长 21.01%，并被列入国家重点支持的 20 家独立音像（电子）出版、制作企业行列，是唯一进入这一行列的高校音像出版社；京师印务有限公司 2007 年实现盈亏平衡，2009 年净利润同比增长 467.6%；安徽大学出版社 2010 年销售码洋达 1.3 亿（人民币），净利润增长 118%；京师普教文化传媒公司 2010 年成功遏制住主发教辅持续下滑的趋势。这就再次证明，只要有改革就会有发展。

当然，高校出版社目前其实力和影响力还极其有限，地方出版社集团化上市带来的雄厚资金，"四跨"之后形成的出版格局，对高校出版社的发展极为不利，高校出版社原有的一些优势已经丧失或正在丧失。高校出版社下一步发展压力非常大，既有经济压力，也有学术压力。就北师大出版社而言，图书结构不合理状况已基本解决，但经济结构不合理现象又凸显了；人员结构不合理状况已基本解决，但人才结构不合理现象又凸显了；社内营销体制不合理状况已基本解决，但整个营销体系不合理现象又凸显了，如此等等。我们目前还处在过渡之中，离国际知名的现代出版集团、现代文化企业的目标还有很长的路要走。

李际平：问一个轻松的话题吧。据说哲学已成为您的安身立命之根和安心立命之本，那么，哲学对您生活和工作的最大影响是什么？

杨　耕：这个话题可不轻松，我概括地回答吧。从学士、硕士到博士，我的专业都是哲学，至今我仍是一名哲学教师。哲学教会了我如何思考、如何工作和如何生活，使我懂得没有友情和亲情，我不可能成长，没有误解和责难，我不可能成熟；哲学教会了我如何把握和处理个人与社会的关系，懂得个人的能力极其有限，认识到个人只有在推动社会发展过程中才能求得个人发展；哲学教会了我"看破红尘"、"看透人生"，能做到波澜不惊、荣辱不惊；哲学教会了我相信时间、学会忍耐，做到了痛到肠断忍得住、屈到愤极受得起。我非常喜爱王勃在《滕王阁序》中所说的两句话："屈贾谊于长沙，非无圣主。窜梁鸿于海曲，岂乏明时。"

在学术传播与市场运作之间

      主持人柯鸿冈（BBC 国际台资深节目制作人）：全球有数以千计的大学出版社，作为大学的有机组成部分，大学出版社如何实现自己的使命？如何利用所属大学的优势资源，打造学术品牌，取得很好的商业利润？

      尼尔·汤姆金斯（牛津大学出版社国际事务总裁）：世界各国的大学出版社有不同的类型，有年营业额 10 亿美元的牛津大学出版社，也有年营业额只有几十万美元的大学出版社。当然，大学出版社的地位完全不是根据财务收入来确定的，大学出版社的主要目标不是商业利润，而是它的学术使命，大学出版社存在的意义是由它所依附大学的使命来确定的。因此，牛津大学出版社作为牛津大学的一部分，其使命是服务于大学学术、科研和教学一流的目标。大学的其他部门通过教学和科研来实现其目标，出版社则是通过在全球的出版来完成大学的使命。

杨　耕（北京师范大学出版社社长）：我有保留地同意尼尔·汤姆金斯先生的观点。大学出版社在出版行业有其特殊性，做好学术出版当然是大学出版社的使命，在一定意义上说，大学出版社的使命是大学使命的拓展和延伸。但是，对这一问题，我们需要具体分析。从国际上看，大学出版社从总体上可以分为两类：一类以英国的牛津大学出版社、剑桥大学出版社为代表，既追求学术出版，又追求商业利润；另一类是以美国的哈佛大学出版社和日本的东京大学出版社为代表，主要从事学术出版，不追求商业利润。像日本的东京大学出版社、中国的香港中文大学出版社，它们的出版资金由学校提供，出版何种图书由学校教授委员会确定。

　　中国的大学出版社大多数走的是与牛津大学出版社、剑桥大学出版社相似的道路，既追求学术出版，又追求商业利润，并力求使商业利润最大化。这是因为，大学出版社一方面要向国家上缴利税，另一方面又要向学校提供资金支持，因而既要追求学术出版，又要追求商业利润；商业利润这一目标不能实现，学术出版这一使命也无法完成。在我看来，在不同的国度、不同的社会背景下，大学出版社的成功模式仍具有共同之处：就是将学术传播与市场运作紧密结合，在市场竞争中形成学术品牌。一言以蔽之，大学出版社应在市场竞争中实现学术传播。

　　尼尔·汤姆金斯：所有大学出版社的品牌与其所属的学校密切相关。牛津大学出版社与牛津大学的品牌效益就是双向的：牛津大学出版社强大的品牌效应提升了牛津大学的整体品牌，同样，出版社也受益于牛津大学的整体品牌效应。经过几百年的发展与成功的积淀，牛津大学的品牌在全球享有盛誉，同样，牛津大学出版社经过几百年艰辛的努力树立了优质的品牌形象，二者相辅相成，共同创造了一个又一个的辉煌。牛津大学出版社将牛津大学的品牌延伸到了它所触及不到的领域，并向世界传播了"牛津"的品牌内涵。反之，牛津大学世界级的声望，有助于出版社开发和维护市场。牛津大学及牛津大学出版社品牌的核心都聚焦于明确而坚定的使命之上，即一流的学术与教育，为了品牌发展与成功，二者所做的一切都必须服务于此宗旨。

就规模而言，牛津大学出版社和剑桥大学出版社是世界上两家最大的大学出版社，至少在英语国家如此，它们都具有广泛的国际影响力，出版范围也远远超越其核心学术出版，延伸至英语学习和教育领域，还有参考书及辞典类出版。西方大多数的大学出版社主要侧重于学术出版，同时，也有一些一流的美国大学出版社在国际市场取得了不错的业绩。但是，大多数大学出版社规模比较小，通常只在当地或某个地域比较有优势。让我觉得眼前一亮的是，中国的一些大学出版社，如北师大出版社、外研社、上外社等，他们的出版范围远远比除牛津大学出版社和剑桥大学出版社以外的西方的大学出版社要宽泛得多。

杨　耕：是这样。北师大出版社已成为一家以教育出版为主体，以专业出版和大众出版为两翼的综合性出版社，积累了丰富的出版资源，形成了合理的图书结构，造就了知名的图书品牌，在中国出版界、教育界、文化界享有盛誉。

主持人：正如二位所说，大学出版社是所属大学的组成部分，要实现大学学术传播的使命，同时又要获得最大的商业利润。那么，你们都经历了怎样的发展历程呢？

尼尔·汤姆金斯：牛津大学出版社创立于15世纪，但直到19世纪的后半叶，才发展成为一家现代意义上的出版社，脱离了纯学术出版和圣经出版。在牛津大学出版社的发展历程中，执行了两条重要的发展战略：第一条发展战略是走国际化道路，在19世纪末20世纪初，牛津大学出版社开始在美国、加拿大、澳大利亚、南非和印度开设了分支机构，目的不仅是为了更多地销售在英国本土上出版的图书，而是为了便于开发当地的出版资源，尤其是学术类和教育类的资源；第二条发展战略是进入教科书出版领域以及更广泛的少儿出版领域，最初是在英国，之后在其他国家的分支机构也执行了这一发展战略。与此同时，牛津大学出版社积极开发牛津英语词典项目，这一项目始于1879年，在经历了50年努力后才获得了丰硕的成果。牛津英语辞典项目一度使出版社濒临破产，但最终塑造出一个我们今天熟知的牛津大学出版社。

杨　耕：无论是作为学者，还是作为出版人，我都欣赏并敬佩牛津大学、牛津大学出版社的悠久历史和辉煌业绩。和牛津大学出版社500多年的悠久历史不同，北师大出版社只有30余年的短暂历史，用伟人毛泽东的一句话，30多年的历史只能是"弹指一挥间"。但是，我们抓住了这次机遇，成功实现了转企改制，并紧紧围绕着教育出版的核心业务，加大力度、加快速度推进图书结构转型，在完善基础教育教材体系、提升助学读物水平的基础上，以"主干的教育科学（包括心理科学）和人文科学，精干的社会科学和自然科学"为定位，重点发展职业教育教材、高等教育教材和学术著作，形成了原创图书与引进图书相结合、学术图书与大众图书相结合、资料性图书与理论性著作相结合的学术著作立体结构，从而增强了经济实力，提升了学术传播力，提高了市场竞争力，扩大了社会辐射力。在完善学术出版机制的同时，北师大出版社依托体制创新，集约发展和市场运作，实现了跨越式发展。2011年，北师大出版社销售码洋达15个亿（人民币），净利润大幅增长，在中国大学出版社中位居首位，在整个中国出版业中名列前茅。北师大出版社经过改革实践以及集团化、市场化运作，通过出版体制创新、图书结构转型，正在向着成为具有较大学术影响力、较广社会辐射力和较强市场竞争力的现代文化企业稳步迈进。

主持人：看来双方都是大学出版社成功的典范。在不同国家、不同社会制度下，大学出版社的管理体制会有很大不同吗？

尼尔·汤姆金斯：牛津大学出版社是牛津大学一个独立的部门，就像牛津大学的39个学院一样，是独立的法人机构。牛津大学委派代表（大多为教授）组成管理委员会来管理出版社所有事务，下辖学术委员会和财务委员会，负责选题和财务事务，首席执行官负责出版社正常运转和日常事务，现任出版社首席执行官为奈杰尔·波特伍德。管理委员会密切关注所有出版业务，学术委员会定期召开会议，审查出版社申报的选题，换言之，学术委员会最终决定出版的选题。这一点对牛津大学出版社的成功至关重要，因为学术委员会不允许那些不符合学术和教育最高标准的选题通过。

杨　耕：北师大出版社的管理体制不同于牛津大学出版社，有其特殊性。这种特殊性表现在三个方面：一是出版社的业务主管是国家新闻出版总署，行政主管是国家教育部，而资产管理是北京师范大学，同时，出版社社长、总编辑由北师大任命；二是出版社是一个学术机构，同时又是一个商业机构，要向国家上缴利税，向学校提供资金支持，出版社现在已经转变为企业，要进入市场，进行市场运作；三是作为市场主体，出版社完全自主经营，在不违宪的前提下，出什么书、出多大规模的书由出版社总编办公会决定。我不认为学术出版与市场运作之间存在着不可解决的矛盾，相反，学术出版只有通过市场才能充分发挥其社会影响，实现其学术价值。有市场的书不一定有学术价值、正面的社会影响，但没有市场的书肯定没有社会影响，也无法实现其学术价值。

北师大出版社这几年之所以得以迅猛发展，之所以实现跨越式发展，得益于遵循教育规律、出版规律和市场规律，得益于学术化、集团化和市场化运作。作为大学出版社的管理者，我对搞好大学出版社的思考主要集中在三个方面：一是如何处理好出版业的传播学术、传承文化与创造商业利润的关系；二是如何处理好塑造市场主体与为学校教学、科研服务的关系；三是如何处理好学术出版与资本运作的关系。如何把握好上述三重关系之间的张力，是个难题，我相信牛津大学的同仁也有同感。在我看来，这三个问题是大学出版社发展历程中所共同面临的问题。

主持人：随着现代数字技术的发展，大学出版社必然面临着数字化的挑战，那么，数字技术如何影响教育出版？

尼尔·汤姆金斯：面对数字技术的挑战，要用长远发展的眼光，以自身使命为基础，发挥我们的创造性。近年来，我们对新的数字平台，如 OSO（牛津学术在线）和 OBO（牛津文献在线）进行了大量的投资。但总的来说，数字技术对出版的影响比我们在 5—10 年前预想的要缓慢些。目前，学术出版已经几乎都实现了数字化了，尤其是基于搜索引擎的学术期刊的出版，估计近50%的学术出版收入都来自于数字出版。然而，教材出版则完全是另外一番景象。数字化对学校教育的影响刚开始显现，目前，教材出版中的数字出版收入大约只有3%—4%，这是非常低的一个比值。但是，数字化已成为考量教材出版一个非常重要的因素。我估计，50%—60%纸质教材的销售取决于良好的数字资源的支持。因此，今天若没有数字资源的支持，也就无法销售纸版教材。在未来的几年中，我们应该能够看到更多数字化发展的趋势和变化，尤其在教育出版领域，纸质出版和数字出版可能会紧密结合在一起。

杨　耕：我完全同意尼尔·汤姆金斯先生的观点。数字出版已经成为出版业的一个发展趋势。数字阅读产品向分屏、分众、分拆方向迅猛发展，阅读终端多屏化、阅读载体移动化、阅读内容呈现形式多样化……随着数字技术的发展，出版业态、出版的商业模式都在改变。在不远的将来，数字出版必将成为出版社的一个新的经济增长点。但在中国，数字出版毕竟刚刚起步，大多数出版社从事数字出版主要是为纸质图书出版提供支撑，数字出版的商业模式、盈利模式都没有形成，各出版社包括北师大出版社对此都在探索之中。在这方面，我们非常希望向牛津大学出版社学习，借鉴他们的先进经验。

我清醒地认识到，目前数字出版的影响主要是在大众读物、学术期刊领域，而对教材尤其是中小学教材的影响还很小。实际上，不仅在中国是这样，即使在美国也是如此，电子书在美国中小学教科书领域应用缓慢，用尼尔·汤姆金斯先生的话来说就是"数字化对学校教育的影响刚刚开始显现"。在我看来，造成这种状况的原因，一是经费问题，中小学数字化环境建设需要巨大的投资；二是技术问题，需要成熟的数字教科书技术条件和设备；三是人员问题，需要善于运用数字设备进行教学的教师以及足够的设备维修人员。这的确是不以出版业意志为转移的三个难题。如何在教育领域使纸质教材与数字出版有机结合起来，是一个需要认真探讨的问题。就中国国情而言，我对此持一种审慎的乐观态度。

主持人：刚才尼尔·汤姆金斯先生已经介绍了牛津大学出版社开拓

国际市场的经验和策略，下面，我们是否来探讨国际化竞争给大学出版社带来什么样的挑战？双方如何进行国际市场的竞争与合作？

杨　耕：中国的出版业正在加快"走出去"，向国外发展。国际化是北师大出版社发展的方向，没有国际化，北师大出版社不可能从一个出版大社转变为一个出版强社。在国际合作与交流中，我们非常看重与牛津大学出版社的合作。我们的合作已经开始了，但目前还仅限于版权合作。我们非常希望双方的合作向深度和广度不断拓展，并使这种合作常态化、规范化、制度化。应该说，牛津大学出版社与北师大出版社的合作空间是广阔的。我们同属于大学出版社，牛津大学出版社的背后是世界上历史最悠久、最著名的牛津大学，而北师大出版社背后是中国历史最悠久、最著名的北京师范大学。大学背后就是知识，就是科学，就是文化，正是基于这点，不同国家大学出版社之间的合作，要比大学出版社同其他出版社的合作更直接、更有效、更长远。

尼尔·汤姆金斯：21 世纪的大学出版社，既有新机遇又有旧挑战。全球化是现代社会的主旋律和大背景，特别是对于学术领域和研究者来说，全球化的影响会更加突出。当然，与此紧密相关的是数字化。随着传统条件下的市场的分裂和整合，全球化和数字化将会为大学出版社提供新的发展机遇和挑战。在新的国际环境下，牛津大学出版社的整体战略主要有三个方面：一是全球学术业务发展，我们对先前独立的三块出版业务包括期刊、学术和美国分社进行整合，以应对不断变化的国际学术市场；二是在国际市场上，重塑我们的英语教学的领导地位，重点考虑在我们已经拥有较强实力但市场竞争激烈的领域，如何取得实质性的领导地位；三是进军国际教育领域，利用我们在教育市场中取得的成功经验，扩大全球业务，进入具有高潜能的领域。

学术演讲

马克思主义哲学：我们时代的真理和良心

——在"光明讲坛"的演讲

在中国，马克思的名字可谓家喻户晓，马克思主义哲学可谓无人不知。然而，对于马克思主义哲学的研究者来说，最容易引起争议、最折磨耐心的问题就是，马克思主义哲学是什么？马克思主义哲学的位置在哪里？我注意到这样一个现象，这就是，对马克思主义哲学的争论持久而激烈，深入而广泛，遍及世界主要国家。从历史上来看，一个伟大的思想家、哲学家逝世后，对他的学说进行新的探讨并引起争论，不乏先例。但是，像马克思这样，在世界范围内引起如此持久、深入、广泛而激烈的争论，却是罕见的。在这种种争论中，马克思的形象处在不断的变化之中，而且马克思离我们的时代越远，对他认识的分歧也就越大，就像行人远去，越远越难以辨认一样。"熟知并非真知"。准确理解马克思主义哲学仍然是一个重大的理论问题。

一、马克思主义哲学的理论主题：人类解放何以可能

马克思主义哲学的创立犹如人类思想史上的壮丽日出，它使哲学这片思想的园地沐浴在"新唯物主义"明媚的阳光之中，哲学的理论主题发生了根本转换，这就是，从"世界何以可能"转向"人类解放何以可能"。要真正理解马克思主义哲学及其所实现的哲学主题的转换，首先就要把握马克思那个时代的特点。我们应当明白，由哲学家们所创造的哲学体系，不管其形式如何抽象，不管它们具有什么样的"个性"，都和哲学家所处的时代密切相关，从根本上说，都是一定时代的产物。如果用一句话来概括马克思那个时代的特征，那就是，资本具有支配一切的权力。正是资本的存在及其支配一切的权利，导致人本身的活动对人来说成为一种异己的、同他相对立的力量，导致人的劳动、人的关系和人的世界都异化了，人的生存状态成为一种异化的状态，而这种异化在无产阶级身上得到集中体现。19 世纪中叶的西方社会，是一个由资本关系所造成的人的生存状态全面异化的社会。

在这样一个时代，哲学应该做什么？马克思认为，在这样一个时代，哲学的"迫切任务"是揭露并消除这种异化，从而"为历史服务"。但是，西方传统哲学包括德国古典哲学，无法完成这一迫切任务。这是因为，西方传统哲学在寻求宇宙"最高原因"的过程中把本体同人的活动分离开来，同人类面临的种种紧迫的生存问题分离开来，从而使存在成为一种抽象的存在，物质成为一种"抽象的物质"，本体成为一种同现实的人及其活动无关的抽象的本体。从这样一种抽象的本体出发无法认识现实的人和人的现实。传统哲学向人们展示的是抽象的真、抽象的善，它似乎在给人们提供某种希望，实际上是在掩饰现实的苦难，抚慰被压迫的生灵，因而无法消除人的生存的异化状态，将现实的人带出现实的生存困境。在我看来，以往的哲学家是人在"地上"，心在"天上"，关注的是宇宙的"终极存在"或"初始物质"，即使把目光转向人间，关

注的也只是抽象的人的命运。与此不同，马克思是人在"地上"，心在人间。马克思不是虚无主义者，不是唯我主义者，他人在"地上"，当然能看到"天上"，但他关注的是"地上"。用中国古诗词来说，就是"举头望明月，低头思故乡"。思什么？思考着无产阶级和人类解放的问题。

在马克思看来，哲学应当关注人类世界，关注现实的人及其发展，对人的生存的异化状态给予深刻的批判，对无产阶级和人类解放给予深切的关注。换句话说，在无产阶级和人类解放的过程中，哲学应当做什么？或者说，哲学的职能是什么？对此，马克思在《〈黑格尔法哲学批判〉导言》中说了两句非常形象的话：一是哲学把无产阶级当作自己的"物质武器"，无产阶级把哲学当作自己的"精神武器"；二是无产阶级是人类解放的"心脏"，哲学是人类解放的"头脑"。既然哲学是"头脑"，那么，"头脑"必须清醒；"头脑"不清，就不可能确立人类解放的真实目标。无产阶级需要自己的哲学，这就是马克思主义哲学。马克思主义哲学熔铸着对人类生存方式的关注，对人类发展境遇的焦虑，对人类现实命运的关切，凝聚着对无产阶级和人类解放的深刻理解和把握。这样，马克思就使哲学的理论主题从"世界何以可能"转变为"人类解放何以可能"。

二、马克思主义哲学的基本特征：实践、辩证、历史的唯物主义

为了解答人类解放何以可能，马克思主义哲学必须探讨人的存在方式或生存本体，并使哲学的聚焦点从宇宙本体转向人的生存本体。按照马克思的观点，人是在实践活动中自我塑造、自我改造、自我发展的，实践构成了人的存在方式或生存本体。正因为实践构成了人的存在方式或生存本体，所以，人的生存状态不是凝固不变的，而是处在不断的变化之中，即使人的生存的异化状态也是在实践活动中发生的。具体地说，在资本主义的生产方式中，劳动，这种人的生命活动异化了，人与人的

关系物化了，不是人支配物，而是物统治人。正是通过对资本主义生产方式的批判，马克思揭示出被物的自然属性所掩蔽着的人的社会属性，揭示出被物与物的关系所掩蔽着的人与人的关系，从而发现了人的自我异化的秘密所在，并力图付诸"革命的实践"，消除人的异化，从而"确立有个性的个人"。如果说无产阶级和人类解放是马克思主义哲学的理论主题，那么，"确立有个性的个人"，实现人的全面而自由发展就是马克思主义哲学的最高命题。

为了解答人类解放何以可能，马克思主义哲学必须探讨现存世界的本体，并使哲学的聚焦点从解释世界转向改变世界。按照马克思的观点，现存世界是人化自然与人类社会相统一的世界，这个世界就生成于人的实践活动中，实践因此构成了现存世界的本体。换句话说，人们正是通过自己的实践活动"为天地立心"，在物质实践的基础上重建世界的。问题在于，现存世界一经形成又反过来制约、决定现实的人及其活动，现存世界的状况如何，现实的人的状态就如何。要改变资本主义社会中的人，首先就要改变资本主义社会。所以，马克思主义哲学强调的是"改变世界"。马克思与他所批评的"哲学家们"的根本分歧就在于："哲学家们"把本体看作是某种超历史的本体或非历史的本体，以追问"世界何以可能"为宗旨而解释世界；马克思则把本体看作是历史中的本体或实践中的本体，以求索"人类解放何以可能"为宗旨而改变世界。

实际上，马克思主义哲学就是为改变世界的实践活动而创立的，它本身就是对人类实践活动中矛盾关系的理论反思。以此为前提，我们才能真正理解和把握马克思主义哲学的本质特征、基本特征。

马克思主义哲学是实践唯物主义。在我看来，承认自然物质的"优先性"，这只是马克思的新唯物主义与旧唯物主义的共性，它并未构成新唯物主义本身的特征。确认人以自身的实践活动所引起的人与自然之间的物质变换构成了人的存在和现存世界的基础和本体，这才是新唯物主义的"新"之所在，或者说，是新唯物主义"唯物"之所在。"实践"因此成为马克思主义哲学的基石和建构原则，而唯心主义哲学和旧唯物主义哲学共同的主要缺点，就是不理解现实的实践活动及其本体论意义。因此，实践唯物主义构成了马克思主义哲学的第一个理论特征，而且是本质特征。

马克思主义哲学是辩证唯物主义。按照马克思的观点，人类要维持自身的存在，肯定自身，就要对自然界进行否定性的活动，改变自然界的原生态，使之成为"人化自然"、"为我之物"。这样一种否定性的辩证法包含着人与自然、人与社会、人与自我、目的与手段、思维与存在、主体与客体、限定与超越、必然与自由等等矛盾关系。这是一种最深刻、最复杂的矛盾关系。正是这种矛盾关系成为马克思之前众多哲学大师的"滑铁卢"，致使唯物主义对人的主体性"望洋兴叹"，唯物主义与辩证法遥遥相对。马克思高出一筹的地方就在于，通过对人的实践活动及其意义深入而全面的剖析，使唯物主义和人的主体性统一起来了，唯物主义和辩证法因此也结合起来了。这就是说，辩证唯物主义构成了马克思主义哲学的第二个理论特征。

马克思主义哲学是历史唯物主义。社会活动不同于自然运动，具有自己的特殊性。这种特殊性就在于，社会的主体是人，社会中的一切活动、一切事件都是人做的，而人是在利益驱使下、在思想指导下进行社会活动的。一次地震可以毁灭一座城市，毁灭众多人口，一场战争也可以毁灭一座城市，毁灭众多人口，可地震就是地震，地震的背后没有思想、没有利益，而战争是政治的继续，战争的背后是思想，是利益，阶级的利益、民族的利益、国家的利益。社会生活的特殊性犹如横跨在自然与社会之间的"活动翻板"。在马克思之前，即使是坚定的唯物主义者，当他们的视线由自然转向社会，开始探讨社会历史时，几乎都被这块"活动翻板"翻向了唯心主义的深渊。从认识论的角度看，造成这种状况的根本原因，仍在于以往的哲学家不理解现实的实践活动及其意义。

从根本上说，社会就是在人的实践活动中形成和发展起来的。在实践活动中，人不仅同自然之间结成一定的关系，而且人与人之间也必然结成一定的关系，社会实际上是人与自然的关系和人与人的关系的统一体。实践是社会关系的发源地和社会生活的本质。马克思的高明之处就在于，他从实践出发去理解社会以及社会与自然的关系，从而创立了历史唯物主义。历史唯物主义因此构成了马克思主义哲学的第三个理论特征。

我把前面讲的概括起来就是，马克思主义哲学是实践、辩证、历史的唯物主义。在哲学史上，马克思第一次把实践提升为哲学的根本原则，转化为哲学思维方式，从而创立一种实践、辩证、历史的唯物主义。在我看来，实践唯物主义、辩证唯物主义、历史唯物主义不是三个主义，而是同一个主义，也就是马克思新唯物主义的三个基本理论特征。其中，实践唯物主义是本质特征，辩证唯物主义、历史唯物主义这两个基本特征都是从实践唯物主义这一本质特征引申出来的，是这一本质特征必然展开的内在逻辑和理论表现。我们应当注意，在马克思主义哲学中，不存在一个独立的、作为理论基础的实践唯物主义，也不存在作为两个分支、仅仅具有应用性质的辩证唯物主义、历史唯物主义；不存在一个独立的、作为理论基础的辩证唯物主义，也不存在一个独立的、仅仅具有应用性质的历史唯物主义。辩证唯物主义和历史唯物主义不是马克思主义哲学的两个部分，而是马克思主义哲学对同一个领域，也就是人与世界关系的研究中呈现出来的两个理论特征。

实践唯物主义、辩证唯物主义、历史唯物主义又是对马克思主义哲学的三个不同称谓。用"实践唯物主义"称谓马克思主义哲学，是为了透显马克思主义哲学所内含的实践维度及其首要性和基本性，因为对马克思主义哲学来说，"全部问题都在于使现存世界革命化，实际地反对并改变现存的事物"，这是马克思在《德意志意识形态》中所说的；用"辩证唯物主义"称谓马克思主义哲学，是为了透显马克思主义哲学所内含的辩证法维度及其批判性和革命性，因为"辩证法在对现存事物的肯定的理解中同时包含对现存事物的否定的理解"，按其本质来说，辩证法"是批判的和革命的"，这是马克思在《资本论》中所说的；用"历史唯物主义"称谓马克思主义哲学，是为了透显马克思主义哲学所内含的历史维度及其彻底性和完备性，因为唯物主义的彻底性、完备性集中体现在历史唯物主义中。我们不能因为马克思一生只使用过一次"实践唯物主义"而认为这一概念不成熟，我们不能因为西方马克思主义、东欧新马克思主义倡导"实践唯物主义"而忌讳这一概念，我们也不能因为苏联的"辩证唯物主义和历史唯物主义"教科书有许多局限性而"废名"。

三、马克思主义哲学的批判性及其特征

讲了马克思主义哲学的理论主题和本质特征之后，我还要讲一讲马克思主义哲学的批判性及其特征。这同样是涉及到如何理解和把握马克思主义哲学的理论主题和本质特征的重大问题。

马克思极为关注哲学的批判性。在《＜黑格尔法哲学批判＞导言》中，马克思指出："真理的彼岸世界消逝以后，历史的任务就是确立此岸世界的真理。人的自我异化的神圣形象被揭穿以后，揭露具有非神圣形象的自我异化，就成了为历史服务的哲学的迫切任务。于是，对天国的批判变成对尘世的批判，对宗教的批判变成对法的批判，对神学的批判变成对政治的批判"。这就是说，哲学必须具有批判性，而且这种批判要同对现实的批判、政治的批判结合起来，从而在"批判旧世界中发现新世界"。在《资本论》中，马克思指出："辩证法，在其合理形态上，引起资产阶级及其夸夸其谈的代言人的恼怒和恐怖，因为辩证法在对现存事物的肯定的理解中同时包含对现存事物的否定的理解，即对现存事物的必然灭亡的理解；辩证法对每一种既成的形式都是从不断的运动中，因而也是从它的暂时性方面去理解；辩证法不崇拜任何东西，按其本质来说，它是批判的和革命的。"这就是说，辩证法的批判锋芒所指，就是

现存事物，就是资本主义制度，其目标就是改变世界，实现无产阶级和人类解放。由此，我们也就不难理解，马克思为什么把自己的哲学称为"批判的哲学"，称为"批判的世界观了"，也就不难理解，马克思为什么把辩证法的批判性和革命性联系在一起了，同时，也就不难理解，西方马克思主义为什么把马克思的辩证法称为"实践的辩证法"、"革命的辩证法"了。

马克思的哲学批判并没有停留在"纯粹哲学"的层面上，而是把哲学批判和政治批判、意识形态批判结合起来了。哲学本身就具有知识体系与意识形态双重属性，其最大的特点就在于，它以抽象的概念体系来反映特定的社会关系和现实的社会运动，体现特定的阶级或社会集团的利益、愿望和要求。资产阶级哲学就是资本主义的意识形态，或者说，是以意识形态的方式发挥其政治功能，从而为资产阶级政治统治辩护和服务的。所以，在马克思那里，哲学批判进展到一定程度必然展开意识形态批判。在这种双重批判中建立起来的马克思主义哲学，不仅是客观认知某种规律的知识体系，而且是批判资本主义的意识形态。我们不能从西方传统哲学、"学院哲学"的视角去理解马克思主义哲学，而应当从哲学批判与意识形态批判双重批判的视野，从无产阶级和人类解放这一新的实践出发去理解马克思主义哲学。

马克思的哲学批判不仅与意识形态批判密切相关、融为一体，而且同资本批判密切相关、融为一体。在马克思看来，无论是哲学批判，还是意识形态批判，都应延伸到对现实生活过程的批判。这是因为，"意识在任何时候都只能是被意识到了的存在，而人们的存在就是他们的现实生活过程。"这是马克思在《德意志意识形态》中所说的。在马克思的时代，对现实生活过程的批判就是对资本主义生产方式的批判，也就是资本批判。我们应当高度重视马克思在《资本论》中提出的这样一个观点，这就是，"资本不是物，而是一定的、社会的、属于一定社会形态的生产关系，它体现在一个物上，并赋予这个物以特有的社会性质"。正是资本，使人与人的关系采取了一种物化的形式，以致人与人的关系表现为物与物的关系，表现为物对人的支配关系。资本不仅改变了人与自然的关系，而且改变了人与人的关系；不仅改变了与人相关的自然界的存在属性，而且改变了人类社会的存在形态；更重要的是，资本本身就是一种有机体制，这种有机体制向总体发展的过程就在于，使社会的一切要素从属于自己，或者把自己还缺乏的"器官"从社会中创造出来。这就是说，正是资本使资本主义社会总体化了。在《共产党宣言》中，马克思明确指出："资产阶级生存和统治的根本条件是财富在私人手里的积累，是资本的形成和增殖"。在《1857 - 1858 年经济学手稿》中，马克思明确指出："资本是资产阶级社会的支配一切的经济权利"。这就是说，资本是资本主义社会的根本规定、存在形式和建构原则，并构成了资本主义社会的基本建制。一言以蔽之，资本本身就是一种独特的社会存在，是资本主义社会最基本和最高的社会存在物，是推动"全球化"进程的真正的主体和灵魂。

我讲了这么多，实际上是为了说明一个问题。什么问题？这就是，马克思以商品为起点范畴，以资本为核心范畴展开的对资本主义社会的批判，本质上是一种存在论或本体论意义上的批判。换言之，马克思的哲学批判、意识形态批判是通过资本批判实现的，是通过商品拜物教批判、货币拜物教批判和资本拜物教批判实现的。正是在这种批判过程中，马克思扬弃了抽象的存在，发现了现实的社会存在，发现了人与人的关系以物化方式而存在的秘密，并透视出人的自我异化的秘密所在，从而把本体论和人间的苦难与幸福结合起来了，使无产阶级和人类解放得到了本体论证明。我们既不能从西方传统哲学、"学院哲学"的视角去认识马克思的资本批判，也不能从西方传统经济学、"学院经济学"的视角去认识马克思的资本批判。实际上，马克思的资本批判是经济学和哲学的高度统一。

阿尔都塞在《读＜资本论＞》中表述过这样一种见解，马克思的资本批判不仅存在着哲学的维度，而且意味着政治经济学理论的严格表述所不可缺少的哲学概念的产生。阿尔都塞的这一见解是正确而深刻的。马克思的资本批判理论只有在马克思主义哲学这一更大的概念背景下才能得到真正理解；反之，马克思主义哲学的意义只有在同马克思资本批判的关联中才能显示出来；而无论是哲学批判，还是资本批判，都只有在无产阶级和人类解放这一更大的意识形态背景下才能得到真正理解。正如马克思在《资本论》中所说，"就这种批判代表一个阶级而论，它能代表的只是这样一个阶级，这个阶级的历史使命是推翻资本主义生产方式和最后消灭阶级。这个阶级就是无产阶级。"在我看来，哲学批判、意识形态批判和资本批判高度关联、融为一体，这是马克思独特的思维方式，是马克思主义哲学独特的存在方式。正是在这里，我们可以发现马克思主义哲学的当代意义。

由此，我想到一种观点。这种观点认为，马克思主义哲学产生于"维多利亚时代"，距今已经有一个半世纪的历史，因而过时了。这是一种傲慢与偏见。我们不能仅仅依据某种学说创立的时间来判断它是不是过时，是不是真理。新的未必就是真的，老的未必就是假的，时髦的未必就是真实的，走马灯一样更换本身就说明有问题。我们都知道阿基米德定理创立的时间很久远了，但今天的造船业无论多么发达，都不能违背这条定理。如果违背了阿基米德定理，造出的船无论技术多么先进，无论形式多么豪华，无论多么"人性化"，都不可能航行，如航行必沉无疑。一门学科、一种学说是否过时，是否具有当代意义，关键不在于它创立的时间，而是在于它是否发现和把握研究对象的运动规律，它所提出的问题的广度与深度，以及是否具有"本质性的维度"。由于马克思主义哲学深刻地把握了资本主义社会的运动规律，深刻地把握人类社会发展的一般规律，由于马克思主义哲学所提出的消除人的异化、实现人类解放的问题仍然契合着当代世界的重大问题，所以，马克思主义哲学又超越了19世纪这个特定的时代，并具有内在的当代意义。20世纪的历史运动，资本主义的变化与社会主义的改革，苏联东欧社会主义的解体与中国特色社会主义的崛起，使不同国度的学者们不由自主地把目光再次转向马克思。从一定意义上说，在伦敦海洛特公墓中安息的马克思，比生前在伦敦大英博物馆埋头著述的马克思更加吸引人们的目光。

讲到这里，我们不禁想起诗人臧克家的著名诗句："有的人活着，他已经死了；有的人死了，他还活着。"马克思仍然活着，马克思主义哲学仍然是我们这个时代的真理和良心。

哲学理论主题的根本转换与
理论空间的重新建构

——在日本一桥大学的演讲

尊敬的岩佐教授、岛崎教授，

各位老师、同学们：

应一桥大学邀请，我和我的同事们来到风景如画的日本，来到历史悠久的一桥大学，感到非常高兴。一桥大学是日本著名高等学府，是日本哲学研究的中心之一，其成果丰硕令人感叹；一桥大学的许多教授参加了《马克思恩格斯全集历史考证版（第二版）》的编辑和研究，其精神执著令人钦佩。所以，能来到一桥大学作学术演讲并和各位同仁进行交流，我感到非常荣幸。我今天演讲的题目是"哲学主题的根本转换与理论空间的重新建构"，主旨是重新思考历史唯物主义的理论主题和理论空间。萨特说过，历史唯物主义是我们这个时代唯一不可超越的哲学。在我看来，历史唯物主义之所以在我们这个时代"不可超越"，就在于历史唯物主义实现了哲学理论主题的根本转换，并建构了新的理论空间，而这一新的理论主题和理论空间又契合着当代的重大问题，因而具有当代意义。

一、历史唯物主义的理论主题：无产阶级和人类解放

历史唯物主义的创立，无疑是哲学史上的革命变革。在我看来，这一变革的实质就在于，它使哲学的理论主题发生了根本转换，即从"世界何以可能"转向"人类解放何以可能"，从宇宙本体转向人的生存本体，从认识世界转向改造世界。

要真正理解哲学主题的这一转换，就要把握马克思所面临并生活于其中的那个时代的特点。黑格尔说过，哲学是"思想所集中表现的时代"。马克思把这一观点进一步发挥为"哲学是自己时代精神的精华"。的确如此。由哲学家们所创造的哲学体系，不管其形式如何抽象，也不管它们具有什么样的"个性"，都和哲学家所处的时代密切相关。法国启蒙哲学明快泼辣的个性，德国古典哲学艰涩隐晦的特征，现代存在主义消极悲观的情绪，离开了它们各自的时代，都是无法理解的。对历史唯物主义的理解，同样需要关注它得以产生的时代及其特征。历史唯物主义不是"学院派"，更不是传统哲学主题延伸的产物。历史唯物主义的创立同对时代课题的解答是密切相关、融为一体的。

马克思所面临并生活于其中的时代，是资本主义制度在西欧得到确立和巩固、人类历史从封建主义转向资本主义的时代。同时，这也是从农业文明转向工业文明、自然经济转向商品经济的时代，是从"人的依赖性"转向"以物的依赖性为基础的人的独立性"的时代。问题在于，资产阶级在取得巨大的历史性胜利的同时，也给自己带来了巨大的社会性的问题：生产社会化和生产资料私有制之间存在着无法解决的矛盾，这一矛盾导致人的劳动、人的社会关系和人的世界都异化了，人的生存状态成为一种异化的状态。这是一个"颠倒的世界"。具体地说，在资本主义社会中，"物的世界的增值同人的世界的贬值成正比"（马克思

语），物的异化和人的自我异化是同一个过程的两个方面。按照马克思的观点，在这种异化状态中，资本具有个性，个人却没有个性，人的个性被消解了，人成为一种"单面的人"，国家也不过是"虚幻的共同体"。

可见，19世纪中叶的西方社会是一个由资本关系所造成的人的生存状态全面异化的社会，揭露并消除这种异化因此成为"为历史服务的哲学的迫切任务"（马克思语）。可是，西方传统哲学包括德国古典哲学无法完成这一"迫切任务"。这是因为，从总体上看，西方传统哲学在"寻求最高原因"的过程中把存在、本体同人的活动分离开来，同人类面临的种种紧迫的生存问题分离开来，从而使存在成为一种抽象的存在，物质成为"抽象的物质"，本体则是同现实的人及其活动无关的抽象的本体。从这种抽象的本体出发无法认识现实的人和人的现实。从根本上说，西方传统哲学就是"形而上学"，它向人们展示的是抽象的真与善，它似乎在给人们提供某种希望的同时，又在掩饰现实的苦难，抚慰被压迫的生灵，因而无法消除人的生存的异化状态，将现实的人带出生存的困境。

正因为如此，马克思认为，随着自然科学的独立化并"给自己划定了单独的活动范围"，随着社会实践的发展并凸现出人的生存的异化状态，人们开始把"全部注意力集中到自己身上"，哲学应该从"天上"来到"人间"，关注人的生存状态，关注人的解放。马克思断言："形而上学将永远屈服于现在为思辨本身的活动所完善化并和人道主义相吻合的唯物主义。"在我看来，完成这一历史任务的正是马克思本人。不是别人，正是马克思在辩证法、人道主义和唯物主义之间架起了一座由此达彼的桥梁，使三者"吻合"起来。从本质上看，这种"为思辨本身的活动所完善化并和人道主义相吻合的唯物主义"，就是历史唯物主义。

我们应该看到，马克思关怀的不是抽象的一般人的命运。马克思发现，如果不能给工人、劳动者这些占人口绝大多数的、被压迫的人们以真实的利益和自由，人类解放就是空话，甚至沦为一种欺骗。所以，马克思在《论犹太人问题》中就提出"探讨政治解放和人类解放的关系";在《〈黑格尔法哲学批判〉导言》中又提出超越"政治革命"的"彻底的革命、全人类的解放"的问题,并认为能够完成这一历史使命、担当"解放者"这一历史使命的,只能是无产阶级。无产阶级本身就是一个需要解放自己的阶级,在他身上"表明人的完全丧失";同时,无产阶级又是一个"只有通过人的完全回复才能回复自己本身"的阶级(马克思语),是一个只有解放全人类才能最后解放自己的阶级。

按照马克思的观点,在人类解放的过程中,哲学把无产阶级当作自己的物质武器,无产阶级把哲学当作自己的精神武器;如果说无产阶级是人类解放的"心脏",那么,哲学就是人类解放的"头脑"。"头脑"不清,就不可能确立人类解放的真实目标,不可能理解人类解放的真正内涵。因此,联系到政治经济学研究和人类历史的考察,从哲学上探讨人类解放的内涵、目的和途径,就成为马克思的首要工作。这一工作的成果,就是"为历史服务的哲学"即历史唯物主义的创立。历史唯物主义的根本特征就在于,它以无产阶级和人类解放为理论主题,解答"人类解放何以可能"。

为了解答"人类解放何以可能",历史唯物主义又必须探讨人的本质和存在方式或生存本体。按照马克思的观点,人类历史的"第一个前提"就是"有生命的个人"的存在;"有生命的个人"要存在,首先就要进行物质生产活动,解决像吃、喝、住、穿这样一些生存的基本需要的问题。这就是说,物质生产活动是人类生存、人类历史的"第一个前提",是人类的"第一个历史活动"。从根本上说,人就是在物质生产活动中自我塑造、自我改变、自我发展的。正如马克思在《德意志意识形态》中所说的那样,当人开始生产自己的生活资料的时候,人就开始把自己和动物区别开来。人是什么样的,这同他们的生产是一致的,既和他们生产什么一致,又和他们怎样生产一致。人不仅是自然存在物,而且是社会存在物,人的本质在其现实上是一切社会关系的总和。换句话说，人是自然存在物和社会存在物的统一，而这种统一恰恰是在实践活动中完成的，直接决定人的本质的社会关系也是在实践活动中生成的。因此，人通过实践创造了自己的社会关系和社会存在。

正是在这个意义上，马克思认为，人本身的存在就是社会活动。实践不断改变着现存世界，同时，又不断改变着人本身，包括他的肉体组织、社会关系、思维结构和价值观念。环境的改变和人的自我改变的一致，只能被看作是并合理地理解为革命的实践。可见，人是实践中的存在，实践构成了人的存在方式，或者说，构成了人的生存本体。

正因为实践构成了人的存在方式或生存本体，所以，人的生存状态不是凝固不变的，而是处在不断的建构和改变之中。在资本主义社会，劳动这种人的生命活动的异化必然造成人的生存状态的全面异化，人与人的关系体现为物与物的关系，不是人支配物，而是物统治人。历史唯物主义正是通过对现存世界异化状态的批判，揭示出被物的自然属性掩蔽着的人的社会属性，揭示出被物与物的关系掩蔽着的人与人的关系，并力图通过实践使现存世界革命化，消除人的生存的异化状态，从而"确立有个性的个人"（马克思语）。如果说无产阶级和人类解放是历史唯物主义的理论主题，那么，"确立有个性的个人"，实现人的自由而全面发展就是历史唯物主义的最高命题。在历史唯物主义的视野中，实践是现存世界和人的生存的本体，是消除异化和"确立有个性的个人"的现实途径，而每个人的自由而全面发展是人的生存和发展的终极状态。

这样，历史唯物主义就实现了对人的现实关怀和终极关怀的统一。在我看来，这是一种双重关怀，是全部哲学史上对人的生存和价值最激动人心的关怀。

为了从理论上支撑这一观点，我愿简单地回顾一下马克思的思想进程。在《1844年经济学哲学手稿》中，马克思提出，共产主义就是私有财产即人的自我异化的积极扬弃，是通过人并且为了人而对人的本质的真正占有，或者说，人以一种"全面的方式"，作为一个"完整的人"，占有自己的"全面的本质"。在《德意志意识形态》中，马克思提出，要消除这样一种社会现象，这就是人本身的活动对人来说成为一种异己的、同他对立的、压迫他的力量，从而"确立有个性的个人"，使"各个人在自己的联合中并通过这种联合获得自己的自由"。在《共产党宣言》中，马克思又提出，共产主义社会将是一个"联合体"，在那里，每个人的自由发展是一切人的自由发展的条件。在《资本论》中，马克思再次重申，共产主义社会就是要确立人的"自由个性"，实现人的自由而全面发展。可以看出，无论是所谓的"不成熟"时期，还是所谓的"成熟"时期，马克思关注的都是消除人的生存的异化状况，实现无产阶级和人类解放。人类解放是马克思毕生关注的焦点和为之奋斗的目标，构成了历史唯物主义的理论主题。

与唯心主义不同，与"那种排除历史过程的、抽象的自然科学的唯物主义"（马克思语）也不同，历史唯物主义不是以一种抽象的、超时空的方式去理解和把握存在、本体问题，而是从实践出发去解读存在的意义，把握人的生存和现存世界的本体。在这个意义上，历史唯物主义是生存论的本体论或实践本体论。这样，历史唯物主义就开辟了"从本体论认识现实的道路"，解答了"人类解放何以可能"这一时代课题。

一种思想或学说具有什么样的价值和意义，关键在于它提出了什么样的问题。提出问题的广度和深度标志着对问题理解的广度和深度，并决定着对问题如何解决的全部思考。历史唯物主义提出的"人类解放何以可能"问题是时代的课题，是人本身的问题，是人类历史的根本问题。无论你是否赞同这一学说，你都不可能回避或超越这一问题的深刻性和根本性。这是历史唯物主义所实现的哲学变革的根本内容和当代意义之所在。萨特提出，"历史唯物主义是我们时代唯一不可超越的哲学"。我赞赏萨特的这一观点，而且我比萨特本人更深刻地理解这一观点。

二、历史唯物主义的理论空间：批判的世界观

我在前面已经说明，无产阶级和人类解放是历史唯物主义的理论主题，而对人类解放的探讨又必然使历史唯物主义去探讨人的存在方式或生存本体，探讨人类历史运动的一般规律。按照马克思的观点，人类历史的"第一个前提"就是"有生命的个人"的存在，而"有生命的个人"总是在人与自然和人与人的双重关系中存在的。马克思在《德意志意识形态》中指出，生命的生产，无论是通过劳动而达到自己生命的生产，或是通过生育而达到的他人生命的生产，表现为双重关系：一方面是自然关系；另一方面是社会关系。这就是说，对人类解放全面而深入的探讨，必然使历史唯物主义去探讨人与自然的关系和人与社会的关系，从而建构一个新的理论空间。

在我看来，历史唯物主义对"历史之谜"的解答同对"人之谜"的解答是密切相关、融为一体的。对"有生命的个人"的理解必然渗透、包含着对人与自然和人与社会关系的理解。饮食男女本是一种自然现象，可中国唐代大诗人杜甫所说的"朱门酒肉臭，路有冻死骨"却是一种社会现象，西方大文学家莎士比亚所描述的罗密欧与朱丽叶的爱情悲剧同样是一种社会现象。人类解放的问题不是一个科学问题，也不仅仅是一个"人学"问题，从根本说，它是一个如何看待和处理人与自然和人与社会的关系，即人与世界的关系问题，是一个世界观问题。反过来说，历史唯物主义就是从人与自然和人与社会的双重关系中去把握人本身，解答"人类解放何以可能"这一问题的。历史唯物主义不是"人学"，更不是人本唯物主义。

我断然拒绝普列汉诺夫的这一观点，这就是，马克思的唯物主义和费尔巴哈的唯物主义都属于"最新的唯物主义"，马克思的"唯物主义观点是在费尔巴哈哲学的内在逻辑所指示的同一方向上发展起来的"。在我看来，这是一种无原则的糊涂观念。它表明，普列汉诺夫从根本上混淆了费尔巴哈的唯物主义与马克思的唯物主义之间的本质区别，不理解费尔巴哈的唯物主义是人本唯物主义，而马克思的唯物主义是历史唯物主义。

我们应当记住马克思在《德意志意识形态》中所说的话，那就是，当费尔巴哈是一个唯物主义者的时候，历史在他的视野之外；当费尔巴哈去探讨历史的时候，他不是一个唯物主义者。在费尔巴哈哲学中，唯物主义和历史是彼此脱离的。之所以如此，是因为费尔巴哈仅仅把人看作"感性对象"，只是从客体的方面去理解"对象、现实、感性"，不了解实践活动的意义。正是在这个意义上，马克思把费尔巴哈的唯物主义包括在"旧唯物主义"的范畴之中。与费尔巴哈不同，马克思把人看作"感性活动"，并从这种"感性活动"出发去理解人本身以及人与自然和人与社会的关系，从而创立了"新唯物主义"，即历史唯物主义。

从根本上说，整个人类历史不过是人通过人的劳动而诞生的过程，是人的实践活动在时间中的展开。所以，历史唯物主义从物质实践出发考察人类历史，"是描述人们实践活动和实际发展过程的真正的实证科学"（马克思语）。具体地说，人们为了能够生存和生活，必须进行物质实践，实现人与自然之间的物质变换；为了实现这种变换，人与人之间必须互换其活动，并必然结成一定的社会关系。这就是说，人们的生存实践活动和"实际日常活动"自始至终包含并展现为人与自然的关系和人与社会的关系，或者说，包含着并展现为人与自然的矛盾和人与人的矛盾，而在马克思看来，共产主义就是"人和自然界之间、人和人之间的矛盾的真正解决"。因此，作为"共产主义的唯物主义"，历史唯物主义所关注和所要解决的基本问题，就是人们的生存实践活动、"实际日常生活"所包含和展现出来的人与自然的关系和人与人的关系问题，即人与世界的关系问题。

马克思在《神圣家族》中说过，历史不过是追求着自己目的的人的活动而已；在《德意志意识形态》中又指出，人的活动包括两个基本方面，即一方面是人改造自然；另一方面是人改造人。所以，"历史唯物主义"概念中的"历史"，是人的活动及其内在矛盾，即人与自然的矛盾和人与人的矛盾得以展开的境域，是人与世界的关系不断以新的形式得以展现的境域；"历史唯物主义"概念中的"唯物主义"，是指人与自然之间的物质变换构成了人的生存和现实世界的基础或本体。不必多说了，从以上的论述中我们已经可以看出，历史唯物主义是一种世界观，而不是像传统观点所理解的那样，仅仅是一种历史观。

从形式上看，历史唯物主义研究的仅仅是人类社会或人类历史，似乎与自然无关。但问题在于，社会是在人与自然之间物质变换的过程中形成和发展起来的，人与自然之间的物质变换构成了社会存在和发展的现实基础；历史则是人的实践活动在时间中的展开，是"自然界对人说来的生成过程"。"只要有人存在，自然史和人类史就彼此相互制约"（马克思语）。所以，马克思在《德意志意识形态》中指出，把人与自然界的关系从历史中排除出去，必然使历史虚无化，从而走向唯心主义历史观。马克思的这一见解是正确而深刻的。

马克思在《神圣家族》中说过，实物是为人的存在，是人的实物存在，同时也就是人为他人的定在，是他对他人的关系，是人对人的社会关系。这里的"实物"是指劳动产品。把马克思的这段话转换成通俗的语言来说，那就是，作为物质实践对象化的劳动产品，"实物"与"实物"关系的背后是人与人的关系，是人与人之间活动互换的关系，或者说，"实物"不仅体现着人与自然的关系，而且体现着人与人的关系。

有一种观点认为，历史唯物主义的伟大之处就在于，它从人与人关系的背后发现了物与物的关系。我的观点正好相反。在我看来，历史唯物主义的划时代贡献就在于，它从物与物关系的背后发现了"人对人的社会关系"以及人与自然的关系，并从人与自然和人与人这双重关系中追溯出人的实践活动的意义。正是把人与自然之间的实践关系作为历史的基础，历史唯物主义力图通过对人与自然关系的改变来改变人与人的关系，通过对私有制条件下的人对物占有关系的扬弃来改变人与人的关系，从而"推翻那些使人成为受屈辱、被奴役和被蔑视的东西的一切关系"，"把人的世界和人的关系还给人自己"（马克思语）。

讲到这里，我们碰到一个无法回避的问题，这就是作为一种世界观，历史唯物主义与辩证唯物主义、实践唯物主义是一种什么样的关系？这是我们需要认真对待的问题。

我们应当注意，在实践活动中，人在按"人的方式同物发生关系"的同时，使"物按人的方式同人发生关系"，结果使自然或物以人的方式而存在，使人与自然的关系成为一种"为我而存在"的关系。这种"为我而存在"的关系是一种否定性的矛盾关系。人要维持自身的存在，肯定自身，就要对自然界进行否定性的活动，改变自然界的原生形态并在其中注入人的目的，使之成为"人化自然"、"为我之物"。与动物不同，人总是在不断制造与自然的对立关系中去获得与自然的统一关系的，对自然客体的否定正是对主体自身的肯定。这种肯定、否定的辩证法使人与自然处于双向运动中：实践在改造自然界的同时，又改造着人本身；在把自然转化为社会的要素，使自然成为"历史的自然"的同时，又使历史成为"自然的历史"。

人与自然之间这种"为我而存在"的否定性的矛盾关系是最深刻、最复杂的矛盾关系。马克思之前的众多哲学大师都没有意识到这种矛盾关系及其基础地位，致使唯物主义自然观与唯物主义历史观"咫尺天涯"，唯物论与辩证法遥遥相对。毛泽东有一句著名诗句："沧海横流，方显出英雄本色"。在我看来，马克思就是这样的"英雄"，思想中的英雄。马克思之所以成为思想中的英雄，就在于他高出一筹，而他高出同时代思想家一筹的地方就在于：通过对人的实践活动及其历史发展全面而深入的剖析，创立了历史唯物主义，科学地解答了人与自然和人与社会的关系，即人与世界的关系问题，从而在实现唯物主义自然观与唯物主义历史观统一的同时，实现了唯物论与辩证法的统一。这就是说，历史唯物主义创立之日，也就是辩证唯物主义形成之时。

我对列宁的这样一种观点持保留态度，这就是，历史唯物主义是把唯物主义"对自然界的认识推广到对人类社会的认识"，而"物质的存在不依赖于感觉。物质是第一性的。感觉、思想、意识是按特殊方式组成的物质的高级产物。这是一般唯物主义的观点，特别是马克思和恩格斯的观点"（列宁语）。我之所以对这一观点持保留态度，是因为列宁在这里把马克思的唯物主义等同于"一般唯物主义"，并把这种"一般唯物主义"作为历史唯物主义的理论基础，这就忽视了马克思的唯物主义与"一般唯物主义"的根本区别。

我不能同意斯大林的这一观点，这就是，历史唯物主义是辩证唯物主义在社会历史领域中的"推广和运用"，而辩证唯物主义是一种研究自然界的方法和解释自然界的理论。研读斯大林的著作可以看出，在这种所谓的辩证唯物主义中，自然是脱离了人的活动的自然，是从历史中抽象出来的自然，实际上就是马克思在批判费尔巴哈时所说的那种"开天辟地以来就已存在的、始终如一的东西"。以这样一种抽象的自然为本体去建构历史唯物主义，必然使实践的本体论意义以及人的主体性被遮蔽，从而悄悄地走向马克思所批判的"抽象物质的或者不如说是唯心主义的方向"。在斯大林那里，唯物主义实际上成为一种"抽象的唯物主义"，历史唯物主义划时代的贡献在相当大的程度上被抹杀了。

无论从历史上看，还是从逻辑上说，历史唯物主义都不是一般唯物主义或所谓的辩证唯物主义在历史领域里的"推广和应用"。在马克思主义哲学体系中，不存在一个独立的、作为理论基础的辩证唯物主义，也不存在一个独立的、具有应用性质的历史唯物主义。相反，那种"排除历史过程"，脱离了历史唯物主义的所谓的辩证唯物主义不是马克思的辩证唯物主义，就其实质而言，它只能是自然唯物主义在现代条件下的"复辟"。正如马克思在《资本论》所说的，那种排除历史过程的、抽象的自然科学的唯物主义的缺点，每当它的代表越出自己的专业范围时，就在他们的抽象的和唯心主义的观念中立刻显露出来。

在我看来，"辩证唯物主义"和"历史唯物主义"不是两个主义，而是同一个主义，即马克思的唯物主义。马克思的唯物主义就是历史唯物主义，辩证唯物主义不过是历史唯物主义的代名词。全部社会生活在本质上是实践的，而实践活动本身就是一种否定性的辩证法。马克思在《1844年经济学哲学手稿》中指出，黑格尔的否定性辩证法的伟大之处首先在于，它把人的自我产生看作一个过程，把对象化看作失去对象，看作外化和这种外化的扬弃，所以，黑格尔抓住了劳动的本质，把对象性的人、现实的人理解为他自己的劳动结果。作为黑格尔辩证法的扬弃，作为全部社会生活哲学反映的历史唯物主义，本身就蕴含着否定性的辩证法，本身就是唯物主义与辩证法的统一。辩证法在对现存事物的肯定的理解中同时包含对现存事物的否定的理解，即对现存事物必然灭亡的理解；辩证法对每一种既成的形式都是从不断的运动中，因而也是从它的暂时性方面去理解。所以，辩证法本质上是批判的和革命的。把辩证唯物主义看作是历史唯物主义的代名词，是为了透显历史唯物主义所内含的辩证法维度及其批判性和革命性。

在我看来，"历史唯物主义"与"实践唯物主义"也不是两个主义，而是同一个主义，即马克思的唯物主义。马克思的唯物主义就是历史唯物主义，实践唯物主义不过是历史唯物主义的又一代名词。我刚才已经说过，历史唯物主义内含着辩证法维度及其批判性和革命性，所以，它总是在对现存事物的肯定的理解中同时包含着对现存事物的否定的理解。这种对现存事物的否定的理解实际上就是通过改变现存事物，使现存世界革命化，而"对实践的唯物主义者即共产主义者来说，全部问题都在于使现存世界革命化，实际地反对并改变现存的事物"（马克思语）。所以，实践唯物主义与历史唯物主义具有内在的、本质的一致性。把实践唯物主义看作是历史唯物主义的又一代名词，是为了透显历史唯物主义所内含的实践原则及其批判性和革命性。

讲到这里，我们也就不难理解马克思的那句名言了，这就是，"我们仅仅知道一门唯一的科学，即历史科学"。以现实的人为思维坐标，以实践为出发点范畴和建构原则，去探讨人与自然和人与社会的关系，即人与世界的关系，使历史唯物主义展现出一个新的理论空间，一个自足而又完整、唯物而又辩证的世界图景。这就是说，历史唯物主义不仅仅是一种历史观，更重要的，是一种世界观。由于历史唯物主义内含着辩证法维度和实践性原则，所以，马克思在《德意志意识形态》中指出，历史唯物主义是"唯物主义世界观"，是一种"真正批判的世界观"。

……

在我的演讲即将结束的时候，我想简要概括一下我的演讲的中心内容。这就是，马克思从批判人的生存的异化状态入手，提出了劳动如何在历史上发生异化、人类如何扬弃异化而获得解放、每个人如何得到自由而全面发展的问题。这样，问题就转换了，人类解放变成了一个全新的哲学问题。这个问题犹如一条金色的牵引线，引导着马克思创立了一种新唯物主义世界观，即历史唯物主义。

由此，我不由自主地想起了马克思在《青年在选择职业时的考虑》中所说的一段至理名言，这就是，"如果我们选择了最能为人类福利而劳动的职业，那么，重担就不能把我们压倒，因为这是为大家而献身；那么，我们所感到的就不是可怜的、有限的、自私的乐趣，我们的幸福将属于千百万人，我们的事业将默默地、但是永恒发挥作用地存在下去，而面对我们的骨灰，高尚的人将洒下热泪。"一个刚刚中学毕业、年仅17岁的青年，似乎为自己写下了墓志铭，实际上是为一种新的思想竖起了凯旋门。在我看来，这是一个崇高的选择。这个选择从精神上和方向上决定了马克思的一生。实现人类解放让马克思一生魂牵梦萦，而历史唯物主义的宗旨就是实现无产阶级和人类解放。

谢谢大家！

附　录

重读·重建·重生

——访杨耕教授

《中华读书报》特约记者　顾　君

1977 年，杨耕考入安徽大学哲学系，成为"文革"后的第一届大学生；1986 年，考入中国人民大学哲学系，攻读硕士学位；1988 年，被破格推荐免试提前攻读博士学位，同时留校任教。此后，杨耕一路"破格"：被破格评为副教授、教授、博士生导师。在中国人民大学，40 岁的博士生导师并不多见。

如果用一句话概括杨耕教授的事业，那就是：重读马克思。通过重读马克思，杨耕得出一个结论，即马克思是现代哲学的开创者，马克思哲学是现代唯物主义。就内容而不就表现形式，就总体而不就个别派别而言，整个现代哲学的运行都是以马克思哲学所实现的主题转换为根本方向的。为了重读马克思，杨耕从马克思的哲学一直追到西方哲学史，然后，倒过头来研究现代西方哲学、西方马克思主义和当代社会发展理论，最后又回归到马克思的哲学。

目前，杨耕正在写《重读马克思》一书，他想把马克思的真实面目展现给我们。

在一个温暖的冬日，杨耕教授如约接受了记者的采访，谈到了他的人生经历、心路历程和学术之旅。对这样一位以哲学探索为己任的学者来说，这三者是相当一致的。在他深沉而又不乏激情的谈吐中，我逐渐读出了一个思想三部曲：重读、重建、重生。

在杨耕看来，"敢问路在何方"是在和平时代、在精神苦炼中成长起来的他和他们这一代人所苦苦探寻的问题，这也就是"人生之谜"的问题。现象学大师胡塞尔曾说，主体性之谜是一切谜的谜中之谜。可以说，真正的哲学都是在各种不同的层面和路向上关注并解答"人生之谜"，而杨耕选择的是马克思的哲学。

这并不是一条坦途。马克思哲学作为一种世界哲学、实践哲学，深刻地影响了 20 世纪的人类历史进程和几乎所有的哲学体系；反过来，不同民族的社会主义实践对马克思哲学的诠释，既有发展马克思哲学的一面，也有误读马克思哲学的一面。如何恢复马克思哲学的本真面貌、回应现时代对马克思哲学的挑战，便成为杨耕重读马克思的主旨。

重读意味着不断的遭遇和对话，视域的不断融合，效果的不断深化，这是避免误解和成见的有效手段。在这方面，杨耕所下的功夫之深是惊人的，他对马克思主义经典著作的熟稔，使他能说出任何一个重要观点所在的卷次甚至页码。还不仅仅如此。在重读马克思的过程中，杨耕经历了从马克思到马克思主义哲学史、西方哲学史，再到现代西方哲学、西方马克思主义、当代社会发展理论，然后再返回马克思哲学这样一个不断深化的过程，其意把马克思的哲学放置到一个广阔的哲学空间和理论视域中去研究，形成一个不断融合的开放式架构。惟其如此，才能够理解马克思哲学的某种局限性，同时进一步理解马克思哲学的伟大所在，理解马克思哲学为什么是我们这一个时代"唯一不可超越的哲学"（萨特语）。

基于这样一个解读过程，杨耕得出了一个新的关于马克思哲学的总体认识，即马克思的哲学是实践唯物主义。对于马克思哲学来说，"全部问题都在于使现存世界革命化，"即以现实的人及其发展为坐标来重新"安排周围世界"（马克思语）。于是，哲学的理论主题便发生了根本转换，即从整个世界转向人类世界，从宇宙本体转向人类的生存本体。实践是人的存在方式，并具有世界观意义，人通过实践使自然成为"社会的自然"，从而为自己创造了一个自然与社会"二位一体"的人类世界；实践构成了人类世界得以存在和发展的基础，是其真正的、不断发展和生成的本体，人类世界因此成为一个不断形成更大规模、更多层次的开放性体系。

"传统"的马克思主义哲学解释系统对"马克思主义哲学唯物主义的基本特征"有三点概括：世界就其本质来说是物质的；物质第一性，意识第二性，意识是对物质的反映；世界及其规律是完全可以认识的。在杨耕看来，这只是说明了马克思的"新唯物主义"与"旧唯物主义"的共性，并没有说明新唯物主义的"新"之所在或新唯物主义的"唯物"之所在。只有确认实践所引起的人与自然之间的物质变换构成了人类世界的基础，实践观点是马克思哲学首要的和基本的观点，才能真正理解马克思新唯物主义的本质特征。从人的活动本身去理解人与世界的关系，去把握物与物关系背后的人与人的关系，以及被物的自然属性掩蔽着的人的社会属性，这正是马克思哲学高出一筹的地方。这样，柏拉图、黑格尔式的形而上学便在马克思手中终结了，哲学由此从传统形态转向现代形态。马克思是现代哲学的开创者，马克思哲学是现代唯物主义。

这一重读的结论富有革命性，在很大程度上突破了以往的马克思主义哲学解释系统，就像杨耕所欣赏的鲁迅的那句话："放言无惮，为前人所不敢言"。"放言"的成果结晶为他的几部重要的著作：《马克思的社会发展理论及其当代意义》、《马克思的社会研究方法及其当代意义》、《马克思的历史认识论及其当代意义》，以及正在潜心撰写的《重读马克思》一书。

以此为基础，杨耕力图重建马克思主义哲学。重建是对重读的系统化和理论化。这一工作虽然非常艰苦，但意义也极为重大。它不仅深化了马克思哲学的基本理论，而且凸现了马克思哲学的现代性和当代价值，使之在现时代焕发出新的生命之光。正是在这一意义上，实现马克思哲学的重生。

重生的契机就是把握马克思哲学在当代的理论生长点。杨耕认为，这一生长点既是马克思有所论述但又未具体展开的萌芽式的问题，又是当代社会中的"热点"问题，同时当代实践、科学和哲学本身的发展又为解决这些问题提供了现实的可能性。在杨耕看来，把握马克思哲学在当代的理论生长点，需要从两个方面展开：一是使马克思的哲学与当代中国的改革开放相结合。如何使马克思哲学与当代中国的改革开放形成良性互动，如何把马克思哲学的发展与中华民族的复兴统一起来，是这一研究的主旨；二是使马克思的哲学与当代西方的后工业社会相结合。后工业社会是当代西方社会的重要特征，体现了资本主义发展的趋势，而后现代主义则是对后工业社会的理论反映和理论批判。后现代主义从世界到中国的风行，形成了一个重要的文化景观，如何回应其挑战，便是这一研究的主题。

杨耕一方面拒绝了所谓的"后现代主义的马克思主义"；另一方面又认为，马克思主义与后现代主义在对资本主义的批判上，在对待人与自然、东方与西方的关系问题上有相似性。马克思所具有的后现代意蕴就在于，现代性的逻辑是在必然王国中获得有限自由的逻辑，人的自由而全面的发展或"有个性的个人"以此为前提，但并非现成地内含于其中，而是在它的"彼岸"——自由王国。这种诠释是非常富有独创性的。

从杨耕对马克思哲学重读、重建、重生的思想三部曲中，我们可以体会到一个钟情于哲学、极富理论个性的青年哲学家的执著追求。"我要忠实地停留在我自己的世界上，我就是我自己的地狱和天堂。"席勒的诗句道出了杨耕教授的决心。

与哲学连成一体

——访杨耕教授

《中华读书报》记者　陈　香

　　我注意到，学者杨耕只穿两种颜色，白色和深蓝，这是一个严谨而又执著的人。就像我对他的数次采访，他从不愿谈自己、说故事，总是执著地把话题转向他的职业、专业和事业。我费劲地从他的话语间隙敲打着我所想探求的"隐私"和情绪，但他从不给我机会。

　　但你若认为他就是一个"铁皮桶"，那你就错了。当谈论学术的时候，严谨的杨耕消失了，话语充满激情、不容置驳，并伴着不自觉的手势，我甚至都插不进问题。了解杨耕的人都说，这是一个没有爱好的人，一不抽烟，二不喝酒，三不打麻将，四也不"喝咖啡"（鲁迅言，他把别人喝咖啡的时间都用在了写作上），除了哲学，他唯一的爱好就是交响乐，因为从中，他有一种"形而上"的领悟。这是一个将事业视若生命的人。我信。

　　每次我来，即使像我这样的小辈，杨耕也

会亲手给我泡上上好的黄山毛峰，这是他的家乡茶。这样的细致每每叫人感动。

这就是杨耕。一个善于宏观思维，又心细如发的人。

"误入"哲学

1956年，杨耕出生在安徽的一个教师家庭。和他的同龄人一样，杨耕经历了共和国的风风雨雨、"天灾人祸"……但是，杨耕并不认为自己生不逢时，相反，他庆幸自己有了一段特殊的经历。"正是这段特殊的经历，使我对社会与人生有了深刻的体认，并对我的学术生涯产生了极大的影响。"杨耕把他的学术生涯称为"不断的精神苦炼"。

对于杨耕，选择哲学似乎是一个偶然。"上大学前，我是中学的数学教师。当时一位师长陈仲明，也是邻居，是学哲学的，他对我说，你有哲学天赋，学哲学可能比你学数学更有发展空间。经不起他的'忽悠'，我改变了报考志愿，把数学改成了哲学。"于是，杨耕于1977年考入安徽大学哲学系，"以此，我踏上一块神奇的土地"。所以，每谈到选择哲学时，杨耕总是戏言他"误入歧途"。

如果说杨耕选择哲学是一种偶然，那么，他选择马克思主义哲学则是一种必然。在杨耕的视野中，马克思主义哲学是关于"现实的人及其历史发展"的学说，以"有生命的个人"为前提，以改变世界为己任，以实现人类解放、"确立有个性的个人"为目标，使马克思主义哲学展示出一种对人的现实存在和终极存在的双重关怀。杨耕认为，这是全部哲学史上最激动人心的关怀。在大学四年学习过程中，一只"无形的手"，牵引着他不断走近马克思主义哲学。

1986年，杨耕考入中国人民大学哲学系，师从汪永祥教授攻读硕士学位，专业是马克思主义哲学。从此以后，杨耕就在中国人民大学一路

"破"了下去：1988年，被破格推荐免试提前攻读博士学位，师从陈先达教授，专业仍然是马克思主义哲学；留校任教后，又先后被破格评为副教授、教授、博士生导师。至今，朋友还戏称他是"破"博士、"破"教授。

对于杨耕来说，哲学不仅是他的职业、专业，而且是他的事业。从"误入"哲学到"钟情"哲学，用杨耕自己的话来说，就是因为哲学本身是一种智慧，它给人的生存和发展以智慧与勇气，这是一种"大智大勇"。如果说宗教是关于人之"死"的观念，是讲生前如何痛苦、死后如何升天堂的，那么，哲学则是关于人之"生"的智慧，是教人如何生活，如何生活得有价值和有意义。"哲学问题总是关于'人生在世'的大问题，探索天、地、人的人与自然之思，反思你、我、他的人与社会之析，追寻真、善、美的人与生活之辨，熔铸着对人类生存方式的关注，对人类发展境遇的焦虑，对人类现实命运的关切，凝结为对人生之谜的深层理解与把握。"

谈到自己的哲学生涯，杨耕最忘不了的就是导师与挚友。"我忘不了我的两位导师和一位挚友。汪永祥教授把我领进了我向往已久的中国人民大学哲学系，他的学术引导力引导我走进'哲学门'；陈先达教授把我留在人大哲学系，他的思维穿透力引导着我走向哲学的深处；陈志良教授的'宏大叙事'能力引导着我走上哲学研究的'快车道'。"杨耕回忆，三位教授的思想力量和人格魅力形成一种"合力"，深深而持久地影响着他。从此，杨耕在哲学研究上一发而不可收。

的确是"一发而不可收"。从在中国人民大学哲学系攻读硕士学位以来，杨耕先后出版专著12部，其中，《为马克思辩护：对马克思哲学的一种新解读》先后印刷六次，销售数量已达2万余册，对一本哲学专著来说，实属不易；先后在《中国社会科学》、《哲学研究》、《马克思主义研究》、《人民日报》、《光明日报》、《求是》、《唯物论研究》（日本）等报刊上发表论文200余篇；先后获国家级教学成果奖等国家级奖6项，省部级奖 7 项。这些论著以其崭新的理论视角、宽广的理论空间、独到的理论见解，展示出一种新的理论态势，引起了哲学界、理论界的关注，产生了较大的社会影响。《光明日报》曾三次采访、介绍杨耕的学术研究及其成果；《哲学动态》、《学术月刊》、《学术研究》、《学术界》、《社会科学战线》、《中国教育报》、《中国时报》、《大公报》（香港）及本报等报刊先后发表对杨耕的学术采访；《新华文摘》、《中国社会科学文摘》不断转载杨耕的论文。

在哲学研究中，杨耕追求的理论目标，是求新与求真的统一；追求的理论形式，是铁一般的逻辑，诗一般的语言；追求的理论境界，是建构哲学空间，雕塑思维个性。"我深深地爱着我的祖国，我的全部研究工作的根本目的，就是为了中华民族的复兴作出自己应有的贡献。"这位学者的哲学研究是"在希望的田野上"，但杨耕自己却说，他"心有余而力不足"，所以，努力而勤奋工作是他唯一的选择。

除了担任北京师范大学哲学系教授、博士生导师，教育部跨世纪学科带头人之外，杨耕还兼任着国务院学科评议组成员、国家社会科学基金学科评审组成员、教育部社会科学委员会委员、中央实施马克思主义研究和建设工程首席专家、教育部人文社会科学重大攻关项目首席专家、中国辩证唯物主义学会副会长。杨耕自我解嘲说，"盛名之下，有些其实难副"。

重读马克思

从历史上看，一个伟大哲学家逝世之后，对他的学说进行新的探讨并引起争论，不乏先例，但像马克思哲学这样，在世界范围内引起如此广泛、持久、激烈的争论，却是罕见的。而且，马克思离我们这个时代越远，对他认识的分歧就越大，就像行人远去，越远越难辨认一样。于是，杨耕开始重读马克思。1995 年，他在本报明确提出："重读马克思"。

在重读马克思的过程中，杨耕经历了从马克思哲学到马克思主义哲学史、西方哲学史，再到现代西方哲学，然后再返回到马克思哲学这样一个不断深化的求索过程。杨耕回忆，这样一个"重读"过程完全是被研究的逻辑牵引着、不自觉地走过来的。当这个"重读"结束后，他意识到，对马克思哲学的研究离不开对马克思主义哲学史的研究，只有把握马克思以后的马克思主义哲学的演变过程，才能真正把握马克思哲学的真谛，真正理解马克思哲学在何处以及何种程度上被误读；只有把马克思哲学放到西方哲学史的流程中去研究，才能真正把握马克思哲学对传统哲学变革的实质，真正理解马克思哲学划时代的贡献；只有把马克思哲学与现代西方哲学进行比较研究，才可知晓马克思哲学的历史局限和伟大所在，真正理解马克思主义哲学为什么是我们这个时代的真理和良心。

在重读马克思的过程中，杨耕还涉猎了社会主义思想史，并进行历史学、理论经济学和发展社会学的"补课"。在杨耕看来，精神生产不同于肉体的物质生产。以基因为遗传物质的生物延续是同种相生，而哲学研究可以通过对不同学科成果的吸收、消化和再创造，形成新的哲学形态。从马克思主义哲学的创立过程看，马克思对历史学、经济学、政治学都进行过批判性研究和哲学的反思，不仅德国古典哲学，而且法国复辟时代历史学、英国古典经济学、英国法国"批判的空想的社会主义"都构成了马克思主义哲学的理论来源。从马克思主义本身的内容上看，马克思主义哲学是在阐述科学社会主义的过程中生成的，实现人的全面发展既是马克思主义哲学的终极目标，又是科学社会主义的最高原则；马克思主义经济学不仅是一种关于资本的理论，而且是对资本的理论批判或批判理论，它所揭示的被物的自然属性所掩蔽着的人的社会属性，以及被物与物的关系所掩蔽着的人与人的关系，具有重大的哲学意义。就此，杨耕说了这样一句形象而又深刻的话："正像亲缘繁殖不利于种的发育一样，一种创造性的哲学一定会突破从哲学到哲学的局限"。

据此，杨耕提出了他对马克思主义哲学的新的总体看法。

一是马克思主义哲学终结了传统哲学，并把哲学的理论主题从"世界何以可能"转换为"人类解放何以可能"。传统哲学在对世界终极存在的探究中使存在成为脱离了现实的人及其活动的存在，马克思主义哲学则关注人的存在，对人的异化了的生存状态给予深刻批判，对人的解放和全面发展给予深切关怀。为此，马克思把哲学的理论主题从"世界何以可能"转换为"人类解放何以可能"，并使哲学从关注宇宙本体转向关注人的生存本体，从重在"认识世界何以可能"转向重在"改造世界何以可能"。由此，马克思主义哲学便终结了传统哲学，开创了现代哲学。马克思主义哲学是现代唯物主义。

二是马克思主义哲学是生存论的本体论，即实践本体论。人是在改造自然的过程中维持自己生存，在实践过程中实现自我发展的，因此，实践构成了人的特殊的生命活动形式，即构成了人的存在方式和生存本体。同时，实践是自在世界和属人世界分化与统一的现实基础，人通过实践为自己创造出一个自然与社会"二位一体"的人类世界，人类世界是实践的存在。因此，实践既是人的生存的本体，又是人类世界的本体。这样，马克思主义哲学便使本体论从"天上"来到"人间"，把本体论与人间的苦难和幸福结合起来了，从而开辟了"从本体论认识现实的道路"，使工人阶级和人类解放得到了本体论的证明。

三是历史唯物主义是世界观，马克思主义哲学就是历史唯物主义。社会是在人与自然之间的物质变换过程中形成和发展起来的，同时，为了实现人与自然之间的物质变换，人与人之间必须互换其活动并结成一定的社会关系。因此，历史唯物主义要把握人类社会发展的一般规律，就必须研究人与自然和人与社会的关系，即人与世界的关系。以实践观为基础去探讨人与自然和人与社会的关系，即人与世界的关系，使历史唯物主义展现出一个新的理论空间，一个唯物而又辩证的世界图景。换句话说，历史唯物主义不仅是一种历史观，更重要的，是一种"唯物主义世界观"，一种"真正批判的世界观"。在杨耕看来，辩证唯物主义、实践唯物主义不过是历史唯物主义这一"批判的世界观"的不同表述。

马克思"死而不亡"

有人认为，世界是物质的，物质是运动的，运动是有规律的，规律是可以认识的，这就是马克思主义哲学的基本观点，所以，马克思主义哲学"见物不见人"。听到这个观点，杨耕笑了笑说，这是一种"傲慢与偏见"，而且是一种无端的"傲慢与偏见"。为了说明问题，杨耕简要回顾了马克思的思想进程。

在《1844年经济学哲学手稿》中，马克思提出，共产主义就是私有财产即人的自我异化的积极扬弃，是通过人并且为了人而对人的本质的真正占有，或者说，人以一种"全面的方式"，作为一个"完整的人"，占有自己的"全面的本质"。在《德意志意识形态》中，马克思提出，要消除人本身的活动对人来说成为一种异己的、同他相对立并压迫他的力量这一现象，从而"确立有个性的个人"。在《共产党宣言》中，马克思又提出，共产主义社会将是一个"联合体"，在那里，每个人的自由发展是一切人的自由发展的条件。在《资本论》中，马克思再次重申，共产主义社会就是要确立人的"自由个性"，实现人的全面发展。可以看出，马克思毕生关注的就是消除人的生存的异化状况，实现工人阶级和人类解放。

"由此，我不由自主地想起了马克思在《青年在选择职业时的考虑》中所说的一段至理名言：'如果我们选择了最能为人类福利而劳动的职业，那么，重担就不能把我们压倒，因为这是为大家而献身；那么，我们所感到的就不是可怜的、有限的、自私的乐趣，我们的幸福将属于千百万人，我们的事业将默默地、但是永恒发挥作用地存在下去，而面对我们的骨灰，高尚的人将洒下热泪。'一个刚刚中学毕业、年仅 17 岁的青年，似乎为自己写下了墓志铭，实际上是为一种新的思想竖起了凯旋门。这是一个崇高的选择。这个选择从精神上和方向上决定了马克思的一生。实现人类解放让马克思一生魂牵梦绕。正是在马克思主义哲学的'文本'中，我看到了一种对资本主义制度的彻底的批判精神，透视出一种对人类生存异化状态的深切的关注之情，领悟到一种旨在实现工人阶级和人类解放的强烈的使命意识，体会到一种对人的现实存在和终极存在的双重关怀。这是'见物不见人'吗?"杨耕反问道。

马克思主义哲学产生在"维多利亚时代"，距今已经 150 年。据此，有人断言，马克思主义哲学已经"过时"。对此观点，杨耕说，"这是一种理解的肤浅和理论的近视"。在杨耕看来，不能依据某种学说创立的时间来判断它是否过时，是否具有真理性。"新"未必就是真的，"老"未必就是假。阿基米德原理创立的时间尽管很久远了，但今天的造船业无论怎样发达也不能违背这个原理。如果违背了这一原理，无论造出的船多么"现代"，也必沉无疑。

正是由于深刻地把握了人与世界的关系以及人类社会发展的一般规律，所以产生于 19 世纪中叶的马克思主义哲学又超越了 19 世纪这个特定的时代；正是由于所关注和解答的问题契合着当代世界的重大社会问题，所以马克思主义哲学又具有内在的当代意义。也正因为如此，每当世界出现重大社会问题时，人们总是不由自主地把目光转向马克思。杨耕说了这样一段耐人寻味的话："从一定意义上说，在伦敦海格特公墓安息的马克思，比生前在伦敦大英博物馆埋头著述的马克思，更加吸引世界的目光。我深深地体会到什么叫'死而不亡'，马克思'死而不亡'。"

我注意到，杨耕对马克思主义哲学的解读范式在学界引起了高度的关注，《理论前沿》发表署名文章评论道：杨耕的解读范式"提供了一种新的马克思哲学的理解途径，突破了传统的马克思主义哲学的理论框架，建构了新的马克思主义哲学体系，对于我国哲学体系的改革和建设具有突破性意义"。可杨耕自己却说，这个评价过高，他实在不敢当。

哲学人生

在与杨耕的接触与交谈中，我感到，哲学并不神秘，离人并不遥远，相反，哲学就在我们的生活中。"的确如此。人们当然不是按照哲学生活，但生活中的确处处有哲学，好与坏、福与祸、理与欲、成与败、荣与辱、生与死……问题的关键就在于，哲学家看问题有自己独到的眼界。正是这种独到的眼界，使哲学家能够从个别中看到一般，从对立中看到同一，从同一中看到对立，从肯定中看到否定……哲学总是以反思的精神，批判的态度和超越的情怀理解生活、把握人生。"

作为一位哲学教授，杨耕是如何看待人生的呢？

涉及个人生活的观点往往被看作是轻松的话题，但在杨耕看来，这个问题不但不轻松，相反，还有些沉重。

"人的一生可以有不同的追求，但有一点可能是共同的，即人的一生可以'过五关斩六将'，也可能'走麦城'。借用莎士比亚的话，那就是'光荣的路是狭窄的'。"在杨耕看来，"过关斩将"固然可喜，但"走麦城"也不可怕，可怕的是你不能正确地对待它。这里的关键是，要做到"荣辱不惊、波澜不惊"。要做到这一点，需要有一定的修养，而要达到这种修养，需要学哲学和一定的经历。只有哲学才能真正"看破红尘"、"看透人生"，而经历本身就是一笔财富。

"当然，这里有一个矛盾，这就是，当你具有一定的经历以及由此形成的经验时，你可能已经步入中年甚至老年了，属于你的时间已经不多了；当你年轻而拥有充分的时间时，你往往没有经历，缺乏经验，所以，越年轻越容易犯错误。经常听到这样一句'宽宏大量'的话：允许犯错误。实际上，不管你允许不允许，是人总要犯错误。问题只是在于，我们不要犯同一个错误，更重要的是，要善于'学习'别人的错误，因为我们没有时间去犯所有的错误。"

生活中，不如意事十之八九，无法凭借努力而改变现状的例子比比皆是。假如生活对自己不公，哲学教授会持一种什么样的态度呢？杨耕的回答是，相信时间，学会忍耐。"做人必须学会忍耐，有时甚至要忍受你不能忍受的东西，但忍耐是一个人获得精神平衡的基础。"一位朋友向杨耕解释何为"高人"："痛到肠断忍得住，屈到愤极受得起。"杨耕说他自己不是"高人"而是凡人，但他非常喜欢并践行着这两句充满哲理的话。

有人的地方就有是非，所谓"人言可畏"者。如何看待他人对自己的议论和评价呢？杨耕的回答是，"我不太在乎别人对我的议论、评价。如果别人说的的确是我的缺点，我努力改正就是了；如果别人说的不是我的缺点甚至是'恶毒攻击'时，我也不在乎，因为这不是我的过错。"杨耕非常喜欢但丁的格言：走自己的路，让人们去说吧！套用现在时髦的话来说，那就是，"我就是我"。"所以，当我被别人误解时，一般不去解释，因为对明白人，你不解释他也明白；而对不明白的人，你越解释他越不明白。在我看来，随着时间的推移，尘埃会落定，而'公道自在人心'。"

马克思说过这样一句话："人要学会走路，就要经过摔跤，而且只有经过摔跤，才能学会走路。"杨耕认为这句话很朴实，但很深刻，充满着辩证法。"就我而言，友情与亲情、委屈与磨难，都是一笔财富，一笔不可缺少的财富。没有友情与亲情，我不可能成长；没有误解与责难，我不可能成熟。我非常喜欢国外一句箴言，那就是，一个成功的人善于把别人扔向他的砖头砌成他的事业的基础。"

看过英国电影《红菱艳》的人都会记得片中那双神奇的红舞鞋，一个舞蹈演员一旦穿上这双红舞鞋，就永远无法停下自己的舞步。杨耕说，从他踏上哲学这个思想舞台的那一刻起，他就穿上了这样一双"红舞鞋"，哲学使他不停思索、寝食难安。的确，哲学已经融入杨耕的日常生活、思维方式和生命活动之中，构成了他的"安身立命"之根和"安心立命"之本。"正是哲学，使我'看破红尘''看透人生''波澜不惊''荣辱不惊'。哲学适合我，我也适合哲学。我与哲学已连成一体，离开哲学我不知如何生存。"杨耕以这样的话结束了采访。

其实，生活中的杨耕还有一个身份，就是北京师范大学出版集团总经理。北师大出版集团这几年来持续快速的发展有目共睹，引起出版界、教育界、学术界的高度关注。杨耕本人也确实是一位优秀的管理者和成功的经营者，2008年被新闻出版总署授予"全国新闻出版行业领军人才"称号，2009年被新闻出版总署授予"中国优秀出版企业家"称号。可是，杨耕总不愿意谈工作，总是说这是全体员工努力的结果。据记者所知，自担任北师大出版社总编辑、社长、北师大出版集团总经理7年来，杨耕从未就工作问题接受过媒体采访。但明眼人总是能感觉到，在他的管理中，处处体现了哲学的力量。事实上，在繁重的日常经营管理工作外，依然保持学术研究成果不辍，除了惊人的毅力，一位哲学学者处理"矛盾问题"的功力也尽在于此了。

书缘人生

——访杨耕教授

中国新闻出版报记者　冯文礼

杨耕，是个一辈子与书打交道的人。

有的人读书，但不教书；有的人读书、教书，但不写书；有的人读书、教书、写书，但不负责出书；有的人读书、教书、写书、出书，但不负责售书，而杨耕，则集"五书"于一身，他今生注定与书有缘。

在杨耕的书缘人生中，有三个"缘"是他以前连做梦都不会梦到的，那就是他的哲学缘、出版缘、企业缘。虽然这三个"缘"纯属偶然，但却始终离不开一个"缘"——书缘。用杨耕的话说，就是"书牵引着我，与哲学、出版、企业三者结下了不解之缘"。

正是偶然结下的这三个"缘"，让杨耕带领下的北师大出版集团成为第二届中国出版政府奖的最大赢家，一举捧得图书奖、先进出版单位奖、优秀出版人物奖三个大奖。

哲学缘

与哲学结缘，对杨耕来说，是人生的一大转折点。

1977 年，在中学任数学教师的杨耕，曾一心报考数学专业，但由于同一位哲学先行者——陈宗明老师的一次偶然聊天，竟使他"鬼使神差"，改报了哲学专业，走进了安徽大学哲学系。从此，杨耕踏上了哲学这块神奇的土地，至今仍无怨无悔。

说起这段往事，杨耕现在仍然觉得非常偶然。

杨耕说，在他从事哲学研究的道路上，受三个人的影响最大：汪永祥、陈先达、陈志良。1986 年，汪永祥教授把他领进了中国人民大学哲学系攻读硕士学位，汪老师的学术引导力引导他进入了哲学研究的"快车道"；1988 年，陈先达教授把他留在中国人民大学哲学系任教，同时被破格推荐免试提前攻读博士学位，陈老师的思维穿透力引导他走向了哲学的深处；而陈志良教授的"宏大叙事"能力则引导他在一个新的平台上展开了他的哲学研究。

如果说当年与哲学结缘纯属偶然的话，那么，随着一步步走向哲学的深处，天赋加勤奋，让杨耕收获了越来越多的哲学研究成果，则成为一种必然。

有这样一组数据：杨耕先后在《中国社会科学》、《哲学研究》、《马克思主义研究》、《人民日报》、《光明日报》、《求是》、《唯物论研究》（日本）等报刊上发表论文 200 余篇；先后出版了《杨耕集》、《为马克思辩护：对马克思哲学的一种新解读》、《危机中的重建：唯物主义历史观的现代阐释》、《东方的崛起：关于中国式现代化的哲学反思》等著作10 多部；先后参与、主持编写了《马克思主义哲学原理》等国家级教材6 部；先后获国家级教学成果奖等国家级奖 7 项，其中，与袁贵仁教授共同主编的《当代学者视野中的马克思主义哲学》（共 4 卷 8 册），荣获第二届中国出版政府奖图书奖，成为 17 种获奖的社科类图书之一。

《理论前沿》发表署名文章认为，杨耕的哲学研究"提供了一种新的马克思哲学的理解途径，突破了传统的马克思主义哲学的理论框架，建构了新的马克思主义哲学体系，对于我国哲学体系的改革和建设具有突破性意义"。杨耕自己却认为，这个评价过高，他实在不敢当。著述丰硕，视野开阔，研究深入，为人谦和，这是学界对杨耕的评价。不仅如此，杨耕还是北京师范大学哲学系教授、博士生导师；国务院学科评议组成员，国家社会科学基金评审组成员，教育部社会科学委员会学部委员，教育部跨世纪学科带头人，中国辩证唯物主义学会副会长，中央实施马克思主义理论研究与建设工程首席专家，教育部哲学社会科学研究重大课题攻关项目首席专家……

在全国出版界，拥有这么多学界大"头衔"的，恐怕只有杨耕一人了。

杨耕这种对哲学的"钟情"程度、"痴迷"程度，可以说超出了很多人的想象。用他自己的话来说，就是"哲学不仅仅是我的职业、专业，而且是我的事业"。就连他唯一的业余爱好——欣赏交响乐，也与哲学有关。在杨耕看来，交响乐与哲学密切相关，都是形而上的东西，"在欣赏交响乐过程中，我能得到一种形而上的领悟"。

"我选择了哲学，哲学也选择了我；哲学适合我，我也适合哲学，离开哲学我不知如何生活"，这就是杨耕，一个把哲学看作"安身立命"之根和"安心立命"之本的人。

出版缘

"一直行走在哲学与出版的路途上"，这是身为北京师范大学出版集团总经理的杨耕经常讲的一句话。

从 1994 年一次偶然的机会，出任《教学与研究》杂志总编辑算起，杨耕进入出版行业已有 17 个年头了。从《教学与研究》杂志总编辑到中国人民大学出版社总编辑，再到北京师范大学出版集团总编辑、社长、总经理，岗位变了，但不变的是他对哲学和出版的钟爱与情怀。

杨耕记得，当年刚进入出版行业时，他连什么是铜版纸、什么是码洋都不知道。17 年过去了，如今已是销售码洋过 14 亿元的出版集团的掌门人。他经常讲，"我的出版实践受益于哲学研究，而我的哲学研究又受益于出版实践"。

在杨耕看来，哲学并不神秘，离人并不遥远，它就在人们的生活和工作中。人们当然不是按照哲学生活与工作，但生活与工作中确实有哲学，理与欲、福与祸、成与败、利与德、荣与辱……问题的关键就在于，哲学具有独到的眼界。正是这种独到的眼界，使我们能够从个别中看到一般，从对立中看到同一，从同一中看到对立……使我们懂得福祸可以转化，好事可能变成坏事，胜利可能导致失败，真理再往前走一步就会变成谬误……哲学总是以反思的精神和批判的态度理解生活、对待工作。哲学教会了杨耕如何思考、如何生活、如何工作。多年从事哲学研究的经历，始终无形地在影响着、渗透到他的出版工作。

可以说，北京师范大学出版集团成立三年多来，任何一项重大措施的出台，在杨耕头脑中酝酿的时候，都自觉不自觉地与他的哲学思考融合在一起。

比如，在改革过程中，他首先考虑的是，如何把改革的力度、发展的速度与员工的接受程度结合起来；任何一项改革措施的出台必须具备思想成熟、条件成熟和时机成熟三个要素。这实际上与他的哲学思考密切相关。

又如，在发展过程中，他提出要把扩大生产规模、提高效益和改善员工的生活待遇结合起来。这同样与他的哲学思考密切相关。在杨耕看来，从哲学上讲，扩大生产规模、提高效益都是客体，员工才是真正的主体，如果员工的正当利益不能满足，员工的生活不能改善，员工的素质不能提高，那么，他们为什么要为改革发展付出，为什么要为改革发展做贡献。因此，在改革过程中，杨耕经常是既考虑到改革的必然性，同时也考虑到改革的价值导向——以人为本。

再如，在出版工作中，他提出要全面推进、重点突破，也是自觉不自觉地把辩证法运用其中。集团成立之初，他提出集团的工作重心是突出图书结构转型，经过几年努力，2009 年，基础教育教材从 11 个品种扩展到 16 个品种；图书动销品种 3500 种，其中，职教教材达 480 种，高教教材、学术著作达 1500 种，占全部动销品种 56.6%。2010 年，图书动销品种 4936 种，其中，职教教材达 736 种，高校教材、学术著作达 2093 种，占全部动销品种的 57.3%。2010 年高校文科教材进入全国 10 强，理科教材进入全国前 15 名；高职高专教材进入全国前 5 名。2010 年，北师大出版社图书出版总量高达 3372 种，选题实施率达 60%，重印率高达 64%……

数字是最有说服力的。这组数字说明，北师大出版社图书结构转型基本完成。2011 年新年伊始，杨耕又果断地提出，要把工作重心由图书结构转型转向营销体系重建。在他看来，图书结构转型的价值能不能实现，要靠营销体系与之是否相适应，如果说编辑是创造价值的主体，那么，营销就是实现价值的主体，营销体系合理不合理，营销渠道畅通不畅通，这是关键之所在。

从图书结构转型转向营销体系重建，这一工作重心的转换，实际上也是杨耕将哲学中的主要矛盾转换理论巧妙运用到出版实践中的一个典型做法。

在他的出版生涯中，像这样的事还有很多。他认为，学哲学的容易走进出版，从事出版工作的人也容易走进哲学。

"我这一生注定与哲学、与出版结下了不解之缘"，这就是杨耕，一个把哲学和出版看作是生命中不可分割的一部分的人。

企业缘

对杨耕来说，踏上哲学研究之路，是偶然；走进出版行业，也属偶然；跻身出版企业家行列，更加出乎他的意料，同样属于偶然。

2007年7月，北京师范大学出版社完成转企改制，并以其为核心企业，整合北师大音像出版社、京师印务公司、北师大出版科学研究院，成立了北师大出版集团，成为国内高校第一家集图书、音像、电子、网络、印刷等多介质于一体的现代出版集团。

2010年3月，北师大出版集团与安徽大学合资重组安徽大学出版社，实现了大学出版社跨区域发展的"破冰之旅"。

2010年6月，北师大出版集团又借鉴影视剧制播分离的模式，吸收10家民营书业公司，控股成立了专事经营助学读物的北京京师普教文化传媒有限公司，率先在跨所有制经营方面迈出了重要一步。

在杨耕带领下，这一个个"第一"、一个个"突破"，让北师大出版集团在企业化、市场化、产业化的道路上走得更加坚实。2009年，北师大出版社获得"全国文化体制改革先进企业"称号，同时获得"全国百佳图书出版单位"称号，成为国家一级出版单位；2010年，在第二届中国出版政府奖评选中，北师大出版社被评为先进出版单位奖。正因为如此，2008年，杨耕被评为全国新闻出版行业领军人才；2009年荣获"中国优秀出版企业家"称号；2010年荣获中国出版政府奖优秀出版人物奖。

对转企改制的成果，杨耕有着自己的理解。他说，这一轮改革，空前激发了出版业的生产能力，空前增强了出版业的经济实力，空前提高了出版业的传播力，空前扩大了出版业的社会影响力，为出版业长足发展提供了一个广阔的空间。

有数字为证。2010年，北师大出版集团销售码洋达14.5亿，净资产收益率为 12.5%，远远高于全国出版传媒类上市公司行业平均净资产收益率；北师大音像出版社 2008 年扭亏为盈，2010 年净利润增长 21.01%，并被列入国家重点支持的 20 家独立音像（电子）出版、制作企业行列，是唯一进入这一行列的高校音像出版社；京师印务有限公司 2007 年实现盈亏平衡，2009 年净利润同比增长 467.6%；安徽大学出版社 2010 年销售码洋达 1.4 亿，净利润增长 118%；京师普教文化传媒公司 2010 年成功遏制住主发教辅持续下滑的趋势……

对于出版企业的发展，杨耕有着自己的判断。他认为，出版企业是特殊企业，既有意识形态属性，也有产业属性；既要传承文化，又要创造利润；既要熟悉学术出版，又要善于资本运作；既要提升民族精神，又要塑造市场主体，因此，出版企业做大做强做优的难度高于一般企业。

有思路为证。2011 年，北师大出版集团将以优质教育资源的集成、开发、提供和服务为宗旨，继续坚持两个"一体两翼"的出版格局，即以教育出版为主体、专业出版和大众出版为两翼，以图书出版为主体、音像电子网络出版和印刷产业为两翼；继续坚持四个"适时、适度"的发展定位，即适时、适度进行跨地区经营，适时、适度进行跨所有制经营，适时、适度进行跨媒体经营，适时、适度进行多元化经营；以营销体系重建为龙头，以图书结构调整和运营机制完善为两翼，三者同时发力，形成三足鼎立之势……

对于北师大出版集团的未来发展，杨耕始终坚定着信念、充满着信心。

有心栽花花不开，无心插柳柳成荫。杨耕说，缘分是金，哲学缘、出版缘、企业缘，这三个偶来之"缘"，如今形成一种合力，对他具有一种不可遏制的吸引力，深深地吸引着他。

因为，这就是他生命的全部，他将会用毕生精力去追求，在推动社会发展的过程中求得个人发展，实现自我价值。

后 记

这是我的第一本学术随笔，内容包括上班途中的遐想和下班路上的断想、读书的笔记和评论、思想的交流和学术的演讲。为了读者阅读方便，我把这本学术随笔分为五篇，即"哲学遐思"、"文化断想"、"读书札记"、"思想对话"和"学术演讲"。这种区分只具有相对意义。实际上，在"哲学遐思"中包含着"文化断想"，"文化断想"中既蕴含着"哲学遐思"，又包含着一些"读书札记"，在"读书札记"、"思想对话"中既有"哲学遐思"，又有"文化断想"，而"学术演讲"是我的"哲学遐思"、"文化断想"、"读书札记"、"思想对话"的结晶。为了使读者进一步了解我的研究领域和学术历程，我把"从往事门前走过——我的学术自述"放在卷首，作为这本学术随笔的代序言。

学术随笔不同于学术专著。专著追求的是理论的深度，随笔展示的是思考的痕迹；专著关注的是逻辑的严谨，随笔显示的是思想的火花。如果说学术著作是"美国大片"，那么，学术随笔就是"中国小品"；如果说学术著作是"法式大餐"，那么，学术随笔就是"中式小吃"。"大片"、"大餐"值得回忆，"小品"、"小吃"值得回味。在我看来，真正的学术随笔并不是随心所欲，而是直觉顿悟；并不是杂乱无章，而是"杂"而不乱，在看得见的文字中渗透着看不见的智慧。对于我们每一个人来说，自己带不走、别人能拿走的是金钱；自己带不走、别人能学到的是知识；自己能带走、别人既拿不走又学不到的是智慧。所以，哲学的本意就是"爱"智慧。

感谢北京师范大学出版社杜丽娟、邢自兴编辑打印了全部书稿，马晓薇编辑校对了全部书稿，并担任了本书的责任编辑。没有他们的理解、鼓励和辛勤劳动，我的这本学术随笔可能永无出头之日。由此，我进一步体会到，"一个篱笆三个桩，一个好汉三个帮"。我不是"好汉"，更需要"帮"。

从1982年我发表第一篇学术论文到2012年出版第一本学术随笔，再到这次修订，出版这本学术随笔的第二版，时间已经过去了三十二年。三十二年过去，仿佛"弹指一挥间"，我真正体会到"光阴似箭"的含义，真正领悟到"一寸光阴一寸金"的含义。当我们年轻而拥有充分的时间时，我们往往经历缺乏、经验不足，不善于思考；当我们具有复杂的经历、较多的经验，并善于思考时，我们可能已经步入中年甚至老年，属于我们的时间已经不多了。这是矛盾，一个客观存在的矛盾。就我本人而言，我已经步入中老年的人生路途了。

老，是很容易让人伤感、沮丧的。凡人是这样，伟人更是如此。英雄老去，美人迟暮，更令人叹惜。尽管西塞罗的《论老年》"论"的非常精彩，可在"论"中又存在着情与理的矛盾。从情上说，每个人都不希望自己老，都想青春常驻、生命永恒；从理上说，每个人都会老，任何人都无法改变自然规律。"最是人间留不住，朱颜辞镜花辞树"。哲学是理性的激情和激情的理性。以哲学为职业、专业和事业的我，服老！我深知："长江后浪推前浪，世上新人赶旧人。"这是规律，一个不可抗拒的规律。

杨　耕

2014 年 12 月

于北京师范大学